婚姻與家庭
家庭社會學

蔡文輝　著

五南圖書出版公司 印行

五版序

　　這一版的《婚姻與家庭》，距上一版的發行已經有了四年之久。對研究家庭的社會學者來講，這段時期臺灣家庭的型態和轉變是相當值得重視的。中國式的傳統家庭組織經歷了自 1960 年代以來工業化和都市化的衝擊，在這二十一世紀的臺灣已大為轉型。五代同堂的社會價值已式微；孝道的家庭倫理也汲汲可危；雙職家庭取代了男主外女主內的古老分工；父母之命媒妁之言的婚姻更是異數。晚婚與少子化的趨勢和老人人口的增加，演變成了嚴重的社會問題；家暴和外遇成了婚姻的大殺手；宗族的控制勢力也為政府所取代。數目龐大的外籍配偶造就了一群所謂「新住民」。

　　家庭分子間的關係，毫無疑問的是一個人一生中最重要的人際關係，而夫妻的婚姻關係又是家庭關係的重點主軸。華人講究夫妻的相遇是一種緣分，夫妻的相處是恩和愛，要牽手走到老不單是愛慾，也需要心靈的付出。這本《婚姻與家庭》討論的正是這主題。

　　為了反映臺灣近年來上述這些變遷，在修訂這一版《婚姻與家庭》的過程中，我們特別注意統計資料的更新。政府出版的各類相關調查統計是我們最主要的依據，民間的資料和學者的研究報告也是我們重要的參考，網路資料訊息也提供了不少方便。更慶幸的是 2008 年至 2010 年間，我三次客座於國立成功大學醫學院新創立的老年研究所，研究生李薇、黃世芳、羅玉岱、張曉婷、黃筱薇、吳涵瑜等數位的幫忙，是要說聲謝謝的。

醫學院林其和院長和老年所的楊靜利教授在臺南期間提供了不少的方便，也是我夫婦兩人非常感激的。內人李紹嶸女士一直是我研究和寫作的最好夥伴，這本書也沒例外。四十年來，我們「牽手」一齊走過青年、中年到今日的退休老年。兩個兒子都成家，我們兩人也升級為祖父母輩了。

　　這本書的新版文字仍以易讀、易懂為原則。雖然是一本大學讀本，但普通非專業人士應亦可從其中獲益。婚姻與家庭是人生很重要的經歷，希望這本書能得到讀者的肯定。如果願意跟我聯絡，可寄「伊媚兒」tsai@ipfw.edu 給我。

蔡文輝
美國加州
2011年春

四版序

　　當五南出版社的陳念祖副總編輯提議我對這本《婚姻與家庭》重新修訂增補時，正好是我剛從大學教職退休下來的時候。從1975年1月接受印第安那州韋恩堡市的印第安那大學與普渡大學聯合分校（Indiana University-Purdue University at Fort Wayne）社會學系的教職開始，一直到2004年12月底退休，整整三十年。其間雖有在外地短期講學和客座，韋恩堡真的是我停留最久的城市。韋恩堡雖然是印州的第二大城，人口亦僅只在二十萬上下，房價低、生活費用也不高，日子過得滿平靜的。唯一不便的是到臺灣較費時，要轉幾趟飛機。這裡的臺灣人不多，卻都合得來，也彼此照顧、互相幫忙。家裡兩個兒子都是在這裡出生的，看著他們由小學而中學，一步一步的成長。雖然他們後來到離家兩小時路程的普渡大學校總區唸書，我們常去看他們。

　　我開的這門「婚姻與家庭」是社會系的主要課程，每學期都開，一班四十個學生，很少不客滿的。除了美國的家庭與婚姻以外，我常常給他們講其他國家文化的例子來做比較，學生很感興趣，因此學期末了的老師評鑑都還不錯。美國是一個多種族、多宗教、重個人主義的文化，因此家庭的型態亦呈多樣複雜，課堂上的授課內容就必須兼容並包。

　　這本《婚姻與家庭》的理論基礎大致來自美國家庭研究者的觀點和研究成果。前三版的架構仍然是這新版的骨幹，除了增補添新之外，改變不多。不過書中的統計資科皆儘可能加以更新，特別是臺灣方面的統計，

希望不離現實太遠。臺灣的家庭近年來也發生了一些新問題，例如，夫妻角色的新界定、家暴問題、外籍新娘、老人問題等，在這新版都已加以討論。最重要的仍然希望這版還是易讀易懂。

蔡文輝

於美國加州

2007年5月

三版序

　　婚姻與家庭的討論一直是社會學裡分科專門的一項重要課題。著者在美國大學講授這門課，總是很受學生的歡迎。美國的大學生不僅有高中剛畢業來的青年大學生，這堂課也往往有一些年紀較大的回流的中年學生。前者正在約會與擇偶的學習過程，對婚姻抱有相當的期望與羅曼蒂克式的幻想；後者則是已結婚的中年人，在婚姻與家庭曾經滄桑和甘苦甜酸，其中還有少數幾位離過婚者，經歷過婚姻的挫折。這樣不同的背景經驗往往在課堂上發生激辯與爭論，給課堂帶來熱烈的討論氣氛。

　　在美國大學教了二十幾年的課。早期的婚姻家庭課幾乎清一色只有女性選，但是，最近幾年來男生選這門課的人有逐漸增多的趨勢。以往，班上只有一、兩位男生，現在總共有四分之一左右的男生選擇。男、女學生對婚姻與家庭往往有不同的觀點看法，課堂上的爭論就難以避免。事實上，學生們並不要求在這堂課裡學到什麼高深的理論，絕大多數是希望能學到在現實生活中可以應用的知識及技巧。於是，在教材的選擇上，常得以應用為重，講課也以實例來輔助說明。

　　撰寫這本以臺灣學生為對象的《婚姻與家庭》，最主要原則也以應用為重。本書介紹了社會學裡對的基本理論，同時也未忽略應用方面的重要性，試圖以活潑淺易的文字及數據，將婚姻與家庭在人生過程中的重要角色介紹給讀者參考。

　　本書第一版是1987年刊印，第二版是1998年發行，這新的第三版則已

是2003年了。這新版的《婚姻與家庭》，最主要是把一、二版所引用的統計數字加以更新，以配合新的社會環境。臺灣這幾年來的社會變遷相當急劇，婚姻與家庭的型態及其對社會的功能角色亦有相當顯著的改變。因此，大多數的「附錄文摘」皆已換新，讓讀者更能發生共鳴。這些文摘的轉載皆曾獲得原出版者或原作者的同意，是要謝謝他們的。

寫第一版時，家裡的兩個孩子都小；第二版時，兩個孩子都已在上大學；寫這第三版時，這兩個孩子皆在外州工作。老大結婚了，老二有了女朋友；工作生活忙碌，難得有機會回家。孩子的成長相對地也反映了著者正邁向老年的階段。長江後浪推前浪，家庭的成長也是如此。環視周遭，婚姻與家庭最為親密。希望這本書能幫助讀者們清楚瞭解婚姻與家庭的錯綜複雜關係，由此而能更加充實自己，增進跟家人的親密關係。

蔡文輝

2003年8月

再版序

　　從1987年這本書的初版發行以來，中間經歷了整整十年的時間。這期間，無論是臺灣、中國大陸或其他先進國家都經歷了重大的社會變遷。家庭制度在當今工業化的衝擊下也有著顯著的變遷，以臺灣為例，我們看到離婚率的提高、單親家庭的增加、家庭子女人數的減少、夫妻關係的重新安排、婦女兒童地位的提高，以及老年人口的增加。

　　雖然這本《婚姻與家庭：家庭社會學》的著重點是社會學對家庭與婚姻理論探討的介紹，我們卻不能不注意到轉變家庭所引申出的新的研究概念與理論。修訂再版的內容與章節安排雖然以初版為依據，但是下列幾項修訂值得提醒讀者注意：

　　第一，新理論、新名詞、新概念的介紹。譬如：性騷擾、同性戀問題的討論獲得我們的注意。

　　第二，書中統計數目與範例都儘可能應用1980年代以來的資料，保持時效性。

　　第三，每一章後面附有一篇「附錄文摘」。本版仍然使用，不過有一半的文摘已更新。這些新的文摘皆曾獲得出版雜誌的同意轉載，在此要感謝出版者。

　　第四，全書的文句皆經過修潤，以易讀易懂為主要的撰寫原則。

　　第五，增加了為數不少的圖形，以簡明的方式表達理論或概念。

　　第六，本版的另一個特色是在每一章前附載一首詩、曲、詞或歌曲。

雖然並不代表理論，但是希望能提高本書的活潑可讀性。

我在印第安那大學與普渡大學韋恩堡分校教了二十二年的書，最近十年來幾乎每年都要開一門家庭與婚姻的課。雖然講的是美國人的家庭與婚姻，我發現美國學生對我提到的中國式家庭與婚姻卻相當感興趣。因此，我也相信在臺灣的讀者會對本書提到的美國家庭與婚姻感到興趣。當然，我並不是要臺灣的家庭與婚姻「全盤西化」，而是要讀者們對美國的家庭與婚姻有些瞭解。更何況，近年來由臺灣移民到美國的數目相當多，有不少的親戚朋友或家人滯留美國，對美國多一份瞭解，也是對這些親戚朋友或家人的多一份關心，也是好事。

撰寫初版時，我們是一家四口，孩子們還小。現在則已進入「空巢」期，兩個小孩都已離家就讀大學，住宿於學校。他們偶爾回來一趟，總會帶給我們夫妻兩人無比的親情快樂。美國國家幅員廣大，他們畢業後就業地點可能遠離印州，再見面相聚更不容易。更何況，他們有他們的家和事業，也必定是忙得難以抽暇陪陪「兩老」的。

人與人的關係必須要有彈性才不會有嚴重的衝突，社會上如此，家庭裡也是如此。研究家庭就必須注意到此一大指導原則。這本書不僅是給大專院校的教科用書，而且也是給一般社會大眾。希望藉著這本書，讀者可以獲得一些實用的價值。

內人李紹嶸女士一直是我撰寫書籍文章不可或缺的一個大幫手。修訂這本書時也同樣得到她不少的協助，是要謝謝她。臺灣社會學界的朋友對學術研究的執著精神創造了不少可貴的學術成果，本書引用不少，也是我要表達謝意的。五南圖書公司的陳念祖先生年輕且精力充沛，對他的協助，更是要感謝的。

蔡文輝
1998年1月農曆新年除夕

初版序

對家庭社會學研究的興趣，是我在臺灣大學社會學系就讀時就已開始的。正如當年許多學社會學的年輕朋友們一樣，我們總覺得中國家庭是傳統中國社會之所以能延續幾千年的最大因素。記得我第一篇發表的論文就是有關中國家庭的討論，那是大三時發表在《思與言》雜誌上的：「我國家庭制度的演變」。大四時在臺南做了一個有關中學生婚姻態度的實地研究，後來也發表在《思與言》雜誌上。其實，我在1968年出國以前，絕大部分的研究都在家庭方面。

在加州大學讀研究所時，我的興趣逐漸轉到社會變遷和現代化問題上。因此，家庭研究工作就停頓下來了。有將近十年的時間，我做的研究都著重在中國現代化問題上。一直到1984年，我和內人李紹嶸女士合譯了一本《婚姻與家庭》（巨流出版），才重新注重到家庭社會學，這二、三年來又連續在系裡開了幾次有關婚姻與家庭的課程，才覺得應該撰寫一本教科書，供國內學生參考。

讀者也許會發現這本書的內容理論還是以美國模式為主，主要原因是我對美國理論較熟，資料也較容易找。臺灣在這方面的研究不算少，成績也相當可觀。可惜我人在國外，無法做系統的蒐集和介紹，實感遺憾。不過我在本書每一章內都儘可能收錄一篇相關的臺灣學者的文摘，作為補充材料。這些文摘的收錄，都曾徵得原作者或出版者的同意，在這裡我要感謝他們的慷慨和幫助。希望在本書修訂版時能收錄臺灣家庭的資料，以補

充目前之缺陷。

　　由於此地教學工作繁忙，過去兩年又負責系主任職務，更是忙上加忙，很難抽出較長期的時間撰寫本書。因此，寫作過程中遭遇到不少挫折，章節之間也可能有欠順暢之處，希望讀者能諒解。內人李紹嶸女士也在本系兼授家庭社會學一門，她的講稿是本書撰寫過程中的主要參考資料之一，是要特別感謝的。我從1968年出國留學到今年，整整二十年的時間，這本書的出版正好可以作個紀念。

蔡文輝

美國印州韋恩堡

1987年夏

·目　錄·

第1章

社會學與家庭社會學

第一節　社會學的範疇

　　社會學（Sociology）是一門研究人與人之間互動（interaction）的社會科學。社會學家相信人們之所以生活得有意義，是因為人們彼此之間發生了互動，從互動中，人們獲知自己的美醜、自我人格，也從互動中學習到如何和別人相處的規範（norms）。因此，社會學家相信，在日常生活中跟我們發生互動的人們，不論是家人、朋友或外人，甚至於那些看不見的社會規範，或多或少都能影響我們的行為。

　　社會學的研究主題乃著重在人與人之間互動的形式，與其所構成的團體結構組織。其他社會科學，如政治學、經濟學、人類學、心理學，以及歷史學等的對象，也同樣是人們在團體內的行為，因此，社會學必須與其他學科相互印證。

　　社會學所研究的對象並不著重在個人，而是在個人與個人之間的互動，因為這種互動多少總是受到了社會的影響與節制。人們在每天的生活中總會跟其他的人發生接觸，這些來往接觸由於受到社會的影響與節制，總會有一套既定的程式。在社會學中，這些來往就被稱為「社會互

動」（social interaction），它是社會學研究的基本主題。社會學不太研究人們心裡想些什麼，或者是人們的動機和人格，因為這是個人的內在特質（intra-personal traits），是心理學常討論的題目；社會學注重的是人和人之間的互動。譬如，社會學不會對一個獨自在房間裡發呆的人有興趣，但若有人進來跟他說話、關心他，社會學就會探討他們之間的互動情形。

　　社會學研究人與人之間的互動。所謂社會互動，係指個人與個人之間的交互反應。社會學家為什麼要把研究主題放在社會互動上呢？社會互動到底有什麼重要呢？第一，當人們發生社會互動時，他們就對其外在的環境世界發生了共同的意識。也就是說，他們對外在的文化和環境有了共同的瞭解。一旦有了這種瞭解，他們彼此間的社會互動才會有意義。第二，社會互動是將文化的規範和價值代代相傳的一種方式；父母與子女間的互動，使得新生的一代獲得社會化歷練，由此將文化傳遞下去。第三，社會互動是社會秩序的基礎，因為在互動的過程中，雙方必定有某種程度的共享意識與瞭解，重視自己，也尊重對方。這些特質構成了社會的秩序，使行為可重複，亦可預測。

　　人與人之間的社會互動，牽涉到互動對象所扮演的社會角色，也牽涉到互動發生當時的情境定義。一個角色（role）是指一組社會所指定的行為期望，指示個人在扮演某一角色時如何行動。角色可說是社會互動的劇本，而不同的角色有不同的行為期望。例如，醫生的角色行為期望便跟病人的角色行為期望不同：醫生的角色是看病診斷，病人的角色則是求治疾病。瞭解了這些不同的行為期望後，人們的互動才能展開。每個人不僅會在一生中扮演許多不同的角色（例如，為人兒女、學生、配偶、同事、朋友等），而且在每日生活中亦扮演數種角色；社會學者將一群相互關聯的角色，稱之為角色組（role set）。個人的行為規範也必須隨著角色之改變而有所不同。例如，一對在同一公司工作的夫妻，在家中是扮演夫妻的角色，彼此有親熱動作是正常的；但是在工作場合時，彼此變成了同事關係，就不該有親熱動作。因此，角色不

同，環境不同，則互動的方式就有所區別。

　　如果一個人無法好好的扮演角色，可能就會覺得不舒服或緊張，這就是所謂的角色緊張（role strain）。例如，身為一家之主的男主人找不到適當工作賺錢養家，總覺得自己是個失敗者；或者一個在校學生總是考不到好成績，因此害怕上學，甚至覺得當學生很沒意思。另外一種情況是角色衝突（role conflict），這發生在當個人無法妥善處理兩個或兩個以上不同角色的要求時。例如，一個家中有幼兒的職業婦女，無法兼顧母親與職員的雙重角色；或者一個半工半讀的年輕人，整天奔波於工作和學業之間，時間和體力不斷透支，以致兩方面都無法有理想的表現。

　　一個跟角色相關的概念是地位（status，亦譯為職務），是指一個人在社會體系中所占據的位置。有些地位是與生俱來的（如性別與輩分），有些則是日後學習努力而爭取來的（如學歷、收入等）。社會學家認為地位及角色是預測對方互動行為的兩個主要因素。當人們初次見面時，會馬上注意對方的性別、年齡、外表，並會互相提到自己的身分、學歷、職業性質等等。有了這些資料之後，我們便大致可以猜測到彼此會有什麼樣的行為表現，同時決定如何跟這個人互動。這也就是為什麼我們跟陌生人互動時，會比跟熟人（至少知道其身分的人）的互動要來得緊張些。因為在前者的情況中，我們不知其地位與角色為何，因此無法用以做為互動的指導原則；而一旦知道了對方的地位與角色，便大致可預知其行為方向及原則。在個人所擁有的眾多職務地位裡，往往會有一個特別突出而引人注意。此地位往往掩蓋了其他的職務地位，社會學者稱之為主地位（master status）。例如，當人們跟一個成功的女企業家互動時，往往會先注意到她的性別，而以男女的互動規範來跟她互動，她的事業角色地位因而被掩蓋。在這種情?下，女性乃成為其主地位。

　　社會互動過程不僅受互動者角色的影響，也受互動者對當時情境的定義所影響。在球賽中、愛侶的約會、或者參加朋友的婚宴，都會有不

同的互動過程與方式。即使互動雙方的個人不變，在不同的情境中，雙方的互動也會有所不同。有時候，情境的定義很明確，例如，婚宴的情境在我國文化中即有一定的規範，因此，人們容易遵從婚宴的規矩。但有些時候，情境的定義不一定很清楚，則互動雙方就必須加以試探或偵測，以求定義的明晰，以利於互動的進行。情境的定義（definition of the situation）即指個人對其所處之情境的看法與想法。當互動的雙方對當時的情境發展出同樣的看法或想法時，彼此的互動就會轉變得順利些。例如，同班的男（或女）同學邀你課後一齊去吃飯，這種情境就不是那麼明確：到底是一齊邊吃邊談功課呢？還是對方對你有意思呢？如果你對此情境所下的定義跟對方不同，則互動就會有困難。因此，情境的定義是一種社會的集體過程，互動雙方在互動時給對方暗示或徵記，以便對方能瞭解而順利進行互動。

　　社會角色與情境的定義，提供互動者一種可以預測得到的行為期望，為互動鋪路。但是角色和情境並不能完全指揮互動的過程。行動者（actor）對角色的扮演和對情境的解釋更具重要性。有些行動者很快就能扮演某一種角色，也可能很快就摸清楚情境的定義；但是有些行動者卻可能比較遲鈍。兩個行動者對所扮演的角色可能完全不一致，對情境的解釋也可能完全相反。有時，某一突發的事件也可能影響互動的進行。符號互動論者，特別是戲劇論中的郭伏門（Ervin Goffman），對行動者的角色扮演和情境的解釋過程，有著很重要的貢獻。他認為人與人之間的互動就像在戲臺上演戲一樣，行動者是戲臺上的角色，對所扮演的角色與劇情要能充分掌握。

　　美國社會學家帕森思（Talcott Parsons）雖然和郭伏門的理論架構不同，但他也指出，社會互動牽涉到四種條件：社會互動必須產生在一個環境裡，在該環境中，某些因素可能是有助於行動者獲取目的之手段或工具，但同時也有某些阻礙其獲得目的之障礙；不僅如此，手段或工具的選擇使用、困難之克服等，皆不可超越社會所允許的範疇，而必須在規範準則內操作。試舉一例來說明：張三是互動中的行動者，他上高

中的最大目的是希望能考取大學獲得學位。按帕森思理論，張三在求學時期的互動過程及是否能達到目標，都會受其本身的聰明才智、經濟環境、讀書時間、求學態度、社會所提供的教育制度、考試規則等所影響。

社會互動大致以下面四種方式進行：

1.交換型互動（exchange interaction）：當互動的雙方都得到等值的交換與彼此滿意的酬賞時，即是交換型互動。例如，你在捷運上讓座給一位老人，他笑著對你說謝謝；或者朋友間過年過節互贈禮品，雙方皆滿意這種交換的結果。

2.合作型互動（cooperative interaction）：當一群人同心協力一齊爭取相同的目標時，即是合作型互動。例如，一支球隊的球員同心協力爭取贏球；或者幾位同學一齊複習功課，共同爭取好成績。

3.競爭型互動（competitive interaction）：當人們在一套共同認可的規則下，爭取有利於己的酬賞時，即是競爭型互動。例如，兩支球隊在同一遊戲規則下競賽；或者是各類考試不准作弊，公平競爭。

4.衝突型互動（conflict interaction）：當人們不按規則而爭奪利己的酬賞時，即是衝突型互動。例如，選舉期間一方候選人違法賄選買票，或者以暴力強迫對方服從。

綜上所述，我們可以明瞭社會互動並不是隨便的，它有一定的程序、規範與過程。社會學家稱這種長期性、穩定、有規律的互動模式為社會結構（social structure）。不論小自兩個人的互動，或大至整個社區人們的互動，都有社會結構的存在。社會學家所研究的問題，總是環繞著人與社會之間的關係。譬如說：社會團體如何影響個人行為？社會體系的因果關係何在？哪些社會因素造成了社會的變遷？社會變遷對個人及團體有什麼樣的影響？團體與團體間的互動關係，對個人和社會又有哪些影響？社會組織有哪些功能？如果你翻閱一本普通社會學的教科書，就會看到書中討論的題目總牽涉到社會互動、文化、社會化過程、偏差行為、各種社會組織與制度，以及人口與社會變遷等等。

但是社會學對任何社會現象的解釋，只能說是一種可能的看法而已，並不能涵蓋全面。同樣的，社會學中各式各樣的理論和學派，也只能說是代表其各自的觀點而已，並不能以任何一種理論來完全排拒所有其他的理論。

社會學目前雖然理論觀點很多，但是主要還是以功能學理論、衝突理論、符號互動理論、交換理論等四種理論為主。其他的如進化論、俗民論、現象論，在社會學裡多多少少還是偶被提及，但其影響力並不大。

一、功能學理論（Functionalism）

功能學理論的中心概念是功能（function）。它是指一種對維持社會均衡有用的適當活動，它也是一種效果。功能學理論主要目的在於尋求解釋某一社會行動所造成的效果或所賦有的功能。功能學理論認為社會結構（social structure）具有這種功能，因此，這派學說也就常常被稱之為結構功能理論或學說（structural-functionalism）。社會結構是指人與人互動中的關係規範和角色，也就是說，社會體系裡各部門間的相互關係。社會結構告訴我們社會現象的存在，而功能則告訴我們該現象對整個體系有什麼作用和效果。

功能學理論大致包括下面四個基本命題：

1.每一個體系內的各部門在功能上是相互關聯的。某一部門的操作，需要其他部門的合作相配。因此，如果某一部門發生不正常運作時，其他部門必須加以修正以配合彼此間的關聯運作。

2.每一個體系內的組成單位通常是有助於該體系的持續操作運行。如果組成單位不再有功能的話，該單位必然會消失。換句話說，如果一個社會制度仍然存在，則該制度必然有利於社會體系的運作。

3.既然大多數的體系對其他體系都具有影響和關聯，那麼，他們應可被視為整個社會大體系裡的附屬體系（sub-systems）。功能理論認為社會體系中包括無數的附屬體系，而這些附屬體系又各有其本身之附屬

體系。

4.體系是傾向於穩定與和諧的，應不會有激烈的變遷和破壞。原則上，功能學理論認定社會是整合的，而且總是朝向均衡的狀態運作。整合（integration）是指社會中各部門之間相互影響的結果，促成整體某種程度的和諧性，用以維持社會體系之生存。均衡（equilibrium）則是社會體系運行的最終目標。當社會達到均衡目標時，社會是整合無衝突且是平靜圓滿的。即使體系內有變動，也只是很緩慢，有穩定性、有程序的。因此，從功能學者來看，社會文化的變遷只不過是社會體系裡一種局部性的、溫和的調整，並無損於整個社會體系之整合與均衡，激烈的社會破壞是不太可能的。總之，功能學派認為社會是穩定的，所以常把它視為一種保守性的理論。

社會學理論一直到1960年代末期，前後有三十幾年是功能學理論獨霸的時代。這其中最主要原因之一是其代表人物哈佛大學的帕森思（Talcott Parsons），與其學生門徒分據全美各主要大學社會學系要職之故。所以一談到功能學派亦必涉及帕森思學派（the Parsonians），兩者幾為一體。

二、衝突理論（Conflict theory）

衝突理論的重點是對社會變遷的解釋，它是針對功能學理論的整合均衡觀點而來的。衝突理論者認為社會變遷不僅是必然的，而且是急遽的。社會變遷的後果是負面的、破壞性的，而非建設性的。衝突理論的主要代表人物有達倫多夫（Ralf Dahrendorf）與考舍（Lewis A. Coser）。

衝突理論的淵源，可追溯到早期馬克思（Karl Marx）的階級鬥爭論和齊穆爾（Georg Simmel）的形式社會學。馬克思認為物質力量是決定歷史過程的最主要因素，思想只不過是物質的反映而已。事實上，社會變動是擁有物質的資產階級和一無所有的無產階級之間的鬥爭。馬克思的基本假設包括三點：第一，他認定經濟組織決定社會裡所有其他

的組織；第二，他相信每一個經濟組織裡都含有階級衝突的成分；第三，無產階級分子會逐漸因受壓迫而產生共同階級意識，並用以抗拒資產階級的剝削。

齊穆爾的形式社會學的主要目標在於尋求探討社會過程的基本形式。他認為社會學不應該企圖去研究每一種社會制度或人類行為，而應把重點放在人與人之間的互動形式上。而這些形式並非全是純淨的，每一個社會現象都包含有合作與衝突、親近與隔離、強權與服從等相對關係，所以，社會與個人之間常常是合作性與衝突性同時並存的。個人雖一方面尋求社會的融洽，另一方面亦為私利而活動。於是，個人一方面受制於社會，另一方面卻又同時控制社會。齊穆爾的形式社會學強調現實社會裡的衝突是無法避免的。

達倫多夫承襲上述觀點而提出他的衝突論，他認為：(1)每一個社會無時無刻都在經歷變遷，因此社會變遷是不可避免的；(2)每一個社會中都有紛歧衝突的因素，因此衝突難以避免；(3)社會中的每一個單位都直接或間接地促成社會的變遷；(4)強制性的權力關係是社會的基礎，而事實上，社會分子間的關係，就是支配與受支配的權力分配關係。因此，他聲稱以帕森思為主的功能學派所描述的整合均衡是不存在的，是一種烏托邦式的臆測。考舍的衝突論把達倫多夫的觀點與功能學理論加以協調，而主張衝突並不一定全是破壞的，它對社會還是有利益、有功能的。因為衝突代表著社會內部的失調，衝突能激起社會的重組，增強社會的適應力，以解決社會的問題。考舍相信，衝突如果沒有違反團體的基本原則，且又有目標、有益處和有價值，那麼衝突對社會應有正面的效果。

三、交換理論（Exchange theory）

交換理論是一種以心理學和經濟學兩者為基礎的社會心理學方面的理論，其主要目的在於解釋個人與個人之間的互動與小團體的結構。此理論基本上認定：個人之間的交換行為乃是維持社會秩序的基礎之

一。社會互動事實上就是一種交換行為。交換的對象不一定是看得見的物品，其他像聲望、喜愛、協助、贊同等也同樣可以做為交換的對象。同樣的道理：痛楚與難堪的避免、機會與利益的獲取等，亦可用來做為交換的對象。

交換理論相信個人的交換行為是十分自我中心和利己的。在交換過程中，必然會牽涉到利潤的問題。如果交換的雙方不能彼此都得到滿意的結果或利潤，就沒有交換的必要，而社會互動自然也就不會發生。交換理論者認定社會互動是個人與個人間在交換過程中對利潤和成本，以及對取與給的計算與運用。

酬賞觀念是交換理論之基石。酬賞的種類很多，每個人尋求酬賞的方式亦有所不同。交換理論者相信社會贊同（social approval）可能是各類酬賞裡最重要和最有力的一種。在日常生活中，人們總是希望別人喜歡自己，贊同自己所做的事；同時，人們也總是儘量避免那些討人厭的、整天批評的人。

能得到別人喜歡，就是一種很大的酬賞。每一類酬賞的價值通常不盡相同，常有輕重之分。愈難獲得者，價值愈高；愈易獲得者，則其價值愈低。

哈佛大學的何門史（George C. Homans）是交換理論的倡始者，他的基本理論包括六個主要命題：

命題一：成功命題（the success proposition） 「在一個人所做過的一切行為中，若其中某一特定行為時常換得酬賞，則該行為便會重複出現。」例如，一位男士禮貌的替一位小姐開門，這位小姐常回以親切的微笑來道謝，該男士就願意再為她服務開門。

命題二：刺激命題（the stimulus proposition） 「如果在過去，某一特定刺激狀況的出現曾帶來酬賞，則當目前所發生之刺激狀況愈類似過去之狀況時，類似以往的同樣行動就愈可能重複出現。」例如，父母外出應酬回來時，常帶回好吃的、好玩的給孩子們，孩子都非常高興；下次父母再相伴外出時，孩子就會乖乖在家期盼又有好吃的、好玩

的。

命題三：價值命題（the value proposition）　「如果某種行動所帶來的成果對一個人愈有價值，則他愈可能去做同樣的行動。」例如，一個學生如果覺得參加籃球校隊比在班上得第一名更有價值時，則他選擇參加校隊的可能性就較大。

命題四：剝奪－飽滿命題（the deprivation-satiation proposition）「以往某人時常獲得某一特定的酬賞，將來同樣的酬賞對此人之價值就愈低。」例如，先生下班回家，太太送茶拿拖鞋，還把菜飯都做好了，做先生的很滿意，深感幸福；然而，時間久了，天天都如此，滿意的程度就會降低，甚至不覺得這是一項酬賞，做先生的還可能希望能得到另一種酬賞。

命題五：攻擊－贊同命題（the aggression-approval proposition）「如果某人常受到不公平待遇，則愈可能表現憤怒的情緒。」例如，先生吃完飯幫忙洗碗，心想幫了太太一個大忙，太太一定會感激不盡而給予獎賞；哪知太太非但不道謝，還指出碗盤沒洗乾淨，大小沒排整齊。每個人在未獲得預期的酬賞時，都會有攻擊性的行為；相反的，如果得到預期的或更多的酬賞，則會有贊同的情緒。

命題六：理性命題（the rationality proposition）　「當一個人在挑選可能應用的途徑時，他會選擇一種能帶來較高價值的途徑，以及採用能獲得比較高價值結果的行動。」例如，人們都想要獲得最大的效果，但是如果明知那是辦不到的，無論其價值、效果多大，也只是空想；當人們看清了這一點，就會另外挑選一種可取得次高價值、次高效果的方法與途徑。

總而言之，交換理論以個人為研究單位，著重點在於個人與個人之間以自我為中心的交換行為過程。在社會學中雖名列四大理論之一，實際上其範疇與其他三種理論並無法相比。

四、符號互動理論（Symbolic Interactionism）

符號互動理論之研究重點在於人與人之間的互動性質和過程。此理論認為，社會只不過是由一群互動中的個人所組成。個人的互動行為不斷地在修改和調整，因此社會也自然而然不斷地在變遷。人與人之間的互動不僅是體能上直接的反應，而是要經過一番分析和瞭解的。我們總是先將別人的想法和看法加以吸收和詮釋，然後再決定如何反應。

符號互動論者認為觀點（perspective）和互動（interaction）是人類行為的兩個重要變數。他們相信個人對外界刺激所持有的觀點不止一種。在某一情境中，個人的觀點可能是某一種型態；在另一種情境裡，其觀點可能會有所改變。這些觀點可用來當做個人行動反應時的指導原則，它是動態的，因為個人在互動過程中不斷地修正觀點以適應當時情境的需要。在人與人之間的互動過程裡，不僅應注意到自己本身的情境觀點，也需要注意到對方的情境觀點，以不斷地修正、補充、詮釋其本身的觀點以符合應付當時之情境。符號互動論者指出個人的觀點來自社會團體，特別是參考團體（reference group）。所謂參考團體係指人們平常生活中用來做比較的團體。例如，臺灣大學的學生會以臺大為榮，會常用臺大來標榜自己並以之與他人比較，那麼臺灣大學就成為這個臺大學生的參考團體。參考團體對人們的觀點影響很大。

符號是符號互動理論的另一個主要概念。符號是藉由「符號」（symbol）來表達的。語言、文字、手勢等皆是符號。有了這些，人們才能互動。人們的思想、觀察、測聽、行動等，皆是經由符號來表達。符號互動論者指出社會化過程的最大功能之一，就是教導傳遞形象的使用。社會依賴符號而生存，也依賴符號而延續發展。

符號互動理論源始於早期芝加哥學派健將米德（George H. Mead）、派克（Robert E. Park）、湯姆斯（W. I. Thomas）。尤其以米德的貢獻最大。1950年代則由布魯默（Herbert Blumer）綜合發揚光大。目前形象互動理論之分支包括標籤理論（Labelling theory）、

郭伏門（Ervin Goffman）的戲劇論（Dramaturgy），以及俗民論
（ethnomethodology）等。

如果我們把上面所提到的當代社會學四大理論加以比較，在意識型
態上來看：功能學理論與符號互動理論是比較屬於保守主義的，而衝突
理論與交換理論是比較激進的；從分析層次來看：功能學理論與衝突理
論的單位在結構，而符號互動理論與交換理論則著重個人。

除了上述四大理論學派之外，其他尚有下列幾種次要理論：

社會進化論（social evolutionism）：一種把社會變遷看做是往上前
進的進步觀點，認定人類社會由簡單而繁複、由野蠻而文明的演變方
向。

現象論（phenomenology）：一種試圖描述人的意識形成的過程，
認為一切在文化薰陶下的假面具都應除掉，以自我本來面目的態度和精
神來處理自然界和社會中的一切現象。

俗民論（ethnomethodology）：一種試圖瞭解並分析人們在現實社
會中的日常生活方式和行為的觀點。它認為人們彼此間的溝通互動常常
以指標方式表達（indexical expression），如果能瞭解這些指標表達方
式的真諦，我們就能瞭解人們的社會行為。

社會學理論由上面所介紹的，可以看出是相當零碎。研究觀點不
同，則研究的單位往往就不同。功能學理論和衝突理論的重點在於社會
結構的功能與衝突，而符號互動論和交換理論則重視互動中的個人。
前兩者是宏觀社會學（macro-sociology）的看法，後兩者是微觀社會學
（micro-sociology）的應用。

社會學理論最近發展的趨勢是走向綜合性理論的途徑。取各家之
長，綜合歸納成一種有彈性的解釋觀點和原則。今日社會學家比較不會
斤斤計較誰對誰錯的問題，而在於尋求能適用於解釋局部社會現象的理
論。

社會學理論的另一種新發展是回歸到實際社會現象和個人本身的研
究，以往總是把理論放在居高臨下的領導地位，把一切行為解釋成社會

的產品，忽略了個人的存在和自主能力；今日則漸能將社會與個人兩者兼顧，同時也重新注意到遺傳因子的重要性。

　　社會學理論的第三個新發展是重視研究的實用性。以往好高騖遠的空談理論，已被能實際應用的理論所代替。今日社會學研究對犯罪、差異行為、家庭、老人等等的重視，都是受到此一趨勢所影響。

　　社會學理論另外也有朝向跨美國的傾向，也就是世界化的趨勢。歐洲社會學受到美國學界的重新重視，甚至於拉丁美洲和亞洲的社會研究也開始受到注意。臺灣的社會學一直以美國社會學理論和學派為主，主要是因為留美者多之故。

　　無論在美國或臺灣，社會學仍然是一門相當受到重視的社會科學，其所研究的題目都很切身並合乎時代，社會學的理論及其研究發現仍受到社會一般大眾和知識界的重視。社會學既然是研究人與人之間的關係與互動，它就必須注意到家庭分子間的關係與互動，也因此，它對家庭與婚姻的研究亦常常給社會帶來新的啟示。

第二節　家庭社會學的範疇

一、家庭的定義

　　按照美國人口普查局（the United States Census Bureau）的定義，一個家庭是指一個由兩個或兩個以上有血緣、婚姻或撫養關係的人所組成的團體。人類學家莫達克（George P. Murdock）對家庭所下的定義更為詳盡。他認為，家庭是一個具有共同住處、經濟合作，以及生殖養育等特質的社會團體。他指出，家庭應包括有男女兩性的成年人，其中有兩人享有社會所認可的性關係，一個或一個以上親生或收養的小孩。把美國人口普查局的定義和莫達克的定義做一個比較，我們可以看出前者的定義並沒有提到小孩，也沒有提到社會認可的必要；而莫達克的定義不僅包括小孩和社會所認可的性關係，同時也強調經濟合作

的特質。這兩種定義的不同，其實正反映出美國社會在家庭制度上的變遷。美國人口普查局的定義代表1980年代的美國家庭，而莫達克的定義則是在1940年代所訂的，反映當時的社會狀況。當代女性社會學家瑪麗拉曼納（Mary Ann Lamanna）和艾格尼雷德門（Agnes Riedmann）在她們合撰的《婚姻與家庭：生命圈內之抉擇》（*Marriages and Families: Making Choices throughout the Life Cycle*）一書中指出，家庭是指一個父母子女的關係或性情感表達的社會團體。同住一處的家庭分子具有共同的承諾與親密的人際關係，家庭成員彼此重視此種關係，並確認其存在之團體性。

在我國社會學家方面，龍冠海教授對家庭的定義，基本上是延續莫達克的定義而來。在他所著的《社會學》一書（1966）中，龍冠海說：「組成家庭的基本分子是夫婦和其子女；但此外尚可有其他的分子，如他們直系的或旁系的親屬，或無婚姻或血統關係的人，如收養者之類。故一般來說，家庭是兩個或兩個以上的人，由於婚姻、血統或收養的關係所構成的一個團體。」

朱岑樓教授在龍冠海主編的《王雲五社會科學大辭典》中給家庭所下的定義則是：「其組成者包括成年人（至少有一對無血統關係而經由婚姻結合之成年男女）和小孩（成年人之婚生子女），最低限度之功能，須在情感需要方面給予滿足與控制，包括性關係和生育教養子女之社會文化情境。」在傳統中國，家庭與家族兩者有時很難區別，家族可

能涉及數對或數代已婚成年男女及其子女，但因其經濟與居處之合一，關係密切程度極高。因此，傳統中國的家庭往往涉及家族成員。近年來，這現象已因核心家庭的出現，而使家族與家庭明顯分離。

家庭和婚姻兩者關係雖然密切，但是兩者並不應混為一談，它們之間還是有差別的。在美國社會裡，婚姻是指不同性別的兩

個人按照州政府的法律規定而有彼此情感關係與法律承諾。通常婚姻的認定首先需要有婚姻許可證，再經過一個公開的儀式，對眾人宣布，才能生效。因為有了這些手續與過程，財產的轉讓和孩子的地位才能獲得法律的承認。最近美國有些州政府通過「民聯法案」（Civil Union Act），給予同性、同居者類似婚姻關係的合法地位：允許同居者或同性戀者享受配偶的社會福利、遺產權，並可收養子女等等。不過這法案並未完全為所有人接受。

　　中國人的情況跟美國則稍有差異。通常在臺灣的婚姻必須經過法律的承認，例如要有婚禮的公證人，要到地方政府（區公所或鄉鎮公所）辦理婚姻登記。不過，臺灣並無申請婚姻許可證的規定。在中國大陸，婚姻登記的規定相當嚴謹，地方政府、黨部，以及工作機關的領導都有權允准或否決婚姻的申請，雖然中共當局在其新婚姻法中規定男女有選擇伴侶的權力，但是由父母決定者還是較多。政府當局對婚姻的法定年齡訂為男22歲，女20歲，並且不允許結婚雙方收取聘金或嫁妝。以下特將家庭與婚姻的不同特質列於一表，作為比較，見表1-1。

表1-1　婚姻與家庭之差異

婚　　姻	家　　庭
1.要有公開結婚儀式	不需公開儀式
2.通常是兩個人	人數可多可少
3.年齡常常相近	可能有數代同居
4.當配偶死亡或離婚，婚姻結束	家庭代代延續，超乎個人生命
5.配偶間性行為是允許的	家屬之間不可有性行為
6.通常要有結婚證書	無須證書就可為人父母
7.生育是婚姻的期望	家庭是生育的成果

二、家庭的基本功能

　　從社會制度的立場來看，家庭在不同社會裡雖有不同的類型，也可能有不同的社會功能。但是人類學的比較研究中發現，家庭組織大致上

賦有下列四種共同的功能：

　　1.生育子女並給予社會化。

　　2.擔任經濟合作的功能。

　　3.賦予個人社會地位與社會角色。

　　4.提供個人親密的人際關係。

　　讓我們詳加描述這四種基本功能。

　　1.生育子女並予以社會化：任何社會如
果想要延續下去，就必須有新的一代來繼承
消逝的老的一代。如果社會中老年分子死亡
後未能由年輕者接續香火，這個社會就會逐
漸因人口不足而消逝。因此，家庭擔負了生
育繁殖、延續社會的功能。雖然人們體質上
的生育功能與家庭並無直接關聯；換言之，
沒有家庭，人們仍然具有生育的能力。然
而，大多數社會都規定生育是家庭的獨特權

力之一，只有在社會許可的家庭內所生育的小孩才是合法的，而在家庭
以外所生育的小孩就未能被社會所接受，即所謂的「私生子」或「雜
種」。這類稱呼代表著社會未認可的非婚生的孩子。有些社會更只在雙
方生育子女以後才認定其成人的身分，才能享有成人的權利，生育是
社會所賦予家庭的特有權利。家庭對社會的生育功能並不止於生育子
女而已，更在於教養子女，也就是社會學上所稱的子女的社會化。這
裡的「社會化」（socialization）是指個人學習社會規範與社會期待的
過程：將一個人模塑成為社會所能接受的成員。一個初生嬰兒是沒有獨
立求生能力的，家庭不僅提供他生存的環境，而且教養他成為一個能為
社會所接納的人。從餵奶、睡眠的安排、換穿尿布、穿衣洗澡，到父母
抱他、吻他、逗他玩等等的互動中，小孩逐漸學習到社會的規範，知道
哪些事可以做，哪些事不可以做。由於小孩最初幾年的生理限制，活動
範圍小，所接觸的人大多是家人，家庭於是成為兒童社會化過程中最主

要的機構。雖然社會化過程在個人的一生中由小至老時時刻刻都在經歷，但是幼時家庭的那一段仍是最深刻和最重要的。

2.擔任經濟的功能：毫無疑問地，家庭是一個經濟單位。家庭的所有成員彼此合作，才能獲得衣食住行及心理等方面的所需。在以往，家庭是一個生產和消費的單位，即生產其所需，並以剩餘跟其他家庭交換不足的必需消費物。但在今日工業社會裡，家庭已把生產功能逐漸交由工廠專門負責，家庭變成只是一個消費單位。家庭的經濟分工通常是按性別和年齡來分，不過近年來在社會變遷的衝擊下，其界限已不十分清楚。傳統中國社會是以農為主，大多數的人居住在農村社區裡，因此，農村經濟體系與家庭經濟息息相關。家庭是傳統中國經濟中心的基本單位，此種經濟欲求自給自足。所謂「知足常樂」，就是農村經濟的理想，男耕女織也就成為一種社會規範，在其經濟生產的範疇內，各有其責。除了讀書考科舉之外，每一個人在傳統中國的家庭經濟體系內都有其指定的角色。

3.賦予個人社會地位與社會角色：人們的第一個社會地位與角色，在一出生時就已決定。家庭的社會地位決定了一個初生嬰兒的第一個社會地位。如果生在富裕之家，則此嬰兒的社會地位必然不同於生在貧苦之家者。家庭的種族背景、宗教信仰等等，都影響著此嬰兒之未來社會地位。人們看到一個初生嬰兒時會說：「這是林家的寶貝。」這「林家」即代表著家庭將給此嬰兒的社會地位。另外，嬰兒出生的兄弟姐妹之排行，也會對此嬰兒的未來具有影響，出生時是老大或老么是有差別的。在成年後，家庭的社會地位和社會角色對個人影響之大是很明顯的，不必細述。

4.親密關係：每一個人都希望能跟別人發展出親密關係。一個寂寞的人是不健康的，寂寞代表著社會隔離和孤獨。家庭是我們建立與獲得親密關係的最主要社會制度。「血濃於水」、「親情深似海」或「手足之情」等等，皆顯示人們對家庭的親密關係。在這些關係中，人們體會到關懷、愛或恨。當遭遇挫折與失敗時，人們總會想到家，因為家庭給

我們一種安全感。夫妻之間的愛情與父母兄弟姐妹的親情常是我們最珍惜的，沒有其他的人際關係可以代替。在工業社會中，因人際關係更顯淡薄，疏離感更為增加；人們除了家庭之外，就很難找到可以傾訴真正的心聲，或完全依賴信靠的關係；因此，家庭在這方面的功能也就顯得分外重要了。

除了上述四項重要功能外，家庭尚可擔任宗教與娛樂的功能。在宗教功能上，家庭一直是把宗教信仰與倫理規範由一代傳遞下一代的一個主要社會制度。以傳統中國來講，祖先崇拜就是一種宗教信仰。它代表中國人對祖先的眷念，是一種孝道的表現和延續，是一種慎終追遠的信仰；為人子孫者，生不能敬事父母，死自當致祭其哀。此種祖先崇拜上追列祖列宗，下續後世子孫，世代傳襲，使家族得以永懷祖宗創業之艱，也使家族得以永存不滅。人們相信祖宗在天之靈時時在監視著子孫，希望子孫們能為善積德，光宗耀祖。藉著祖宗的威嚴，家人遵守家規與社會之倫理道德，家廟宗祠也就成為中國傳統社會維持正規倫理的一個主要場所。

家庭在傳統中國社會裡也擔當娛樂的功能。因為除了廟慶祭神之外，公共娛樂的機會很少，人們的娛樂幾乎都跟家庭有關。人們從談笑中得到休閒，晚飯後聚集在庭院裡聽大人們講故事，在瓜棚下談談一天的生活情趣，都是一種享受，一種休閒活動。即使在今日工業化和高度都市化的臺灣社會裡，很多娛樂功效都可以在家庭裡獲得，電視和錄影機的流行，更提供家人聚集一起共同娛樂的機會。週末假日家人一齊出外郊遊或在家聚唱卡拉OK，都已成一種風氣。因此，家庭在今日的工業社會裡仍然提供娛樂的功能是無庸置疑的。中國人的社會以家為中心，家庭乃成為傳統社會的主要制度。儒家的「家齊而治國，治國而平天下」的觀念，正代表著家庭的重要性。西方社會雖然沒有我們那麼

地一切以家為重，但是家庭仍不失為一主要制度。無論古今中外，家庭在所有的人類社會中，仍具相當的功能，家庭制度普遍存在於每一社會裡。

三、家庭研究之困難

家庭生活與每一個人的日常生活息息相關，也跟每一個人的一生，由生到死，密不可分。在未結婚前，我們是屬於一個「出生之家」（family of orientation）。在這家庭裡，我們出生長大成人，並且接受基本的社會化和培養自我的人格。等到結婚了以後，我們又組成了一個「生殖之家」（family of procreation）。在這家庭內，我們養兒育女，傳宗接代，為人父母。嚴格來講，一個沒有結過婚的人，還是有家的，因為他仍然是「出生之家」的一分子。其實在一天的日子裡，跟我們來往和接觸最多的還是家人。雖然有時由於工作忙碌，見面機會不多，但是在這忙碌中，我們仍然關心自己的家人，父母、丈夫妻子、子女、兄弟姐妹的一舉一動是我們無時無刻都牽掛的。也正因此種親密關係，家庭研究常遭受一些其他學科所不具的特殊困擾。這些困擾包括至少下列幾項：

1.個人經驗的困擾：既然每一個人都屬於至少一個家庭，因此亦都有親身的家庭經驗。做研究時，往往就把個人的經驗或恩怨滲雜到科學的研究和分析中，影響到客觀的立場和觀點。人們有時會對一個家庭社會學家的解釋或理論加以嘲笑譏諷。人們說：「我過的橋比你走過的路還多。」或者說：「我自己的家，我怎麼會不知道，還要你分析給我聽。」這些都是這種困擾的例子。

2.人云亦云的困擾：這困擾的產生是因為人們相信一般的傳說，以為傳說就是事實，於是造成對科學研究的抗拒。常聽人說，「我國的家庭倫理今日已蕩然無存。」但這真的是事實嗎？不見得。而這些家庭倫理全是優良而應予以維持的嗎？也不見得。譬如說，以往中國人說媒找對象總是要對八字，八字合了才能配對，八字不合就不必再談。可是

有研究者在分析我國人結婚娶親的習俗時就發現配對八字只是形式而已，很多婚姻的八字是相剋的。配對八字是父母用來控制子女婚姻的手段，所謂八字不合是父母反對子女結婚的最佳藉口。另外，人們對家庭與婚姻的瞭解，也往往受小說中「才子佳人」的幻想所影響，跟事實相差甚遠。

3.現實與理想的困擾：研究家庭的一個困擾是，人們把家庭的實際狀況與理想的家庭狀況相混。很多人都認為傳統中國家庭是「五代同堂」式的大家庭。事實上，有不少研究資料證明這並不是事實，只是理想。因為傳統中國家庭的人口數並未達到五代同堂的數目。又如，中國傳統家庭所謂的「夫妻相敬如賓」和「男女授受不親」，其實也是理想，而非事實。社會學家研究家庭尤應重視理想與現實的分別，否則無法真正瞭解家庭。

4.武斷性結論的困擾：社會學研究的目的是在建立一個普遍性的理論，因此，研究者往往太過於重視社會現象的一致性，而忽視其差異性，以致很容易武斷地下結論，以偏概全。在今日社會學研究以調查法為主的情況下，我們常把中產階級的家庭代表整個社會中各階級的家庭。其實，上流社會或下層社會的家庭組織各有其特點，並不一定與中產家庭一致。不僅如此，不同社會之間的家庭亦往往有不同的特點，不能一概而論。

家庭社會學的理論，大致上源自於社會學的一般性理論，本章前一節曾簡單地加以介紹。另外，如從家庭研究本身的角度來看，大致上可以包括下列四種主要的研究觀點：

1.制度觀點（institutional perspective）：這是一種最早期的研究觀點，把家庭視為一種社會制度，研究家庭對社會生存和延續的貢獻與功能。制度觀點與功能理論是相吻合的，研究家庭的功能及家庭與其他社會制度的關係，以及家庭內分子的角色問題等等。

2.互動觀點（interactional perspective）：互動觀點的研究目標是家庭分子間的互動關係和結構，其主要的研究論題是家庭分子如何經由互

動而發展出一種相互聯繫的親密關係，討論人們在家庭內的角色、規範、互動等特質。互動觀點淵源於形象互動論，因此對家庭的分析常注意到家庭分子間的溝通（communication）問題，特別是在夫婦婚姻的關係上。

3.發展觀點（developmental perspective）：持這種觀點者，把家庭視為一連串不同特質的發展階段，有其由生至死的生命圈（life cycle）。在這生命圈內的每一個發展階段中，人們的生活經驗、所扮演的社會角色等等皆有所不同。結婚就是人們生命圈的一個重要轉捩點，也是由一個階段發展到另一個新階段的開始。孩子的出生也代表著人們婚姻家庭生活的改變。總而言之，持發展觀點的研究者試圖發掘分析每一階段的特質。

4.比較觀點（comparative perspective）：以往的家庭研究只重視一個社會的家庭研究，目前已逐漸強調比較性研究的重要性；不僅專注某一社會家庭的描述或其內部的差異，同時也對不同社會家庭做比較，希望由此借用學習彼此間的經驗及方法等。

其實，社會科學對家庭做系統性的研究是十九世紀中葉以後的事。在此之前，人們對家庭的認識只是在法律、俗語、風俗習慣、道德規範或小說文學中獲得。一知半解和道聽途說往往造成我們對家庭真諦的誤解。美國社會學家亞當斯（Bert N. Adams）認為，學術界真正對家庭做系統研究，應始於達爾文（Charles Darwin）。亞當斯把過去的一百多年，大致上以三十年為一期，分成四個階段來描述家庭研究的發展史：

第一階段：社會達爾文論（Social Darwinism）。這階段大約是1986年至1980年。達爾文的進化論出版於1859年，此後的三十年間，不少學者試圖引申達爾文的生物演化論來描述人類歷史過程。這些學者包括莫根（Lewis Henry Morgan）、恩格斯（Friedrich Engels），以及威斯特馬克（Edward Westermarck）等人。他們的著作主要探討的問題包括：家庭是否起源於原始遊牧民族？婚姻是否源自於搶奪捕捉方式？一

夫一妻制如何興起？這些問題的研究很顯然是受達爾文理論的影響，因此，這些研究的對象總是超文化的研究（cross-cultural studies），也都具大規模與宏觀的研究觀點。他們的方法論並非十分科學和準確。不過在此一時期，法國學者李普烈（Frederic Le Play）對歐洲工人階級家庭的研究是唯一的例外。他與工人相處，觀察並記錄其日常家庭生活及家人之間的互動等等。他把法國的家庭分成三種類型：(1)欠穩家庭（unstable family），亦即核心家庭，包括夫妻和年輕子女；(2)基幹家庭（stem family），指父母與一已婚子女同住的家庭；(3)父權家庭（patriarchal family），包括年老父母、已婚兒子與媳婦及孫兒女。李普烈的研究可以說是日後對家庭科學研究的先驅。

第二階段：社會改革（social reform）。這階段大致上是在1890年至1920年間，其特色是社會改革的呼聲高漲；尤其是在美國，由於工業化與都市化造成貧窮問題日益嚴重的局面，童工、私生子、貧窮家庭等問題成為社會大眾所關心的論題。芝加哥大學社會學系主辦出版的《美國社會學刊》，成為社會改革的發言人。這批社會學家相信我們不僅要研究和調查這些社會問題，而且要設法解決它們。最基本的解決方法是加強家庭的功能。因此，這一階段的家庭研究大多數是以發掘家庭問題為主，以解決家庭問題為目標。芝加哥大學社會學是當時美國社會學界的領導，這種發掘和解決家庭問題的風氣也就影響到其他社會學家。

第三階段：科學研究（scientific study）。此階段大致上是1920年至1950年間，芝加哥社會學家如湯瑪斯（W. I. Thomas）、顧里（Charles H. Cooley）、蒲濟時（Ernest Burgess）等人，在呼籲社會改革的同時，也發展出一套科學研究的方法。尤其是蒲濟時的影響和貢獻最大。在他的領導下，家庭研究成為社會學研究的主要論題之一。他和他的學生在這一階段以科學的態度和方法研究婚姻關係、家庭分子間的互動關係、離婚、老年問題等等。

第四階段：家庭理論（family theory）的興起。從1950年至今日，

實地研究工作相當熱烈，並不斷地進行；更重要的是，學者們開始把注意力放在理論的建構上。在此時期，家庭社會學學者將以往的研究結果加以整理，做系統性的解釋，並發展出可用的概念架構做理論的建構工作。這階段的著名學者包括古德（William J. Goode）、法柏（Bernard Farber）等人。這時期也可看到家庭研究科學方法更進一步的運用。訪問法、問卷法、統計分析、因果關係的分析等方法，都已成為家庭研究不可或缺的工具。家庭研究成為社會學的主題之一是不容爭辯的事實。

原則上，我們同意亞當斯的四個階段的方法，但是也許應該指出1980年以後的美國家庭社會學研究重點已擴及一些以往未受注意的題目，如單親家庭（single parent family）、雙職婚姻（dual career marriage）、無嗣家庭（childfree family）、同性者家庭（homosexual family）等等。因此，我們認為1980年以後的重點應是第五階段，注意非傳統的家庭（family alternatives）。

社會學家克利斯登盛（Harold Christensen）在他所撰寫的《婚姻與家庭手冊》（*Handbook of Marriage and the Family*）中指出，社會學對家庭的研究可以找出七種主要趨勢：

1.科學觀點逐漸為學者所遵從。

2.家庭研究逐漸為一般社會學所尊敬。

3.逐漸重視家庭內個人成員的調整問題。

4.經驗研究資料之累積。

5.以家庭問題為主的團體組織逐漸出現。

6.新研究法之出現與傳統研究法之修正。

7.理論建構之努力日增。

除此之外，家庭研究並逐漸兼顧其他社會科學之理論觀點，並接納其他社會科學之方法，這些趨勢發展有益於社會學對家庭的研究。近年來在大學裡的家庭社會學課程頗受學生歡迎，成為學生們（包括社會學和非社會學學生）願意選修的課程之一，顯示家庭社會學已成為社會學

的主流之一。

　　其實，對家庭的研究並不只是社會學的專屬主題。家庭所牽涉到的夫妻關係、父母子女關係、性行為、經濟功能、子女教育等等問題所涵括的層面相當廣泛，不能只以社會學觀念和理論來解釋，家庭的研究尚應包括其他科學。事實上，其他科學對家庭的研究已有相當程度的貢獻。下面這個表，列舉各種科學對家庭研究之重點，以提供一整體概念。

表1-2　各種學科對家庭研究之重點

1.社會學	家庭體系，人際關係，社會變遷
2.人類學	初民家庭，親屬關係，家庭進化
3.生物學	人的成長，遺傳，生育繁殖
4.兒童發展	嬰兒成長，學習，人格形成
5.輔導工作	家庭諮詢，輔導，職業訓練
6.人口學	生育，死亡，婚姻，遷移
7.經濟學	家庭收支，生活水準
8.教育學	家庭生活，婚前教育，性教育，子女教育
9.老年學	老人家庭
10.歷史學	家庭起源，歷史，發展
11.家政學	營養，居住，收支，子女教養
12.法律學	婚姻，離婚，收養，虐待
13.心理學	人際關係，學習，人格特性
14.公共衛生	性病，孕婦，嬰兒保健，身體健康
15.宗孝學	道德，愛，性，宗教訓練
16.社會工作	家庭扶助，救濟

資料來源：採錄自J. Ross Eshleman, *The Family*. 4th ed. p. 38. Table 2-1. Boston: Allyn & Bacon, 1985.

　　由各種學科對家庭研究的重點來看，一個很明顯的事實是家庭研究的複雜性；同時也可發現，各個學科之間也有相互重疊的研究題目重點。家庭社會學的研究不可自立門戶，必須與其他學科合作；只有在這種科際整合的觀點上，我們對家庭才能有較圓滿的整體瞭解。總而言

之，家庭的研究並非僅僅是社會學的專利，它必須與其他學科配合。

　　除此之外，由於家庭研究的實際應用特質，使這門學科牽涉到輔導工作及社會工作兩門應用知識；由此，家庭的研究已非理論性的空談，而變成具有應用的功能特性。

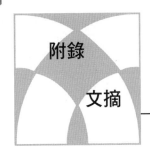

附錄

文摘

一般人對社會學的誤解

龍冠海

　　雖然社會學已經屹然立於學術之林，而且被有識之士指為一門基本的社會科學，然而因為它發展比較晚，過去又被若干其他學者所鄙視，它的研究也不易立刻產生效果，不易產生有形的東西作為人們升官發財的工具；而孔德創造「社會學」這個名稱，更容易令人望文生義，引起誤會，它所傳授的知識一直到現在還未能成為大眾化的東西。由於這種種原因，一般人對它尚有許多誤解。茲將其較為常見者分別述之，並辯其非，以免以假亂真。

1.以社會學為社會工作

　　有不少人常把社會學與「社會工作」當做一樣東西看待，因而以為凡是研究社會學的人都是社會工作專家，都懂得社會服務及社會行政；或者凡是研究社會工作的人都是社會學者。這種見解當然是不正確的。社會學與社會工作固然有其關係，但也有其區別。中文「社會工作」一詞，是由英文social work直接迻譯而來的（有的人也把它譯為社會事業）。它所指的有兩種事實，一是學科，一是工作。視為一門學科，它普通被稱為一門藝術（an art），或社會工程學；也有人稱它為一門科學，或應用社會學。還有人稱它為藝術與科學兩者。它的範圍普通分為四方面：(1)個案工作，(2)團體工作，(3)社會區組織，(4)社會行政。它所講授的是關於協助有問題的個人和團體，或者指導和改善有問題的社會的各種知識和技術。視為一種工

作，它的內容包括各種社會服務，它的實施方法是調整人與人或人與社會環境的關係；它的主要目標是個人及團體生活的改良和社會的革新，這就是社會工作的要旨。至於社會學乃是純粹的一門科學。它的最大目的是瞭解社會和尋求社會生活的一般原理法則，其應用乃在其次。它的範圍比社會工作為廣；它所研究的社會現象並不限於有問題的；它對於問題的考察點比較深入，方法也比較繁多。研究社會學的人，並非人人都懂得社會工作；研究或從事社會工作的人，也並非人人都明瞭社會學。這兩種人對彼此的工作有的甚至毫無認識，或者尚且互存蔑視之心。不過多數觀之，他們彼此並不乏同情的瞭解；有少數人且能兼通社會學與社會工作。若是從這兩種學問的關係方面來看，這實不足為奇。

社會學與社會工作的關係可比之於兩兄妹的關係。在其早期的發展上，它們都是受了社會革新的動機所驅使。這在美國從十九世紀末期起至1920年代尤為顯明。起初，社會學與社會工作在各大學中是合在一系的，多數以社會學為主，直至現在有的學校仍是如此；不過近三、四十年來，有許多地方，社會工作已與社會學分家，而另設社會工作學院，以便訓練這方面的專門人才，以應社會的實際需要。但是，研究社會工作的人所選習的課程當中，仍有很多是屬於社會學範圍的；至於社會學的基本概念及原理法則，更是他們不能缺少的了。

從另一方面來看，研究社會學的人雖然可以不必選修社會工作的課程，但是他對於社會工作人員所蒐集的實際材料倒應該知道利用，作為研究社會問題的參考，並借以充實社會學的理論。他若是想從事社會服務或社會行政工作，那麼，除了基本的社會學課程之外，他就非選讀社會工作的課程不可了。

總之，社會學與社會工作有許多地方是互相關係、互相影響、互相為用的，但是它們並不一樣。

2.以社會學為研究社會問題的學科

又有不少人常以為社會學是專門討論社會問題的，並且認為所有社會問題的研究和解決都是屬於社會學家的責任。這一種見解當然也是不正確的。這種錯誤觀念的來源，大半由於一般人對社會學與社會問題的性質和範圍沒有清楚的認識。社會學不僅是研究社會問題或病態的社會，同時也研究常態的社會和社會的一般情形。社會學對一般社會問題的瞭解固然有很大的幫助，然而它卻不能對各種特殊社會問題都加以探討，並提出解決的辦法；要想明瞭一個特殊的社會問題，必須先詳細探究它的事實。實際上，社會學並沒有對所有社會問題都做深度的考察。一個理由是因為社會問題太多，另一個理由是因為有好些社會問題係由某些特殊社會科學去負責研討。例如，財富的生產和分配、關稅和國際貿易，以及投機事業等問題，係由經濟學去討論。又如政黨、文官服務、選舉及立法委員的運動等問題，係由政治學去檢討。其他如關於文盲、傳染病及刑罰等問題，則由教育學、公共衛生學及法律學分別去應付。普通所謂社會問題，係指對人類生活和社會福利有壞影響之情境而言。剛才所列舉的那些問題，雖然通常分別稱為經濟的、政治的、教育的、公共衛生的及法律的等等，然而它們同時也都是社會問題。不過它們的研究是由那些特殊的社會科學去負責，用不著社會學越俎代庖。社會學特別研討的是家庭、人口、移民、犯罪、戰爭、貧窮、依賴者、心身缺陷者及娛樂等問題。至於這些問題的直接解決也不一定要由社會學家負責，因為真正負起這種責任的人，係社會革新家、社會工作者與公共行政人員等，只有如此分工合作，社會問題才有解決的可能。若是所有的社會問題全由某一門學科或某一種人去一手包辦，事實上這是絕對做不到的，天下也沒有這樣簡單容易的事情。

3.以社會學為社會主義

一般人對社會學的另一個誤解

是，以為這門學科是專講社會主義的。這個誤會當然有其來源和背景。在所謂共產主義的國家裡，一切思想和學問都是以馬克思的唯物論和社會主義為範疇，它們所講的社會學當然也完全是屬於這一套，所有其他的都在擯棄之列，這是用不著說的。我國大陸未被關入鐵幕之前，有的人也受了這一種思想的影響，因此他們所寫的社會學論者和所授的社會學課程，其內容差不多全是闡述或表揚社會主義的。由科學的社會學立場來看，這等於「掛羊頭，賣狗肉」，誤人不少。因為有些人把社會學當做馬克思的社會主義來講，一般盲從者也就因此而指鹿為馬；至於對這種主義有反感的人，更視社會學為宣傳過激主義的學科，而以疑慮的態度處之。有些保守的大學不願設立社會學系，這實為原因之一。但是，依照我們所瞭解的社會學來講，根本不是那樣一回事。事實是這樣，社會主義只是一種社會思想或一種社會組織的體系，而社會思想史至多不過是社會學課程當中的一門，而

且並不算是很重要的。試想想看，假如一個社會學系設立一百門課程，其中只有一門是社會思想史，而這門課程裡面又只有一章是討論社會主義的，社會學與社會主義關係之程度如何，可以想見。況且社會主義視為一種思想，不僅在社會思想史中要講述，在政治哲學史和經濟思想史中也同樣的要講述。由此觀之，一般人把社會學當做專講社會主義的學科，這不但與事實不符，而且是一個嚴重的錯誤。

除上述比較常見的三種誤解外，尚有其他幾種。一是以社會學和社會科學為一樣的東西。但事實上，社會學只是社會科學之一種而已。二是社會學是研究社會的一切現象，既包羅萬象，又太過於空泛。這個誤解在未曾研究過社會學的人當中頗為流行。殊不知社會學雖然說是研究社會的，但它並不研究社會中的一切，而只是考察社會的重演現象、它的各部分間的關係，並且是從整個社會的立場去觀察、分析和解釋它們。三是以社會學當做社交的（social）或交際學

（據說日本人最初曾譯社會學為「交際學」），因而認為念社會學的人應該善於交際，像交際花一樣；這是很可笑的誤解，不值得我們費辭辯駁。最後一種誤解是以社會是「我們人人所熟悉的東西，何必浪費時間去研究」！平常一般人大概都犯這種毛病，即自己認為知道的事情往往只是一知半解，或認識錯誤。前幾年作者的社會學班上有一位學生，在其所寫的讀書報告中自述他個人念社會學前後之觀感如下：

……以前高中的時候，有時從公民課本或其他的報章雜誌裡，看到「社會學」三個字時，心裡總覺得，它反正是研究一些關於社會的事，而社會上的事乃是人們日常生活所要接觸的，可以不必花費那麼多的時間去研究。但是當我讀完了這本書（孫本文《社會學原理》上冊）之後，就發覺自己以前的觀念是非常錯誤的。

該生的這種自述，其中前半段話大概可以代表一般人對社會學的觀感。以上所述那些誤解之存在，一方面固然是由於社會學知識尚未大眾化，另一方面它們的存在和流傳對於社會學的發展實有不利。

錄自《社會學》，臺北：三民，頁9～13。

李波小妹歌

李波小妹個雍容，裳裙逐馬如卷篷。

左射右射必疊雙。

婦女尚如此，男子那可逢。

　　這首北朝民歌描繪出一個豪放且才華洋溢的女子，騎射雙藝齊全且雍容英武，無遜於男子。像這樣的女子，男子當中也找不出幾個。

兩性角色的互動

第一節 角色的形成

　　人類行為是受個人及社會兩因素相互影響模塑的。個人因素包括個人生理特質與個人人格；社會因素包括社會對個人所期待的態度和規範。因此，一個人在社會所表現的行為不能單靠個人的愛好，喜歡怎麼做，就順著性子去做；社會成員必須遵守社會的規範與符合社會的期待。個人學習社會規範與期待的過程，是社會學上通稱的社會化過程（socialization process）。社會化過程是一個人學習或受社會規範的薰陶而發展成為一個被社會接納為一分子的過程。這個過程由人的出生至死亡，無時無刻不在進行，毫無間斷。沒有社會化的人是一個生理上的人，經過社會化的人才是社會人。

　　社會化過程中的一個重要發展是「自我」（self）的養成。這個自我也就是社會的自我（social self）：一個經過社會規範訓練和文化薰陶出來的社會人。在個人的自我形成過程中，發展成一個為社會所認可、所接受的人。行為科學中對自我形成理論的主要學者有佛洛伊德、顧里、米德、艾瑞克森、皮亞傑等，其各自的理論分別簡介如

下：

一、佛洛伊德的潛意識論

　　著名心理分析學者佛洛伊德（Sigmund Freud），對西方學術界的人格形成理論支配了將近半世紀。根據他的看法，人們往往不明白做每一件事的真正原因何在，因為潛意識（unconsciousness）的動機在指揮和支配個人的行為，它代表一個無拘無束的個人。然而，許多潛意識並不一定為社會所允許，於是，人們總是在潛意識與社會約束力量兩者之間掙扎。人們亟欲做某一件事，可是不為社會所允許的困境卻常發生在人們的日常生活經驗裡。佛洛伊德指出社會化的過程代表著潛意識與社會約束力的鬥爭。他把個人那種求取生理與情緒需求上立即滿足的心理部分，稱之為「本我」（id）；接受社會的約束，完全順從社會特定的規矩，來滿足個人需求的部分，稱之為「超自我」（super ego）或「良知」（conscience）。個人將社會中的道德價值觀念、對錯觀念，都內涵化而成其人格的一部分，並做為其行為的指導原則。當生理上的「本我」及道德價值觀上的「超自我」協調後，產生一個被社會接受的個人，佛洛伊德稱之為「自我」（ego）。自我是在兩極端之間尋得的一種妥協，是個人被社會接受的首要條件。換言之，當人們的自我發展了，就成為社會所能接受的成員。例如，人們都有餓了就想要吃東西的意慾，這是「本我」；可是社會卻不允許到處隨意吃東西，這是「超自我」的限制；所以只好等到吃飯的時間才吃，這是「自我」。

二、顧里的鏡中之我

　　芝加哥社會學家顧里（Charles Horton Cooley）在二十世紀初期提出一個「鏡中之我」（looking-glass self）的概念。他指出，人們之所以能知道自己是怎麼樣的一個人，是得自周遭的人如何對待自己、如何形容自己。換言之，我們對自己的瞭解往往建立在他人的評估之上，正如我們從鏡子裡才能看見自己的影像一樣。「鏡中之我」即指這種經由

他人的評估來想像自己的現象。換言之，社會互動影響個人的自我形象。例如，有人自認為自己很漂亮，顧里的「鏡中之我」認為，這是因為別人常這樣說才造成的；如果沒有別人這樣評估，這個人便不會認為自己漂亮。在研究離婚婦女中，學者發現她們普遍有較低的自尊心（lower self esteem）。按照顧里「鏡中之我」的說法，這常常是因為丈夫或其他親密的人整天說她們不好或差的負面評估，以致這些婦女產生較低的自尊心，往往責怪自己把婚姻搞砸了。

三、米德的自我形成論

米德（George Herbert Mead）也是芝加哥大學的學者，他指出，兒童自我的產生大致上可以分為三個主要階段。在2歲與3歲之間，小孩只有模仿他人的能力，對任何事件、行為不能加以瞭解、分析或系統化。米德稱這一階段為「預備階段」（preparatory stage）。通常模仿的對象是父母或其他家人。從4歲到6、7歲左右，小孩開始有能力去裝扮他人的角色，由嬉戲裡扮演他人角色，而且有能力在不同的時間扮演不同的角色，不過仍無能力分析角色及其潛在的矛盾和衝突，更沒有系統整理的能力。米德稱這一階段為「嬉戲階段」（play stage）。到了7、8歲以後，小孩通常已能注意到他人角色的問題，也開始體會到要扮演好自己的角色就必須瞭解，並考慮到他人的角色，也就是把自己算計在社會團體裡面。米德稱這一階段為「團體遊戲階段」（game stage），這是自我真正出現的階段。

四、艾瑞克森的發展八階段論

社會心理學家艾瑞克森（Erik Erikson）是位精神病醫生，他把個人的自我發展過程分為八個主要階段：

1.嬰兒期（信任與不信任期）：小孩完全依靠別人以求生存，因此，他對外界的反應只能依靠他對周圍人的接觸評估。給他溫暖的人，他信任；不友善的人，他不信任。艾瑞克森稱此為嬰兒期

（infancy）。

2.幼兒期（自主與羞恥）：大約到3歲，小孩開始有能力處理自己生理的需求；處理成功會產生自主的信心，處理失敗則有羞恥之心理。此時期稱之為幼兒期（early childhood）。

3.嬉戲期（主動與犯罪感）：小孩大約到5歲時，會開始嘗試新的互動方式。若此嘗試得到稱讚，會有主動心理；若回之以責罵，則有犯罪感。此時期即嬉戲期（play stage）。

4.學齡期（勤奮與卑賤）：入學以後，小孩開始受到陌生人的客觀評估，也開始體會到合群的重要性。小孩會以勤奮換取他人的接納，但也可能發展出卑賤不如人的心理。此即學齡期（school-age stage）。

5.少年期（認同與混淆）：此時期最重要的特徵是個人開始感到自己在成長，對未來有某種憧憬。在此階段，必須把自己的感受與外界的評估加以適當處理，此有助於自我認知（identity）的發展，否則會有無所適從的混淆感。此即為少年期（adolescence）。

6.青年期（親密與孤獨）：個人在此時期可能發展出一種能與人建立友情及能接受他人感情的心態。心態如果能順利，會有親密心理；否則會有孤獨感。此即青年期（young adulthood）。

7.成年中年期（創造與靜止）：在這一時期，事業婚姻皆定，在事業家庭上可更進一步發展，或只靜止不動。此即成年中年期（middle age）。

8.老年期（莊嚴與驚恐）：在這一時期，對成功美滿的過去感到驕傲，或對所剩無幾的年歲感到驚恐（old age）。此即老年期。

五、皮亞傑的道德成長論

心理學家皮亞傑（Jean Piaget）對兒童人格的成長和社會化的解釋，亦有相當的貢獻。他指出，兒童在早期比較服從既有的權威與制度；同時，分不清楚到底自己的行為是為自己還是為別人而做。慢慢地，經過與他人互動及合作，會養成一種尊重他人的心理，對行為規

則亦由盲目的服從，進而到瞭解後的遵守。社會化就是這種發展的過程。

　　社會角色的學習是社會化過程中最重要的任務，經由父母，兄弟姐妹或其他親人，人們學習到怎麼處理自己以及怎麼與別人相處。家人並非唯一的影響者，學校老師、同學、朋友、公司或服務機構的同事，甚至於大眾傳播媒介，如電視、新聞、雜誌等，都可影響到人的自我成長。從社會化的學習過程中，人們瞭解適當扮演社會角色的重要性，於是在與他人的互動中才不會發生太大的誤差或衝突。

第二節　兩性角色的形成

　　社會角色的安排常跟人們的性別有關。在傳統中國社會中「男主外，女主內」的觀念，事實上就是以性別來安排社會角色。這種例子相當地多，不僅傳統中國如此，古今中外皆然。功能學家認為這種兩性角色的區分是必然的現象，因為只有如此，才能鼓勵不同性別的人做不同的事以維持社會的生存。人類學家發現在人類進化史上那種完全男女不分職的社會數目很少。

　　人一出生時，性別就已決定，在生理上男女有別。社會學上稱之為「性差異」（sex differences），這是指生理基因和性荷爾蒙的不同所造成的體質上的差異。雖然也有嬰兒出生時就同時具有男女兩性生理特徵的雙性人，不過數目極少。個人對自己性別的認知，是心理學上所稱的「性別認同」（gender identity），此即指個人的主觀性別的認知。個人對性別的認同不一定與生理上的性別一致。一個生理上是男性的人，可能一直以女性角色來認同自己的現象也是有的。社會對男女不同的期望和要求，是社會學上所稱的「兩性角色」（gender roles）。

　　社會角色的形成往往是經由個人社會化過程而取得；兩性角色的養成往往是社會化學習經驗的產品。大致上，下面三種理論可用來解釋兩性角色的形成：

一、社會學習論（social learning theory）

社會學習論是由行為心理學原理發展出來的。行為論者強調可觀察的行為與其後果的重要性，他們認為，這些要比用感覺或動機來解釋人類行動合理些。行為論者相信在社會互動的過程中，人們學習到態度和行為表現的方式。社會學習論的中心論點在於控制行為的後果：經常獲得酬賞的行為，會使人們重複再做；相反地，人們不會做那些常得到懲罰的行為。

在兩性角色的學習過程中，小女孩穿著漂亮的衣服和玩洋娃娃會得到他人的稱許，如果一個小男孩也玩洋娃娃就會讓人笑話。女孩得到酬賞（讚許），就會喜歡再做同樣的事；男孩得到懲罰（讓人笑話），就不會再這樣做了。讚許或酬賞加強了人們再做類似行為的意願。一個人以語言、觀察和預見效果來決定該不該做某種行為。人們用語言稱讚一個女孩，如：「她真漂亮和乖巧」；對一個男孩則說：「這男孩壯得像條小牛。」孩子們也用觀察方式而知道哪些事可以做，哪些事不可以做。預見可能發生的效果或後果，也是行為的指導方針。譬如，一個小女孩知道玩機關槍一定挨罵，就不會去碰它。在社會學習論中，學者們指出孩子們經由觀察和模仿而獲知男女角色的差別。在語言、行為、手勢等方面，男女皆有所不同。孩子們常常以自己的父母為模仿對象，男孩仿效父親的行為、語言、手勢等，女孩則以母親為模仿對象。

二、認知發展論（cognitive-learning theory）

社會學習論者相信小孩和大人在學習社會角色的過程是很類似的。不論是大人或小孩都會重複表現那些可獲得酬賞的行為，而儘量避免去做可能得到懲罰的行為。

但是認知發展論的觀點則不同。認知發展論相信人們隨著年齡的成長而有不同的社會角色學習經驗。因此，小孩對兩性角色的認知與大人的經驗不盡相同；小孩的學習過程主要是依據他本人對周圍環境信息的解釋和瞭解而來。瑞士心理學家皮亞傑認為小孩的瞭解與理喻能力，

會隨著年齡的成長而增加。美國心理學家寇柏（Lawrence Kohlberg）把皮亞傑的理論應用在小孩的兩性角色學習上。他指出，小孩在2歲左右就可以分辨男女的差別；不過在這時期，辨別的特徵可能是膚淺可笑的。例如，女的是長頭髮，男的是短頭髮；或長頭髮是女生，短髮是男生；女孩穿裙子、穿紅色等等；卻尚未能注意到生理上的差別。酬賞與否並不能改變其觀點。大約在6至7歲之間，小孩開始注意到性別是永久不變的。就為此，孩子們會堅持男與女的不同，男孩會不再玩洋娃娃或其他女孩的玩具，女孩也會放棄男的槍砲玩具等，男孩與女孩也開始不玩在一起。大約要等到12至13歲以後，男孩與女孩對兩性角色開始做有彈性的看法，男女交往程度才漸增加。

三、性別描繪論（gender schematic theory）

社會心理學家查多柔（Nancy Chodorow）認為性別認知的發展是從文化中傳襲而得，兒童在初生幾年比較偏向最親密的照顧者。大多數的社會裡，母親是嬰兒最親密的照顧者；因此，最初數年，無論男女兒童都傾向認同於母親，觀察與學習母親的角色。等到小孩稍長大之後，男孩就掙扎脫離母親的認同，從女性角色中解放出來。母親常在身旁，對女孩而言，可就近模仿，認同不太會出錯；而男孩的性別角色的學習就沒有這般簡單，尤其在工業社會中，由於父親就業工作，不常在家，男孩無法常跟父親互動，於是缺乏模仿的榜樣，更會造成男孩成長的困擾；這種現象，特別在只有母親的單親家庭更是嚴重。

兩性角色的社會化從小孩一出生就開始。當醫生接生嬰兒，通知父母是男或女，從那一刻起，父母對男嬰與女嬰的處理方法就有顯著的差異。男嬰在父母心目中總是壯碩而強硬，父母也比較不在意用力揉或抱嬰兒，衣服穿著較粗硬結實，允許他大動或大叫，玩具也以槍砲、車

子或比較需要力量才能玩的東西為主。女嬰在父母心目中總是柔順軟弱，父母較小心或輕輕地抱，穿輕柔和漂亮衣服，玩具也以洋娃娃或其他比較不用頭腦的東西為多，父母比較保護她，也較常跟她說話，逗她開心。雖然男女嬰在體質上的差別在初生時並不大，但是父母對嬰兒的不同待遇在嬰兒心理上就產生了影響，造成他（她）的初步兩性角色的認識。父母對男女嬰的未來期望亦有差別。例如，對男嬰：「你看動作這麼多，將來一定粗壯有力氣，是一個運動員」；對女嬰：「你看她睡得多甜，將來一定很乖巧聽話。」這種不同的期望會影響到小孩未來的行為。其實父母在為嬰兒取名字時，就已把兩性不同的角色期望放進去了。在我國，男嬰的名字常常是用「雄」、「武」、「博」、「軍」、「國」等男性氣概的名詞；女嬰的名字則總是如「美」、「麗」、「雲」、「珠」、「瑛」等代表柔順的名字。

不僅如此，父母親也常常是小孩的角色模型。研究資料顯示，男孩的模仿對象比較偏向父親，女孩則比較偏向模仿母親。如果一個女孩常常看到母親整天忙著家務，挑選衣服，緊急狀況時顯得手足無措，她就可能受到這些影響，也有同樣的趨向；如果一個男孩看到父親常看電視體育節目，讀報紙的體育新聞版，修車修房子，下班回來後公事包一放就等吃飯，他可能也會跟著父親發展出類似的行為。當然，家裡的其他人，如兄弟姐妹之間也是會有影響的。不過父親和母親的影響最為深刻，這是很多研究資料上都顯示出來的。

小孩在家裡總是比較受家人照顧。俗語說「不管好壞，總是自己的孩子」，就是這道理。雖然小孩的懂事能力不強，但他們也能體會出來，只要能逗人喜歡就好了。這種情況等到上學後就開始有了改變，因為在學校裡，小孩開始明白單靠逗人喜歡並不夠，而是要以努力和成績與他人競爭為基礎。老師喜歡的常常是成績好的學生，而且老師的管教也較父母要有規律且嚴格。老師對男孩的注意

似乎比對女孩要多。老師注意成績好的男孩，不乖的壞男生老師也注意。老師總認為對女生比較不必操心，因此較不管女生。有一個研究調查指出，在托兒所時，老師對搗蛋的男生的注意力要三倍於注意搗蛋的女生，也因此提高了男生搗蛋的心理。老師對乖巧女生比較注意，因此鼓勵女生的順從心理。老師們也常把較難的工作或差事交給男生去做，讓他們接受此類挑戰而變得更能幹。這個研究發現，老師們雖然有這種傾向，可是他們本身並不知曉。也就是說，老師們並非故意分別男女生，而是順理成章地這樣做。在小學裡亦然，男孩的功課好會受老師特別稱讚，女生的表現則偏向於音樂、繪畫或才藝等方面。學校所用的教科書也有重男輕女的傾向，間接造成兩性角色的分離。書裡的文字或插圖總是把男生描繪得雄壯而充滿信心，而把女生描繪成軟弱且無主見。

兩性角色的學習在同輩團體（peer group）中更為加強。在青少年時期，男孩會跟其他的男孩玩在一起，女孩則跟女孩一起，各有各的行為準則。在家庭和學校裡，小孩所面對的是有權威的大人，因此只有聽令的份，不能抗拒。但在同輩團體裡，小孩或青少年的圈子，大家年齡相近，認同性強。因此，屬於該團體的感覺強，而且總覺得朋友比較能瞭解他。這種男女團體活動很自然地，直接或間接的鼓勵兩性角色不同的發展方向。一個在美國做的研究發現，學齡年齡的青少年與朋友相處的時間，比與父母相處時間要多一倍。俗語說「整天跟朋友鬼混」，就是指青少年同輩團體之重要性。在這時期，一個男孩整天混在女孩圈是會被笑話的；同樣地，一個女孩子整天混在男孩圈裡也是不行的。

不過近年來，尤其在有線電視和錄影機流行以後，大眾傳播工具（mass media）的影響愈來愈明顯。有人估計美國16歲以下的小孩，其一天時間的安排是三分之一睡覺或在家做事，三分之一時間在學校，另外三分之一時間是在電視前。如果把他從出生到16歲這段生命加起來計算，則美國小孩花在看電視的時間要比在學校的日子長，尤其是藍領階級工人的子女更是如此。無論是在美國或臺灣，電視類的大眾傳播工具

把小孩的視界，由家庭擴大到一個幾乎沒有止境的世界。由大眾傳播工具裡，特別是電視，小孩收取許多訊息，這些訊息有不少是連父母都沒經驗過的。以美國來講，科學和教育性節目不少，小孩獲益良多；但是另外一方面，電視上的暴力和色情，甚至於電視廣告都對小孩有不良的影響。以臺灣的情形來看，電視播放的歌仔戲、連續劇、布袋戲、綜藝節目、卡通片等對小孩皆有影響。有一陣子有不少小孩要當史艷文大俠，而不要做聯考狀元，就是很明顯的例子。近年來，錄影帶盛行，影響亦愈來愈大。

在兩性角色的處理上，美國的研究發現，兒童節目還是以男孩為主要對象，劇中角色亦由男孩擔任為主。在晚上主要電視節目裡，男性主角地位總比女性高；在電視廣告中，男性的廣告總是以職業場所（如辦公室）和事業（如投資）為主，男性模特兒開著新式汽車，拿個公事包上班或坐在電腦前做事；相反地，女性的廣告常以家庭為中心（如廚房），描寫以家務（如洗地板、吸地毯）為活動範圍，或者由漂亮的女性模特兒穿著皮大衣、時髦衣飾做奢侈品、香水之類的廣告。臺灣電視節目，尤其是連續劇，最喜歡把女性描繪成一個弱者，劇情總環繞著一個女性悲劇生命史以爭取觀眾。這種男女不同的形象，對小孩兩性角色的學習上有很大的影響。

第三節 兩性角色的特質

男女兩性最顯著的不同是在生理上的差別。人們由體態的不同，而辨認出自己以及他人的生理性別。個人性別是與生俱來的。不過目前醫學進步，人們可以經由手術而改變性別，但這樣的案件畢竟極少。贊成遺傳決定因素者指出，男女性別的不同是因男女先天不同荷爾蒙成分所造成；一些宗教信仰則認定是神所賜與的；另外一些人種學家認為人類之所以出現男性支配的現象，是生物進化的結果，因為多數靈長類動物也有類似進化現象。他們指出，史前男性的體型與體力使之能善用工

具以達成使命（如打獵與防衛）。人種學家認為這是男性荷爾蒙的影響，使得男性具有掌權支配的地位。

其實男女特質到底有無差別，除了生理上的性別（如男性有陽具，女性有陰戶）很明顯清楚之外，其他的特質都很難有清晰的劃分。到目前為止，科學上所能找到真正男女有所不同的特質並不多。以下根據科學研究所知的兩性特質，做一簡單的介紹，列於表2-1。

表2-1　兩性特質之異同

一、科學研究上已證明兩性相同之共有特質		
學習能力	活動層次	服從性
記憶	依賴性	性反應
分析能力	結合性	性趣反應
概念之構成	同情心	智能
情感性智能	撫養力	利他性
二、科學研究上已證明兩性不同之特質		
語言能力	視覺空間技能	性興趣
數理技能	生理忍受力	性經驗
溝通方式	積極性	
三、目前尚未有明確結論之特質		
階層組織	創造力	競爭
認知型態	肯定力	合作
懼怕感	支配性	

今日大多數學者都支持生理因素與文化學習交互影響的看法，認為男女兩性的差別是文化因素影響大於生理因素，不僅只是單一因素的影響，而是兩者互動的結果。美國學者馬利和艾哈特（John Money and Anke Ehrhardt）研究陰陽人（hermaphrodite），這種人出生時，其生殖器官是男是女難以判斷。他們兩位的研究發現，這些陰陽人的自我觀念（self-perception）是很重要的；如果在嬰兒時就被指定是男的，並以此性別對待之，則這陰陽人長大就有男性的行為、思想與特質；如果被指定是女的，則長大後的行為就像女性一樣。馬利和艾哈特也發現遺傳影

響的證據。有一種女嬰由於在母親體內懷胎時期，母親接受過量男性荷爾蒙的藥物，此女嬰長大後會比其他女孩易有男性傾向的特質。這種男性化的傾向，很可能是因男性荷爾蒙在胎兒期間所種下的影響。因此，馬利和艾哈特兩人也認為荷爾蒙對性別有關的行為是有影響力的。

大多數學者並不否認遺傳因素和荷爾蒙分配等影響力的存在，但是他們相信文化仍是最主要的原因，因為科學實驗發現，社會和心理因素的改變能影響人體荷爾蒙的分泌程度。例如，做母親的因受文化的影響，接受餵奶的觀點而盡心盡力促進體內女性荷爾蒙的分泌產生奶水。

社會學家從顧里的「鏡中之我」理論開始，就一直認定個人的行為以及與他人的互動，是受社會角色扮演所影響的。依此理論，男女兩性行為的差異是不同角色期望下的結果；而人們對角色的認定，又是在文化薰陶下的社會化過程中學習而得的。

文化對男女兩性角色的界定是傳統性的，並不一定要合理。傳統的兩性角色總是把男性看做進取、獨立、無情、客觀、有主見、勇敢的；男人也知道自己應走的方向，能做抉擇、有理解力、有競爭心、有野心，也看得遠。男人要有這樣的特質，才能「像個男人」。女性角色往往是話多的、富感情的、溫和的、善解人意的；女人被認為極需安全感、不易隱藏感情、也分不清楚情感與理性、不會自做決定、不精於數理、無理解力，也不善於經商。這些兩性角色的顯著典型看法，美國如此，我國也差不了多少。我國古人所再三堅持的「女子無才便是德」，就是這種特質表現，把女子看做長舌婦、嘮叨、軟弱；把《紅樓夢》裡的林黛玉描述成理想美人，也是文化的偏見。唐律男人休妻的七出所包括的理由，有些也是文化典型的偏見所致，尤其「口多言」一項更是典型的偏見。另外，男主外、女主內的分工觀念，更是來自社會角色的分配，也因此我們講究「郎才女貌」。茲將男女兩性角色的文化典型特徵比較列於表2-2，供讀者參考。

傳統的男性角色是慣於攫取的。一個男人要有男子氣概，英雄本色，他必須成功、強壯、自信、聰明、永不懼怕。男人的成功可以表現

表2-2　典型性別角色特質

女性	男性
缺進取	進取
缺獨立	獨立
富感情，不隱藏感情	無感情，隱藏感情
非常主觀	非常客觀
服從，易受影響	支配，不易受影響
易對小事激動	對小事不激動
被動	主動
無競爭性	有競爭性
不合邏輯	合邏輯
無商業才能	有商業才能
拐彎抹角	直接了當
無冒險性	有冒險性
難下決心	有決心
欠自信心	有自信
無野心	有野心
多話的	沉默的
靈巧，溫和	直爽，粗魯
能瞭解他人的感情	不能瞭解他人的感情
安靜	嘈雜
需要安全感	稍需安全感
對文藝、藝術有興趣	對文藝、藝術無興趣
能表現溫柔的性情	不易表達其溫和性情

資料來源：Inge K. Brovermen, et al., "Sex Role Stereotypes: A Current Appraisal," *Journal of Social Issues 28.* (1972, p. 63)

在事業、財富、名望、領導地位上，甚至於擁有多少妻妾都可算是成功的表證。男人要不介意敵對和競爭，強壯而沉靜，並力圖克制感情，能冒險，敢拚命。成功是男性最崇高的表現，無論付出多大代價皆在所不惜。男人為達到這種社會角色的期望，往往力圖克制其感性的一面，造成婚姻上的困難，甚至於摧毀自己，導致悲慘結局，或牽涉到各種各樣的犯罪行為。

傳統的女性角色假定女人需要男人的保護，以感情的支持來回報男人。理想的女人是美麗的，不好強爭勝，是個好聽眾，有適應力，能安慰人，依賴男人，做個賢內助，並讚賞男人的成就。女人除了應照顧丈夫之外，也要能照顧子女。所謂賢妻良母的角色，是要為丈夫子女犧牲，無論須付出多少代價；犧牲自我是女性角色的完美境界。平常人們說的：「一個成功的男人背後常有一個偉大的女性」，這女性最可能是妻子，也可能是母親。但是無論是妻子或母親，在文化規範裡，她們只是居於「背後」，「女強人」並非每個人都能接受。

社會學把男性以事業成就為中心的角色，稱之為「工具性角色」（instrumental roles）；把女性以柔順和情感的付出為中心的角色，稱之為「情感性角色」（expressive roles）。社會文化對男女兩性角色的不同期望，在社會上造成不同的影響，男性支配（male dominance）的現象由此而生。這是明顯地男性優越的文化概念。在社會中，男人變成能支配和有影響力的成員。雖然在今日，女性人口數絕不少於男性，卻依然無法享有同等的財物、權勢，以及地位。目前無論在美國或臺灣，女性參與勞動力人口的增加很快，職業學校的女生數目亦不斷在增加，但絕大多數的女性仍只能取得較低待遇的粉領階級工作（pink-collar jobs），如秘書、食品工人、售貨員、書記、打字員、佣人、老師、護士、電話接線生等職業；而專業人才、管理階級、政治圈裡，女性人數卻很少。才能高超的女性想出人頭地，會被責備企圖超越男人；在事業上稍有成就的女性，常被形容成不是好女人、不是好母親等等，甚至會謠傳成：「跟老闆有一手，才爬得這麼快，升得這麼高。」

典型的性別待遇和兩性角色期望，對男女雙方都可能有不良的影響。男性角色的強調競爭與事業成功，往往塑造出一個緊張和孤立的男性。在目前任何一個競爭性強的社會中，男人在務求成功的壓力下，常

造成激烈的緊張情緒；心臟病、高血壓及其他循環系統的疾病都跟這種壓力有關；過分強調競爭、生產，以及成就所造成的焦慮與緊張，往往是為什麼男性的生命餘年（life expectancy）短於女性的主要原因之一。要做一個真正的男人，他必須忽略痛苦，也必須隱藏溫和與熱情。

女性角色的重視溫順，則反而造成女性的「卑賤感」。消極、萎頓、無聊、空虛、不滿足，以及罪惡感，常存在於許多女性心中；女性自殺的企圖常是男性的六倍以上，女性也經驗較多的心理疾病，這些都是由此而來。有不少女性整天顯得無精打采、意氣消沉是有原因的。

這種男女兩性不同的角色期待，對夫妻的婚姻關係亦會產生影響。男性角色不允許表現親密的感情，女性角色則感情豐富，卻缺乏主動性，於是造成兩個受內心限制的一對，都有礙於其親密關係的形成及持續。研究婚姻關係的學者贊成一種「雙性向」（androgyny）的變通辦法：允許個人既有工具性的角色，也有富於感情的情感性角色共同存在。這個變通辦法鼓勵個人同時兼具男女角色的正面特質，在需要的情況下，可以採用工具性的或感情性的角色來扮演，使個人能有主張、自信，以應付複雜的現代社會，同時也能分享情感、彼此依賴和發抒感情。近幾年來，夫妻都有事業的雙職婚姻（dual career marriage）日增，他們對雙性向的男女角色期望的發展會有相當大的貢獻。傳統兩性角色所造成的缺陷不少，特列表比較，表2-3可供讀者參考。

表2-3　傳統角色之負面

男	女
欠機智	被動
蠻橫	無主見
自私	狡滑
沒感情	長舌
不合群	喜怒不定
不為人著想	主觀
主宰他人	依賴
冷漠	無理
吵鬧	缺乏安全感
不關心他人	羞怯

第四節 改變中的兩性角色

　　傳統的兩性典型角色雖然在文化中根深柢固，但它已有改變的趨勢。根據1977年《紐約時報》與哥倫比亞廣播公司合辦的民意測驗，男人與女人應具雙性向角色的想法已被大約一半的美國民眾所接受。這個民意測驗的結果是約48%的美國人願意分擔婚姻的兩性角色任務：丈夫與妻子都有事業、都做家事、一同照顧子女；仍然有43%選擇傳統的角色期待，即丈夫在外做事，太太在家養育子女。另外一個1972年由三位科學家在伊利諾州對14至18歲年齡青少年的研究也有類似的發現。這些受訪的青少年大多數同意夫妻應共同分擔家事，女性也應表現其領導能力，有主張。

　　傳統的兩性典型角色的改變，使得人們不再把男與女劃分得那麼清楚。一個1978年的研究發現，男女兩性對所謂理想男女性所具有的特質相差並不太大。表2-4是此一調查的結果。

表2-4　男女對理想男女特質的不同看法

特質	理想女性特質		理想男性特質	
	A	B	C	D
能夠去愛	1	1	1	1
堅持信念	2	3	2	2
溫馨	3	2	3	—
自信	4	5	—	3
斯文親切	5	4	5	—
保護家人	—	—	4	4
聰明	—	—	—	5

*A：女性描述理想女性的等級次序
　B：男性描述理想女性的等級次序
　C：女性描述理想男性的等級次序
　D：男性描述理想男性的等級次序

資料來源：*Tavirs and Wade*, 1978.

兩性角色的改變提高了女性的社會地位，也改變了男女關係。最重要的是，雙性型角色獲得社會的許可。人們不再那麼拘束於男主外、女主內的界限，女性在家庭中的地位也由附屬地位而提高到平等地位，夫婦之間的關係不再是主從關係。再加上女性的經濟角色所帶來的收入，女性個人的自我信心增加，成就感比往昔充實。最近英國的「未來實驗室」（the Future Laboratory）發表的看法，把新一代的理想女性稱之為「海蒂族」（HEIDIS），即指一個新時代的女性應具有高等教育（**High Educated**）、獨立自主（**Independent**）、專業學位（**Degree-carrying**）的個體（**Individuals**）。她們是25至40歲之間的都會職業婦女，不依靠男性且具有高度的自尊心。

　　但是兩性角色的改變也帶來了一些問題。例如，家務事的分配就成為夫妻爭執的主題。有不少婦女埋怨，她們在外工作，回家後還要整理家務，等於下班後還得上第二趟班（second shift）；而丈夫則埋怨太太過份以工作為重，而忽略家庭、對丈夫冷淡等等。另外，在職場上女性無論在職位昇遷或所得薪資上都可能遭遇到不平等的挫折，面臨「玻璃天花板」（glass ceiling）的限制。也就是說，性別因素阻擋了職業上的進展。英國「每日郵報」網路版（Mai Online）報導，近半受調查的女性表示「玻璃天花板」仍舊存在，且44%的女性表示曾有男性同事對她們的外表做出不當評論。

　　調查近3000名女性的「美麗佳人女性大調查」（The Marie Claire and everywoman survey）顯示，當論及薪資、晉升和年齡，職場就像每日戰場。18歲至55歲的女性中，近半（46%）表示她們曾經歷性別歧視。18至55歲的受訪者中，63%的女性認為職場上，女性的年齡比男性更容易被拿來做文章。發現，78%的受訪者表示，外表具吸引力有助於事業有成，60%的受訪者則認為太胖的女性受到歧視。許多女性（60%）認為男性較容易加薪，且逾半（58%）認為相較男性同事，她們未能獲得升職機會。

　　根據顧問業者麥肯錫（McKinsey）的統計，企業裡低階工作53%由

女性從事，但到了執行委員這個階層，女性所占比率剩14%。在華爾街日報舉辦的「商界女性」研討會中，與會者討論到職業婦女為何通常只能升到中階主管的現象，大致歸納出下列女性升職的六大障礙幾個結論：

·令人喪氣的機會：麥肯錫美洲區董事長馬霍崔（Vikram Malhotra）指出，雖然83%中階女性主管非常希望能爬得更高，但她們如願的機會只有男性同儕的60%。他說：「中階女主管因表現獲得晉升，男主管則因潛力獲拔擢。」這代表女性或許得比男性同儕更努力，才能更上層樓。

·生活方式的偏好：馬霍崔指出，如果升官會破壞工作和生活的均衡，許多父母寧願按兵不動。但麥肯錫的研究發現，女性在小孩出生後，更覺得不能四處「趴趴走」。美國銀行全球財富和投資管理部門總裁柯勞琪說，對有一、兩個孩子、又擔任中階主管的職業婦女而言，回家在社會上是可接受的行為。

·玻璃天花板：一名婦女接受麥肯錫調查時說，公司裡的高階主管沒有半個是女性。在高層管理階級中少了榜樣、支持者和導師，對女性而言，很難想像自己在那個位子上會是什麼樣子。馬霍崔指出，經理人始終有一層顧慮：如果我們拔擢了一名女性，哪天她請假沒來上班，那人手就會不夠，風險太高。

·薪資較低：Catalyst研究部門資深副總卡特說，研究全球5,000名員工後發現，和男性相比，女性找到的第一份工作職位較低，薪水也較差。而且隨著時間過去，差異愈來愈大。

·令人望而生畏的托兒費用：世界經濟論壇（WEF）婦女議題專員薩希蒂指出，如果托育小孩的費用會耗掉一個媽媽的所有薪水，那上班就顯得毫無價值，除非她太愛她的工作，願意為了保有這份樂趣而「做白工」。

·知足：麥肯錫的研究發現，女性如果從工作中得到某些意義，通常就不太換工作。女性比男性更珍惜把精力用來從事有一番作為的機

會。研究指出，女性不想拿這種樂趣，交換更高的職務，她們擔心那些開不完的會和人事傾軋，浪費她們的精力。

因此，發展出彈性的兩性角色觀點就成為必要。男女（尤其是夫妻兩人）不應堅持嚴格的角色界限，相扶相攜才會有好的關係。當然，最理想的境界是發展出一套不分男女性別的雙性向角色規範，平等地共同扮演社會角色。

〔第五節〕 臺灣婦女

在1960年代以前，臺灣婦女的社會地位和傳統中國社會是一脈相承的。基本上是男尊女卑，男主外、女主內的兩性關係。在這之前，臺灣主要的經濟活動是以農業為主，婦女的就業機會不多，同時絕大多數男性仍然抱持「婦女持家」的傳統觀念，不希望妻子出外「拋頭露面」。再加上當時每個家庭的子女數目都不少，做母親的很難離家出外就業。1960年代，在急速的工業化過程中，臺灣婦女的就業機會增加了，更由於年輕女性教育程度的提高及經濟收入的增加，她們的社會地位也就跟著提升了。如果說臺灣婦女地位是因工業化的衝擊而提升的，是無可爭論的事實。由於確實統計資料之缺乏，無法描述1960年代時期以及更早期的臺灣婦女狀況，只能依1970年代以後的資料來說明。事實上，政府的主計單位能從1970年代開始蒐集婦女統計資料，也間接地表明婦女地位之受重視。也可以這麼說：由於婦女地位以往未受重視，故資料缺乏；如今婦女地位受重視了，乃有統計資料的蒐集。

一、婦女人口資料

據2009年臺灣地區人口統計，23,119,732總人口中有49.7%是婦女，幾近總人口的半數。婦女的生育率一直在減少。總生育率（total fertility rate，每位育齡婦女在育齡期間所生的嬰兒數）由1961年的5.5、1971年的3.7、1981年的2.5，降至1986及1989年的1.68，1990年代微升

了一點，維持在1.72及1.76之間。2009年已減至1.03，即每一育齡婦女只生一個小孩。這幾十年來，婦女在理想兒女數目的觀點上也有所改變。根據行政院主計處的〈中華民國臺灣地區婦女婚育與就業調查報告〉資料表示：15歲以上婦女的理想兒女數目正逐漸減少。1979年32%希望兩個或兩個以內，30%想要三個孩子；到了1988年，此數字變成51.6%及26.4%，一半以上的婦女認為最多兩個孩子最理想，四分之一希望有三個孩子。最近的理想子女數想必更少，政府已有口號「兩個恰恰好，三個不算多」來鼓勵生育，也提供金錢補助來提高婦女生育的意願。內政部計畫於2012年每月發3,000元津貼給第一胎兒，第二胎4,000元，第三胎5,000元，至小孩2歲。育有2至6歲小孩的家庭，可另獲3萬元的托育補助。

女性的初婚率，每一千位15歲以上未婚婦女在該年首次成婚的比率，1976年是93.0%，1990年代降至60%左右，如1996年的63.8%，2009年更降至32.7%。初婚率的降低，相對的，單身未婚人數就有增加的現象。初婚年齡也提高，顯示有晚婚的趨勢，女性新娘由1976年23.0歲遲到2009年的28.9歲，男性的初婚年齡也由26.9歲增至31.6歲。婦女單身人數的增加及初婚年齡的延後，都跟臺灣工業化有密切關係。婦女往往為了教育和工作（有時是事業）上的需要而保持單身，或延遲結婚成家。

二、勞動力

勞動力參與臺灣工業化的一個重要成績，是創造了新的就業機會。當全國的失業率不斷降低時，婦女參與市場勞動力的機會明顯增加；同時在工業化之後，服務業逐漸興盛，因此更能吸引婦女就業並久留在職場上。1961年時，婦女勞動力參與率是35.8%，這數字穩定的增長到1997年的45.6%，2009年的49.6%。15歲以上的婦女，二十個中有九位在外工作。相對的，男性的參與率則有下降的趨勢。

在以往中國傳統社會中，婦女的主要角色期待是做個賢妻良母。

單身婦女就業尚情有可原，婦女婚後總被期待辭職在家侍奉公婆，如有學齡子女，更應該留在家中照顧養育子女。這情形在最近二、三十年來已有了改變，不僅婦女勞動參與率大為提高，而且婦女有6歲以下子女的，其參與勞動力之比率亦明顯提高，由1981年的28.26%增加到1991年的44.4%，1997年的48.16%；沒有子女的結婚婦女的參與率更是明顯。綜觀之，婦女勞動力的參與已不只是單身婦女，婦女有6歲以下子女的參與率已近半數；有6至17歲兒女的婦女，其參與率更達六成之高。

三、職業分布

臺灣地區婦女就業，在職業上的分布，以民意代表及主管級的婦女而言，在過去二十年中，其百分比之分布增加並不顯著；倒是技術、專業人員，以及事務工作人員的分布，增加了一倍以上。在2003年，以行業分布來觀察，則68%的職業婦女在服務業（男性只有50.7%），27%在工業（男性40%）。就業婦女中，技術專業人員占27%（男性24%），生產操作的勞工占21%（男性42%），民意代表及主管級的婦女僅占1.7%（男性5.4%）。

四、同工不同酬

婦女勞動參與率的增加雖然改變了婦女的社會地位，但這並不代表臺灣已經達到男女平等的情況。除了職業的分布上仍有差異外，在薪資上的差距更是明顯。據行政院的資料顯示，1981年，男性的薪資比女性高出一半以上。就百分比來講，女性的薪資大約是男性的64%。到1997年，這項差異雖有所改進，但仍只有71.6%（這還不包括無酬的家屬工作者。在1981年，這部分就占了就業已婚婦女的26.7%）。由於超過半數以上的婦女參與收入較偏低的服務業、生產業及農林漁牧業，其收入跟同行業的男性比起來更低，只有不到65%或更低。雖然在企業界或政府機構，一切講制度，男女的薪資是根據職務、等級及表現而定，但絕

大多數的民營、私營事業，男女同工卻不同酬。再加上女性往往因結婚成家而退出勞動市場：永久性的退出或暫時性的退出，都影響到其薪資的累積及職位的升遷。2009年，女性薪資平均大約是男性的80%。

五、婦女離職

　　根據行政院主計處1988年的調查，有43%的已婚婦女從未參與家庭之外的有酬工作；婚前曾經工作，但目前沒有工作的有57%，其中95%是因結婚或生育而離職，3%是因工作場所的規定而去職。行政院在1994年婦女婚育與就業調查資料中指出：15至64歲已婚婦女曾經離職過的占已婚女性的47.9%；其中因結婚而離職的有53.5%，因生育離職的有31.7%，共計為85.2%。因生育而離職的已婚婦女中，很明顯的，教育程度愈高，其百分比也愈高。同年齡組的已婚職業婦女及家庭主婦的家務勞動時間（1993年）高達6.22小時，即使就業婦女也達5.09小時，非勞動力的婦女達7.32小時。若按年齡分，15至24歲的最長，達7.28小時，其活動中以照顧小孩之活動達5.53小時。年齡愈長，時間則稍短。不過近年來，婦女處理家務時間已有減少的趨勢。按照政府的調查資料分析，就業婦女平均每日花4.01小時處理家務事，不在勞動力市場者則多花2小時（6.01小時），其中以處理家事時間最長（2.84小時），其次為照顧小孩（1.92小時）。雖然如此，其時數已比1993年少了許多。

六、政府女性公務員

　　近年來，經由高考、普考或其他甄試進入政府機關學校服務的女性公務員逐年增加。到1993年，已占全部公務員的35.1%。銓敘部的資料指出，在不同類別的公務員中，女性的比例不等：各級學校女性最多（52.6%），金融機構次之（47.5%），行政機關占28.6%，交通機關占18.6%，生產機構

較少只占13.1%。女性公務員中擔任五職等以下的低級職位者最多，占79.4%；擔任六至九職等的中階職位占19.8%；擔任十職等以上高階職位的僅有0.8%。跟男性公務員比較，中、高階職位的女性比率明顯偏低，而低階職位的女性公務員比率則高於男性將近25%。2009年的資料顯示，擔任專業技術人員中，女性占47.3%，民意代表、企業主管、經理人員僅占19.5%。2010年全國三十四萬公務員中，女性占38.77%。以人數來看，男性公務員二十萬八千多人，女性為十三萬一千多人。若進一步比較各官等，女性委任職人數高於男性，薦任男女差不多；但每四位簡任官中，僅有一名是女性。雖然如此，相較十年前女性簡任官比率僅有15%，十年來幾已倍增（2011/02/25聯合報）。

公務員具有考試及格之任用資格者，除高階外，女性都比男性比率高。男性中階公務員54.6%有任用資格，女性則有69.8%。低階公務員中有任用資格的女性達74.4%，男性僅有35.6%，明顯表示女性公務員的任職條件比男性符合法定要求。一般來說，女性公務員具大專以上教育程度者較多，占61.6%；男性占39.6%，有36.7%為軍警教育背景。但這些大專以上教育程度的女性公務員擔任委任級以下低階職位的比率，遠較相同教育程度的男性比率偏高；而擔任薦任的中階職位及簡任級高階職位的女性比率，遠較同等教育程度、擔任同職級的男性比率偏低。這些都顯示在行政機關中，在學歷條件及職等的配合方面，女性跟男性相比，似有高資低用的情形。婦女在政府的高階層所占的比率少而又少。部會級首長、司法院大法官、考試院考試委員、監察院監察委員中，女性寥寥無幾。在民選的民意代表中，女性所占的席位也較男性差得遠：1998年3月選出225位立法委員，其中男性182位，女性43位；332位國民大會代表中，男272，女60；臺北及高雄市議員選舉共選96位，其中女性22位。十三屆縣市長選舉，21位中僅3位是女性。2004年當選的立委中，女性只有39位，占18.1%。

經濟能力的提高和教育水準的提升，是臺灣婦女在近年來改善其家庭和社會地位的兩大因素。婦女地位雖是提高了，但在報紙廣告上仍

可以看到「警告逃妻」的啟事、婦女被強姦的報導、虐待妻子等等不尊重婦女的社會行為。尤其在幾件校園性騷擾事件發生後，更將此問題明朗化。根據臺北現代婦女基金會1993年的一份調查報告，在近千名受訪者中，有四分之一的人在工作場所曾遭到性騷擾，而最常見的是以黃色笑話等不當言辭及肢體碰觸為主，脅迫性的騷擾較少。曾經有過被性騷擾經驗的25.6%人中，有七成是女性，男性也有三成。上班族的騷擾者以主管上司最多，占21.3%。至於受訪者認為曾遇到最嚴重的騷擾行為，46%表示來自「不受歡迎的言辭」，35%則為「不受歡迎的肢體碰觸」。1997年臺灣地區婦女生活狀況調查中問及：「在最近一年曾遭遇不幸經驗」，有20%的婦女回答至少遭遇一項不幸經驗。其中遭他人性騷擾的占7.9%，遭受家庭暴力占3.6%，被他人強暴占0.1%。《讀者文摘》中文版在2004年12月號有一篇題為〈性騷擾為何臺灣特多？〉的調查報告指出，臺北有38%的受訪婦女曾遭性騷擾，比上海或香港都高。其中有60%是被陌生人性騷擾，24.1%被上司或同事性騷擾。

臺灣色情業之猖獗，也是婦女受迫害的一個例子。其中有相當大的數目是未成年少女，即「雛妓」。根據一項1992年的調查，臺灣大約有72,279個從事色情交易及特種行業的未成年少女。這項統計尚未包括私娼寮、冰果室、歌舞廳等行業在內。妓女戶、賓館、旅館或KTV等，都是這些雛妓交易的場所。臺灣地區以臺北市最多，大約占總數的三分之一。未成年雛妓大約占所有從事色情行業總婦女人數的三分之一。這項調查也指出，未成年雛妓中大約有5%是被迫為娼賣笑的。參與這項行業人數之多以及雛妓之比率，在在都反映出社會問題之存在。

法律上雖然對離婚婦女的子女歸屬問題有新的詮釋，對婦女的財產繼承權亦有保障，但是民間傳統的風俗仍然是重男輕女。民政司也列舉許多現行不符性別平權精神的喪葬禮儀，包括父喪由伯父（族長）主持、母喪由舅舅主持封釘（封柩）儀式、由長（兒）子以牙將釘在靈柩上的子孫釘拔起；點主儀式中，由兒子或男性晚輩背負神主牌位；歿者靈柩埋葬後，神主牌位由長孫恭迎回家或媳婦要擔任早晚兩次（或早中

晚三次）拜飯等。尤其在遺產的繼承上，很多婦女都因風俗習慣而被排除在繼承權利之外。臺灣地區婦女福利的經費，由最初（1985年）的兩百萬元增加到一億八千四百萬元（1997年），政府試圖加強各項婦女福利措施；同時每隔三、五年舉辦抽樣調查，以期蒐集婦女福利的需求資料，以便適時提供政策擬訂之參考。

最後，我們想引用衛生署國民健康局2004年臺灣地區第九次家庭與婦女生育力調查研究報告的一些統計，來顯示目前臺灣婦女角色的現狀。根據該報告，受訪的已婚婦女有76.9%是家務的主要工作者，只有1.5%是完全不做家事。而且年齡愈大的已婚婦女，家務擔子愈重：30歲以下的已婚婦女只有44%是家務的主要工作者，而40歲以上的已婚婦女則高達90%。內政部2006年所做的婦女生活調查也發現，有18%的婦女是家庭主要家計負責人，32%是家庭財務分配主導者。該報告同時指出，婦女處理家務時間雖有減少（由1991年的1.9小時減少到2006年的1.7小時），但總工作時間卻由6.7小時增加到8.3小時。另外，有34%女性不想結婚，也不想生育小孩。

附錄

文摘　從性騷擾案談美國90年代男女關係

蔡文輝

　　1991年10月初的兩個星期中，全美國社會的注意力都集中在史拉荷馬大學法學教授奚爾（Anita Hill）控訴美國最高法院大法官提名候選人湯瑪士（Clarence Thomas）的性騷擾風波上。當美國五大家全國性電視臺現場轉播奚爾教授及其證人的指揮，及湯瑪士與其擁護者的辯論時，電視的收視率甚至高於職業棒球聯盟的決賽轉播，也高過職業足球賽的轉播。而且這個風波亦成為街頭巷尾、課堂上和辦公室裡人們談論的話題。

　　這件風波之所以轟動全美國，主要原因有三：第一，最高法院大法官的職位德高望重，因此，候選人的資歷品德必須符合國家和社會的要求。因為最高法院對法令的解釋影響美國人的生活方式，因此保

守派和自由派人士以及其他利益團體都非常注意大法官的提名。湯瑪士法官是保守色彩濃厚的人物，自然成為自由派人士打擊的對象。第二，湯瑪士法官是黑人。雖然有一些黑人利益團體不贊成其保守觀念，但因為同是黑人，只好勉強支持。黑人近年來在美國政府舞臺上的權力鬥爭頗有所獲，就是因為這種團結一致對外戰略的勝果。但是在這風波裡，奚爾教授也是黑人，兩人又是受過高等教育和擁有崇高社會地位的高等黑人。這種黑人自家窩裡反的情況很少，白人更覺得有看頭。第三，奚爾教授指控湯瑪士法官的幾項性騷擾行為，一方面是發生在幾乎十年前的事，另一方面又是看起來相當平凡的平常行為，很多美國男人都曾經犯過。如

果奚爾教授的指控成立，那麼很多男性都可能成為女性同事和部屬控訴的對象，以致人心惶惶等著看結果。

奚爾教授對湯瑪士法官的性騷擾控訴，把湯瑪士說成一個企圖勾引她、強迫她發生性關係的男性上司。雖然奚爾教授也承認湯瑪士法官從未在肢體上碰過她，但是她說湯瑪士幾次要求跟她約會、當面談論色情影片、說她衣服性感誘人、吃她豆腐、講黃色髒話等等。在參院法律小組的聽證會上，奚爾教授把這些發生在近十年前的事，一一詳細生動的描述，指控湯瑪士以頂頭上司的職位對她性騷擾。而湯瑪士則激動地加以否認，並責備參院議員的種族歧視及不公平的對他圍剿。

這場性騷擾風波高潮迭起，但美國民眾似乎比較同情湯瑪士法官。根據《今日美國》（U. S. A. Today）報紙的民意調查顯示，有47%相信湯瑪士法官的證詞，只有24%相信奚爾教授的證詞。同一調查也指出，有55%的人認為湯瑪士

法官應獲參院提名。[1]美國布希總統更是支持湯瑪士到底。十月十五日參院投票的結果：湯瑪士法官獲得五十二票過半數的支持，反對他的票數是四十八票。湯瑪士終於在驚濤駭浪中通過最高法院大法官的提名。

這件風波似乎應該到此告一段落，事實卻不然。性騷擾的界定問題、男女來往互動準則規範的重新建立問題，都成為法律學家、社會學者、婦女研究者的討論主題。一般的社會大眾，尤其是男性更是人心惶惶，不知道怎樣才能保護自己。因此，有些學者認為這件風波使男女原本已不和諧的關係變得更為緊張。

美國社會真正對性騷擾開始加以注意，也不過是最近五、六年的事。根據平等機會委員會（Equal Employments Opportunity Commission，簡稱EEOC）給性騷擾（sexual harassment）所下的定義是：令人討厭的色情性追求、需索或實際行為。性騷擾包括兩種類型：(1)交換類型

（quid pro quo），這種性騷擾是指僱主以性的要求作為其僱用、升遷或解聘的根據。(2)環境類型（environmental），這是指因為雇主對雇員性的要求，而造成工作環境上的敵意。這兩種類型都違反美國1964年所通過的公民權利法案（the Civil Rights Act）。美國全國婦女法律中心據此而舉出下列幾項行為為性騷擾的列子：(1)不受歡迎的追求或需索；(2)對雇員體態、衣著或生理特徵的惡意評論；(3)呈現黃色刊物或黃色器具；(4)黃色笑話和姿態；(5)探人性生活方面的隱私；(6)刻意描述自身的性經驗；(7)使用刻意侮辱或貶低女性的辭句，例如，親愛的（dear）、甜心（honey）、寶貝（baby）等；(8)不必要的或不受歡迎的肢體上的接觸，如：觸摸、擁抱、親吻、拍打等；(9)吹口哨、學貓叫等；(10)含有淫意的色眼；(11)露出身體上的私處；(12)性攻擊；及(13)強姦。[2]

從上面這個定義和十三項例子來看，其所包含的項目涉及到絕大多數的美國男人。根據《時代》雜誌（Time）與有線電視網（CNN）所做的一項民意調查發現，有41%的人認為當一個男性主管向女性部屬調情時就等於是性騷擾，82%認為用雙關語或歧視女性的字眼也算，64%認為他把手放在女職員肩上或背後時，74%認為對女職員講黃色笑話，91%認為對女職員討論黃色書刊或動作，77%認為強邀女職員外出進餐，87%認為要求與女職員發生性關係，皆屬於性騷擾。[3]

一項有關性騷擾的民間調查發現，有17%的人相信這問題在他（她）們的工作場所裡很嚴重，67%說有性騷擾問題存在，只有12%說沒有這問題。不過當婦女被詢問到是否曾經在工作時遭受性騷擾時，卻只有26%說曾經有過。[4]《時代》雜誌的民意調查也發現，只有34%的婦女說有遭受過性騷擾，不過婦女領袖認為這百分比太低，實際情況應該比這數目要高很多。婦女界的調查甚至於聲稱高到90%以上的職業婦女都曾經驗過。[5]

有不少職業婦女事實上是真的

遭受過這些性騷擾，可是為了事業、為了升遷、為了與男同事和平相處，因此往往忍氣吞聲，只好認了。當然也有些女性以撒嬌、拋媚眼、或甚至與上司或男同事發生性關係，以換取加薪、升遷的機會。因此，性騷擾的要件可能存在，但是卻可能是雙方同意的行為，沒有性騷擾的企圖。是非對錯很難確定，像奚爾對湯瑪士的控訴，行為發生在幾乎十年前，奚爾卻從未向其他同事抱怨過，而且還跟著湯瑪士由教育部調遷到平等機會委員會工作。現在突然冒出來，難怪很多人都不諒解奚爾，而寧可相信湯瑪士的清白。對美國絕大多數的男性來講，奚爾所指控的行為不僅微不足道，而且在美國男性社交圈的次文化裡，這些黃色笑話，開女性玩笑，幾乎是不可或缺的行為，因此拒絕認同奚爾的控訴。

從社會學的角度來看，男女關係的日益緊張，最主要原因是社會對男女角色的界定不清楚。在男與女的社會化過程中，他們學到一套男女之間互動的明確規範準則：尊敬女人、保護女人、讓坐開車門、吃飯時男方付帳，都是兒童社會化過程中所強調的紳士風度。但是男人在社會化過程中也學習到開女性玩笑、講黃色笑話、對女性品頭論足、對女性採取主動，相信女性拒絕男人約會的要求或其他性方面的要求都是假的。如果女性的回答是「yes」，就是「yes」；但是回答若是「no」，則會被視為假心假意的做態，因此，「no」也被男性看成「yes」。男性對女性的約會要求和品頭論足自認為是善意，可是卻被女性視為不受歡迎的性騷擾，讓男人直叫冤枉。

男女關係緊張的另外一個原因是因為自從1960年代以來，經過嬉皮運動和婦女解放運動的衝擊下，美國女性的自我意識提高，再加上經濟參與機會的增加，美國婦女已經歷了相當大的改變。可惜的是，男性對女性角色的認知卻沒有顯著的增長，兩者之間的差距在急速的社會變遷中更加擴大，誤會增加，導致衝突嚴重。

根據一項《紐約時報》所做的

調查，婦女當中有大約一半的人表示在外工作的意願，另外也有大約一半願意在家處理家務。對已有職業的職業婦女而言，有58%願意在外工作，只有33%希望留在家裡。沒有子女的職業婦女當中，69%傾向繼續在外工作，只有24%願意留在家裡。該項調查也發現，職位愈高和薪水愈多的職業婦女，絕大多數願意繼續工作。[6]事實上，婦女的勞動市場就業率在二十世紀的美國社會裡一直在增加，1900年時16歲以上婦女大約只有22%就業，到了1990年則已有約58%的婦女就業。不僅婦女在外就業率增加，已婚婦女的就業率也跟著增加了。以往美國已婚婦女是家庭主婦乃一種理想的狀況，但到1989年時，有將近60%的已婚婦女在外工作。至於單親家庭的婦女或離婚的婦女，其就業率更高。

附圖1把美國婦女就業的趨勢表示出來，供讀者們參考。[7]

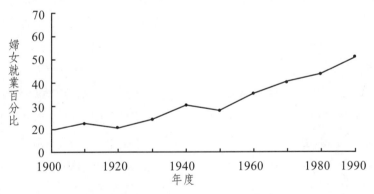

附圖1　16歲以上婦女就業率

資料來源：勞工統計局，1990。

婦女的大量就業對美國男女關係有很大的改變。以往，婦女是弱者、依賴丈夫，現在則有了自己的事業和收入。男女之間的權力分配大為改變，有了經濟能力，美國婦女就不願意在家完全受丈夫的支配，因此夫妻間的爭吵便增加了。美國丈夫就常埋怨，他們不知道

妻子要他們怎麼做才算是好丈夫。男人在外工作，賺錢養家，這在以往就算是標準的好丈夫，但現在他們的妻子還要他們洗碗、溝通、分享權力。家務事沒人做，孩子沒人看，這些都是男人埋怨的地方。其實，研究發現，婦女工作不僅改善了全家的經濟狀況，而且男人花在工作賺錢的時間也縮短了許多。研究者發現，當妻子在外有了工作，她的全部工作（包括在外的工作和家務事）時間反而增加了，因為她花在家務的時間只減少了一點點，

但因在外有工作，所以工作時間自然會增加。相反的，丈夫幫忙處理家務的時間只增加了一點點，可是他在外工作的時間卻減少了，全部工作時間也因而減少。換句話說，很多美國男人在妻子外出有工作以後，可以輕鬆而不必拚老命。所以說，妻子比以前更忙，而丈夫卻得以輕鬆下來。家庭的研究發現，夫妻之間的衝突增加、離婚率提高的原因之一就在此。

附圖2是夫妻間工作時數的分配。[8]

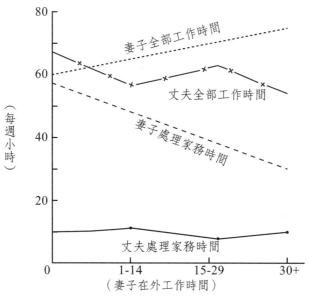

附圖2　夫妻每週工作時間，1981

資料來源：Hartmann, 1981.

男女關係緊張的一個主要原因，就是婦女就業人數的增加所帶來的。以往男性在外，女性持家，兩性直接在工作場所接觸的機會很少。現在，很多職業都有女性，而且有些職業還是女性占大多數，男女性接觸機會增加，婚外情時有所聞，性騷擾也就成為大眾注意的問題。不過，最受注意的問題還是女性在工作場所遭受不公平待遇的問題，也就是所謂「性歧視」（sexual discrimination）問題。根據美國聯邦政府勞工局的調查，男女在收入所得上有明顯的差別。大致上來講，女性的收入是男性的70%左右。附表1所列是1989年幾項職業中，男女平均每週的薪資。[9]

從附表1的數字中，我們可以看到，不僅女性職員薪資比男性低，而且職位愈高，兩性的差異便愈大。另外，其他的研究也發現，職位愈高，女性的參與愈少。因此，美國女性認為她們在由男性支配的社會裡受到性歧視和不公平待遇。和那些非白種的少數民族一樣，她們也是一群「弱勢團體」（minority group），亟力爭取平等的機會。

這次奚爾教授對湯瑪士法官的指控，雖然沒能阻擋他的提名案，但是卻吸引了全美國人對男女兩性關係的檢討，其間接的效果比阻擋湯瑪士提名重要得多，也更深具意義。美國女性占總人口一半以上，在外工作就業的婦女也愈來愈多，她們的地位不容許忽視，而男女兩性目前的緊張狀態亦不容許繼續下去。

附表1　　男女全職者平均每週薪資中數，1989

職業	男	女
經理或專業人員	695	485
技術員或推銷員	466	319
服務業者	293	216
工人	359	257
農、漁、林業者	250	245

註釋

1. *USA Today*, October14, 1991, p.1.

2. *Fort Wayne News-Sentinel*, October10, 1991, p.8A.

3. *Time,* October 21, 1991, p.64.

4. *Fort Wayne News-Sentinel,* October 10, 1991, p.9A.

5. *Time*, October 21, 1991, p.53.

6. *New York Times*, December 4, 1983, p.67.

7. Mary Ann Lamanna and Agnes Fiedmann, *Marriages and Families*, 4th Ed., Belmont, CA: Wadsworth, 1991, p. 441.

8. Heidi I. Hartmann, "The Family as the Locus of Gender, Class, and Political Struggle: The Example of Housework." *Signs* 6 (Spring, 1981), pp.366-394.

9. William Kornblum, *Sociology in A Changing World,* 2nd. Ed. Fort Worth, TX: Holt, Rinehart and Winston, Inc., 1991, p.449.

秋

風飄飄，雨瀟瀟，便做陳摶睡不著。

懊惱傷懷抱，撲簌簌淚點拋。

秋蟬兒噪罷寒蛩兒叫，淅零零細雨打芭蕉。

冬

雪紛紛，掩重門，不由人不斷魂。

瘦損江梅韻，那裡是清江江上村？

香閨裡冷落誰瞅問，好一個憔悴的憑欄人。

　　這是元關漢卿所寫的〔大德歌〕十首曲中的兩首小令，描寫癡情女子對遠方情人的思念。前首以自然界的秋聲來烘托作者在秋夜的思緒愁懷，第二首則以嚴冬的冰冷氣氛來表現閨中少婦思夫之情。

第3章

愛情與性慾

戀愛的滋味

　　一般人常常把愛情視為現代婚姻的主要基本要素。寧可不要功名事業,也可不要麵包,但是沒有愛情,人生就白白浪費了。人們常常把愛情理想化和幻想化,在小說、電影、詩詞中,男女之間的愛與恨不知換來了多少的眼淚、嘆息與同情。賈寶玉與林黛玉的戀情,羅密歐與茱麗葉的苦戀悲劇,一直是人們無法忘懷的情史。

　　但是,什麼叫做「愛」,卻不是每一個人都能清楚明白說出個所以然。大致而言,愛情是一種主觀直覺的心理狀況,它包括一種對某一個人或某一件物品的心理情緒的感受和內涵,一種對某一個人或某一件物品的正面好感,一種溫暖和親近的感覺,以及一種希望與某一個人互動的心理衝動。人們可能「愛」上一部車、一件藝術品,或者是一本書,但是這些東西不能回報人們的愛,這是單方面的愛,因此,愛的波折較少,程度也較淺。人與人之間的愛,尤其是男女之間的愛情是雙方面的,常有較深的迴響和衝動。父母子女之間的愛、兄弟姐妹之間的愛、家人親情的愛雖然真誠,但男女之間的愛卻最為深刻,也最讓人心醉。

愛的種類不只一種。從學理上來講，我們大致上可以分成下列幾類型：

　　1.朋友之愛：指朋友之間相互信任與推心置腹之下產生的感情。緊張情緒較低，較能持久；不具生理上性的要求慾。兩人的互動平穩且較持久。

　　2.嬉戲之愛：以愛情為遊戲，並以征服對方為主要目標，只取而不付出，不具誠意。往往乘一時之興，玩弄對方。

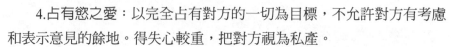

　　3.理性之愛：現實主義的愛，以先入為主的條件和標準來取捨所愛的對象。例如，傳統的門當戶對或建立在家世金錢上的愛情。

　　4.占有慾之愛：以完全占有對方的一切為目標，不允許對方有考慮和表示意見的餘地。得失心較重，把對方視為私產。

　　5.大公無私之愛：一種不自私的完全付出的愛，自我犧牲，認為愛是付出、給予，而非獲取。例如，全心全力照顧年老父母。

　　6.伴侶之愛：長期相處後，彼此發展出的互諒互信之愛，感情穩定性較長。例如，年老夫妻的老來伴牽手之情。

　　7.羅曼蒂克之愛：短暫的、有火花爆發式的高度情緒伸張。有相當程度的幻想，不切實際，往往有生理的性接觸。

　　男女之間的愛雖然在上面七種類型都可發現，朋友式的、嬉戲式的、理性的、占有慾式的，或者是大公無私的自我犧牲都可能。但是婚前的戀愛，則以羅曼蒂克（romantic love）和伴侶式愛情（companionate love）最顯明。前者是短暫性和激情的愛，後者則是瞭解性和持久的愛。羅曼蒂克愛情是人們平常所謂的愛情，也是小說和詩歌再三稱頌的愛情主題。心理學者魯賓（Zick Rubin）認為，羅曼蒂克愛情至少有三種要素成分：

　　1.親近（attachment）：希望我們所愛的人能在身邊的一種需求。所謂「一刻不見就心疼」、「一日不見如隔三秋」的現象，即是這種感

覺，也就是希望時時刻刻能跟對方在一起。

2.關懷（caring）：問暖噓寒，時時關心所愛的人，對方的一舉一動都是我們照顧關心的中心焦點。

3.情意（intimacy）：兩情相悅、互通心聲的聯繫，是一種不用費心、自動自發的瞭解和體諒的情意。

羅曼蒂克愛情是甜蜜的關懷，但是它也包括某種程度的痛苦。有人說，沒有痛苦就不是真愛。為愛所苦幾乎是戀愛過程中必經的經驗。平常如果一個人受他人的折磨而不反抗，人們會瞧不起這個人；但是在戀愛中的人受折磨，幾乎是天經地義和理所當然的經驗。

愛情的滋生必須要有一些條件的配合。第一，社會允許並鼓勵愛情；第二，個人要能跟所愛的人分享苦樂，願意跟另一個人表白自己的心意；第三，生理成熟的反應，身心相互配合以應付愛情所造成的後果。伴侶式愛情常常發生在羅曼蒂克愛情高潮之後。當雙方情緒穩定下來以後，應互相分享苦與樂、互相關懷和惦念、互相建立和維持這一份感情。它雖然沒有爆發式的火花，但彌堅持久，雖味淡但猶香甜與甘美。社會學家和心理學家認為男女之間的愛情如果能兩者兼具：有羅曼蒂克的火光刺激，也有伴侶式的穩重持久，將是最理想也最有意義的。中國人講的「恩愛」裡的「恩」，就跟伴侶式愛情很類似。

另外一位心理學家斯坦柏（Robert Sternberg）則指出，羅曼蒂克愛情之所以時有高潮和低潮，有樂有苦，乃是因為愛情裡所包含的成分通常沒能均衡等速地發展。他認為，愛情的三個主要成分是戀情（passion）、情意（intimacy），以及託付（commitment）。三者之間，以戀情爆發最快，也最容易消逝；親密情意的滋生較慢，託付則最慢。因此，愛情通常是不穩定的，因為這三個成分的發展速度不一。男女之間的愛情始自戀情，而滋生情意，更進一步發展至將自己託付給所愛的人。但是斯坦柏也指出，戀情、情意及託付三要素是戀愛中的兩人有同等的付出，才是真正的、美的愛情；如果兩人之間在戀情、情意及託付上付出的程度不同，那麼愛會是痛苦的。雙方對愛付出的程度不

同，會造成不同的關係與後果。斯坦柏指出四種不同的愛，他以三角圖形表明愛情的三個主要成分，兩個三角形代表戀愛中的雙方；A型「理想完美之愛」，指雙方在戀情、情意及託付上都有相等的付出；B型「幾乎相配之愛」及C型「有缺陷之愛」都不理想完美，實因一方比另一方付出得多；而D型「不相配之愛」則是一方付出遠超過對方，十分不對稱、不相配，這是最痛苦的一型。詳見圖3-1。

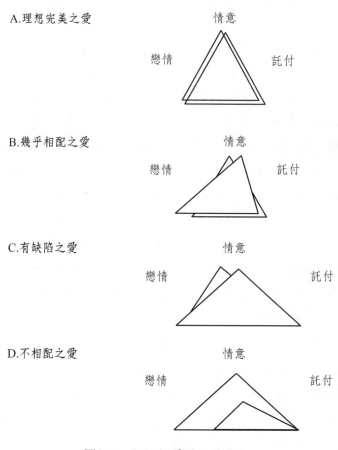

A.理想完美之愛
情意
戀情　　　　託付

B.幾乎相配之愛
情意
戀情　　　　託付

C.有缺陷之愛
情意
戀情　　　　託付

D.不相配之愛
情意
戀情　　　　託付

圖3-1　斯坦柏愛情三角觀

按照心理學家郭斯汀（Daniel Goldstine）的看法，男女之間的親密關係通常會經歷三個主要的過程或階段。第一個階段是墜入情網

（falling in love）：當一個人墜入情網時，會覺得很舒暢，喜歡自己，更喜歡所愛的人，也很珍惜這一段感情；還會把這一段感情視為一生中最寶貴、最難忘的時刻，有夢想成真的愉快。但是也正由於這種過分樂觀的正面經驗，相戀的人只看到對方美好的一面，而忽略或甚至無視於危險徵象的存在，或對方的缺點。雙方盡其所能地討好對方，爭取好感。不過時間久了以後，現實會沖淡這種幻想式的圓滿，原先被忽略的缺點開始受到注意，戀愛的滋味由濃變淡。所以，第一階段是最富羅曼蒂克的，但也最短暫。

郭斯汀的第二階段因此是失望（disappointment）：世事不可能十全十美，相愛的戀人也會有意見，有爭吵；對方的行為、觀點、甚或缺點，原本是可愛的小瑕疵，卻變得愈來愈不對頭，不可接受，於是成為兩人關係上的障礙。雙方開始發現這段感情並非無缺陷，並非如前所想像的那般甜蜜。在這階段裡漸感失望，痛苦隨之產生。有時甚至覺得對方一無是處，事事礙眼。更糟的是把這段感情由美轉成苦，把錯全歸罪於對方，懷疑自己是不是愛錯了人。

郭斯汀的第三階段是接納（acceptance）：把幻想與現實結合在一起，達到某種程度的平衡。對方雖然不是夢中的白馬王子，但仍然有其長處，有值得愛的地方。挫折和氣憤仍然會存在，但是這些已不至於嚴重損傷雙方感情；雙方的瞭解程度提高，將彼此看做未來的伴侶；尊重自己，也尊重對方。郭斯汀認為感情發展到這地步就會很穩定了，當雙方走向結婚之路時，不會因小差錯而鬧翻，結婚後的日子亦會較平穩。

常被提及的對愛情理論的解釋，是蕾斯（Ira Riess）的「愛情之輪」（The Wheel of Love）。她指出，人們不應只顧及墜入情網，最重要的應是在情網裡如何維繫雙方的關係；愛情的過程就像個輪子在打轉，擁有不同的感受階段，大致上有下列四個主要的階段：

1.和諧（rapport）：雙方關係和諧相配，談得來，彼此看得順眼；雙方背景相當，就容易達成此和諧的階段。然而對某些人而言，背景不同，個性相異也能拉近雙方的距離，因為新鮮感讓人相處交談更有

趣、更刺激。

2.自我表白（self-revelation）：兩個人相處有和諧關係後的下一步，就是自我表白，把自己的一份心思想法和感情表露出來與對方分享。男人通常比較難於自動的表白自我；缺少自信心的人也比較不敢把自己坦露在外人面前。如果雙方有心要更進一步發展此和諧相處的關係，就必須彼此吐露自我心聲，讓彼此更進一步瞭解對方。

3.相互依賴（mutual dependency）：雙方相處和諧愉快、彼此瞭解的戀人，都希望能時時相處在一起，彼此相互信任，依賴就成第三階段的重點。人們常笑戀愛中的情人整天「膩在一起」，就是這個情境；若兩人不在一起，做什麼事都不起勁。

4.滿足人格的需求（personality need fulfillment）：每個人都有某種心理滿足的需要，如愛與被愛、瞭解別人與被人瞭解等等。當戀愛中的人發展到這階段時，兩個人都會感覺到對方的情意充實了自己的生活，使生命顯得有活力和有意義。情深意濃的感情不僅使雙方生活過得有意義，而且也提高了彼此扮演社會角色的能力。

蕾斯把戀愛的過程看成一個轉動中的輪子，上面這四階段是彼此相連的：雖然理論上，輪子的轉動是順時針，由階段1而2、3至階段4；但是也可能是逆時針，由4而1；或者由其中任何一階段開動。不僅如此，戀愛中如果有了差錯，輪子轉動的方向便可能倒轉過來，甚至可能停止不動無法再發展下去。圖3-2所表現的就是這種意義。

圖3-2　愛情之輪

喜歡一個人並不一定就是愛戀他。喜歡包含著某種程度的敬佩，也包含著某種程度的信託。雖然喜歡和信託兩者並不等於愛戀，但是研究者發現它們之間的關聯程度很高，亦即會喜歡才會有信託，有信託才可能愛戀對方。心理學家拉啟爾和休士頓（Larzelere and Huston）提出下列八項問題，用來測量兩個人之間的信託程度：

　　1.對方只關心到自己的利害關係。

　　2.對方有時候是不能信賴的。

　　3.對方並不太替我著想。

　　4.對方很誠實可靠。

　　5.對方很誠懇忠實。

　　6.對方對我公正。

　　7.我完全信任對方。

　　8.我覺得對方可以信任我。

　　上面這八點，如果前三題的答案是「否定」的，其他4到8題的答案是「肯定」的，則信託程度高；反之則低。高低之間的不同直接影響到兩人的愛情。

　　喜歡、信託、愛情皆是兩人交往期間的正面互動，無論是在婚前或婚後都有良好的影響。然而，兩個人的來往互動往往沒有這麼美滿，中間多多少少總會有挫折。正如前面討論愛情特質時曾經提到的，愛情有甜蜜，也有苦痛；有歡樂，也有淚水。小說詩歌中能讓「天下有情人同聲一哭」，就是圍繞著這愛與恨交織的情感。這當中，有不少是由愛生妒，而至遺恨終生。愛是正面的情感，嫉妒則是反面的。嫉妒常包括憤怒、痛苦、暴力等。「妒火中燒」可能造成嚴重的傷害，甚至於毀滅自己與對方。有關嫉妒的研究並不多。目前所知道的是，女人比男人容易有嫉妒的心態，更常表現於行為中；然而，男人一旦有了嫉妒心理，其表現則比女人嚴重，會表現粗暴行為。嫉妒的原因如果牽涉到第三者，則男人嫉妒的因素常跟性有關，女人則比較跟情感有關。「移情別戀」對男人來講常是女方跟其他的男人發生性關係；對女人來講則常是

男人感情轉移到其他女人，至於他們有無性關係並非重點。心理學家認為嫉妒是一種向所愛的人表示抗議的表現；是一種本已擁有，卻面臨丟失的感情的拯救手段。因此，嫉妒有時也可能有正面的效果，例如，挽回失去的感情，或提升對方對自己的關懷。因為嫉妒具有憤怒、怨恨及損害等特質，往往會把事情弄得更糟，將原本就已開始顯現的不良關係擴大到不可收拾的地步。尤其當嫉妒來自無中生有的猜忌時，一段好好的關係可能就此發生裂痕而終至完全分手破裂。

　　愛恨交織是常有的現象，重要的是不要讓嫉妒與懷恨演變到傷害雙方感情的地步，而應把破壞性的嫉妒轉引到建設性的層次。至於如何做到這一地步，要看個人如何運作兩人間的關係，沒有什麼定理可循。一個有關愛的問卷，如表3-1所示，可用來測驗自己，也可以用來測驗你的愛人、朋友或伴侶。不過，該表中所載的問題僅供參考用，並非定律。

表3-1　　愛情測驗表

下面這十五個問題，可以用來測驗你自己：
1.你對你要愛的對象有清晰的概念印象。
2.第一次見面時，你就對對方有好感。
3.時常想念對方。
4.時常希望見到對方。
5.時常把心事與未來計畫跟對方溝通或商量。
6.身體上的輕微接觸會給你帶來震撼。
7.你和他之間有愛撫親熱動作。
8.愛情比其他都重要。
9.願意愛和被愛。
10.希望對方能向你多示愛意。
11.能忍受愛所帶來的痛苦與折磨。
12.覺得愛情充實了你的生活。
13.相信你可以和對方相守相愛。
14.會有些許嫉妒心。
15.願意無視於對方的缺點。

註：表中所列問題，如果答案「是」多於「否」，表示這份愛情較具成熟的觀點與
　　態度。

男女之間對愛情的反應有沒有差別？一般人總認為女人比較多情，比較羅曼蒂克；男人像則隻呆頭鵝，不解風情。可是科學的調查資料發現這種傳統式的想法並不全對，研究資料顯示：

1.女人比男人較不羅曼蒂克。

2.女人比男人較小心墜入情網。

3.女人比男人較不相信羅曼蒂克愛情存在。

4.女人比男人在戀愛中較不快樂。

5.女人比男人較能斬斷情絲。

一項美國2010年對五千多位單身者的研究指出，男性比女性更易一見鍾情。54%的男性有過此經驗，女性只有44%。這項研究的結論是：女人是「LIFO」型，亦即「晚進早出」（last in, first out）：較晚進入情況，一見情況不妙即能及早撤出。男人則是「FILO」型，亦即「早進晚出」（first in, last out）：容易墜入情網，卻又不易撤出。如果該項研究的結論是正確的，那麼傳統中，女人把愛情看做生命的全部，男人的愛情只是其生命的一小部分的看法就不確實了。至於「愛情是女人的生命」，「女人為愛而生，為情而死」，恐怕只不過是詩人和文學家的幻想而已，並沒有事實根據。梁山伯和祝英台的一段戀情，在我國不知道贏得了多少人的眼淚，為英台命苦而同聲一哭。也許山伯才是癡情子呢！也許山伯陷得比英台更深、更難以自拔呢！美國一些研究約會和男女交友的文獻大都發現，由女性提出斷交者遠比男性提出者多。

第二節　愛情與婚姻

愛情的滋味是許多人都夢想嘗試的，愛情的苦與痛也常是許多人願意忍受的。但是愛情是否就是人們擇偶的唯一要素呢？在人們把愛情幻想化之後，愛情能支撐得住婚姻生活裡的一切煩惱嗎？卡文（Ruth Cavan）在她所寫的《美國家庭》（*The American Family*）一書中就宣稱，愛情與婚姻兩者是無法配合的。愛情是極度的情緒高漲，而婚姻

日子卻是漫長而又瑣碎的生活，兩者難以配合。有一些學者相信愛情（為了方便討論起見，除非特別聲明，本節所稱的愛情即是羅曼蒂克愛情）是矇蔽和非理性的，是短暫性的高漲情緒，是獨占性的。因此，遲早這愛情的火花會消逝，個人會從非理性的陶醉中回過神來，造成兩方面的矛盾與衝突。

以愛情為選擇配偶的唯一條件是危險的。當兩個人相戀時，人們常常有意、無意的忽視，或甚至無顧那些相互矛盾的徵象。社會地位高低的不同、個人嗜好的不同、性情的不同、家人朋友的反對、甚至於被愛者的缺點等，在戀愛中的情人眼中都不算一回事。他們相信愛能改變一切，愛能彌補任何隔閡。但是一旦結婚後，當情緒不再狂戀時，日常瑣碎的雜事，柴米油鹽皆需照顧安排，婚前戀愛時的夢境常常在此刻破碎。相戀中的情人常把以後的日子想像成仙境：兩個人親密相處在一個遠離人間繁雜的小屋子裡，喝著淡酒，聽著優美的音樂旋律，屋外的風聲輕輕地掀動窗簾，多美的生活！但是婚後的日子常常是兩回事，丈夫忙著上班，為事業奮鬥，太太把自己關在屋內忙著清理家務，總有做不完的家事，洗不完的衣服，而晚上兩個人在一起時，卻各有心思煩惱，或者是早已累得沒勁多交談、多親熱。以前認為無關緊要的缺點，甚至於以前認為是可欣賞的優點，在現實環境的折磨下都可能變質，衝突於是開始產生。以前他可以為她摘下天上的星星，現在要他幫忙洗個碗都叫不動；以前她溫柔體貼且又有美好的身段，現在她整天囉嗦埋怨，還蓬頭垢面，不求長進。在這種情況下，一點芝麻小事就能導致爭吵，移情別戀更可能發生，甚至達到離婚的地步。

愛情本來就是暫時性的情緒高漲，難以持久。以往人們的壽命不長，結婚以後相處在一起的日子大約是二十年至三十年，甚至於更短，因此有些人尚能勉強維持愛情高潮。現在工業化國家裡，人們的壽命延長了很多，目前男女的預期壽命都可到70歲以上。假設人們結婚年齡在25歲左右，則兩個人相處期間可達五十年之久，要想維持愛情長期不變，實在是相當不容易。

雖然很多人明明瞭解愛情的非理性成分與危險性，但是仍然願意一試，也深信愛情才是婚姻中不可或缺的要素。曾有一項調查指出：很多未婚者都強調愛情是婚姻的基本要素，沒有愛情的婚姻是不完美、不健康、不幸福的。西方文化中，人們從小就被教養成一種信念：人是要愛情的，人一生中要是沒有愛，就白白浪費掉這一生；婚姻是愛情的自然後果和延伸。在以往的社會裡，婚姻對象的選擇是按家庭身分和背景而決定的，做父母的總希望能替子女挑選到相配的對象。上流社會的子女往往被送到貴族學校就讀，除了希望子女能獲得較好的教育外，更重要的是希望子女能在學校裡遇到配得來的對象。父母對子女約會的對象也會事先審慎的挑選，絕不允許身分地位不相配者有墜入愛情的可能：愛情是次要的，身分家世相配與否才是最重要的。事實上，愛情的重要性一直到二十世紀才開始顯現出來。

　　許多社會，包括傳統中國，一直認為愛情與婚姻兩者不相配合。婚姻是兩個家庭或兩個家族在政治權勢、經濟利益，以及社會關係上的延伸：一個有權勢的家族可經由子女的聯婚而延伸其勢力，古今中外皆然。愛情往往是這種企圖的最大阻礙。第一，愛情是火花式、突然性的，難以控制，建立於愛情的婚姻易聚也易散。第二，愛情的對象常不分身分地位，於是會破壞家庭已有的地位，並阻撓家族勢力的延伸。第三，愛情過分情緒化，無助於婚姻的穩定性。歐洲中古時代，中上流社會為權勢、經濟或社會關係而結婚，然後在婚姻之外尋找愛情。不僅如此，那時候的愛情和性交是分開的，往往把所愛的人理想化而不與之有性關係。

　　美國人把愛情看做是婚姻的要素，因為他們認為：

　　1.能找到愛，才表示找對了婚姻配偶。因此，所愛的人就是唯一的結婚對象。

　　2.愛情是盲目的。愛把對方理想化，對方的所有特質包括缺點，都可看成是優點。

　　3.愛情可征服一切。即使有缺點，愛情仍可彌補一切。家人、朋

友、甚至於整個社會的反對都不算數。

4.愛情有喜怒、歡樂與痛苦。婚姻太平穩、沒有流淚，便不算是好婚姻。

5.愛情可延伸雙方的「性」趣，而性趣是維持婚姻的要素之一。

6.相信人人的婚姻都擁有愛，自己自然也應該尋求愛，為愛而結合成婚。

上面所提的愛是指羅曼蒂克的愛，這種愛有高度的情緒和幻想，也有高度的非理性成分與危險性。今日有不少學者認為，過分強調愛情是美國社會離婚率逐年攀升的主要原因之一，因為人們為了愛情而忽視了其他更重要的擇偶條件。

有些學者指出，愛情本身並非離婚的禍首；主要關鍵在於人們是否能夠把這種高度不穩定的羅曼蒂克愛情，在婚後轉移至另一個境界：轉換成一種「伴侶式的愛情」（companionate love）。有人把羅曼蒂克愛情看做是狂戀，一種高度情緒化不顧死活的愛。伴侶式愛情的情緒較穩定，也較具理性。伴侶式愛情不會是一見鍾情的爆發式愛情，它是經由兩個人長期相處、互相瞭解之下而產生的；兩個人互信互諒，互依互賴，照顧體貼對方，雙方都覺得在一起是值得珍惜的日子。羅曼蒂克的愛有刺激，而伴侶的愛則表現友誼、信任及照顧。人們常常說結婚了久的夫妻，有一種「相敬如賓」的相處之道，或者說「老夫老妻」，指的就是這種長期發展的伴侶式夫婦感情。

不過，也有些人覺得伴侶式的愛情太過理性化、太單調而缺乏刺激。所以，有些學者認為兩者可混合一起：在伴侶式的愛情中偶爾添增羅曼蒂克式的愛情。在目前繁忙的工業社會裡，愛情需要培養滋潤，「默默的愛」或「愛在心裡口難開」都不是表達愛的好方法，無論婚前或婚後，男女雙方皆需要讓對方明白這份愛仍繼續存在。

西方社會表達愛情的方式較行之於外，男性及女性之間也稍有不同。茲將美國男女表達愛情的方式，列於表3-2，以供參考。表中數字代表其排行。送花、送禮、送卡片、牽手、散步、擁抱等等都能滋潤愛

情，都是建立良好關係的「補品」，這遠比舊式、含蓄的「他知道我的心，知道我愛他」要實際得多。

表3-2　表達愛之方式排行榜

表達方式	排行	
	男	女
送（收）花	2	1
送（收）禮物	1	2
情書或卡片	3	3
牽手	4	4
散步	6	5
慢舞	5	6
擁抱	8	7
燭光晚宴	9	8
火爐前席坐	10	9
性愛	12	10
擁吻	11	11
說聲「我愛你」	7	12
愛撫	13	13

資料來源：R.K. Tucker, "Men's and women's rankings of thirteen acts of romance". *Psychological Reports* 71, 1992, p. 641.

　　現代社會的人都想談戀愛，但並不一定每個人都有機會；同樣地，也不一定談戀愛的人就會結婚。臺灣雅虎（yahoo）奇摩（http://tw.yahoo.com）在2006年對全臺8,146位單身和非單身的網友所做的調查就發現，平均要談4.35次戀愛才能找到結婚對象。美國另一項研究則發現，單身男性比單身女性更希望結婚並有孩子。女性更希望有自己的私人空間和獨立自主的生活，不想為家所累。臺灣近年來單身未婚女性增加很多，初婚年齡延後的狀況也愈來愈明顯。

第三節 性的生理

　　每個人都有性生理的反應，男女皆如是。但是每個人對性的要求或滿足卻並非完全一樣，而且用來滿足性需要的方式也不完全相同。夫妻之間對性的配合，就成為雙方協調的重要工作之一。社會對個人的性要求，譬如對性的對象、性的表達方式，以及性的滿足程度，都有某些特定的規範。人們不能一時興起，隨心所欲。這就是社會規範的作用在壓抑人們生理上的慾念。

　　從生理的觀點來看，男女有別最顯著的部分自然是性器官的不同。正常成年男性生殖性器官包括外部的陽具（亦稱陰莖）、陰囊，和內部的睪丸及輸精管道。陽具是男性的交配器官，其中包括前尿道，故兼有排尿與射精兩種功能。陽具在受到性刺激時會勃起，其大小因個人體型而異，勃起時陽具體積會增大。雖然民間有一種看法，相信陽具愈大者，愈有衝鋒陷陣的能力，性交時亦較持久，並能使女方臣服。但是這種說法並沒有科學的基礎，大部分研究性學者都同意性交時的滿意程度並不在於陽具的大小，而是在性交時雙方情緒的培養和雙方性交動作的配合；性交前的愛撫動作要比性交時男性陽具的大小，更有助於性交時的滿足。

　　陽具頸部對性刺激特別敏感，是男性的主要性感區。陽具內部由三個平行的長柱狀海綿體組成，內部有許多腔腺與血管相通。陽具上面兩條海綿體是陽具海綿體，下面一條是尿道海綿體。當陽具海綿體充血時，陽具即勃起，變粗變硬。陽具最前端有一層柔軟的包皮。孩童時期的包皮較長，開口也較小；但隨著年齡增長後，包皮會退縮到陽具後部，暴露出龜頭。由於包皮容易藏污，所以有些醫生主張在嬰兒出生時就加以切除。陽具是男性最主要的性感區，其他性感區包括陰囊、大腿內側，以及肛門附近區域。

　　男性陽具的血管受到副交感神經的支配，從中樞發出的神經信號通過副交感神經使陽具血管擴張充血，從而引起陽具勃起，做性交的

準備；性交達到高潮時，輸精管肌肉收縮而將內藏精子排出，俗稱射精，約有在三到五億的精蟲。男性射精後會感到疲倦，很多人都會有昏昏欲睡的睏態。

女性的性生殖器官包括內生殖器和外生殖器兩部分：內生殖器位於盆腔內，包括卵巢、輸卵管、子宮和陰道；外生殖器包括陰阜、大陰唇、小陰唇、陰蒂和處女膜。女性性器官最敏感的部分是陰蒂，它位於大陰唇的前端部位，由兩個能勃起的海綿體所組成，有豐富的感覺神經末梢，是引起性興奮最敏感的部位。雖然在與男性性交時，陽具並不直接刺激陰蒂，但由於包皮的磨擦而接觸陰蒂並加以刺激而達到興奮和高潮。女性在陽具插動中若得不到高潮，可由男性手指磨擦愛撫陰蒂或由口交磨擦刺激陰蒂來達到高潮。美國一項2010年的調查指出，有64%的女性在最近的一次性交時有性高潮。

處女膜在一般人的想像中是婦女保持貞潔的指標，位於陰道和陰道前庭分界處，是一中間有孔的薄膜。在第一次由陽具插進時會破裂，也會出血。因此，處女膜完整與否就常被某些社會認為是女性有無性交經驗的徵象。然而事實上，處女膜亦可能在激烈的運動過程中破裂，因此，處女膜是否破裂並不能完全代表女性是否已有性經驗。

卵巢是女性生殖腺，是產生卵子和分泌性激素的器官。每個卵巢中約有二十萬個不成熟的卵子，隨年齡的增長而減少，一直到停經期為止。月經期大約是12、13歲開始一直到45歲前後為止。排卵月經期除了出血以外，往往有頭暈、疼痛等等的症狀。

陰道是女性性交的直接器官，也是排出月經和分娩的通道。在性興奮時，陰道周圍的小血管會分泌液體來潤滑，幫助陽具的插抽動作。在性交時，陰道也會擴張以便陽具插入。

除了女性的陰道、陰蒂等直接器官部分以外，女性的乳房也是很重要的性活動部位。從青春期開始，乳房逐漸發育生長。乳房為半球形，豐滿而有彈性。乳房和乳頭有豐富的神經末梢，在性興奮時，乳房會增大，乳頭會豎起而變得更敏感。男性對女性乳房的吸引力會引起性興奮。

男女在交往過程中，特別是在擇偶約會
的青春期間，常常會有很快的性興奮感覺。
男性由視覺，例如看到漂亮性感的女性，而
有性興奮的衝動是常有的現象。女性由視覺
當然也可得到性興奮的衝動，不過由語言的
挑逗也常引起女性性的衝動。擁抱、愛撫、
親吻等動作都可引起性興奮，尤其是在性器
官或性敏感區身體部位上。男性性興奮起的
比較快，也較容易達到高潮；女性的性興奮比較遲緩，而且需要較長的
時間才能達到高潮。男性在射精完之後，通常不會馬上再有高潮，年紀
較輕者間距時間較短，年紀大者就要較長時間陽具才能再次勃起。女性
則可連續數次達到性高潮。

　　夫妻之間的性生活是婚姻關係中最直接、最親密的部分。夫妻兩
人由性行為而合為一體。所謂肌膚之親，指的就是性生活。性生活事實
上並不單指男性陽具與女性陰道的直接插抽舉動，它還包括性交前的愛
撫、語言，以及情緒的培養，也包括男性射精高潮之後的愛撫動作。男
性高潮來得快，於是有些男人不顧女方的情況，急著把陽具插進去，只
要自己舒服就好了；射完精之後，倒頭呼呼大睡，好像辦完了一件大
事。這樣的夫妻性生活並不理想，因為女性的性興奮來得慢，性高潮來
得也晚，就需要男性的配合。只有這樣，夫妻雙方才會有性的滿足。

　　一項美國的研究發現，有50%的女性認為她們的眼睛是最能吸引男
性的地方，20%認為是她們的胸部，10%腿，10%頭髮，8%皮膚。無論
是婚前或婚後，男性比較受視覺而引起性慾，女性則比較受心情的感受
而有性的慾望。至於一個常常被問到的問題是：「夫妻一個星期應該行
房幾次才算正常？」這並無一定的答案，因人而異，只要夫妻雙方都能
從性之中得到喜悅，次數的多寡並不重要。一項美國的調查指出，人們
在一生中，性行為最高次數是發生在25至34歲之間，大約一個月9至10
次，即每星期2至3次；18至24歲大約是八次左右；性的次數在35歲以後
逐漸下降；到了55至65歲大約是5至6次左右。

心理學家指出，人們發生第一次性行為的原因，可能跟往後繼續有性行為的原因有所不同。第一次可能是因為生理上的性慾反應、好奇、情意、壓力責任或情勢使然。而後的性行為則可能是因為用性來表達愛和親密，自我表白，增進彼此的互賴互信，維持彼此間的關係，或者是彼此間交換資源的一種方式。性生活有時也會發生障礙，例如，性慾的減低、陽萎不舉、早洩、不射精等，是男性常見的障礙；女性方面則包括性交時出血或有疼痛感、陰道不擴張而無法接納男性的陽具、陰道不潤滑或痙攣、性冷感，以及無法達到性高潮等等。上述這些障礙可能是生理上的，也可能是心理上的，醫生能檢查得出原因。如果是生理上的問題就應加以治療，如變換性交姿勢、時間、放鬆心情等，都能改善非生理上的性障礙。1998年「威而鋼」（Viagra）一藥上市，讓許多男士重振雄風，暢銷藥界。不過，上市不久就有人因副作用而喪命，使用者應特別小心，務必遵循醫生指示使用。

　　男女兩性的性反應週期，簡要列於表3-3，以供讀者參考。

表3-3　男性性反應週期和女性性反應週期（表解）

(A)男性性反應週期

		興奮期 （幾分到數小時）	平臺期 （30秒到3分）	性高潮 （15秒）	消退期 （10～15分，若無 性高潮0.5～1天）
皮	膚	無變化	性紅暈，首先在上腹部出現斑疹樣紅暈，隨後擴及前胸壁、頸部、面部、偶見於肩部和前臂。	性紅暈繼續發展，其程度與性高潮相一致（約25%發生）	性紅暈以與出現時相反的次序迅速消退。
陰	莖	陰莖海綿樣血管充血，使陰莖勃起，失去性刺激或有外來的聲響，勃起可縮退。	陰莖頭增長，陰莖體脹粗，包皮及陰莖頭的顏色不同程度地加深。	射精：輸精管、精囊、前列腺和尿道收縮3～4次，間隔0.8秒，以後收弱間隔縮減增長。	勃起在5～10秒內部分消退，5～30分內完全消退。

	興奮期	平臺期	性高潮	消退期
陰囊和睪丸	陰囊增厚，繃緊和提升。睪丸提升。	由於血管充血，睪丸增大50%，睪丸變平，抵住會陰部，預示著逼近射精。	無變化。	血管充盈度降低。睪丸和陰囊在性高潮後3～30秒縮出。若無性高潮，消退將持續幾小時。
尿道球腺	無變化	分泌2～3滴黏液。	無變化。	無變化。
其他	乳頭挺起，但並不總在早期發生，可延遲到平臺期發生。	肌強直：面部、腹部和肋間肌肉痙攣性收縮。心率：175次／分。血壓：收縮壓增高20～80mmHg；舒張壓增高10～40mmHg。呼吸：加深加快。	隨意肌喪失控制。直腸、肛門括約肌節律性收縮。心率：180次／分。血壓：收縮壓增高40～100mmHg；舒張壓增高20～50mmHg。呼吸頻率：40次／分。	5～10分鐘恢復到正常水平。
			精液射程：18歲時為30～50cc，以後隨年齡增長而減少。	

(B)女性性反應週期

	興奮期（幾分到數小時）	平臺期（30秒到3分）	性高潮（3～15秒）	消退期（10～15分，若無性高潮0.5～1天）
皮膚	無變化。	性紅暈：先出現於腹部，隨後波及乳房、頸部、面部，還常常波及手臂、大腿和臀部。	性紅暈繼續發生，與性高潮程度一致。	出汗大多在性紅暈區，性紅暈以與出現時相反的次序消退。

乳　房	三分之二的女性乳房豎起。皮下靜脈充盈，乳房增大。	性紅暈：紅斑點融合成乳頭狀疹。乳房增大四分之一，乳暈增大，掩蓋乳頭。	靜脈清晰可見，乳房可能顫動。	在半小時（或更多一點）以與出現時相反次序消退恢復正常。
陰　蒂	陰蒂頭：一半婦女無明顯變化；一半婦女陰蒂頭增大2倍或更多。	陰蒂縮進腫脹的包皮，在性高潮之前不易看到。若平臺期過長可鬆弛，退縮幾次。隨陰莖抽動在包皮內運動。	主要有陰蒂抽動，陰蒂體一直運動。	在10～15秒內，陰蒂體退回正常位置，5～30秒內消退（若無性高潮，陰蒂充盈可保持幾個小時）。
大陰唇	未產婦：變薄，提升，變平。經產婦：迅速充血，水腫增大2～3倍。	未產婦：完全消失（若平臺期過份延長，可能腫脹）。經產婦：變得很大，水腫顯著。	無變化。	未產婦：在1～2分鐘內縮小到正常大小。經產婦：在1～2分鐘內縮小到正常大小。
小陰唇	顏色變化：在未產婦變為亮粉紅色，在經產婦變為紅色。大小：增大2～3倍，包皮常常增的更大。	顏色變化：在未產婦迅速變為亮粉紅色，在經產婦變為暗紅色。大小：陰唇溝加寬，形成進入陰道口的前庭通道。	鄰近部位隨小陰唇下三分之一的收縮而收縮。	在2分鐘內恢復到粉紅色，5分鐘內顏色和大小完全恢復（顏色消退，陰蒂復位，小陰唇，三分之一消腫，恢復迅速，與男性勃起消退一樣快）。
前庭大腺	無變化。	分泌幾滴黏液，潤滑前庭（不是潤滑陰道）。	無變化。	無變化。
陰　道	陰道滲出液：性喚起10～30秒出現，清亮的液滴融匯在一起，潤滑陰道，還有助於中和陰道的酸性以適於精子存活。顏色變化：黏膜變為紫紅色。	繼續大量滲出液（滲出液的多少只依賴於高潮的刺激時間長短）。顏色變化：整個黏膜變為深紫色。	無變化。	仰臥位時，一些滲出液匯聚在內三分之二的底部，精液也積存在這個區域，形成精液池。

陰道內三分之二	擴張：隨子宮的提升，發生痙攣性擴張。	進一步擴張，直徑變為6～7.5cm。	充分膨大，處於靜止狀態。	3～4分鐘內復原，子宮頸降至精液池。
陰道外三分之一	陰道壁漸漸充血。	陰道腔縮緊：「緊握」陰莖，陰莖抽動通過陰唇和包皮牽動陰蒂體。	陰道和小陰唇的基地部以四分之三秒的間隔收縮3～15秒。	數秒內充血消退（若無性高潮，充血持續20～30分鐘）。
子　宮	提升，子宮頸隨著抬高。	收縮：平臺期後期開始強調性收縮，持續2分鐘。子宮頸：輕微腫脹，顏色變紫。	整個性高潮都發生收縮。	下降：緩慢恢復正常。子宮頸：顏色及大小在4分鐘內復原，10分鐘內舒展。
其　他	陰唇繫帶：在整個性反應週期中，其顏色變化同小陰唇。	會陰體隨會陰的非自主抬高發生痙攣性繃緊；過度換氣及腕足痙攣（女性在仰臥位時，腕足痙攣不常出現）。	直腸節律性收縮，外尿運括約肌偶爾收縮，不排尿。	所有反應突然或於幾秒內停止。

（取材自阮芳賦編《性知識手冊》，頁115～116。）

第四節　性行為的社會規範

　　人人都有渴求性的天生慾望和需要。從生理上來看，女性大約在12歲前後就會有月經的來臨，男性則大約在13至14歲之間開始有射精的反應。從此以後，在生理上性的慾望和需要便一直存在，直到死亡。但是絕大多數的人不會在一有性興奮或衝動的生理反應時，就馬上尋求發洩，以得到性的滿足。社會文化規範往往會把人們對性的需求，做某種程度的壓抑和疏導。在社會化過程中，社會教導其成員的規則，不僅是性交的對象，同時也包括性交的方式。

有些心理學家和人類學家認為，大多數的動物皆非只有一個性伴侶，因此人類也不例外。以往文化規範嚴格限制了人們的性滿足，只能在婚姻中與配偶行房，然而「偷吃」的婚外情還是常發生。一項美國在1994年所做的性行為調查發現，大約有71%的受訪者只有一個性伴侶，2至4個性伴侶者有14%，5個以上的有3%，至於一個也沒有的有12%。該研究又發現，從18歲成年以後曾跟21個以上不同異性有過性交經驗者，男性有17%，女性只有3%；11至20個，男性有16%，女性有6%；5至10個，男性是23%，女性是21%；2至4個，男性是21%，女性是36%；只有一個，男性是20%，女性是31%；沒有性經驗者，男女都僅占3%。

表3-4　你自18歲以來，有過多少個性伴侶？

調查對象 性伴侶個數	男（％）	女（％）	高中畢業 （男、女）（％）	大學畢業 （男、女）（％）
21或21以上	17	3	7	13
11～20	16	6	10	11
5～10	23	21	20	24
2～4	21	36	30	26
1	20	31	30	24
0	3	3	3	2
合計	100	100	100	100

研究性愛的調查結果往往差距很大，因為性愛畢竟仍是相當隱私的個人資料。1996年芝加哥大學所做的一項調查，算是目前最權威的，以下謹列出幾項報告資料，供讀者參考。

表3-5　你和你的性伴侶是如何相識的？

相識方式 調查對象	已婚男女 （％）	同居男女 （％）	未同居但相識 一個月以上（％）	未同居且相識不足 一個月（％）
由親密朋友介紹	35	40	36	37
由家庭成員介紹	15	12	8	3
由同事、鄰居介紹	13	6	11	9

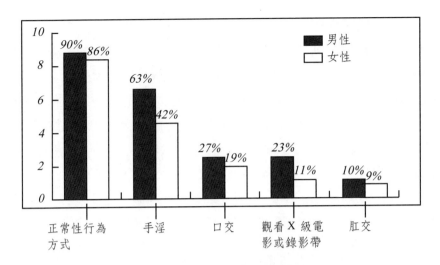

圖3-3　你在去年曾經採用過哪種做愛方式？

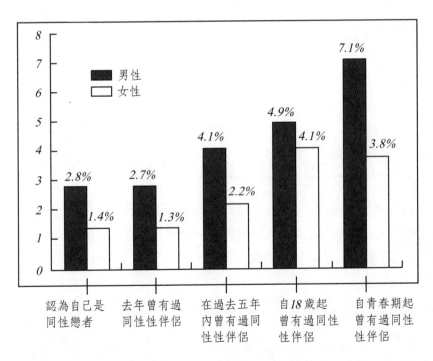

圖3-4　同性戀行為調查結果

2002年《美國新聞與世界報導》5月號一篇對青年性態度的封面專題報告〈青年人與性〉中指出：大約10個美國青年當中，就有一個在13歲以前有過性交經驗。同時，大約16%的高中二年級學生有過4個以上的性伴侶。而且在性方面活躍的15至19歲少女，有20%曾懷孕。另外一項1999年的報告則發現，有三分之二的高三學生有過性交經驗，而全部高中學生有一半以上有過性交經驗。該篇報導也指出，13至19歲的青年，有一半曾做過口交行為。2011年一項對17歲男生的調查發現，40%在去年有過性交經驗。

2005年一項由英國學者戴銳斯所做的全球「性」調查報告指出，美國仍是性最開放的國家，初試性交的年齡是在16.4歲時，一年可做愛132次。法國人最浪漫，性伴侶人數高達16.7人。日本則是亞洲性最開放的國家，但是做愛次數最少。

戴銳斯每年都會進行性行為調查，有別於以往只針對27個國家16至22歲發生性行青少年為主，今年調查範圍擴大到16至55歲，無論有無性經驗都納入，共計1萬8000名，男女各半，臺灣人數為600人。從此調查中發現，全球平均年做愛次數是96次，男性做愛次數比女性多，為103次比88次；25至34歲的人做愛次數最多，達113次；16至20歲的青少年有89次；45歲以上上了年紀的最不愛做，只有67次。有一半的受訪者每周至少做愛一次，只有4%的人每天做愛；同居情侶做愛的次數較已婚夫妻多出了48次，高達146次；沒有感情束縛的單身人口最不想做愛，平均只有49次。調查也顯示，美國一年發生性行為的次數最多，幾乎每2.8天就做愛一次，年平均有132次；其次為俄羅斯、法國；日本37次最少。

在性伴侶方面，全球平均8.2人，法國比平均數多了8人，達16.7人；其次為希臘、巴西；臺灣則位居第23名，有52%的受訪者忠於一名性伴侶，平均性伴侶人次為4.3人；至於性伴侶人數最少的是印度，只有1.8人。

在初夜年齡方面，初次發生性行為的平均年齡是18.1歲，美國獻

出貞操更早在16.4歲，高居27個國家之冠；其次為巴西與法國，亞洲國家都位居末尾，最開放的是日本，為18.9歲，臺灣排名僅高於中國大陸。不過，現在年輕人第一次性行為的年齡比以前早，16至20歲的年輕人，初次性行為發生在16歲，25至34歲是18歲，45歲以上則是18.9歲。在整體的調查中也發現，第一次性行為的年齡，亞洲國家把最後名次全部占盡，日本是亞洲國家中最開放的，初次性行為年齡居亞洲之冠。大陸最晚，初次性行為年齡晚至21.9歲，比平均年齡18.1歲晚了3.8歲。臺灣則比大陸早0.5歲，為全球倒數第二位。

根據前師大教育學院院長晏涵文發表一項橫跨三十年的青少年性行為研究，統計顯示，臺灣20歲青少年發生性行為比率恐怕已是女高於男，成為繼日本之後，亞洲第二個女學生性行為比率高於男生的國家。晏涵文是在1979到2007年間，以20歲學生作為研究對象。結果發現，在牽手、搭肩摟腰、接吻、輕度愛撫、深度愛撫及性交六類性行為中，三十年來男女比率皆逐漸上升。其中女性有深度愛撫者，在1979年約12%，2007年大幅增加到48%；有性交行為的女生，從5%增加到36%，三十年來大幅成長七倍。晏涵文表示，青少年第一次約會年齡及約會頻率，深深影響往後發生第一次性行為的時間。研究顯示青少年初次約會年齡逐漸降低，2007年女性有44%、男性有一半以上初次約會發生在15歲，推論臺灣青少年初夜年齡也明顯降低。

臺灣人做愛最不設防。在戴銳斯保險套全球性調查中發現，現在Y世代使用保險套者，比中老年人多出近20%，顯示青少年已經接受了安全性行為的觀念。臺灣是此次調查的亞洲國家中，最不做防護措施的國家。在全球27個國家中可發現。有四成的受訪者選擇保險套為主要避孕方式，日本使用率最高達74%，其次為香港有六成五，臺灣為59%。而全球有19%的人會服用避孕藥，但是也有13%完全沒避孕，有8%採用自然避孕法。

人們對性知識的主要來源包括父母、朋友、大眾傳播媒介，以及自己的伴侶。父母對子女的性教育一直是學者們極力鼓吹提倡的，但是效

果並不理想。很多父母都覺得這是難以啟齒的一個話題，因此，父母對子女的性教育總是傾向於節制多於正常性行為的準則。有不少的年輕男女是從朋友那裡學到有關性的知識和技巧。但是這種性知識和技巧常常有著過分的誇大和不實。同儕朋友們所知道的原本就是一知半解，由一傳二，再傳三，輾轉相傳，偏差很大。

有關性知識資料，年輕人得自父母的不多，常道聽途說，或得自同儕。據上述《美國新聞與世界報導》所做〈青年人與性〉的調查指出，有17%的父母從來不跟子女談性問題；有35%難得偶爾提及；37%有時會談到；只有11%的父母經常談到性知識問題。同一調查中指出，只有60%的青年知道如何拒絕對方的性要求。美國聯邦政府正亟力倡導青年人對性說「不」，並撥鉅款教導青年人說「不」；但另外一批人則認為這種政策不切實際，建議不如把這些經費用在如何教導青年人正確的性知識上。

最近幾年來，年輕人由大眾傳播工具所學到的性知識和技巧愈來愈多。由於父母大多不願意談，朋友的消息又不一定正確，年輕男女會從電視、電影、書籍雜誌上去找這方面的資料，這些就是平常父母和訓導人員最頭痛的所謂「髒書」。近年來由於電視錄影帶黃色節目之廣傳流行，很多年輕人經由租借而觀看有關性的節目。雖然有些節目可提供好的性知識和技巧，但大部分仍是過分誇張和不真實的。

經由父母、朋友或大眾傳播媒介所學到的性知識是間接的二手資料，而經由伴侶（約會期的伴侶或婚姻中的配偶）所學到的卻是直接的親身經驗。由這經驗，人們發展出對性的真正瞭解並能改進其技巧，懂得滿足自己，也試圖讓對方滿足。

中國人由於禮教社會規範的約束，把性看成是髒事，是為生兒育女而非享樂。因此，強調守貞操和守寡至死的婦人節操，可是男人卻又可以三妻四妾，到處嫖妓作樂。兩種標準相當明顯，男可而女不可的禮教自古已然，今日仍然存在。下面這一段是節錄自曹雪芹《紅樓夢》第五回和第六回，描述賈寶玉的夢洩現象和夢醒後初試雲雨的情景。

警幻……送寶玉至一香閨繡閣中。其間舖陳之盛乃素所未見之物。更有駭者：早有一位仙姬在內，其鮮艷嫵媚，大似寶釵，嫋娜風流，又如黛玉，正不知是何意。忽見警幻說道：「塵世中多少富貴之家，那些綠窗風月，繡閣煙霞，皆被那淫污紈袴與流蕩女子玷辱了。更可恨者，自古來，多少輕薄浪子皆以好色不淫為解；又以情而不淫作案；此皆飾非掩醜之語耳。好色即淫，知情更淫。是以『巫山之會』，『雲雨之歡』，皆由既悅其色，復戀其情所致。吾所愛汝者，乃天下古今第一淫人也。」

寶玉聽了，嚇得慌忙答道：「仙姑錯了。我因懶於讀書，家父母尚每垂訓飭，豈敢再冒淫字。況且年紀尚幼，不知淫為何事。」……（警幻）便秘授以雲雨之事，推寶玉入房中，將門掩上自去。

那寶玉恍恍惚惚，依著警幻所囑，未免（與可卿）作起兒女的事來……至次日，便柔情繾綣，軟語溫存，與可卿難解難分……

卻說秦氏正在房外……忽聞寶玉在夢中喚他的小名兒，因納悶道：「我的小名兒，這裡從無人知道，他如何得知，在夢中叫出來？」……（第五回：賈寶玉神遊太虛境，警幻仙曲演紅樓夢）

卻說秦氏因聽見寶玉夢中喚他的乳名，心中納悶，又不好細問。彼時寶玉迷迷惑惑，若有所失，遂起身，解懷整衣。襲人過來給他繫褲帶時，剛伸手至大腿處，只覺冰冷黏濕的一片，嚇的忙褪回手來，問「是怎麼了？」寶玉紅了臉，把他的手一捻。襲人本是一個聰明女子，年紀又比寶玉大兩歲，近年也漸省人事，今見寶玉如此光景，心中便覺察了一半，不覺把個粉臉羞的飛紅……。

寶玉含羞央告道：「好姐姐，千萬別告訴人。」襲人也含羞悄悄的笑問道：「你為什麼……」說到這裡，把眼又往四下

裡瞧了瞧，才又問道：『那是那裡流出來的？』寶玉只管紅著臉，不言語。襲人卻只瞅著他笑，遲了一會，寶玉才把夢中之事細說與襲人聽。說到雲雨私情，羞得襲人掩面伏身而笑。寶玉亦素喜襲人柔媚嬌俏，遂強拉襲人同領警幻所訓之事。（第六回：賈寶玉初試雲雨情，劉姥姥一進榮國府）

上面這一段是描寫賈寶玉的第一次性經驗，相當生動。不過由於當時禮教的限制，字裡行間諸多保留。雖然如此，賈寶玉經由女伴學習到性知識與經驗仍然清晰可見。

今日在臺灣的青年男女學習性知識的途徑就廣泛得多了。1986年3月份出版的《人間雜誌》對大學生的抽樣調查報告指出，有19.8%的男學生已有性經驗，女生大約是7%。該報告又發現，臺灣大學生性行為的對象43%是情人，同學占34.5%，色情場所服務生約占20.1%。該研究報告指出，大約有2.6%的大學生跟異性同居。這些同居者當中，有38.1%表示不一定會跟目前同居者結婚，有14%肯定他們兩人不會結婚。不過有些學者認為實際的同居百分比可能比這調查發現要高二、三倍以上。至於性知識的來源，20.9%指出來自錄影帶。《美麗佳人》雜誌在1993年的調查則發現，有高達34%的人看過色情文化傳播物。最近臺灣的電影界有限級制度，限制年輕人觀看有性暴露的電影。不過執行上似乎不是很嚴格，功效不大。臺灣各地錄影帶出租店到處皆是，租借限制不大，而且黃色錄影帶遠比電影院公開放映的影片更暴露。因此，上面研究中所發現的百分比並非驚人的新發現。

性教育在我國尚未能制度化，而父母又羞於啟齒，因此，年輕人必須從朋友、伴侶或大眾傳播工具獲得性知識是必然的。令人擔心的是這些資料常可能不正確或過分誇張，影響年輕人的正當性知識，這不是好現象，應該設法加以改善。

今日社會的性規範已不再完全否定婚前和婚外性行為，然而，這並不就等於人人都可以公開毫無忌憚地跟任何人發生性關係。在社會規範

下抑制性的衝動，是成為社會團體一分子的成熟表現。心理學家佛洛伊德就認為，人格的成長實際上就是一種壓抑性衝動的過程。

今日的性規範所強調的是雙方性行為的滿足，然而在男歡女愛的兩情相悅下的婚前及婚外性行為仍不為社會所允許。在婚姻關係中，「性趣」也不應只是丈夫權力的表現，夫妻間的性關係應注意到彼此間的滿足，如此才能增加婚姻的美滿程度。

附錄

文摘

問情是何物

姚嘉為

　　愛情是敞開自我，接納另一個體，與其生命合而為一的過程。愛情是靈魂深處切慕與一特定對象契合的渴求。得之則為人間至福，失之則身心受創，傷痕永在。

　　世上許多癡情男女，用生命來詮釋愛情。有人因不能結合而共赴黃泉；有人終生癡戀一人，永不嫁娶，或雖嫁娶，戀人卻永居心中寶座，令人不由低吟：「問世間情是何物，直教人死生相許！」

　　少年情懷總是詩的年代，誰會沒有對愛情的綺麗憧憬？見他人花前月下，儷影成雙，欣羨之餘，不免自憐孤單，只盼心中模糊的影像早日顯現。

　　終於，有一天，在一群人中見到了他。也許是他的神采、才華，也許是他說的一句話、唱的一首歌，觸動了心弦。眾人霎時如電影鏡頭淡出，不復存在。眼神隨著他的移動而流轉，耳朵專注捕捉他的聲音。獨處時，那人的音容笑貌，無時不在眼前，帶著若有若無的情意，令人心馳神搖。下回眾裡不見了他，頓覺若有所失，了無興致。遂驚覺，眾裡尋覓千百度的人，已出現在燈火闌珊處。

　　然而，迎向燈火闌珊處的幸福，卻需要勇氣，尤其對處於被動的女子。記得唸大學時，女孩子普遍保守的心態，接受男孩的邀約，哪怕不過是散步、吃冰、看電影，都心生壓力，彷彿嚴重到在許諾一生。如今想來，好笑亦復可嘆。許多含蓄美好的女子，往往就因為遲疑顧慮，而誤了嫁杏之期。

　　表示傾慕的方式很多，只有動

人的情書，在時光流逝後，猶放射著異彩與幽香。有一位眾人追求的美麗少女，天天收到一束神祕的紅玫瑰。一星期後，她開始好奇了，愛慕者究竟是誰？愛慕者心思靈巧，算準了時機，在玫瑰花束中附了一張卡片，俊挺的字跡，寫著胡適的詩句：「山風吹亂了窗紙上的松痕，吹不散我心頭的人影。」女孩為之深深牽引，心神不屬地天天盼望著玫瑰花的來臨。終於，卡片透露了蛛絲馬跡：「點起一根菸，想要忘記你，卻驚喜地在菸圈中又見到了你。」女孩知道此人抽菸了。當玫瑰花束再度來到，卡片下款輕輕勾勒出一個橄欖球。女孩滿臉幸福的笑容：「啊！我知道他是誰了！」踢橄欖球、會寫詩的男孩，攻進了女孩嚴守的心門。

最美妙的人生經驗是兩情相悅。彷彿草原上相遇的一對麋鹿，歡欣共飲生命之泉。放眼世間，萬物都有了新的風貌，如高山有了溪水，松壑有了濤聲，春花有了彩蝶，池塘有了睡蓮。內在的生命，如驚蟄一聲，驀地甦醒，感受到前所未有的驚奇和更新。被人完全接納的滿足感，令人泫然欲泣。個人孤單的旅程，從此有了相依的伴侶。前程莽莽，但盼望有了著力點。兩人世界，原來如此令人沉迷，又如此甦醒。

最痛苦的情感遭遇，莫過於對方無心，自己卻無法自拔地一往情深，正是「此情無計可消除，才下眉頭，卻上心頭」。掉頭不顧理智清明的判斷，將自己以情絲層層裹捲，在其中煎熬，獨自吞飲蝕心的苦楚。偷偷尾隨，怯怯探問，還是承受無數次冷然的拒絕，只盼望有一天，「精誠所至，金石為開」，領受那狂喜！

愛情卻詭譎多變，終成眷屬只能歸之於緣。許多人在人生的某一點交會，撲朔迷離、若有若無地捉了一陣子迷藏，又被命運的浪潮拍散，漸行漸遠漸無。一段沒有結果的愛情，彷彿人生畫布上一抹淒美的色彩，任歲月流逝，卻永不褪色；也彷彿一首意猶未盡的戀歌，恆常在心頭撩起惆悵的情懷。又能如何？也只能「發乎情，止乎禮」

地默默祝福對方。

　　愛情有諸多面貌，有熾燙如烈
燄者，有溫煦若春陽者。前者烈燄
熊熊，支取靈魂生命當燃料，大喜
大悲，如癡若狂，不幸觸礁，則心
若死灰，性格遽變，判若二人。後
者似春陽照拂，無微不至、無所不
在，卻不框限被愛者的自由，雙方
有較大的彈性與空間。

　　無論愛情的面貌為何，總要經
得起時間和環境的考驗。當雙方產
生了毫無保留的信賴，相知相屬落
實為投注一生的承諾，愛情才算完
整穩固，人生亦可以無憾矣！

　　錄自〈深情不留白〉，頁
97～100。

港邊惜別

意愛夢，被人來折破。送君離別啊，

港風對面寒。真情真愛，父母無開化，

母知少年啊，熱情的心肝。

自由夢，被人來所害。快樂來透啊，

隨時變悲哀。港邊惜別，天星像日屎，

傷心今暝啊，欲來分東西。

青春夢，被人來打醒。美滿春色啊，

變成烏陰天。港邊海鳥，不知阮分離，

聲聲句句啊，吟出斷腸詩。

　　這是臺灣歌謠作曲家吳成家及作詞家陳達儒合作的數首旋律纏綿哀怨的臺灣歌謠之一（1938）。這首港邊惜別記述吳成家的一段刻骨銘心之愛情故事。

第4章

伴侶的選擇

第一節　單身的世界

　　單身的一個主要原因可能是性比率不平衡所致。聯合國人口基金會（UNFPA）觀察，男女平權雖已是普世價值，但近二十年來，亞洲人口性別失衡仍較其他地區嚴重，亞洲地區的男性估計比女性多出一億。聯合國數據顯示，2005至2010年間，全球嬰兒出生性比例為107，也就是出生100個女嬰對應107個男嬰；但中國大陸的嬰兒性比例高達120，男多女少問題嚴重，高居全球第一。其他亞洲國家，只有日本落在正常區間（103到107），其餘國家都偏高。例如，印度官方數據顯示，2005至2007的三年間，印度新生兒的男女比例為1000比871。行政院主計處統計，到2009年為止，臺灣適婚年齡（25至44歲）的男性比女性整整多了四十三萬多人，等於十個臺灣郎搶七個臺灣妹，婚配市場嚴重傾斜，而這種男多女少的情況仍在惡化中。主計處表示，由於「重男輕女」的傳統觀念作祟，自1986年起，國內男女嬰每年出生比例都在108比100以上，即出生100名女嬰對至少108名男嬰；而在1986年出生者，今年剛好25歲，並將陸續進入適婚年齡，可以預見的是，「臺灣郎娶無

某」的現象將愈來愈嚴重。

　　年輕人雖然嚮往約會，但約會的結果並不一定是婚姻。目前有愈來愈多的年輕人不打算結婚；單身的日子逍遙自在，不受拘束地過著自己要過的生活，無人干擾。乍看之下，單身的日子似乎樂趣無窮，但是事實並非全然如此理想。

　　從統計上來看，美國男性20至24歲仍然單身未婚者，在1960年時占同年齡組之53.1%，但在1993年已上升至81.0%；25至29歲組的百分比是由20.8%增至48.4%。女性單身者也有同樣的增長，20至24歲女性單身者，在1960年是占28.4%，在1993年已增至66.8%；25至29歲組由10.5%增至33.1%。美國2010年的人口普查首次發現結婚戶數占不到所有美國戶數的半數，約48%。主要原因是年輕人的晚婚趨勢，其初婚年齡目前是男28歲、女26歲，及單身老人戶口的增加所致。臺灣的統計資料顯示，2000年時，15歲以上單身未婚婦女占30.08%，其中20至24歲的百分比是85.38%，25至29歲是31.29%，30至34歲是27.17%，35至39歲是20.36%，40至44歲是19.15%，而且有增加的趨勢。很多人把單身生活視為一種優閒的日子，認為單身者提升自己個人生活品質的機會較多，結交朋友的機會較多，經濟獨立，較多性伴侶與性經驗，身心較獨立自主，事業上更可以成長與發揮。2005年的一項調查指出，臺灣20至39歲的未婚女性中，平均每四位就有一位不想結婚。而女性不婚的原因則以「享受單身生活或抱獨身主義者」高居第一。CHEERS雜誌社的調查也顯示，臺灣已婚男性、未婚女性是幸福感最高的一群，64%未婚女性表示自己過得很「幸福」。

　　單身未婚者按照史汀（P. Stein）的看法，可分成四種類型。這四種類型因其意願程度及持續性的不同而異：(1)自願暫時型單身：從未婚者或曾結過婚者，但並不反對遲早會結婚的人，是暫時性的、自願的單身。(2)自願永久型單身：那些自願終生不婚而過單身生活者，或曾經結過婚，但已不打算再婚。(3)非自願暫時型單身：那些渴望結婚，卻尚未找到對象者。(4)非自願永久型單身：那些渴望結婚，卻找不到對

象而放棄婚姻的，即娶不到、嫁不出去、甚或沒人要的人。

　　其實，絕大多數的未婚單身者都屬於暫時型的，即那些暫不找對象或尚未找到對象的人。也就是說，大多數的人並非要終生不婚，而是把結婚時間往後延。延後結婚的社會因素包括：(1)社會對未婚者已不再過分的歧視及責備；(2)教育期的延長；(3)性開放，使人能不經婚姻關係就可找到性伴侶；(4)婦女解放運動的影響。

　　單身也有單身的苦處，最常見的苦惱是孤獨感，沒有人可以分享承擔苦樂，經濟拮据，社交圈範圍小，缺乏家庭親情的溫暖，承受社會上鼓勵人們結婚的壓力。事實上，美國的研究發現，單身者的性交次數並不比已婚者多，而心理上的問題卻比已婚者多。因此，有些人就以同居作為結婚的代替品。同居可以避免婚約承諾的壓力，然而同居並未被社會大眾所完全接受；加上同居的雙方都缺乏長期的安全感，正因這些問題，絕大多數的人們終究會選擇結婚成家的。2007年《紐約時報》報導，最新流行的兩性關係是：不結婚、不同居，寧可只當男女朋友。社會學家為這種關係創造一個新名詞，稱為「分開住的共同生活」（Living Apart Together，簡稱為LAT）關係。這些情侶承諾共同生活，但有限度。由於美國人口普查沒有調查這個類別，因此沒有確實的統計數字。但去年發布的英國研究調查估計，英國目前有一百萬對情侶維持「分開住的共同生活」關係。其他研究也發現這種風潮正在荷蘭、瑞典、挪威、法國和加拿大興起。維持這種關係往往不是為了維持浪漫愛情，而是家庭責任使然。在愈來愈長壽的時代，老年人認為這種關係可以避免複雜的遺產問題。較年輕的人經常是在經歷婚姻失敗，尤其是有小孩的情況下選擇這種關係。

第二節　婚姻市場

　　在理論上來看，人們能挑選成為配偶伴侶之對象的範圍相當大：只要是異性都是人們可以挑選的對象；人們似乎也能夠根據個人所好自由

地挑選對象，不受任何干涉或阻撓。其實不然，人們對配偶伴侶的挑選是受社會規範和文化風俗的影響；如果能瞭解社會文化的規範習俗，人們就可以比較清楚瞭解尋找伴侶的方法及方式，更明白為什麼選擇這樣一個人結婚對象的背後道理。

前面一章曾經提到，人們選擇伴侶時常以愛情為依據；但是事實上，尚有其他許多因素也在影響我們對伴侶的選擇。這些因素甚至於決定我們會跟哪種人發生愛情，墜入情網。要瞭解這些因素運作的最好辦法，是把伴侶的選擇比擬為市場上的買賣與討價還價。在婚姻市場（the marriage market）中，男女之間約會、談戀愛、同居，以至於結婚，正如在市場交易中，商人買賣商品，或以金錢高價收購，或以物易物；婚姻市場亦是如此。在婚姻市場中，人們以本身擁有的資源來提高自己的身價。這些資源可能是金錢資產，也可能是社會地位、聰明才智、相貌身材、性格特徵或家庭背景等。人們以這些資源來尋求一個相配的對象。這種交易式的來往是雙方面的，而且是一動態的過程。人們希望以本身擁有的資源來吸引對方，並換取到一個最合適我們付出代價的伴侶。

雖然這種交易式的婚姻市場論，乍看之下一點浪漫的情調皆無，不過卻是現實的景況。在傳統中國社會裡，窮人家的女兒常常就被賣到富家當媳婦、甚或童養媳，以往婚禮（現在還是有）的聘金嫁妝等，都是類似市場交易的習俗。

身體姿態一直是挑選伴侶的主要資源之一。尤其最初當兩人彼此尚未熟悉之前，身姿體態常是唯一可以評價的條件。「這女孩很漂亮」，「這年輕人長得很英俊」，常是兩個人關係的開始。許多人不願意承認是以身姿體態的外在美來評價對方，而只強調內在的優點。但是人們在還沒熟悉對方時，內在美是無從知曉的。社會的價值觀念也有以美醜來評估一個人的。人們總覺得長得好看、順眼、眉清目秀的人靠得住且有好性格；但對那些長相不好、獐頭鼠目的，則敬而遠之，認為他們奸詐，不可靠。以貌取人中外古今皆然，只不過標準不一而已。

一見鍾情往往不在於內在美，而是身姿體態的外在美。對方長得漂亮，我們才會心動，才想接近他交個朋友，或甚至於找人說親作媒。古人再三稱頌的「桃花樹下，驚為仙女」的情景，又何嘗不是以貌取人？以身材相貌為標準取人，對男人來講是很重要的。以往，女性的特質沒有機會外露，很難看出女性的內在美，於是在相識初期，以貌取人是很自然的。對女性而言，男人除了相貌外，還可由才華來吸引女性的愛慕。在男女關係的初期，「郎才女貌」就是彼此的交換資源。

　　一項在美國的調查指出，異性會面時，首先注意到對方的部位，男女有所不同。一項調查發現，女性最先注意到的是男人的眼睛（36%），其次是臉孔（20%）；而男性最先注意女士的是臉孔（34%），其次是女性的腿（12%）、體型（10%），而後才是女性的身材（9%）及眼睛（9%），顯然在男人心中眼睛不是那般重要。其他項目及男女之間的差別，可參見下表。

表4-1　初次印象的體質特徵

特徵	特別注意的體質特徵分配	
	男性（%）	女性（%）
眼睛	9	36
臉孔	34	20
身材	9	10
體型	10	9
笑容，嘴，牙	8	8
頭髮	3	5
衣著	1	1
腿	12	1

資料來源：*Roper Center at University of Connecticut, public Opinion Online*, 1995.

　　這種對生理特徵的注意，特別容易發生在年輕人身上。很多研究都指出，男性比較為外貌體態所吸引，而女性較偏重於感情的契合。所以一項1999年的調查指出，年紀愈輕，愈相信一見鍾情的可能：年齡

在18至19歲間的年輕人有60%相信一見鍾情，而65歲以上的只有41%相信。雖然古人講究「門當戶對」，講求在婚姻交換市場中以相貌、才藝、品格、財富等換取相等的回報；要雙方都得到平等交易而無損失是不可能的，於是交換的雙方總是要取長補短。例如，男方以財富換取女方的美貌；同樣的，一個長得醜的富家千金也可以家財來換取有才華的夫婿。在今日的社會裡，「門當戶對」的觀念仍然存在，只不過由明而暗。例如，大學畢業的要嫁娶個大學畢業的，有權勢或財富的男人身旁總有貌美的女性陪伴，都是交換平等原則的運用。臺灣一些演藝界女明星嫁入富家豪門，靠的就是美貌和身材。

臺灣一項2006年的調查指出，男女單身擇偶最重要的考量是個性（87%），其次是健康及外貌。另外，女性認為經濟條件也是必須考量的，男性則很重視女性的外貌和身材。2006年雅虎（Yahoo）奇摩調查8,146位網友，有57.6%認為溫柔體貼最重要。臺灣婦女團體全國聯合會秘書長何碧珍把臺灣男人分成三類：第一類是身材高、學歷高、薪水高的「三高」男性，根本不須要擔心婚姻問題。第二類是身高、學問與薪水偏低水準的「三低」男性，在國內不容易找到結婚對象，只得向「外」發展，藉著家庭或父母支援，娶回外籍新娘。第三類是身高、學問與薪水都屬「中等」的男性，既不願娶外籍新娘，本身條件又不足以逼退婚配市場上眾多的競爭對手，由於結婚難，許多中等男性乃非自願地不婚或晚婚，成了「新一代羅漢腳」。

在挑選伴侶的過程中，交換原則的運用幫助人們找尋到相配對等的伴侶。要瞭解有些對象高不可攀，有些則是低不可就；在這過程中，人們慢慢地由數目龐大的可能對象中縮減到最後一個。這個過程在傳統中國社會裡是由「父母之命、媒妁之言」來決定；現在的社會裡則由交友約會的過程中去發現、去換算雙方的交換價值，去蕪存菁，終而決定結婚的對象。交換資源的等值與否常常是由社會規範價值來界定的，人們在尋求對象時，多多少少要受到社會規範的約束，不可能完全隨興所至：高興跟哪個人結婚就跟哪個人結婚的情況，常是社會所不允許

的。有些社會規範直接了當地告訴人們誰是不能結婚的（如近親），有些則間接地阻擋了人們挑選到對方的機會（如地理遠近）；雖然有極少數的人不顧社會規範的約束，但絕大多數皆是按社會規範來尋找及選擇伴侶。這些規範包括下列幾項：

一、種　族

　　絕大多數的婚姻配偶都是同族男女，即使種族大熔爐的美國，也只有大約1.3%的婚姻是異族婚姻；其中黑白聯婚並不多，在異族婚姻中只占21%，而白人和東方人通婚的多些。在我國歷史上偶有異族通婚的例子，近年來嫁給洋人或娶日本女人的例子也常有所聞，但數目並不多。另外，外籍配偶數目也增加不少，臺灣稱這些配偶為「新住民」。目前臺灣社會中，一項稍具影響、類似種族隔閡的因素是「省籍的問題」。本省人和外省人的婚姻數目已逐漸增加，但在考慮對象時，這問題仍然會先被優先考慮。異族通婚的困難常常是歧視的偏見，省籍通婚的困難主要在於社會化過程的不同和習俗的差異所致。當然，政治上幾十年來所造成的隔閡，多多少少也產生了一些副作用。不過到目前為止，臺灣學術界對此問題尚未做有系統的研究，省籍通婚的美滿程度與其困難原因所在是需要有研究來發現的。

二、宗　教

　　在美國社會中，不同信仰的人互通婚姻還是不受鼓勵的。雖然有些教派比較開放，但仍有為數不少的教會反對異教通婚。即使在非常開放的今天，美國婚姻裡也只有15至20%是異教通婚。美國人反對異教通婚主要的原因，是不願意子女的信仰跟自己不同。平均而言，異教通婚的離婚率比同宗教婚姻者高出10%左右。在臺灣情形亦然。基督教徒和天主教徒之間不鼓勵彼此通婚，而這兩者又不贊成與非基督徒結婚；同時，非基督徒家庭也會覺得與其格格不入。

三、社會階級

在社會階級不明顯的社會，不同階級的男女因為活動範圍與社交圈的不同，碰面的機會不多，談到婚嫁的機會自然很少；因此，大多數的婚姻對象來自彼此交往的同一社會階級。在我國，一個下層階級者能跟上層階級者結婚的例子是少之又少。下層家庭的父母不敢高攀，而上層家庭的父母不願低就。常聽人說：娶有錢人家的女兒不好侍候，或者說，有錢人家的媳婦不好當，都是指超越社會階級婚姻可能的不良後果。不過，藉婚姻而爬升社會階級，是女性提升社會階級的捷徑。

四、年　齡

許多社會都有結婚法定年齡的規定，這是為了保護生理尚未發育完全的孩童過早結婚。社會上同時也有年齡限制的規範，在我國社會，男性結婚年齡總是比女性要長幾歲；至於老夫少妻或妻大於夫的現象雖時有所聞，畢竟為數不多。理想的年齡配對是丈夫比妻子大2、3歲。臺灣2000年的初婚年齡，男性大約是29.2歲，女性大約是25.7歲。這個年齡事實是有晚婚的趨勢，但男女之間的年齡還是相差三歲，跟60年代相差無幾。老夫少妻或姊弟戀往往容易招來他人異樣的眼光。

五、地　緣

一些研究發現，男女結婚的對象常常是兩地相近者；以往交通不便，除了村內鄰居以外，鄰村常是作媒的好地方。臺灣地方小、交通方便、教育與職業流動性高，因此有機會與外地人接觸，進而成婚。雖然如此，人們結婚的對象還是以來自自己的鄉、村或都市者最多。臺南人跟臺南人結婚者，要比臺南人跟外縣市者結婚來得普遍，這是很明顯的也是最常見的婚姻組成。地理上的接近增加了未婚男女接觸互動的機會，而且彼此間也會有較類似的社會化經驗和價值觀念。

六、近　親

在許多社會中，血緣相近者都禁止結婚，不僅同一家庭裡近親彼此不可結婚，近親者如表兄妹亦不在婚姻對象考慮之內。雖然科學研究上尚未有完全滿意的證明，但近親結婚可能產下畸形兒的結論卻是很多人都支持和相信的。因此，近親不婚自然也成為社會規範之一。這些社會規範常都已立法，有法律條文來規劃其限制的範圍。

如果我們把上面這六項因素所牽涉到的人數加起來計算，能真正成為結婚對象的人選真是少之又少。再加以機緣因素，能使兩個具有同樣特質的人碰面的機會又是那麼渺小，這就可讓人瞭解為什麼在那麼多人當中，卻偏偏碰上那個「冤家」，結婚成家。中國人常喜歡用「緣分」來解釋兩個人的婚姻，緣分並非完全偶然，實在是在社會文化規範下所製造出來的機緣。可選的對象因社會規範而愈變愈少，參見圖4-1。

所有異性人數
年齡
宗教信仰
種族
社會階級
近親
地緣
其他

圖4-1　伴侶選擇過濾圖：社會因素

這些還只是社會約束因素，如果再加上個人喜好、心理、品性等因素，可以挑選的對象就更少了。所牽涉到的過濾因素愈多，可挑選的人數愈少，參見圖4-2。

婚姻伴侶的挑選，無庸置疑是受到社會文化的影響。每一個社會都有其本身獨有的一套規範，讓男女有機會結婚成家。世界上各地的婚俗不一，由父母、家族安排的婚姻到年輕人自由戀愛尋找結婚對象；然

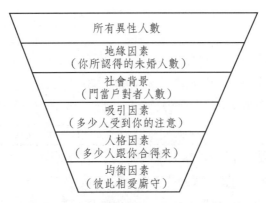

圖4-2　伴侶選擇過濾圖：心理、社會因素

（圖中文字）
所有異性人數
地緣因素
（你所認得的未婚人數）
社會背景
（門當戶對者人數）
吸引因素
（多少人受到你的注意）
人格因素
（多少人跟你合得來）
均衡因素
（彼此相愛廝守）

而，大多數社會的婚俗則介於這兩者之間。

中國古代的婚姻通常是憑父母之命、媒妁之言。子女不僅沒有發言權，還可能要等到婚禮完成後才首次接觸對方。結婚的關係能影響到家庭及家族未來的發展與生存，婚姻是整個家庭的事，而不是個人的：婚姻是為了家族香火的延續，而非個人的幸福或自我的滿足。對父母而言，婚姻是找個媳婦以延續家族，於是，嫁進來的媳婦能生個男娃、孝敬公婆，遠比討好丈夫、得到丈夫的愛來得重要許多。

每一個社會都有特定的婚姻規範。社會首先必須在社會價值中把婚姻描繪或想像成一種美滿的境界。當我們還是小孩子的時候，大人就會半開玩笑的問：你將來長大後希望找什麼樣的人結婚？雖然是句玩笑話，但是第一，它間接地暗示人長大是要結婚的。第二，它也間接地提示人們，怎麼樣的對象才是好對象，才是能相配的對象。大人常常會提到：「隔壁的阿珠給你當老婆好不好？」或者是：「這兩個人真是金童玉女，天生一對。」因此人們自小就有一個雖然模糊卻很肯定的印象，怎麼樣的人才配做自己的伴侶。

無論是自由戀愛或者是由父母安排，結婚的目標無非是能持久。自由戀愛者希望有美滿與愛情的婚姻，由父母安排者則一心想著家世香火，但兩者都希望婚姻持久卻是一致的，這一點是不爭的事實，只是近

年來，年輕人比較強調重視愛情而已。

在美國的社會裡，婚姻就比較自由，年輕人有較多挑選對象的權利與機會；父母的意見雖仍受重視，卻絕不像傳統中國那樣控制著兒女的婚事。上流社會家庭常常把子女放進貴族學校就讀，讓子女有機會碰到身分地位類似的對象，但是中下等人家對子女的管束就沒有這般嚴謹，一般來說，子女自由選擇的機會較其他社會為多。

在父母安排的婚姻裡，父母對結婚對象的家庭背景有充分的瞭解，經由家人的調查，或經由媒人的介紹，總是以能「門當戶對」為原則，當然多多少少也希望能找個好人家「高攀」。我國以往習慣以合八字的方式，實際上這就是交換條件和資源的一種方式，雙方把這些資料算計清楚、盤算一番，以作擇偶的決定。而在年輕人自由挑選婚姻對象的情況下，雙方無法確知對方的底細、背景，貿然結婚的風險太大，於是，社會必須提供一套可行的管道讓年輕人有機會認識對方，交友後才決定其是否是結婚的對象，此管道就是「約會」（dating）。

第三節 約會的社會功能

根據學者的研究，美國年輕男女的約會習俗大約在十九世紀晚期開始出現，一直到1920年代才成為選擇配偶的主要制度和方式。在歐洲和美國早期社會，年輕子女的伴侶選擇是經由父母嚴格管束的；在十九世紀晚期，由於工業化逐漸興盛，女子開始走出家庭出外工作，這種新的社會結構給了年輕女子直接跟異性交往的機會。由於父母不在身邊，父母對子女挑選伴侶的約束因而大為鬆弛。第一次世界大戰和第二次世界大戰期間，由於男性參戰所造成職業上的大量空額，使得婦女就業機會增加，男女互動就更為直接，於是婚前的約會成為一種正常的行為模式和正常的擇偶管道。

在這期間，兩種新工藝技術的發明與普遍使用，也改變了男女婚前交往的方式：汽車的發明與使用，縮短了人們的距離，使不同地區的

男女有了見面的機會，也使約會的地點能夠超出父母的監視範圍；電話的使用則更使父母對約會對象的選擇無法直接控制。以往的約會方式是男孩到女孩家裡，在得到女孩父母准許後，帶女孩外出，因此，父母可以檢視這男孩的長相和品格。現在電話就可以約會，不必經過父母，自由程度提高，更無父母監視的壓力。這種新的約會方式和舊式的男女來往有一些重要的不同點：(1)男孩無須再正式經由女方家長同意而跟女孩約會；(2)約會的雙方可按自己同意的方式安排時間、地點，而非在父母的授意下約會，更不需在父母的監督下而能自由自在的交往、談心；(3)肌膚的親密已不再是禁忌了；(4)婚姻不是約會的最終路程，實因約會沒有這項婚姻承諾的必要。

自1950年代開始，約會已成為男女往來的正式方式之一，更成為男女擇偶的主要途徑之一。以社會學來看，約會在目前具有下列功能：

1.娛樂性質：約會給年輕男女一個娛樂性質高的交往機會，無須對未來做任何承諾。有空時找個伴聊聊天、看電影或聽音樂。

2.地位的追求：約會能做為一個人提高身價的策略。例如，男的以能追求到校花為傲，女的則以與校隊主將的約會來炫耀同儕。有約會的人在其他人面前顯得很酷。

3.社會化功能：約會使男女雙方能真正有機會跟異性來往相處，對異性做更進一步的瞭解。近年來由於生育減少，家裡的兄弟姊妹少，男女孩相處機會相對減少，與異性朋友約會是相當必要的。

4.自我評價的提升：約會能讓缺乏安全感的人增強自信心。能跟人約會就表示還有人看得上自己，覺得自己還有些價值，無形中提高了對自己的評價。沒有人約的人往往易遭人嘲笑。

5.找配偶：約會給未婚男女一個交往的機會，從約會對象中找到一個結婚的對象，結伴共度一生。在約會期間找尋對方的優劣點，做為擇偶的參考。

總而言之，有些人約會是好玩、有意思，有些人是想提高自己身價及提升自我的評價，也有些人純粹是為找尋配偶、結婚成家。無論是

哪一種動機和方式，它給男女一個無約束力的機會、相互來往、彼此瞭解，經由約會而找到一個可以談心或甚至成家的對象。

在我們的社會裡，常常把「男朋友」或「女朋友」、「情人」或「愛人」交換使用。當我們講「她是我的女朋友」時，就表示感情已深，而且只有這個女朋友。其實，約會的初期是可以有很多「男（女）朋友」的。因為如果一開始就把對方看成唯一無二的，那麼走向結婚一途就成為必然的結果，自然使得心理壓力大增，約會的真正意義也就大為改變。

約會對男女雙方應具特殊的意義，兩個男女在一起並不都是約會；除非兩人之間有某種程度的親近感、有希冀相處的盼望等，才能算是約會。由普通朋友進而成為約會對象的方式有很多，其中包括：

1.朋友介紹：這是最普遍的方式，經由或央求朋友的介紹，找到一個可以約會的對象。

2.自己找：自己遇到一個能動心的對象，主動讓對方知道自己的心意，再約對方出遊。例如，找機會跟對方聊天、借筆記，或跟著選一樣的課程等。

3.報章雜誌：很多報章雜誌都有徵友欄，可以利用這種方式找到約會的對象。

4.機構轉介：有些社會服務機構或教會也可以扮演中間人的角色，代尋朋友、代找對象、提供約會的機會和場所。

5.電腦擇友：電腦擇友服務中心會把一個人的嗜好、背景等資料輸入電腦，而找出另一個可相配的人，經由這方式介紹，進而約會。現在網路上也有不少擇友的廣告與服務。

6.其他方式：有些人甚至於在路旁做廣告，或在報紙上找尋自己心目中的人。例如：「昨天在南下快車上坐我旁邊的那位漂亮女士，忘了問你的電話，請儘速跟我聯絡，想跟你做個朋友。」

無論是經由上面的任何一種方式，必須強調的是：約會並非是偶發的，一次就形成。約會的親密感受通常要經過好幾次或一段長時間才能培養出來；兩情相悅是約會的主要特點，雙方都有情、有意，這樣的約會才能持久，也才能更進一步發展到婚姻的途徑。一項在美國做的調查發現，人們對約會對象所要求的特質跟結婚對象所要求的特質幾乎類同，其資料列於表4-2，以供參考。

表4-2　約會對象與結婚對象之特徵（按重要性排列）

約會對象（排位次序）	結婚對象（排位次序）
1.快樂感，易相處	1.快樂感，易相處
2.可信靠的	2.可信靠的
3.尊重體貼	3.尊重體貼
4.幽默感	4.直爽，老實
5.相貌乾淨	5.重情感
6.直爽，老實	6.自然的
7.自然的	7.相貌乾淨
8.重情感	8.幽默感
9.聰明，懂事	9.聰明，懂事
10.願意找事做	10.好聽眾
11.衣著端正	11.喜愛運動
12.喜愛運動	12.願意找事做
	13.衣著端正

資料來源：Lloyd Saxlon, *The Individual, Marriage, and the Family*, 1980, p. 249.

　　近年來以約會為婚姻鋪路的主要功能仍然十分明顯，但是已有逐漸增多的年輕男女以同居（cohabitation）方式來測驗婚前兩人合適相配的程度，並觀察結婚的利弊。一些學者認為，同居是傳統約會式男女交往的代替品；另外一些學者認為，同居實際上就是一種試婚（trial marriage）；更有一些學者指出同居為傳統婚姻另闢途徑。

　　同居既然是男女兩人同居一處而無婚姻的約束，則兩人之間在心理上就無被束縛在一起的壓力感。兩個人自由自在，較能發展出更親密

的關係，也較能公開而不隱藏個人的喜怒哀樂；同時，同居的兩人可以享受性方面的滿足，也可以有較高的生活水準。然而，從另一個角度來看，同居的發生減少了年輕人約會的機會，降低了可能多方面、多角度尋找配偶對象的機會，而且同居者的社會生活方式也必須改變。一旦雙方步入同居的關係，就不能再自由自在的跟他人交往；除此之外，雙方都還有不少的困難要面對。首先是來自父母的阻力：老一輩的父母總比較不贊成同居。由於兩代間的代溝及道德水準的差異，長輩總認為同居是不道德的，違反宗教的教義，更會責備自己教養不當，丟人現眼，不敢跟外人提。尤其是女方的家長更是怕女兒吃虧，其心理壓力更大，阻力也更多。同居的確對女方較不利，尤其當同居的結局是分手的情況下。一般來說，男士的事業、地位、收入和社會聲望等，都持續地往上爬升，要到40歲以後才達到高峰。男性在婚姻市場的交換價值也隨著這些資源的增加而提高，隨時重新找對象並不難；女性則不然，女性的事業、地位或收入常在30歲以前就開始有下降的跡象。年輕貌美是女性的資源，如果與人同居一段時間後，這些資源就開始降低其市場效用。因此，同居對女性的傷害比男性要嚴重。如果同居期間懷孕或生育，則更是不利於女性。在法律上，由於同居並不享有法律賦予婚姻的效力，同居雙方常會遭遇到一些困難：同居者不得以配偶自居，在工作上、社會福利、保險項目、甚至在像申請信用卡時，都無法享有夫妻間應有的權利；在分居後，更無法獲得任何賠償。

　　同居對某些人來講，是一種很好的婚前相處及熟悉對方的方式與機會。我們借用郭伏門（Ervin Goffman）的「印象處理」（impression management）概念：人與人之間的相處與互動過程，皆牽涉到個人製造好印象給對方看，呈現給對方的常是所謂「前臺行為」（front-stage behavior），就像舞臺上的演員在臺前演戲，是有劇本且事前安排好的。而不願對方發現的行為、習慣，則稱為「後臺行為」（back-stage behavior）。同居行為並無婚姻契約，雙方關係尚未確定，沒有法律上的支持，雙方仍儘量表現最理想的前臺行為，讓對方存留良好印象。最

理想的特質如溫柔、有耐心、能瞭解、有愛心、會做家事等。一旦結婚，成為真正的夫妻，得到法律上的保障，人就變了，所有未現形的後臺行為都表現出來了。在理論上，同居比約會更能讓雙方觀察、瞭解對方；然而，演戲式的將優點表現給對方知道的情況卻是一樣的。在研究的資料中，找不到有力的證據支持在婚前有過同居經驗（等於是試婚）的婚姻，比其他的來得穩定及美滿的說法。事實上，婚前有否同居，對婚後生活的美滿幸福程度並無直接相關。

男女婚前的交往，不論是約會或同居，都有分手的可能，尤其把約會、同居視為挑選伴侶配偶的方式時，雙方應有「合則聚，不合則散」的心理準備。然而，分手（也就是平常人所稱的失戀）總是痛苦的，但是寧可婚前分手，而不要勉強結婚，再以離婚收場；前者的痛苦要比後者輕些。通常提議分手者總是用情較淺的一方，雙方同時提議撤出的情況較少。據研究指出，男性通常較不願分手，其失戀的創傷程度也較女性嚴重得多；在這方面，女性較果斷。一項對美國高中學生的抽樣調查發現，提出分手者，女生多於男生。

從交友、約會、戀愛、一直到失戀，是婚前許多男女都必經的階段歷程。如果我們能瞭解這過程的內涵、特質，以及其所代表的意義，就更能幫助我們在挑選伴侶的過程中做比較合理的選擇決定。人們想結婚的理由很多，希望經由結婚而得到心理和生理上的滿足，結婚理由的不同，會影響婚後生活的美滿與否。有些理由常是不健康的，其後果不是不美滿的婚姻，就是以分手結束婚姻關係，例如：

1.反叛性理由：這種婚姻是因為年輕人為了氣一氣父母，反叛父母的干擾而結婚。這種情況可能有二：(1)男女倆年輕人相愛，卻未獲父母的贊同，氣憤之餘，兩人勉強結婚，做給父母看；(2)父母不准年輕子女跟相愛者結婚，子女不願受父母擺布，又不能按己願結婚，就隨便找個人結婚，反叛父母，犧牲自己。這種婚姻自始即不健全，夫婦衝突自難避免。

2.逃避性理由：有些人為了逃避不幸福的家庭，以結婚為手段，脫

離不幸福的家庭環境。有些人認為結婚後就可以不受父母管束,更不必把收入薪資悉數交給父母。

3.經濟因素:很多人在找伴侶時都可能考慮到經濟因素。女性為找飯票而結婚,男士則可能因結婚而獲得裙帶關係,有機會往上升遷。

4.為體態所誘:因為受了對方美色的吸引而結婚。「一見鍾情」或「驚為天人」,欲罷不能,而馬上結婚者,即為體態美姿所誘。這種婚姻是很勉強的,一方面是審美的標準因人時地而不同,今日此時情人眼裡出西施,明天換個環境,可能就不那麼美了;另一方面是體態美姿會隨時光、年齡而消逝,結婚幾年後,再美的人在體態上都會變形,當年結婚的理由已不成立了。更何況過分為美色所誘的結果,會忽視其他因素配合的重要性,兩人潛在的衝突在婚後會造成裂痕。

5.反彈性理由:這種婚姻通常發生在某個人和相戀者分手後,為了填補已失去的愛情或者為了忘掉往日的戀人,而隨便找一個並非自己所愛的人結婚。此種理由所決定的婚姻自然不會理想。

6.解除寂寞:有些人結婚是為瞭解除寂寞。尤其是對中年人或喪偶的老年人,怕寂寞孤獨的生活而結婚。其實這並不是好辦法;感情不好,即便生活在一個屋簷下,仍然是會寂寞的。

7.憐憫:有些人因同情對方而與之結婚。這種情形可能是:(1)怕分手以後,對方受不了,因可憐對方而結婚;(2)為了同情對方的某種缺陷或處境而與之結婚;(3)為了改變對方的性格或處境而與之結婚。這種婚姻持久性不長,憐憫可能變成拖累,耐心可能消逝,而對方亦不一定領情。

8.社會壓力:在父母、朋友、同事及社會風俗壓力下而結婚。例如,一個年過30歲的女性,在父母、親友、同事的催促下,怕做老小姐,便匆匆找個對象結婚。或者是既然別人都已經結婚,自己結了婚也就省得大家閒話,免受各方壓力。

9.奉子女之命:婚前性行為造成懷孕,為了遮羞,更為了給新生兒正名,以及「正常」的家庭生活,兩人匆匆結婚。

這些結婚的理由不能說完全不理想、不健康，但無可否認的，大多數的結果並不美滿，所以能避免則儘可能避免。如果在婚後能彼此合作、維護、珍惜這份婚姻關係，美滿的家庭還是可以建立的。一些社會學家及心理學家指出，健全、美好的婚姻理由應該是：

1.找個伴侶共度一生：要能付出愛心，也能接受對方；雖不一定隨時都得相敬如賓，但雙方要能互敬互愛，相輔相持。

2.成家生育子女：結婚不僅只為兩人的結合，也為生育子女，組成家庭。雖然結婚並不一定就該生育，許多研究都指出，成家原本是兩人結合的功能之一，以延續家庭；同時，子女也是穩定夫妻婚姻關係的主要原因之一。

3.心理上穩定需求：成年人都有尋求終生伴侶的渴望，穩定心理情緒才能維持長久的夫妻關係，暫時性的火光式關係將持續不久。

雖然影響婚姻成敗的因素很多，但研究者發現，卻結婚者若能具備上述這三項理由，其婚姻美滿的可能性較高。

第四節　約會的難題

年輕男女對約會總有一種甜美的夢想：相愛至深的兩人在一起共享一段美好的時光；出去看場電影，找個地方喝杯咖啡，在樹蔭下聊天，或坐在校園草地上看看天上的星星，真的是很美的境界。沒有約會經驗者總覺得少了什麼、缺了一段可以追憶的時光。

事實上，約會並非全是那麼夢幻式的美妙。約會的男女會遭受一些問題和困難，是必須加以處理和解決的。

1.約會的男女一個常有的問題是懷疑：對方是否像自己一般用情深？有人說，男人因眼睛而墜入情網，女人則是以耳朵；這是指男人常受美姿體態之誘，為美色所惑而墜入情網，因此，男性想約會的第一個導因常是為女方的美貌而心動。女性比較重情感，也比較能收斂，耳根子則較軟，常被甜言蜜語打亂了方向。「這男孩子很好」的印象，常是

因為這男孩懂得說好聽的話，在她面前說她能幹，誇她漂亮溫柔。這種男女不同的特質，在約會初期會造成雙方面的隔閡、猜忌，甚至於衝突。

2.社會的壓力：約會是社會所認可的一種挑選伴侶的方式，自然在約會期間會考慮到未來關係的可能性。對一個男性來講，這問題比較簡單。由於社會上的雙重標準，男性約會換女伴的情況容易為社會所接受；但社會給予女性的要求就有所不同，女性跟一個男士約會數次後，其他的男性就不太願意約她，如此就斷絕了她挑選其他對象的可能性。因此，很多女子在約會期間，尤其在關係未穩定前會怕別人看見，而有不願太公開的心理壓力。

3.約會相聚時該怎麼行動：約會時只去看場電影、喝杯咖啡、聊聊天，還是有身體上的接觸、接吻、撫摸、甚至於性關係？到公共場所約會怕人看到，又沒情調；到隱密地點或男方家裡，卻又可能難以推拒男方進一步的要求。地點的決定，相聚時怎麼打發時間，雙方身體上的接觸應該可以到什麼程度，都不是容易決定的問題，尤是男女的期望不同，協調也不易。

4.金錢上的問題：尤其是青年男女財力不足。傳統上，約會的費用由男方負責，而且男方為了爭取女方的好感，通常很願意負擔一切花費；但若自己的財力不足，如何籌措就成為問題。現在的約會允許男女雙方平均分攤費用，新的問題也隨之產生：如果由女方付錢，會不會引起男方不悅或傷其自尊心？在哪些情況下，男女雙方應該共同負擔花費？這些問題如果處理不好，會有不良的效果。

5.權力分配問題：約會的男女可能沒直接感覺到權力分配的爭執問題，但其實它是存在的。當雙方有不同意見時（如到哪裡去、由誰付帳），哪一方總是不讓、堅持己見？事實上，通常是女方讓步。但是能退讓多少或多久而不至於損及雙方關係？如果約會期間就常有爭執，將來結了婚怎麼辦？

6.約會期間的最後一個問題是，當一方感覺到情已逝，約會已無意

味時：如果告知對方，如何能從這關係中全身而退卻不傷害對方，或者至少減輕對方的怨恨。明知道自己的感情已滅而勉強約會，不僅毫無滋味和意義，也是件痛苦的事，可是又不願意傷害對方的心，該如何處理這情況？「好聚好散」是理想，卻不容易做到的。

上面這些問題是大多數約會男女會遭遇到的困境，總需要雙方妥善的處理。許多專家學者們都同意，約會期間對性關係的處理是最棘手的事，也最能影響以後婚姻幸福的程度。對大多數女性而言，性問題在約會期間最為困擾。

在一個對227個大學女生和107個大學男生的調查中，社會學家納克斯和威爾遜（Knox and Wilson）發現，25%的女生說她們在約會時常遭受男方要求性關係的壓力，而且有很多是在兩人相識而尚未相知深刻時就已提出要求。女性在約會時因此碰到一個兩難問題：如何跟一個男性約會而又不鼓勵男方對性行為的要求。當一個女性主動約男性時，男方常會有錯誤的想法，認為女方「要」，於是就大膽明示其性行為的要求。男性似乎有一種錯誤的觀念：「如果她說可以，當然是可以；如果她說不要，並非真正不要，而是間接地說可以。」認為女性言不由衷，假惺惺的故意推拖。因此，不管女性的態度如何，男人還是積極要求，得寸進尺。有些女性為了爭取男方的好感，以性作為交換資源；有些女性是在男性堅持下，放棄自己的防線，順從男方而發生性關係。

婚前性行為不僅在美國社會已經很普遍，在其他西方國家亦然，甚至於臺灣也有逐漸增多的跡象。研究者大致同意，在1950年代以前，美國社會的婚前性行為確實是有的，至於有多少卻無定論。1960年代由於美國社會經歷較劇烈的變動，人們對性的態度也變得較開放。婚前性行為與婚外性行為的流行，造成了所謂60年代的「性革命」（sexual revolution）。節育藥品和避孕器具的普遍，再加上大眾傳播對性描寫的公開，性開放已成氣候。1970年時，貝爾和查士基（Bell and Chaskes）在《婚姻與家庭學刊》（*Journal of Marriage and the Family*）發表了一篇1968年的調查報告，重複了一個在1958年所做的研究，調

查一群社會階級背景類似的女學生，比較這十年間，在性方面有無變遷。兩年的比較列於表4-3：

表4-3　1958年與1968年婚前性行為比較

性關係發生在	1958	1968
1.約會期間	10%	23%
2.感情固定後	15%	28%
3.訂婚後	31%	39%

資料來源：Robert R. Bell and J. Chaskes, "Premarilal Sexual Experience Among Coeds, 1958 and 1968." *Journal of Marriage and the Family* 32: 81-84, 1970.

這個比較的結果可以很明顯地看出，1968年女學生在婚前發生性行為的比例比1958年要高，特別是在約會期間和感情固定後期間。這種性行為的改變，在同年由凱提和戴維斯（Katts and Davis）於同一學刊的另一個研究報告所支持，其數字更高。他們在科羅拉多大學（University of Colorado）所做的研究發現，在1967年該校41%的女性已有性經驗，男生則高達60%。

上面兩個研究對象都是1960年代晚期的大學生，在1970年代又如何？貝爾和高菲（Bell and Coughey）在1978年又重複了以前貝爾做過的兩次調查。他們發現，約會期間有性行為的女生約為40%，感情固定後有性行為的約為50%，訂婚後增至75%左右，由此可看出性開放是很明顯的。羅賓遜（Ira Robinson）分別在1965年、1970年、1975年、1980年做過四次研究。前兩年資料指出，男性在婚前已有性行為的大約是65%，後兩年分別是74%、77%；這四年女性的資料列為29%、37%、57%及64%。男性顯然較女性為高，但女性的百分比直追男性。一些以全國為樣本所做的研究，也有類似大學生的開放傾向。紀尼克（Melvin Zelnik）研究15至19歲的女性發現，在1971年時有28%已非處女。1976年時有性行為經驗者增至55%，而且其中絕大多數不止一次。女性第一次有性行為的平均年齡是16.2歲，男性是15.7歲。研究中也發

現，絕大多數婚前性行為的發生都不是有意安排的。

　　臺灣雖有對婚前性行為的研究，但較零碎。一項由臺北市立聯合醫院在2005年對5,966名高中生的問卷調查指出，約8%有過性行為，而有一半以上不反對婚前性行為。至於初婚年齡的提高也是很明顯的，由1971年男26.8、女22.0，提高到2003年男29.8、女26.7。一項2006年在臺南市針對1,000名20至40歲男女的調查發現，60%男性同意婚前性行為，女性則只有38%。另外一個臺灣婦產科身心醫學會於2006年發表的研究報告指出，臺灣13至25歲的人當中，33%已有性經驗，其中高中學生每五人中就有一人有過性經驗。報告又指出，在這些已有性經驗人中，有一半發生在18歲以前，四分之一發生在16歲以前。報告也提到，初戀男女從認識到發生性行為平均需103天，非初戀男女從認識到發生性行為平均則只需68天，有70%的人不會告訴父母。2009年晏涵文針對青少年性行為從事長期觀察與研究，發表「現代青少年感情生活與性教育」研究報告，報告中針對「臺灣」男女婚前性行為進行二十年來的比較。成長最明顯的是女性婚前性行為，比率由1979年的4%增加到1988年的6.9%，1998年成長至26.7%，近十年來足足成長了四倍多。男性婚前性行為變化較小，由1979年的20.7%增加到1988年的35.2%，1998年成長至37.5%，近十年來只成長2.3%。晏涵文指出，根據調查顯示，過去十年，青少年約會所出現婚前性行為包括輕度愛撫、重度愛撫（腰部以下）、性交的比率都有明顯增加，這顯示社會觀念的改變，男女交往的親密程度都有明顯的大躍進。過去師長和父母總是告訴女生要有「貞操」觀念，或擔心「未婚懷孕」，以阻止女性的婚前性行為，顯然此說法已無法說服現代女性。

　　婚前約會是否該有性行為，常是很令人困擾的一個問題。在今日美國社會對性觀念如此開放的情況下，這問題仍然困擾著年輕人。問題的癥結不在對與錯，而在自我的意願：在自願的情況下有性行為，而在不願意的情況下又該如何避免。心理學家馬克米克（Naomi McCormick）列出了下列幾種男性對約會期間性要求的策略手段：

1.利誘：以禮物、協助或甜言蜜語以達到要求有性的目的。「我只喜歡你一個人」、「我真的非常愛你」。

2.強逼：以斬斷雙方交往做威脅，如「你若不答應，我們只好分手」，或甚至以暴力強迫女方。

3.論理：以理相勸以達到性要求。「我們都有血有肉，性慾望是自然的人性本色，孔老夫子不就說『食色性也』嗎？」

4.單刀直入：直接告訴對方對性方面的要求，如「要不要有親密關係？」

5.安排氣氛：將相聚場所或談話內容安排得足以挑逗對方。例如，把燈光弄暗些，放點柔美音樂，或喝點酒，提高情調，挑逗對方。

6.假言假語：以不確實的訊息資料騙取對方的信任而達到性要求的目的。例如：「不要怕，不會懷孕的」或「除了你我，沒有人會知道的。」

7.說服：「反正我們已經這麼好了，沒關係的。」「反正我們都準備結婚了，現在或將來都一樣。」

8.強調關係：強調性關係會增加兩人的情感。「我們的感情都已這麼好，應把兩體合而為一。」

9.誘姦：以上面的任何一種方式，有計畫的、一步步的達到性要求的目的。

除了馬克米克所提出的九種策略之外，還可以再加一種，即(10)藥物：這是指以酒把對方灌醉或以藥物引起對方性慾或造成無力抗拒的局面，與對方發生性關係。

上面這些策略並非只有男性採用，女性照樣可以運用以勾引男性，或用以拒絕男性的要求。不過，通常男方採取積極行動的比較多。

婚前性行為對婚後關係有什麼影響？有沒有什麼後果呢？這論題是社會學家研究的重點。大致上來說，婚前性行為可能造成的後果包括下列幾項：

1.父母的反對：大多數父母都反對子女在約會期間或婚前有性行為，尤其是女方的父母尤然。一個1976年對大學生的雙親所做的調查發現，73%的父親和83%的母親反對其子女有婚前性行為。研究中也發現，父母的年齡愈大，愈反對子女有婚前性行為。

2.懷孕的可能：父母反對約會期間子女的性行為，最大原因雖然有道德和宗教上的理由，但害怕他們婚前懷孕還是最重要的。年輕男女本身也不願意有懷孕的後果。但是根據估計，美國每年大約有一百萬未婚青年女性懷孕，其中有六十萬名生下嬰兒。按照這數字推測，未來將約有31至40%左右的青年未婚女性會懷孕。晏涵文於2009年的調查顯示，有四成的年輕男女未採取任何避孕方法，以致國中畢業者有28.9%因而懷孕，高中職也有19%因此懷孕。懷孕的後果可能性很多，但大多數都不是正面的。例如：(1)因已懷孕而匆促結婚；(2)因男方拒絕承擔責任而使雙方感情破裂；(3)因懷孕而輟學；(4)因懷孕而加深與父母的仇恨；(5)因懷孕而喪失享受平常年輕人活動的機會；(6)墮胎；(7)若生產，嬰兒不論託人寄養或自養，都會增加精神和財力負擔；(8)增加社會福利機構的負擔。

3.性病或其他與性行為有關疾病的感染：以往的性病如淋病等尚可治療，梅毒亦可控制，但是最近幾年來流行的愛滋病（AIDS）仍然是無藥可救。由於年輕男女的性交對象不固定，因此容易被感染。美國政府衛生部於1987年極力推行避孕保險套的使用，雖然其原本的功用是避孕，目前強調的卻是避免感染因性關係所帶來的疾病。

4.罪惡感的產生：女方對因婚前性行為所導致的未婚懷孕，會產生很大的罪惡感或羞恥感。尤其是生理上的改變無法掩飾懷孕時，家人的冷言冷語、朋友的議論等等，都會造成當事者很大的壓力。雖然美國在性交的態度上已很開放，但是未婚懷孕畢竟不是一件光榮的事情。

朱雷福和偕費（Dryfoos and Jaffe）在1976年對一群15至19歲已懷孕的少女做過調查，發現後來只有14%的當事人結婚，38%墮胎，20%流產，另外有29%產下私生子。最近的研究數量大致上也有類似的結

論，婚前懷孕的婚姻很可能是造成後來離婚的主要原因之一，因為這種夫妻的離婚率顯然高於婚後才懷孕的夫妻。

婚前懷孕會造成婚姻初期即已有孩子的經濟和心理上的負擔。婚姻初期雙方年紀尚輕，經濟能力也不穩定，扶養一個孩子使得負擔加重，再加上婚姻初期雙方心理仍在調整中，有孩子夾在中間，無助於新婚者的感情發展。

婚前懷孕的後果很顯然地是負面多於正面。但是在目前避孕藥品並不難獲取的情況下，為什麼仍有那麼多婚前懷孕的個案呢？究其原因大致上可包括這幾種：(1)無知，即不清楚避孕藥品及用具的功能或正確使用方法；(2)由於宗教或道德風俗上的原因，反對使用避孕方式；(3)不相信避孕藥品及用具真的可以避孕；(4)為證明性能力，即能懷孕就代表能力強；(5)無責任感，只求一時快樂；(6)誤信，覺得這種事絕不會發生在自己身上；(7)故意懷孕以纏住對方；(8)一時興起，毫無準備。

第五節　伴侶選擇理論

早期的心理學家認為一個男人受一個特定女性的吸引，是因為他生理上有一個遺傳基因正好適合這位女性。中國人自古以來就一直強調緣分，是好是壞都是命定的緣分，跑不掉的。這種講法太玄，而生理遺傳基因的說法亦難以令人信服。在這裡，我們想介紹幾種社會學的理論解釋。

一、角色論（role theory）

在社會學理論中，角色是一個重要概念，是指社會對個人行為的一套期望。在社會化過程中，我們學習到各種不同角色的不同行為期望。根據角色論的說法，角色相配是挑選伴侶的一個指導原則。兩個對丈夫和妻子角色有截然不同行為期望的男女，是不太可能相互挑選

的。即使勉強湊在一起，也是問題重重，無法彼此協調。一個人在挑選伴侶的過程中，對所找的對象多多少少有某種期望，例如，某人的首要條件是顧家、賢慧，那麼其所挑選的對象會符合他對此角色的期望。同樣的，某女士認為丈夫應該賺錢養家，她也就會找個金錢多多的人嫁。根據角色論的說法，人們婚前對婚後伴侶的角色想像期望，指引著人們傾向於尋求符合這期望的對象。

二、價值論（value theory）

有些社會學家認為，一個人的價值觀念對個人有相當程度的重要性，因此在挑選伴侶時，自然而然會找一個有類似價值觀念者。同類婚姻之普遍的原因即在此。我們找有類似社會背景、性格，以及嗜好的人結婚，就因為我們覺得跟這種有相同價值觀的人比較合得來，兩人對彼此的滿意度會比較高。

三、交換論（exchange theory）

此理論主要是把婚姻視為一個市場交換過程，在男女交往的過程中，希望把自己的資產，如優點與特長提供給對方，引起對方的興趣；同時，也希望能從對方那裡獲得更大的回報。這就是為什麼我們總是找漂亮的、有性格的、有前途的、風趣的人為對象的原因。詳細的交換過程，在前面的第一節已經介紹過。

四、互補需求論（complementary needs theory）

此理論和價值論有不同的看法，它認為在尋找伴侶的過程中，人們會找一個可以彌補自己之所短缺的對象。在交換過程中，我們想獲取最高的報酬，於是不會找同類者（因為已有的資源，其價值就不會高），而會找不同類者以彌補自己之不足，雙方共同獲得最高報酬。一個外向性格者需要一個內向的人來配，一個事業心重的人則需要一個以家為主的人來配，就是這個道理。

五、過濾論（filter theory）

此理論聲稱，伴侶的選擇並非單純的挑選同類或異類者來結婚。婚姻對象的選擇是一種過濾的過程：由一大群可能的對象中，經由社會和個人因素的考慮而逐漸淘汰排除，最後選出一位可以結婚的對象。最早期的過濾過程是把同血親、種族、宗教、社會階段不同者先排除不考慮，然後經過一個約會的階段，兩個人一起相處，合得來的留下，合不來的排除。第三個階段則是兩個人建立彼此互信互容的交往，加深彼此感情。最後階段是一種兩人身心相連的關係出現，而達到彼此願意結婚的地步。此理論認為，過濾原則在初期是價值的類同（除了血親外），在晚期則是以需求的互補原則來指導過濾的過程。

六、刺激─價值─角色論（SVR theory）

這裡所謂的S是指刺激（stimulus），是挑選伴侶的第一階段，是彼此相互吸引的刺激。V是指價值（value），指雙方坐下來細談，從互動來往中找出彼此相同的價值。R是指角色（role），指雙方角色期望的配合。這個理論也是一種階段論，相信人們最初可能為感官上所刺激而彼此吸引，然後再進一步達到價值的配合，而至角色的相稱。

事實上，上面這六種理論的任何一種，都可能用來解釋一部分人的婚姻，所以不必堅持某一理論而排斥其他。中國人談緣分，雖然是宿命論的看法，有時卻也真有這回事。不過嚴格來講，兩個毫無關聯的人要碰頭，又彼此來電發生感情，並終至結婚的機會，畢竟是少之又少。仔細分析一下，這些憑緣分而結婚者，在背景上多多少少還是可以找出相似處的。因此，緣分可能僅僅只是表面，社會因素的影響仍在。

嚴格來講，約會並不等於結婚，此兩者的互動方式不同，社會規範亦有所不同，約會的主要功能是提供雙方選擇的機會，結婚則是已選定的伴侶相互適應生活的環境。表4-4列出了此兩種社會制度的異同點，以供讀者參考。

表4-4　約會與婚姻之比較

特　徵	約　會	婚　姻
1.社會功能	擇偶，性別社會化	生兒育女，感情之結合
2.目的	娛樂，友儕之認同，羅曼蒂克愛情，自尊	愛情，長期之託付，穩定之感情
3.年齡	無限制，任何年齡皆可約會	通常男女之間有2至3歲的年齡差別，適合法定年齡才可結婚
4.人數	一人或兩人以上	一個對象
5.互動	頻繁率少，互動關係緊張	頻繁率高，但較少高潮
6.性	幻想與期待，性伴侶可多可少，機會不多	固定的性伴侶，固定的性機會
7.父母的管束	有	無
8.異族關係	社會允許並容忍	社會容忍，但離婚率高
9.財產權利之分享	無	有

　　現代婚姻既然強調愛情，那麼約會便是一種可以在婚前瞭解對方並培養感情的方式，為人父母者因此也就不必太約束年輕子女交異性朋友。

　　雖然在臺灣，不同種族間的約會不算是一個問題，事實上，省籍差別也不是一個問題。但是在美國，這種約會仍多少含有某種程度的危險性。一項1997年11月美國《今日新聞》所做的調查發現，有62%的父母完全不認為有問題，有34%父母表示他們會介意，只有4%表示要視情況而定。同一個調查也發現，年輕白人中完全沒有異族朋友的只有18%，黑人有19%如此，西語系人則有11%無異族朋友。

　　目前美國異族約會的經驗依族裔而不同：白人和西語系的約會，較跟黑人或亞裔為高，以跟亞裔最低，僅15%；黑人、白人和西語系人都占40%，與亞裔只占10%。西語系者和白人約會最多，比和黑人約會高出一倍，分別是82%及40%，跟亞裔最少，只有25%。這項亞裔百分比低，可能是亞裔在美國總人口數所占的比率較黑人及西語系者為少之故，其百分比列於表4-5。

表4-5　異族約會經驗

	白人	黑人	西語系人	亞裔人
白人曾跟___約會比	－	17%	33%	15%
黑人曾跟___約會比	44%	－	38%	10%
西語系人曾跟___約會比	82%	40%	－	25%

資料來源：*USA Today*, NOV, 1997, p. 10A.

　　至於為什麼跟異族人約會的原因，主要在於個人的性格特質。種族因素可能導引好奇心，想跟他人不一樣，或想跟父母作對等等，都不是絕對的因素。跟異族人約會的理由有被對方吸引、關懷對方、對方的心胸寬闊等，詳細理由列於表4-6。

表4-6　與異族年輕人約會的理由

1.對方有吸引力	97%
2.關懷對方	97%
3.心胸寬闊	89%
4.好奇	75%
5.想跟別人不一樣	54%
6.跟父母作對	47%
7.自我表現，很爽	46%
8.要引父母開心	43%

資料來源：同表4-5。

　　異族約會自然常有困擾，這種困擾不僅來自具有優越感的白人歧視其他族裔，同時，其他少數族裔也有所謂文化中心主義（ethnocentrism），不一定願意跟白人通婚。例如在美的亞裔家庭，父母就不一定贊成其子女跟外族人約會結婚，白人不行，黑人更是反對。

　　既然約會不等於結婚，那麼很多人在約會過程中，會經驗到「分手」的痛苦，總有一方會受到傷害，甚至發生暴力的事件，報紙上就常

有情殺、毀容等新聞出現。社會學家認為，從聚到散可以分成下列幾個階段：

1.發現對方的錯失（如移情別戀、性格不合等）。

2.揭露對方的錯失（向對方攤牌）。

3.談判（爭吵、衝突、試圖挽回對方）。

4.解決（雙方終於決定分手，結合無望）。

5.拆散（雙方正式分手，各走各的路）。

從聚到散這條路，走得很辛苦的人很多，而能高高興興分手的人畢竟不多，總有一方會承受痛苦。但大多數的人都能走出那苦境，再重新挑選伴侶。由於現代社會流動性大，交友的機會和場合也多，重新再來的機會多得很。

臺灣近年來新發展出來的擇偶對象是大陸港澳和外籍者，特別是新娘。根據內政部的統計，2006年總結婚對數中，配偶是外籍人士者占6.7%，為大陸港澳人士者占10.1%，兩者合占16.8%。自1987歷年以來，配偶是大陸港澳和外籍者人數達38.4萬人，其中配偶是外籍人士者占34.9%，大陸港澳人士者占65.1%。此類婚姻最主要的原因包括：(1)臺灣低出生率影響適婚人口，(2)臺灣高經濟力允許到外地擇偶，(3)臺灣婦女結婚意願的降低。不過，這種婚姻也為臺灣帶來了一些社會問題。

「他的孝順與骨氣，改變了我一生。」淡水牛糞紀念館主人陳李桃在七夕情人節前夕，憶起亡夫陳順隆的為人，依然情意彌堅，兩人譜出的富家女與窮教員的愛情故事，傳為佳話。當年愛戀陳李桃的林醫師也未娶，問世間情是何物，對於陳李桃來說，點滴在心頭。

淡水老街有家牛糞紀念館，紀念著富家女與窮教員的愛情故事。正值七夕情人節到來，紀念館主人陳李桃望著一朵鮮花插在牛糞上的模型，向好奇的情侶述說著那段往事。

四十年前，Lisa陳李桃（陳是夫姓）是礦業鉅子的千金，住豪華別墅，開進口轎車到基隆的金融機構上班。有一天，Lisa的弟弟告訴她，學校導師陳順隆在逆境中奮鬥的故事，她基於仁心，請陳擔任弟弟的家庭教師，當時她很欣賞陳順隆的孝順與不畏困難的骨氣，兩人漸生情愫，為父母所察覺，兩人受到極大的壓力。

這時，故事中另一名男主角林醫師現身。他是李家世交的第二代，十分仰慕Lisa的風采，甚至立下非她莫娶的決心。李家也視他為門當戶對的對象，但Lisa心意已決，李母心痛之下，曾丟下一個包袱，要她在父母屬意親事與無家可歸之間做選擇。後來Lisa發現母親暗地裡在包袱中塞了大把錢，讓她痛楚萬分。在親情與愛情難兩全下，她曾想出家，但在僧人點醒後，鼓足勇氣說服家人，與陳順隆步向紅毯。林醫師則黯然移民美國。

陳順隆沒有讓Lisa失望，歷經多年奮鬥，窮小子翻身，成為股市聞人，賺進大把鈔票。三年前，陳順隆為了讓世人見證他對Lisa的情意，決定在淡水老街開設牛糞紀念館，陳列當年送給Lisa的定情之物──銅戒、Lisa母親當年丟下的包袱及骨董文物等，紀念館取名為牛糞，是調侃自己出身貧賤猶如牛糞，卻有幸高攀猶如鮮花般嬌貴的富家女。不幸，牛糞紀念館開幕前幾天，陳順隆卻車禍身亡。

　　後來林醫師得知Lisa喪夫後，曾赴臺探望。林醫師至今依然未娶，或許當年情愫仍在，但林醫師的風範，一直為Lisa所敬重。

　　適逢七夕情人節又將到來，許多情侶正為著千百年前的傳說，熱鬧過節，成雙入對的身影，予人有只羨鴛鴦不羨仙的感受。哪怕是神話中的牛郎與織女也能一年一度會面解相思，而陳李桃與亡夫雖天人永隔，在速食愛情當道之際，她希望繼承亡夫的遺願，為愛情的忠貞做永恆見證。

　　錄自《世界日報》，2002年8月10日，〈寶島鄉情〉，p.B5。

《浣溪沙》

繡幕芙蓉一笑開，

斜偎寶鴨襯香腮，

眼波纔動被人猜。

一面風情深有韻，

半箋嬌恨寄幽懷，

月移花影約重來。

這是北宋李清照新婚後的作品，描寫夫妻生活的歡愉。一種風流瀟灑
的韻度，洋溢於筆墨之中。

第5章

婚姻的甘甜

第一節 訂婚及婚禮

　　當前不僅西方社會，連較先進的非西方社會，如臺灣的社會價值已認定可自由選擇婚姻伴侶，也肯定了約會是婚前挑選伴侶的一種主要方式，於是，雙方當事人對約會的期望就自然是以結婚為前提。在西方社會，約會的年齡可始於13、14歲，但絕大多數都不主張太早結婚，同時也不贊成太晚結婚，因為這兩種情況下的婚姻都較不穩定，走上離婚一途的機會較大。

　　結婚得太早，尤其雙方都是20歲以內尚未完全成熟的年輕人，婚姻不美滿的機會較大。主要原因是，年輕人的心理發育尚未成熟、經濟也不獨立，同時，雙方父母通常會反對這個結合，因此兩人壓力大，容易造成婚姻破裂。不過，最主要的原因還是很多年輕人結婚的理由不健全，例如，為了逃避父母的約束而結婚、因女方懷孕而急著結婚，或者被一見鍾情沖昏了頭。研究上發現，太早結婚者，其離婚率約兩倍於較成熟的結婚者。

　　但較晚結婚的人，在生活習慣上比較不具彈性，容易固執於婚前

已定型的生活方式。一個遲遲不願意結婚的人，常常是較強調個人自由或對婚姻有不切實際的夢想，而這兩者都會影響婚姻。同時，較晚結婚者在經濟上已較有保障，事業基礎也較穩固，一旦發現婚姻不如意時，較有能力擺脫這段婚姻關係。如果較晚結婚者的對象在年齡上相差很多，那麼夫妻間的價值觀念和態度差距亦會較大，更易造成離婚的現象。總之，太早或太晚結婚都非好現象。

在約會一段時間後，雙方培養出真正的感情、彼此互相需要時，就會考慮結婚。通常，訂婚會發生在這個階段。以往，訂婚是一件很重大的儀式，同時也是正式婚禮前必經的步驟。在傳統中國社會，訂婚代表兩個家庭正式同意結成親家。近年來在西方社會中，由於男女交往的自由、婚前性行為的普遍，以及婚前同居者日增，訂婚已不再像往昔那麼重要，而只是象徵性的，但是仍具有某些重要的功能。訂婚包括下列幾項意義與功能：

1.訂婚代表雙方結婚的意願：當兩個人訂婚之後，雙方就不再只是約會的對象，而是未來結婚的伴侶，因此，兩個人的關係變得比較認真和正式。

2.訂婚代表雙方停止尋找或和其他人約會：訂婚前的約會對象可以不止一個，訂婚後則只能邀約對方，這是一種「你屬於我、我屬於你」的專利感。如果訂婚後還和別人約會，會被認為是欺騙或「走私」。

3.訂婚是一種公開的宣告：這種宣告常能使周遭親友提供意見，以作為是否繼續走向結婚一途的參考。例如，當朋友知道你訂婚後，可能會說：「這個人玩玩還可以，但絕不是個理想的結婚對象！」如果很多親友都有類似的看法，就代表應該好好重新考慮這個婚約。

4.訂婚期間讓當事人雙方能以認真嚴肅的態度衡量雙方的感情：如果發現彼此個性

不適合，該怎麼樣加以調整；如果真的不能配合，也尚有機會從中撤出，取消婚約。

5.訂婚期間能讓雙方有機會和對方的父母接觸：可藉此增加彼此認識的機會，畢竟婚姻仍是關係著兩個家庭的大事。

6.訂婚期間可準備即將到來的婚禮：婚禮並非那麼簡單，需要一段時間準備，而且在準備婚禮的過程中，還可以多瞭解對方。例如，男方想要一個簡單的婚禮，女方卻要求豪華隆重，兩人為此互不相讓，爭吵不休。兩個人也許藉此認清彼此價值觀不合而就此打住，免得婚後不幸福。

絕大多數的人會覺得訂婚期間的生活很是甜蜜，對未來有很多的憧憬；但是也有些人會在這段期間發現彼此互不相容，因而解除婚約。總而言之，訂婚是一個很重要的緩衝期。如果訂婚期間很順利，沒有發生大問題或衝突，則下一步就是擇定吉日舉行婚禮。對個人而言，婚禮是人生一個很重要的轉捩點：以往單身一人，自由自在，毫無牽掛；但一旦決定結婚，則婚禮過後，生活就完全不同了。婚禮不僅代表個人對結婚的認同與肯定，同時也代表著嚴肅的社會意義，因為它把原本毫無關聯的兩個人及兩個家庭聯結在一起。「親家」的社會角色期望具有很重大的意義。婚禮亦有法律上的意義，代表著社會或國家對兩個人成立家庭的正式認可，當事人從此必須依照法律對待彼此，除了享有配偶的權力，也要盡配偶的義務，財產亦需依法分配。

以臺灣目前的情形而言，年輕男女除了自己找對象外，由父母代為全權選擇對象的年輕男女數目並不多，大多數是經由一個中間人代為安排。這個中間人可能是雙方的親朋好友，也可能是業餘或職業媒人。如果青年男女是自己認識的，則中間人只是象徵性的介紹人；若經由中間人安排讓雙方初次見面，便是所謂的「相親」。如果之後雙方都有意願再見面以多認識彼此，則會有一短時期的來往或約會，而後才有進一步的訂婚儀式。

訂婚前，男方應準備聘金及禮物，由親友前往女方家以示求婚；聘

金及禮物都以雙數為準，以求吉利。聘金分為「大聘」及「小聘」，以紅包包妥。「大聘」常用以顯耀男方的家世門面，「小聘」則是一般的行聘。目前在臺灣，通常女方只收「小聘」，而將「大聘」退回。至於聘金數目多少，視個人經濟能力而定。除了聘金外，男方還需準備「六件禮」：大喜餅、盒仔餅、米香餅、米龜福圓和糖、禮香炮竹和禮燭，再加上聘金、金器和布料。如果有心，還可再加六件禮，包括：四色糖、豬、麵線、酒、鴨母、喜花或其他禮品，以示隆重。到女家求婚的同行親友可以是6人、10人或12人，但應盡量避免4人、8人或單數。女方應備甜茶、甜湯圓以示歡迎，並準備訂婚酒席，以及贈送媒人的禮金和禮品。此外也要回贈男方禮物，通常以贈送未來女婿實用的男性用品為主，如領帶、皮夾、袖扣、手錶等。

訂婚的程序可分為儀式前、儀式中、儀式後三段。

1.儀式前：男方先祭祖，並與年長親友共乘禮車前往女方家。抵達女方家時，需燃放鞭炮。洗臉後進門，進門後由媒人介紹雙方家長認識，然後將聘禮交予新娘的父兄。

2.儀式中：程序大約是受聘、奉甜茶、壓茶甌、距圓凳、掛戒指、給紅包、改換稱謂、燃炮。

3.儀式後：女方設宴款待並答謝賓客。男方回府後再祭祖，並將女方贈與的禮餅分享親友。

訂婚儀式往往因文化而有所不同。不過目前受西方習俗的影響，訂婚戒指成為很重要的信物。在英美、加拿大和澳洲，訂婚戒指通常戴在左手第四手指（即無名指），因為從古羅馬時代開始，左手第四手指就被認為是愛的指血管脈絡，直通心臟。歐陸國家則戴在右手。在臺灣有訂婚儀式，是採用中西合併的方式。在訂婚的「掛手指」儀式中，新郎先將戒指戴在新娘右手中指，新娘再為新郎戴在左手中指。結婚互換戒指時，則配戴在左

手無名指。

　　婚禮的準備過程相當繁雜，要決定證婚人、介紹人、挑選賓客、選購結婚戒指、印喜帖、決定伴郎和伴娘、花童、準備結婚證件、確認婚禮場所、刻圖章、拜訪雙方家長等，皆必須妥善設計籌畫。表5-1所列的婚禮時間籌備表，是臺灣網路上提供給準備結婚者參考用的。

表5-1　婚禮時間籌備表

	結婚禮俗	婚禮，喜宴的準備	新生活的準備	美容，整體造型
1年至6個月前	・擇訂婚期 ・選訂下聘日 ・男方向女方提親 ・拜會雙方家長	・婚禮行程的決定 ・決定婚期 ・喜宴場地預定 ・婚禮預算的編列	・婚前健康檢查 ・找尋新居處	・選擇攝影禮服公司，訂購禮服
4～5個月前	・訂婚，下聘	・決定主婚人、證婚人，以及介紹人	・決定蜜月旅行行程、地點 ・新居裝潢設計施工	・美容、美髮全身保養
3個月前		・設計結婚喜貼 ・決定婚禮的賓客 ・結婚對戒的選購	・選購新居家具及生活用品 ・海外蜜月旅行者申請護照	・禮服、頭紗試穿，捧花決定 ・新郎、新娘配件的決定 ・與攝影師溝通婚紗照構想
2個月前		・估算賓客人數 ・結婚喜帖印刷 ・決定婚禮的伴郎、伴娘、花童 ・邀請主婚人、證婚人及介紹人 ・試吃酒席 ・預定禮車	・預定蜜月旅行行程、日期、旅館 ・向戶政機關辦理遷出、遷入	・設計髮型，試粧 ・拍婚紗照
1個月前		・決定婚禮當天工作人員名單 ・決定婚禮攝影人員 ・決定婚禮慶祝節目	・選用蜜月旅行所需的用品 ・確定蜜月旅行細節 ・新居生活用品的確認 ・辦理各種證件通訊地址變更	・新髮型的決定

3週前	・決定典禮各項裝飾 ・宴請婚禮工作人員 ・結婚證件的準備 ・喜帖寄出，並確定出席人數	・蜜月旅行禮品項目確定 ・辦理新居生活相關手續（各項文件、水電用度的確定） ・身邊各項物品的整理	・加強臉部保養美容，整體造型
1～2週前	・購買禮堂各種小用品 ・與飯店確認最後賓客事宜 ・工作人員、項目最後確定 ・篆刻圖章 ・遠方賓客交通工具的安排 ・賓客人數最後確認	・蜜月旅行預約確認 ・新居處所處理、清掃 ・將新居用品擺入新居 ・向工作單位申請婚假並做好職務代理安排	・加強全身美容 ・美髮保養 ・確認飾物穿戴搭配順序
前1日	・和證婚人、介紹人等最後聯絡 ・和飯店做最後聯繫 ・和工作人員再確定細節、時間 ・會場所需用品最後的檢查 ・去婚紗攝影公司拿禮服		・新娘進行全身肌膚保養 ・修指甲、修眉、修面 ・和美容師約定次日化妝、整髮時間 ・放鬆的心情及充足睡眠，有助於婚禮當天容光煥發
當天	・貴重物品請人看管 ・女方請專人隨時處理雜事 ・男方攜結婚證書、禮品到女方家迎娶		・準備一個化妝箱隨時打點 ・放鬆心情，吃一頓豐盛的早餐
婚禮1～3週後　歸寧	・拜訪雙方家長 ・宴請工作人員 ・婚禮費用總整理 ・謝卡寄出	・向戶政機關辦理結婚登記 ・邀請親友到新居拜訪 ・回贈親友蜜月旅行的禮品	

資料來源：http://www.toku.com.tw/wed/schedule.htm

對很多家庭來說，婚禮的花費是一筆不小的支出且是不可避免的；如果再加上嫁妝，更是沉重的負擔。某些地區嫁女兒的嫁妝是聞名的，可能包括現金、房屋、汽車、冰箱、皮件、布料、家電用品等等。

至於婚禮所需的費用及預算，最好事先加以規劃，並視個人的經濟能力而定。表5-2列出婚禮花費的項目及數字，可做一參考的依據。公證結婚是一個很實際的合法方式，手續簡單，過程隆重，在花費上也更經濟實惠。然而大多數人較不願接受，尤其是雙方家長總認為公證結婚沒有面子，於是打腫臉充面子來擺場面的情況便時有所聞。

表5-2　婚禮預算表

類　　別	項　目	預　算
訂婚	酒席	35,000
	喜餅	40,000
	媒人紅包	5,000～10,000
	男方西裝	8,000
	女方禮服	8,000
	女方髮型與化粧	2,000
	婚戒	30,000
類　　別	項　目	預　算
結婚	酒席	250,000
	婚紗攝影	40,000
	新郎禮服	10,000
	新娘化妝	3,000
	新娘捧花	2,000
	婚戒	40,000
	招待其他工作人員紅包	20,000

資料來源：http://www.toku.com.tw/wed/prepare/pre02. htm

根據網站wed168.com的婚禮數字大普查，婚禮預算平均開銷費用約為新臺幣546,561元。表5-3列出了臺灣各地區婚禮的平均花費，供讀者參考。

表5-3　各地區婚禮預算平均費用比較表

北部婚禮平均花費：（北市+新北市+桃園+新竹+苗栗）=NT$540,871
中部婚禮預算平均花費：（中市+中縣+彰化+南投）=NT$583,381
南部婚禮預算平均花費：（嘉義+臺南+高雄+屏東）=NT$552,246
東北部婚禮預算平均花費：（基隆+宜蘭+花蓮+臺東）=NT$504,540
外島及其他地區：=NT$679,400
婚俗禮儀（含大小聘及紅包……等）平均費用=NT$120,857
婚紗攝影平均預算支出=NT$46,603
送客小物平均預算支出=NT$2,691
新娘化妝平均預算支出=NT$6,268
目前最高婚禮花費=NT$13,091,320
目前最低婚禮花費=NT$12,000

資料來源：http://www.wed168.com（3.17.2011）

表5-3所列費用僅供參考，因為它並沒有說明為什麼中部和外島的費用比北部高；尤其在物價頻頻上升的臺灣，婚禮預算費用一定會提高。

婚禮不僅是當事人的私事，也常牽涉到男女雙方的兩個家族，更是社會承認兩人結合的一個重要儀式。有些原始社會部落不承認未婚者為成年人，因此婚禮是女性正式成為社會成員的一個重要儀式。即使在當代工業社會，婚禮儀式仍然是個人人生過程中的重要里程碑，典禮的簡約或隆重因人而異，但其社會功能不應被忽視。許多社會對婚姻的對象、訂婚的契約，以及婚禮的儀式都有所規定，為的就是維護社會的穩定。

根據我國民法的規定，男女訂婚後並不具法律上夫妻的身分。解除訂婚婚約的方式為，若婚約當事人一方具有下列情形者，他方得解除婚約：

1.婚約訂定後，再與他人訂定婚約或結婚者。

2.違反結婚期約者。

3.生死不明滿一年者。

4.有重大不治之症者。

5.有花柳病或其他惡疾者。

6.婚約訂定後成為殘廢者。

7.婚約訂定後與人通姦者。

8.婚約訂定後受徒刑之宣告者。

9.有其他重大事由者。

合法的結婚年齡，男為18歲，女為16歲，但有下列限制：

1.須為非近親關係：依法下列親屬不得結婚：

 (1)直系血親及直系姻親。

 (2)旁系血親在六親等之內者。但因收養而成立之四親等及六親等
  旁系血親，輩分相同者，不在此限。

 (3)旁系姻親在五親等以內，輩分不相同者。

 前項姻親結婚之限制，於姻親關係消滅後亦適用之。

 第一項直系血親及直系姻親結婚之限制，於因收養而成立之直系
 親屬間，在收養關係終止後，亦適用之。（第983條）

2.須無監護關係：監護人與受監護人，於監護關係存續中，不得結
婚。但經受監護人父母之同意者，不在此限。（第984條）

3.須非重婚：有配偶者，不得重婚。一人不得同時與兩人以上結
婚。（第985條）

婚姻的方式，因文化差異而有所不同。以婚姻人數來分類，主要有
下列幾種：

1.一夫一妻制（monogamous marriage，或monogamy）：指一男一
女配偶的婚姻，是目前最普遍的婚姻類型。由男女人口比例來看，一男
一女的配對最為合理；由心理角度來看，一夫一妻配對最容易培養感
情，得到滿足，保持親密，維持穩定關係。

2.一夫多妻制（polygyny）：指一個丈夫有兩個或兩個以上的妻子的婚姻。在人類歷史上，大多數的社會都採此制，目前回教國家仍採此制。雖然美國法律不允許一夫多妻制，但部分美國摩門教徒仍延用此制；中國人的納妾，也可以說是這類型婚姻的旁支。

3.一妻多夫制（polyandry）：指一個女人同時嫁給兩個或兩個以上的男人。這些男人常是兄弟。在資源缺乏的社會中，兄弟常同娶一名女子，以免分割家產或家庭。例如，在部分西藏地區即採此風俗。在印度，某些社區由於殺女嬰的習俗，以致造成到適婚年齡時沒有足夠的女子婚配給所有的男子，只得採此一妻多夫的婚姻制度。

4.團體婚姻制（group marriage）：即群婚，指團體內所有男女皆有婚姻的親密關係。此種公社式的婚姻無個人專屬性。1960年代美國的嬉皮（Hippies）曾採此式。

另外，有些學者指出，今日美國的婚姻已不是單純的一夫一妻制，而是一系列的「聯串一夫一妻制」（serial monogamy）。兩者的差別是，在純一夫一妻制中，婚後一直到配偶之一死亡為止，終生只有一個伴侶。今日美國法律雖然規定不能同時有數個配偶，但因離婚率攀升，人們一生之中可能有一系列的配偶，也就是離了再結、結了又再離的現象。

目前臺灣基本上是採一夫一妻制婚姻，但是社會對納妾者似有默許。尤其是上流社會擁有數位妻妾者，法律並未加以懲罰，且成為人們津津樂道的話題。臺塑大家長王永慶即是一個眾所皆知的例子，而近年來臺商在中國大陸包二奶更是時有所聞，不足為奇。

若從選擇配偶的角度來看，又可分為「內婚制」（endogamy）與「外婚制」（exogamy）。內婚制係指配偶的選擇，只能在同一團體或同一社會中挑選，例如，猶太人與猶太人結婚。外婚制則必須在其團體或社會以外挑選，例如，中國傳統社會的同姓不婚。

雖然想要維持單身不婚者有日漸增加的趨勢，但結婚者仍占大多數。臺灣近年來的婚姻狀況也類似西方社會。表5-4是歷年來臺灣人口

的婚姻狀態。

表5-4　臺灣15歲以上人口婚姻狀態，1966-2006

（單位：%）

年	未婚	有偶
1966	31.5	61.9
1971	37.2	57.1
1976	37.2	57.3
1981	35.8	58.6
1986	34.6	59.3
1991	33.9	59.0
1996	34.2	57.6
2001	34.0	56.1
2006	34.4	53.7
2010	34.9	51.9

資料來源：中華民同國社會指標統計，2004年，頁7；2006及2010年資料引自http://www.moi.gov.tw

第二節 婚姻關係

　　「新婚燕爾」是描述婚後那段令人羨慕的甜美日子。青年男女在經過一段時間的約會與熱戀後，終於能夠結婚，共築一個美滿的家庭。臺灣有一句諺語「娶某後、生子前，卡好運」，指的即是一種喜悅的心情，相信結婚的生活一定會帶來好運。

　　婚姻是兩個人經由一種社會認可的儀式而給予對方一種誓約，並共同生活。婚姻與同居不同。雖然同居也能給予伴侶心理上和性行為上的情感和親密，但婚姻卻包含了比同居更多的責任與義務。經由婚姻，伴侶接納其應負的責任以維持彼此的親密關係，並保護對方的生活。同居者常有一種缺乏安全感的憂慮，然而婚姻在社會法律的認可下，其承諾代表著親密與永恆。

親密是指夫妻雙方以誓約將對方視為自己生命中最重要的人。因此，這種親密關係也代表雙方對性行為的專一期待。無論婚前兩人各自有無性關係，一旦結婚後，夫妻就只能彼此專一，再無其他性關係。也就是說，夫妻成為彼此唯一的性伴侶。以往因為社會對男女有雙重的道德標準，因此貞操觀念只適用於婦女；今日，夫妻彼此間都應共同遵守貞操的原則。這並非只是對性行為的限制，而是對彼此的尊重與專一。當然，夫妻間親密關係並不僅限於性的專一，也指感情的專一。部分學者指出，目前施行的一夫一妻制太死板地把夫妻雙方視為專屬品來看待，實際上應該有某種程度的彈性才對。這種有彈性的一夫一妻制（flexible monogamy），強調的不是性的專一，而是感情的專一，亦即允許夫妻彼此有某種程度的性行為自由，但是在感情上仍應專一。

婚姻的承諾，多少亦包含著一種永恆的期待，希望今生今世兩人心連心，一直到死才分離。婚禮的舉行在古今中外都是一件大事，它向社會表明新郎和新娘正式進入家庭的社會角色。人們計畫結婚時，總是盼望彼此的感情和婚姻關係是永恆不變的。因此，非經社會的認可，夫妻雙方不允許隨意解除婚姻誓約。在今日的社會中，要求夫妻感情和性行為的專一，維持到「至死不渝」的境界是非常不容易的；只要婚約仍在，雙方對這種永恆親密關係的期望便還是存在。

在前面一章，我們曾提到有些人是為了逃避家庭的約束而結婚，有些人是因為懷孕才結婚，也有些人是真正彼此相愛、彼此有承諾而結婚。結婚的原因對婚後的生活有相當重要的影響。如果一個男性只因為受到女方美色的吸引而結婚，等過了一段時間後，女方變得「人老珠黃」時（其實再好看的人或東西，看久也就沒什麼特別了），婚姻自然會發生問題。所以，結婚應當具有健康的理由，其道理很簡單。拉曼納和雷德門（Lamannas & Riedmann）把婚姻依其目的分為兩大類：功利型婚姻和內涵型婚姻。

功利型婚姻（utilitarian marriage）

這是指一種建立在實質目的上的婚姻。功利型的原因有很多，例

如，單親媽媽為了找個伴來扶養子女、為孩子找個父親；男性為了物質的享受，娶個有錢人家的女兒；或為了事業關係，娶老闆或上司的女兒；女性嫁給有錢有地位的男人，以求經濟上的保障；或因可憐或同情對方的境遇而結婚。這種功利型婚姻的基本動機是交換，即一方提供治家的勞力、生兒育女，以及性行為以換取經濟安全和社會地位；另一方則以經濟財力、權力，以及社會地位作為交換。

功利型的婚姻通常並不美滿。娶個或嫁個比自己的社會地位高出許多或者有錢得多的人，皆屬不正常。這樣的婚姻伴侶總會表現得很驕傲，高高在上，難以溝通。在工人階級的婚姻裡，夫妻兩人因需要結婚而結婚，例如，「反正遲早都要成家，就找個人結婚，生兒育女。」這種也是功利型的婚姻，夫妻將維持婚姻視為是一種責任，至於夫妻之間是否親密則並不重要。柏納德（Jessie Bernard）稱這種關係為平行關係（parallel relationship），即雙方平起平坐、相敬如賓，卻不一定有親密的感情。妻子對丈夫的要求是：不使家庭有匱乏之虞、不強求性關係、不喝酒、不吸毒、能照顧子女，這就是好丈夫；丈夫對妻子的要求是：好好治理家庭、能燒一手好菜、不囉嗦、能做個好母親、能在背後協助丈夫工作或事業，這就是好太太。夫妻兩人在自己的小小世界裡，按既定的角色模式各做各的，平平穩穩的過日子；當夫妻任何一方有困擾時，往往會找朋友談論求助，而非其配偶。

內涵型婚姻（intrinsic marriage）

這種婚姻建立在伴侶間的親密關係和深厚感情，彼此以對方的福利為價值衡量的標準。伴侶彼此滿足對方生活上的需求、感情需求，以及性需求。柏納德稱這種關係為互動關係（interactional pattern）。在這種關係中，夫妻之間十分強調相依和愛慕的表示，注重實質情感生活的分享，較不隨俗、不正式，重視培養身心感情的娛樂活動。這種內涵型婚姻會有較高的幸福感和滿足感。但是正因為內涵型婚姻是建立在彼此的感情上，比較難以捉摸，也較難以持久。因此，它比功利型婚姻較容易破碎，造成離婚。人們對內涵型婚姻感情關係的期望常常不切實際，標

準也可能過高，不像功利型婚姻有一定的水準來維持雙方婚姻。內涵型婚姻以感情至上，夫妻之間很少注意到經濟和實際的利益，更少為責任感而結合，因此，一旦彼此感情有了裂痕，就難以修補。

實際生活中，很少有婚姻是建立在一個完全功利的或完全內涵的基礎上，大多數婚姻多多少少都摻雜著上述這兩種成分。有些婚姻由功利型起始，而發展出內涵型的關係；有些婚姻則始自內涵型的感情，而終至平穩的功利型婚姻。這兩種婚姻關係的配合，乃是維持大多數婚姻的主要因素。不過，通常工人和下層階級家庭的婚姻比較傾向功利型，中上層階級則比較重視內涵特質。

古柏和哈瑞弗（Cuber and Harroff）曾經對中上階級夫妻的婚姻關係做過深入研究，他們指出，這些婚姻關係大致可分為五類——兩種功利型：衝突型及消極型婚姻關係；兩種內涵型；有生命的及全盤型婚姻關係；以及一介於兩者之間的無生氣的婚姻關係。

一、衝突型（conflict-habituated）婚姻關係

夫妻整天吵鬧不休，總有解決不完的衝突與問題。夫妻習慣於爭吵、苛責、老是舊事重提、挖瘡疤、互不忍讓，視爭吵衝突為家常便飯。衝突的原因並不一定是什麼了不起的大事，常常只是毫不重要的芝麻小事，更不是一定要立刻解決的問題。為面子而爭，為爭吵而爭。不過，這種婚姻卻不一定會走上離婚的路。事實上，一些心理分析家說，有些夫妻從爭吵中獲取滿足，不爭不吵的婚姻反而索然無味。

二、無生氣（devitalized）婚姻關係

這種夫妻已經結婚好幾年，原有的趣味、情愛及意義已逐漸褪色。他們曾經相愛，曾相伴過一段美好時光，分享一切；現在在一起的時間不多，親密的性關係也變少了，可謂聚少離多。如果在一起，則是一種職責，譬如招待賓客、計畫子女教育、參與社區活動等，其婚姻由內涵型轉變為功利型。研究者發現，在所有的婚姻中，這種婚姻關

係最普遍，數目也最多。有不少無生氣婚姻關係的夫妻認為，這就是人生；年輕時的熱戀，到了中年自應安穩下來。另外一些人則用此作為對婚姻的抗議，因為離婚並非解決的辦法，而這樣維持下去雖無感情，卻不會受到社會大眾的指責，於是，無生氣的婚姻不至於走上離婚之路。

三、消極型（passive-congenial）婚姻關係

這種夫妻從未期待能由婚姻中獲得感情，夫妻沒有大衝突，彼此相敬如賓；很少有親密關係，卻不反對配偶在性關係上的要求。他們非常接受這樣的安排，注意錢財、子女、個人聲望，家庭名譽重於個人感情。在無生氣的婚姻關係中，夫妻之間至少曾經有過一段親密時光；但在消極型婚姻裡，則自始至終從未有過感情上的親密，因此，雙方並不擁有不切實際的幻想及期望，也不會走上離婚的結局。

四、有生命的（vital）婚姻關係

內涵型的有生命的婚姻關係中，夫妻間非常重視彼此相聚的時光，並分享其中的歡樂。雙方覺得一同做事的樂趣不在事情的本身，而是來自一同共事的心態，彼此相親相愛，相輔相持。這並不是說，這樣的夫妻絕不會有衝突和爭執；然而，他們的衝突或爭論是就事論事，並會設法解決，彼此溝通、體諒或讓步，絕不為傷害對方而爭，也不拖延以免造成永久的裂痕或不可收拾的局面。夫妻間重視性親密的感性生活，不把性關係視為一種無可避免的義務來履行。但擁有生命的婚姻關係的夫妻並不多。

五、全盤型（total）婚姻關係

這是另一內涵型的婚姻，但是它比有生命的婚姻關係所涵蓋的層面更廣。夫妻共享且共有一切，如事業、活動、朋友圈等等。有生命的婚姻尚保留某些個人活動的時間，但在全盤型婚姻中，雙方沒有絲毫個人

單獨存在的餘地。這種夫妻完全一體的婚姻很少，看起來似乎十分美滿理想，然而實行起來卻不容易。它不一定比有生命的婚姻關係好，而且很可能發展成一種包袱式的心理壓力。

古柏和哈瑞弗認為，人們選擇功利型的婚姻關係常常是有意的。男人在事業上的野心，需要一種婚姻允許他能每天在事業上長時間的專心，有出差的自由，同時也有一個舒適的家可回。尤其家室代表一個男人的成熟與穩重，進而獲得同事的羨慕、上司的信任，以及事業上的發展。也有人在不知不覺中讓一個原本是有感性的內涵型婚姻，轉變成一個傾向於功利型的婚姻。夫妻讓時間改變了自己，而忽略了當初的情感，由於太過專注在事業的發展、子女的教養，而變成消極和無生氣的婚姻。在事業上得到高升的丈夫變得更加忙碌，更晚回家，有時還得帶公事回家處理；太太則獨自忙著孩子的教養、社區活動或娛樂活動等。

當然，我們不能期待所有婚姻都是內涵型的，一方面是實際生活的需要，另一方面則是內涵感情的難以持久。事實上，內涵與功利兩者相互配合，才是穩定感情、維持美滿婚姻的良策。喬華德（Sidney Jourard）曾指出，夫妻每天過一樣的日子，上班、下班、上床睡覺、整理家務、管教孩子，這樣的生活很無聊。太親密或太疏遠、太激情或太呆板單調，都不是好現象。婚姻必須要有彈性、相互協調，才是健康的關係。

婚姻關係的培養、婚姻生活的美滿與否，並非決定於夫妻兩人天生的才能，而是需要加以細心培養的。當初結婚的原因，對婚後夫妻兩人的關係有相當程度的影響。但是即使是因不健康的原因而結婚，也一樣能培養出美滿的夫妻關係。正如因功利而結婚者，亦可轉變成內涵型的夫妻關係。中國傳統社會中的舊式父母之命、媒妁之言的婚姻，夫妻兩人婚前從未見過面，卻也有不少能在婚後發展出有感情的美滿婚姻，這都是培養的效果。社會在其價值體系裡把婚姻描繪成一幅溫馨美滿的夢境，用以鼓勵人們結婚。社會也在其行為規範中提供夫妻相處的

原則，用以協助夫妻發展穩定的婚姻關係。因此，結婚不僅是一種誓約，也是一種學習發展的過程。經由夫妻兩人相互協調，而建立一個美滿的婚姻、幸福的家庭。

發展心理學家把婚後的生活，看做是幾段不同任務的發展。社會學家亦持類似的看法，他們指出，婚後夫妻兩人的發展需依靠三種資源：

1.生理上的成熟：指夫妻雙方生理上的成熟，滿足雙方對性的需要與生理上的體質感應。

2.文化上的壓力：指社會文化價值規範如何勸使人們安定下來結婚，並成為社區的一對重要成員。

3.個人的意願：指個人對婚姻的盼望與期待，它指導夫妻兩人共同建立美滿的婚姻。

個人的看法和文化的價值規範，並不一定完全吻合，於是，如何建立一個美滿的婚姻，就要靠夫妻兩人與文化規範的適應、兩人彼此間的協調，以及個人觀點態度的調適。由下面這幾項，可以觀察出人們是否已成熟到能成為他人選擇的對象：

1.心理上成熟，能夠控制自己的情感。

2.能與別人相處得很好。

3.願意成為另一個人唯一的性伴侶。

4.願意與另一個人建立一種親密的性關係。

5.對別人能溫柔體貼。

6.瞭解別人的需求。

7.能協調自己與別人的要求。

8.能與別人溝通，分享觀念、感情與願望。

9.認識自己的缺點。

10.能接受別人的特點與缺點。

11.能理性的處理經濟問題。

12.能擔負起做丈夫或妻子的任務。

如果一個人能具備上述大多數條件，那麼此人可以說已經擁有結婚的資格。這些成熟的條件可在婚後幫助自己，同時也幫助配偶相互調整和相互發展。結了婚、度完蜜月，夫妻就開始一起生活。林秀慧對365對臺灣夫妻進行集群分析，共得到五種夫妻關係類型，分別為「活力型」、「和諧型」、「傳統型」、「衝突型」與「乏力型」。研究結果發現，在夫妻關係類型與婚姻滿意度之間，有高度關聯性（個人層次與對偶層次皆如此）。活力型、和諧型、傳統型與衝突型呈現出較高的婚姻滿意度，而乏力型則呈現出較低的婚姻滿意度。在五種夫妻類型與婚姻穩定度之間，也發現高度的關聯性。衝突型與乏力型的夫妻較可能考慮離婚，活力型、和諧型與傳統型的夫妻則較不會考慮離婚。

　　一個新婚的男人必須把自己從單身的角色，改變成為已婚男人的角色。單身時可做及所做的行為，在婚後就需要加以改變修正。以往他可以跟許多女友約會或發生性關係，現在他必須扮演一個忠於妻子的已婚男人的角色，承擔起一個家庭的責任、體貼妻子、照顧孩子、要有知識和眼界為家庭所面臨的問題做合理合情的處理等等。他是一家之主，必須要有信心、有責任感，更要能吃苦耐勞。一位男士如能扮演好這樣的角色，就能得到妻子、親友的稱羨和欽佩。

　　為人妻子者也有角色上的改變：需以家庭為重，要對丈夫忠實、有信心，做個親密的性伴侶，支持丈夫的事業，甚至是個盡職的母親。即使有個人的收入或事業上的發展，做妻子的仍必須兼顧跟丈夫的協調及家庭的美滿。一位女士能做到這些，就是人人稱羨的好妻子、好主婦、好母親。

　　新婚生活實際上就是夫妻兩人相互協調階段，夫妻雙方對角色的扮演不必太死板，一成不變。尤其在逐漸開放的現代社會中，更是要有彈性。下面這幾項夫妻角色的彈性，對婚姻關係是有助益的：

　　1.夫妻雙方皆有收入，可減輕家庭的經濟負擔。

　　2.妻子的經濟收入可減少丈夫養家的重大壓力。

　　3.丈夫若能協助處理家務，可減輕妻子的孤獨感。

4.如果妻子能把興趣從家務事提升到其他項目，則夫妻關係能更上一層樓。

5.讓妻子覺得人生是有意義的，而不是整天整理家務。

6.夫妻應走出家庭，參與社區活動。

7.夫妻應共同做決定，處理有關家庭的事務。

8.增加夫妻間的休閒娛樂活動。

9.夫妻間應保留某種程度的自主權，有喘息的餘地是必要的。

10.丈夫或妻子都不能過分依賴對方。

11.夫妻間的爭吵和衝突，應以理性的方式解決。

12.絕不使用暴力。

13.夫妻對養育子女應有共識並全程參與。

夫妻社會角色的彈性協調，有助於美滿婚姻關係的發展。但是夫妻關係的發展也牽涉到其他方面的調適：

1.思想意識的調適：這是夫妻間在思想意識上的溝通。夫妻雙方的價值觀念、宗教觀念、政治意見，以及對整個人生的態度和看法，都必須加以協調。如果你嫁給一個有學問的人，他可能喜歡看書、寫文章、做哲學性的思考，你是否能適應？同樣的道理，如果一個男人娶了一個事業上有成就、有事業心的妻子，他是否能適應？這些問題在婚前就應該考慮清楚，婚後則應該彼此相互調適。

2.休閒娛樂的調適：在約會期間，青年男女對彼此見面會有高度的喜悅；但是結婚後，這種喜悅的程度會減輕，生活漸趨平淡。因此，夫妻之間應該共同發展出兩人皆喜歡的休閒娛樂。如果你喜歡看球賽，你的配偶喜歡嗎？如果你喜歡爬山，另外一半覺得怎麼樣？研究發現，如果夫妻能共享休閒娛樂，其婚姻美滿程度較高。

3.性的調適：夫妻間最親密的接觸是在性行為上。如果一方要求，而對方常拒絕，婚姻便會有問題。在這方面，男性通常比較主動，而且起意快；而女性比較被動，也較晚有性高潮，因此，兩人如何配合是很重要的。性行為不應只是婚姻中不可避免的義務，而應是夫妻兩人都能

享受的樂趣。沒有性生活或性生活不協調的婚姻，都不是好婚姻。

4.起居時間的調適：夫妻兩人在婚前都有各自起居時間的習慣。例如，有些人習慣早起，有些人則喜歡賴床；有些人是夜貓子，有些人則不能熬夜。這些習慣在婚後如何調適，都是必須溝通協調的。

5.權力的調適：以往社會由男性主宰一切，一切由丈夫作主，女人只需服從並順從丈夫的意思即可。但現在的家庭，男女地位趨於平等，因此在處理家務事時，夫妻間如何彼此協調，就變得很重要了。

上面這五項調適，再加上前面提到的社會角色的協調和溝通，都是在結婚初期就要注意的。處理得好，往後的日子就會順利；處理不當，婚姻將變得毫無生機。當然，夫妻雙方的協調需經過一段長時間的努力，不可能一蹴即成，其間必會有不少挫折和衝突。

在經過新婚的甜美日子以後，接著會有挫折與失望的苦悶，但是大多數的婚姻最後都能達到某種程度的協調。這一段長時期的夫妻婚姻生活，可分成三個主要階段，各有其甘與苦。

第一階段，蜜月時期：這是新婚燕爾的美好生活，夫妻雙方皆有高度的喜悅與興奮，對未來也有美好的憧憬。即使發生問題，夫妻間也不會介意，並相信沒有什麼事情能影響兩人的感情。愛情至死不渝是這時期的中心信念。

第二階段，失望與悔恨時期：等到新婚蜜月高潮平靜下來，夫妻兩人開始注意到彼此間的不同點，爭吵、衝突、悔恨開始出現：後悔當初為什麼要結婚，有一種墜入陷阱、無法自拔的苦惱。雖然事業和經濟仍算穩定，兩人在性關係方面也沒有太大挫折，但心理上的苦悶會造成失望與挫折。以往兩人感情如膠似漆，現在則愈看愈不順眼，並把苦悶和挫折的所有責任推給對方。

第三階段，調適時期：在第二階段，夫妻開始從衝突中觀察到彼此的優缺點。因此，過了一段時間後，夫妻應能較實際的做調整，發揮彼此的優點，修正彼此的缺點，開始以面對現實的態度處理兩人的感情，為未來一起生活的漫長日子做準備，以幸福的愛情配合穩定的夫妻

關係。

　　夫妻間的婚姻關係，是人生中很重要的一部分。以初婚年齡平均在20至25歲，以及目前男女平均預期壽命可至70歲以上，顯示我們人生有三分之二的時間是在婚姻關係中度過的，婚姻關係甚至可長達五十年。因此，婚姻關係的好壞，必然會影響我們一生的旅程。但是在這漫長的五十年間，個人角色和任務亦非一成不變，從青年、中年至老年，其特質各有不同。社會學家常把人生看成一個生命圈（life cycle），指出在這圈內不同階段的不同特質。以下讓我們來看看成年期的生命圈及其各階段的特點。

表5-5　成年生命圖

階　段	目標、任務
18～28歲（步入成年世界）	建立自主，扮演社會規定之角色。
28～32歲（30歲的過渡期）	評估早年之成就，改變或肯定其目標。
32～35歲（安頓下來）	在社會中建立一個對本身有意義且合適的地位。
35～45歲（中年的過渡期）	評估成就及目標，改變或肯定其目標。
50～65歲（人生的後半段）	接受限制及死亡。

資料來源：Mary A. Lamanna & Agnes Riedmann, *Marriage and Families*.

第一階段：步入成人世界

　　一般中等階級家庭的子女，第一階段大約是由18至28歲；下層階級家庭的子女，則大約要早三至五年。在這段期間，個人完成教育、約會、結婚、找到一份穩定的職業，個人開始在社會上留下一些痕跡，也在人生的畫布上揮灑第一筆色彩。在這幾年裡，大多數年輕人都不太緊張，認為有的是時間；他們並不多考慮起步是否在正路上，是否適合自己，只要能有一個開始就好。從18至22歲的主要使命是：一定要離開父母，獨立自主。例如，父母要他讀醫科，他則堅持讀人文科學，或者乾脆不上大學。他們明知父母的意願，卻置之不顧。有些年輕人更利用結婚來正式宣布擺脫父母而獨立。

從22至28歲之間的主要任務是：接受社會所期待的成人角色及責任。人們開始扮演職業者、婚姻伴侶，甚至開始為人父母。在這階段，年輕人充滿自信，很積極地肯定自己所扮演的社會角色，相信生命是有意義、有目的的，並且在不斷地磨練中求取經驗。雖然有時候他們所選擇的道路並不一定正確或適合，但是這不重要，因為大多數人遲早都會發現錯誤而邁向正途。

第二階段：30歲過渡期

28至32歲是一個過渡期，人們會問自己：我做了一切該做的事，但現在這個生命到底是怎麼回事？他們會靜下心來檢視一些覺得自己沒有得到的事物或野心。這些可能是他們一直想要做的，卻因忙碌而拖延著。於是人們利用這個機會重新評估自己的生活，會多花點時間在某些嗜好上，或花點精力從事有意義的工作。

對婦女而言，中年過渡期可能是她評定自我角色的重要時刻。此時的她可能已經為人妻、為人母，她會重新考慮未完成的教育或重續未達成的事業野心。至於早已在職場上有所成就的婦女，在這階段就可能返轉過來考慮婚姻或為人母。人們在30歲左右，尤其是一過了30歲，就會開始體會到人生已過半，生命終點有來臨的可能，一個重要的人生使命急待自己去完成，於是會變得小心謹慎，不像以前那麼勇猛衝動。此時，人們會開始考慮人生方向是否需要修正，有一種「如果我想過得更有意義的話，現在改變還來得及，否則就太晚了」的急迫感，尤其開始體會到死亡腳步的臨近。閒蕩和遊手好閒的習性會轉變成穩重謹慎，並更注意到個人在家庭與社會角色的重要性。

第三階段：安頓下來時期

在30歲以後，人們開始安頓下來，這是人生前半段的終點、後半段的起點。女人通常是在30歲的後半段，男人可延至45歲左右。在這段時期，人們專注於自認為重要的工作上，如家庭、事業、友誼、娛樂、社區參與等，將以往未完成的空白在這段時間填補上去，希望能有充實的表現。

這個時期的成年人也比較重視內在的實質，會省察個人的價值觀，不再堅持自己所做的一定就是對的。同時也漸漸感覺到時間的緊迫，尤其是專業者常認為這是他們有所表現的最後機會。

　　這段時期，很多人都已為人父母，開始瞭解父母角色的甘苦，也因而改變了自己對父母的觀念與感情，並真心的感激和接受他們。年輕時與父母的隔閡，在此一時期常可拉近許多。

　　在這個時期，人們主要的工作是平穩地建立一個合適的社會地位。由於事業上的經驗，也把自己變成一個能有所貢獻的人：在家是好丈夫、好妻子、好父母；在外則事業有成，受人尊敬。這樣，人們才感覺到人生是有意義的。

第四階段：中年過渡期

　　由於中年人已經在事業上和家庭角色上得到發展，開始為所剩無多的時日計算時光。在情緒上感到老年的來臨，也面臨死亡的恐懼，使其陷入一個緊要的困境，希望能明智地和好好地利用剩餘的時光。

　　在中年過渡期的初期，人們會檢視自己的過去，重新評價過往大半生的成就與失敗，捫心自問：「我這一生做了些什麼？我為我的伴侶、子女、朋友、事業、社會、國家，以及自己，真正做過些什麼？」至於婦女則會問：「我這樣盡力盡心犧牲自己，照顧所愛的、所引以為榮的丈夫和子女，值得嗎？」在這段過渡時期中，有部分的人會決定重新活出另一個自己，大大修正現有的生活。有些人可能轉換行業，有些人可能離婚或重新結婚，甚至改變宗教信仰。夫婦間的互助互諒，在這段時期顯得更加重要。

第五階段：人生的終點期

　　這一時期的人們有一種無奈的心情，心態上是「我該做的都已經做了」。這時候已經是將近60歲的人了，當年的理想如果尚未達到，到這時候也只能算了，信心大為減低了許多。人們發覺人生苦短，死亡的腳步日近，再也沒有時間去做所有想做的事。人們接受並承認自己的缺陷。如果事業不理想，身體有病痛，也只能樂天安命的認了。因此，在

這生命的最後一站，許多人反而能重新恢復對家庭的忠誠及家庭分子間的親密關係，儘可能孝順父母（如果他們還健在的話）、拜訪朋友，充實自己的休閒時間。但是也有人變得很消沉，對往昔的日子充滿感傷、唉聲嘆氣，這種人在這段期間會很痛苦。

為了維持夫妻間的親密關係，以及減輕面對老化的悲觀態度，下列兩個觀點原則會有所助益：第一，人們應對過往所做所為負起責任，不應責難老伴；第二，人們應瞭解雖然兩人生活在同一屋簷下，然而老伴有其自己的想法、觀念，也有其自我的困境，彼此應相互協助，這樣才能維持親密關係，共度晚年。

夫妻間的生命旅程，經歷並不完全相同。人們的生命圈常包括婚前、婚後無子女或有子女的家庭、子女成長離家的空巢期、退休、乃至死亡等時期。以往生命圈將男女一併討論，認定夫妻兩人步調一致，經歷感受也應一樣；但目前已有所修正，認為男女的生命旅程並不完全相同，生命圈的概念應該加以區分，這樣才能真正指出男女生命旅程的動態。例如，婚姻有中斷的、再婚的、寡居的等等，雙方經歷都不同。

為了方便，茲假定下列年齡來繪製男女生命旅程的動態：男女結婚年齡分別是26歲及24歲，死亡年齡分別為70歲出頭及接近80歲。由於離婚、再婚的比率高，所以分成兩組來比較：結婚一次的及有再婚經驗的生命旅程。圖5-1描述結婚一次的婚姻生命；圖5-2則指出結婚不止一次，而有離婚及再婚經驗者的婚姻生命。

當兩個人從相識到結婚，不論婚姻是由父母安排或者是自由戀愛的結果，兩人由互不相關的個體而組成一個社會所認可的群體，夫妻代表著對社會的承諾。因此，婚姻關係的維持，必須受到社會文化的規範。也因此，結婚者的行為準則有別於未婚者。若能明瞭這一點，將有助於婚姻的維持和滿意。新婚後，雖然夫妻間還需要時間摸索，但是新婚燕爾的蜜月情總是有的。不過，很多夫妻在蜜月期過後會經歷一段失望期（the

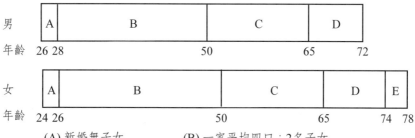

(A) 新婚無子女　　　　　　(B) 一家平均四口：2名子女
(C) 空巢期：子女離家　　　(D) 退休及丈夫過世
(E) 寡婦期及過世

圖5-1　男女婚姻生命旅程圖（一）：無離婚者

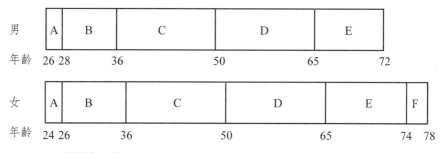

(A) 新婚無子女
(B) 一家四口，六年後離婚，男兩年後再婚，女四年後再婚
(C) 混合家庭，到接近50歲時第一次婚姻子女已成年；若再婚有子女才達
　　青少年期；若未再婚則是單親家庭
(D) 空巢期；若再婚有子女，則空巢期稍延後
(E) 退休及丈夫過世
(F) 寡婦期及過世

圖5-2　男女婚姻生命旅程圖（二）：離婚、再婚者

disenchantment phase），現實世界的生活會突顯出兩人間的衝突，尤其是當第一個小孩出生後。所幸，大多數夫妻皆能接受現狀而互相調適，共同步入成熟期（the maturity phase），乃至白頭偕老（the golden phase）。

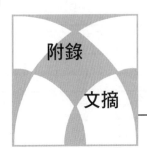

附錄

文摘

結婚十週年

葉蘋

　　我從小就喜歡那些英雄美人的故事，長大以後就心甘情願的做個軍人妻。可是軍人以身許國，哪裡顧得了多少兒女私情，我們結婚以來真是聚少離多，一年中難得有一兩個月是在一起的。

　　日子最難過的是第一年。我們結婚剛三天，新婚燕爾、兩情正濃時，他卻不得不披上征衣，離我而去，我一個人孤零零地嘗盡了別離滋味。雖然那時候他已經為國家負著重任，但是月下花前，我仍免不了有那種「忽見陌頭楊柳色，悔教夫婿覓封侯」的少婦情懷，往往一個人在院子裡徘徊沉思，不知如何打發那大好時光。

　　我是一個受過現代教育的人，腦中憧憬於西洋人的生活方式，對於結婚紀念日特別重視，所以一開始就計畫著如何慶祝我們的第一個結婚週年。最初還只是計算著日子，日子一天天接近了，就考慮到慶祝的方式。曾經想到舉行一個盛大的宴會，廣邀至親好友來大大熱鬧一番，但恐怕習於儉樸生活的丈夫不同意；又想我們既然結婚三天就告別離，也許可以在週年的時候補度一次蜜月，找一個山明水秀的好地方，兩個人靜靜的廝守個十天半月。不過在這漫天烽火的時候，他哪裡來那麼多的空閒呢？後來又想，如果屆時他無法離防，也許我可以飛到他那邊去，我倆就在前線歡聚幾天，讓戰地的號手為我們的紀念日吹出雄壯的進行曲。可是自己也知道那不過是一個綺麗的幻想，最後我想，只要他回來，只要我倆在一起，其實無論怎樣慶祝都

是很好的。在日子快到的時候，我就寫信去提醒他這個意義重大的日子，千叮萬囑，請他到時候回來一趟。

在紀念日的前一星期，我天天提早起床，盛裝以待，盼望他能出我不意的出現在眼前。每次只要鈴一響，我就跑到窗前去張望。雖然次次都是失望，我都毫不灰心。

我們那最最重要的紀念日終於到了，他卻音訊全無，可是我仍然相信他那天會趕回來。大清早起來就加意修飾，並且穿上結婚那日穿的衣服，吩咐女傭做幾色他愛吃的小菜。自己卻除了等待以外，什麼事也不想做，每隔一兩小時就去照照鏡子，梳一下頭髮，或在鼻子上撲一點粉。時間一分一秒的過去，院子裡毫無動靜，連一封信、一個電報都沒有來。午飯等冷了，晚飯也等冷了，直到半夜，我才以萬分惆悵的心情，卸裝就寢。但是睡在床上，仍盼望他能在深夜飛臨，把我從夢中推醒。

後來我才知道，就在那幾天，他正率領部隊在某地與敵人激戰。

自從那次失望以來，在第二、第三年，我雖然還記得日子，但已不敢再有慶祝的奢望了。往後，孩子接踵而來。家務、兒女把我忙得連喘息的機會都沒有，像那種富於浪漫氣息的生活更不易享受得到，對於結婚紀念日也就不去記它了。

上月，在一個寂靜的下午，他卻意外地從那漫天風沙的前線島嶼飛回來。一推門進來，便以無限溫情的面色注視著我說：

「蘋，你知道我這次是為什麼回來的？」

「要事待商，奉召而回。」我笑著說。

「這次你可猜錯了，你記得明天是什麼日子嗎？」

「明天，明天是什麼日子呀？」我反問他，我想明天並不是什麼重大的節日，孩子們沒有說學校要放假，可是為什麼他特別回來一趟呢？我有點糊塗了。他看著我那種迷惑的樣子，不禁哈哈大笑，握著我的雙手，在我的臉上搜索一陣才說：

「你真的記不起來了嗎？想想

看，明天是哪一月、哪一日，在十年前我倆做了些什麼？」

我仔細一想，今天是十九，明天是二十。三月二十，十年前的三月二十呵，我恍然大悟了。明天是我們的結婚十週年紀念日！我不禁感動得熱淚盈眶，立刻伏在他肩頭嗚咽起來。做了十年的英雄妻，到了這十週年的紀念日才等得夫婿歸來。

過了好一會，他轉過頭來在我的額旁輕吻著說：

「親愛的，我這次是完全為你回來的，你應該高興才對呀！」

我實在是太興奮了，沒有回答他的話，只是把我的臉更湊近他一些，我感到無上的滿足與歡愉，好像自己又是新娘子了。

晚上，我問他：

「你既然是專門為我們的結婚紀念日回來的，那我們明天總得好好的慶祝一下，你打算怎樣呢？」

「我只有一天的時間。」他說：「後天一早就得趕回去，還是讓我倆靜靜的在一起過一天吧！如果你喜歡，明天下午我陪你去做一次郊遊，你覺得如何？」

我想了一想，覺得自己也好久沒有去郊外走走了，出去呼吸一下新鮮空氣，疏散一下身心，也是很好的，就問他了：

「你想我們去什麼地方好？」

「老地方好嗎？」

「好的，只要能和你在一起，什麼地方都好。」

我們就這樣決定了。他說的老地方就是新店碧潭。他很喜歡那個地方，差不多每次回家都要去一趟。因為那裡的一灣碧水，和遠山上的淡霧輕煙，很像我們的家鄉風光。

第二天下午，送美兒到幼稚園後，我們就驅車出發了。那天既非週末，又是陰天，所以遊人很少。當我們踏上碧潭吊橋時，橋上冷清清的只有三兩個人。我們站在橋上俯瞰潭上風景，只見稀疏的幾只大船蕩漾在深綠的潭面。三四只小艇穿梭其間，小艇上的舵手都是年輕的學生和軍人，但也有幾個穿紅著綠的少女點綴在他們中間。遠處的竹林梢頭，飄浮著淡淡的輕煙，整

個氣氛是那麼的寧靜、安詳。我倆在橋上停留了一會兒，就攜手走過橋的那一端，步上左邊的小徑，拾級再登，繞過一個小山丘，再往下走十幾級石級，就是我們常到的碧亭。這是一個簡陋的亭子，建立在潭右一塊懸出水面的岩石上，頂子是竹片搭的。前面依著岩石的形勢築有一帶半圓形的水泥欄杆，依欄而立，山光水色都在眼前，確是欣賞碧潭風景的好地方。這小小的茶亭在天氣良好的時候常常是客滿的，那天卻一個客人都沒有。我們一走進去，店主人如見故人，馬上笑嘻嘻的上前招呼，替我們在靠欄杆的地方擺好一張小桌、兩把椅子，給我沏上一杯清茶，給他倒來一杯開水。好心的店主婦還給我們送上一碟帶殼的花生。

我倆並肩依欄遠眺，他的一雙手挽著我的腰，我的頭輕依著他那強壯的肩膀。仰望對岸青山上的白雲，俯瞰潭上的碧波舟影，輕風吹過，傳來船上少女的妙靈歌聲。我倆靜靜地站在那裡，陶醉於大自然的景色，也沉醉於內心的溫馨，我

的心境慢慢地恢復到十多年前的戀愛時代了。我輕聲地問身邊的丈夫說：

「南，你還記得我們當年在西湖的情景嗎？」

「怎麼不記得，我剛才也在想我們以前在西湖划船的情形呢！」

「我那時很喜歡唱歌，尤其愛唱范仲淹的那首碧雲天，每當我們划船到湖心，我就會情不自禁的高歌一曲。」

「我還記得有一次隔船的一位學生偷聽你的歌後，還大拍其掌，連呼再來一個，氣得我幾乎和他動起武來。」

「可不是嗎？為了你那股粗野的酸勁，氣得我還跑回家去哭了一場。」

「是的，那次可真慘，你整整三天不肯見我，也不接我的電話，弄得我走投無路，虧得媽幫忙，才得小姐回心轉意。」

聽他說到這裡，他當年那種向我求情，發誓絕對不再吃醋的可憐相兒又呈現在眼前了，我不禁仰起頭來在他的下顎輕輕一吻。俗語說

「英雄難過美人關」，無論你是個如何叱咤風雲的英雄好漢，在愛人面前就會變得一籌莫展了。過了一會兒他又接著說：

「你還記得西湖上那個月下老人祠嗎？我們有一次還進去求過籤。」

「怎麼不記得，如果不是那位月下老人的靈籤，也許我還不會答應和你結婚呢！」

「可愛的月下老人，現在可能也已經遭殃了。就是為了救他，我們也得趕快打回去。」

南感慨地說著，挺挺胸表示他的決心。當下一陣冷風，使我感到頗有寒意，就拉他坐下喝茶。我們一面喝茶，一面欣賞眼前的景色，心滿意足，萬慮全消。

南看著我那怡然自得的神氣，輕輕的捏了一下我的手說：

「開心嗎？這樣的慶祝你覺得怎樣？」

「開心是開心，但這次的時間太短了，明年你得補我一個蜜月才行。」我有點撒嬌似的說。

「我要去歐洲旅行，我要去遊玩世界公園的瑞士，也要去參觀新興的德意志，我要去欣賞那紙醉金迷的巴黎夜總會，也要去聆聽那震撼心弦的義大利歌劇，我要去水都威尼斯划船，也要去濃霧的倫敦街頭漫步，我要……」

不等我說完，他笑著插進來說：

「我還可以陪你去看印度的大象和非洲的蟒蛇。」

「我可不要那些可怕的東西。如果有時間，我們可以繞道南美洲，去嘗嘗墨西哥的酸辣飯，欣賞欣賞巴西的倫擺舞。」

「那倒也不錯。我聽說南美的姑娘最多情，也許我還會有一個意外的艷遇呢！」他說著，向我投來一個挑撥的微笑，我卻也不甘示弱，接下去說：

「那也沒有關係，只要你有興趣，我們還可以去找加拿大最美麗的紅狐和阿拉斯加最純潔的白熊。」

「好啦，好啦，我的好太太，關於世上的動物，我看再美也美不過我家的雌老虎！」

「你這人真討厭，我……」

聽他這一說，我站起來伸手就想去打他。恰巧老闆娘來沖茶了，我只好強作正經地坐下。這時暮色已深，對面新店街上，家家屋頂都已冒著炊煙，潭上那些船不知什麼時候都已靠岸了。可是我們還是無意離去，那老闆娘倒也知趣，看我們沒有去意，就悄悄的退下去了。

我們繼續談笑著，喝著茶，偶爾也抬頭看看潭上的薄暮景色。我們已忘記了時間，忘記了我們以外的實景，完全融和於彼此的伴侶中，甚至我們的孩子也暫時忘記了。直到天完全黑了，老闆娘掌上燈來，才悟到時間確已不早，只好依依不捨地付了茶費，互相攜扶著步下山徑。當我倆手挽著手，再踏上那微微震盪的吊橋，向回家的路上走時，橋上來往的行人都向我們注視。南附在我的耳畔輕聲地說：

「你想他們以為我們是什麼關係？」

「一對中年的情侶。」我笑著回答。

當我們度過了那座偉大的吊橋，回到萬家燈火的臺北時，我深深的感覺到，我倆已幸福地度過了生命過程中一段重要的旅程。

錄自《天地悠悠》，頁179～187。

你儂我儂

你儂我儂忒煞情多。

情多處，熱如火。

蒼海可枯，堅石可爛。

此愛此情永遠不變，

把一塊泥捻一個你，

留下笑容便成常憶。

再用一塊，塑一個我，永伴君側。

將咱倆個一起打破，

再將你我用水調和，

重新和泥，重新再作，

再捻一個你，再塑一個我，

從今以後，我可以說，

我泥中有你，你泥中有我。

　　這是一首流行歷久不衰的國語歌曲，描繪男女愛情的融洽。其中的「你我」可以說是熱戀中的男女，也可以指深深相愛的夫妻，即使被「打破」，還是可以「重新和泥，重新再作」，再塑你我。

·6· 第章

彈性的夫妻關係

第一節　夫妻角色的協調

　　在傳統舊式家庭中，夫妻角色的任務相當清楚。男人是一家之主，女人必須順從丈夫，以丈夫為依靠。男主外、女主內是事業和家務的傳統分工。男人必須以事業為重，以光宗耀祖為目標，需負擔起養家的責任，更必須在子女面前扮演嚴父的角色。妻子的傳統角色則是扶助丈夫，溫順不爭，煮飯清掃，把家裡布置得窗明几淨，一家大小平安過日子；還得孝順公婆，扮演賢妻良母、好媳婦的角色；在性行為上，必須應付並滿足丈夫的需求。這些夫妻角色，在傳統社會的舊式家庭中有明白的規定，是整個社區規範的一部分。夫妻結婚後，很容易就按規範來扮演各自的角色。社會學稱這種方式為「角色取用」（role-taking），亦即照章行事，以既有的角色規範為典型來扮演。

　　但是，在今日社會裡，由於職業結構上的改變，社會變遷的影響，夫妻關係的角色已不再那麼清楚了。很多的家庭，夫妻都有自己的職業和收入，那麼，家中到底由誰掌控經濟大權呢？丈夫是不是仍然應該或能夠支配妻子？妻子是不是仍附屬於丈夫，只能當個賢妻良母？妻

子對丈夫的性需求，是不是要有求必應？雙方角色的模稜兩可，使得夫妻在婚後無法順理成章的取用既有角色規範往自己身上套。因此，夫妻之間就必須發展出雙方都能同意、也都能適應的角色規範。社會學稱這種情況為「角色創製」（role-making），即創製出新的角色規範。於是夫妻之間就必須有某種程度的協調，才能創製出雙方皆滿意的角色期望，使其具有彈性。

　　社會學家艾文奈（F. Ivan Nye）認為，一個家庭至少包括下列八項重要的角色：

　　1.家務角色（housekeeper role）：負責清掃、洗衣、煮飯、洗碗、家計帳目等工作。

　　2.養家角色（provider role）：負責賺錢養家的工作。

　　3.育兒角色（child-care role）：負責子女的撫育工作，包括餵食、清洗、看顧、穿衣服等。

　　4.教育子女角色（child socialization role）：負責子女的社會化工作，包括教導子女社會規範、價值、行為等。

　　5.性角色（sexual role）：夫妻雙方性需求的供應。

　　6.親屬角色（kinship role）：維持親屬關係，保持聯絡，以及互助的角色。

　　7.娛樂角色（recreational role）：負責安排家庭娛樂活動。

　　8.慰藉角色（therapeutic role）：瞭解、同情、幫助家人，以及聆聽傾訴的角色。

　　結婚初期，夫妻常把對方理想化，也把婚姻理想化，總認為要扮演以上這些角色應不會有問題。至於常聽到婚姻不幸的例子，只會發生在別人身上，絕不會發生在我們兩人之間。其實，上面艾文奈所列舉的八項角色，雙方在結婚前或結婚初期就應先有所瞭解，把角色創製出來，彼此遵守。

　　夫妻角色的創製並不容易。有些夫妻心靈相通，彼此真心相愛且通曉事理，可以很容易就制訂出一套雙方都瞭解的規範和角色期望；但

是對絕大多數夫妻而言，可能就不是這麼簡單了。家庭社會學家現在倡議一種「婚姻契約」（marriage contract），清楚的細列出夫妻雙方的角色期望。當然，對大多數夫妻來講，若要寫「婚姻契約」則未免太過分，夫妻不應該講裡外、不應該分你我，更不必要立什麼契約來約束雙方。我國夫妻在結婚時就先訂契約的，可說是絕無僅有；即使像美國那麼開放的社會，例子也不多。

雖然如此，類似「婚姻契約」的清單，還是可以考慮訂立。在婚前，如果雙方能平心靜氣坐下來，把雙方的思想要求列出來對照比較，則比較不會糊里糊塗的走進禮堂，造成悔恨不可收拾的局面。類似「婚姻契約」的清單在婚後馬上做，還是有用的，讓彼此找出共同點，也比較不同點，設法彼此溝通、彌補，或者找出一條相融的道路。如果能在婚前或婚後初期先講清楚，以後可能發生的歧見便會減少些，也較容易解決。

「婚姻契約」究竟應該包括哪些事項，並無嚴格的規定。有些夫妻可能只要簡要列出幾項，就可以有效地應用；有些夫妻則可能需要逐項一一細列，才能避免衝突。無論哪一種方式，婚姻契約的簽訂應包括雙方對這段婚姻關係的期待、對婚前及婚後財產的分配、對雙方權利及生活花費的安排、對子女養育問題的規畫等。細列來講，婚姻契約應提出下列這些問題：

1.婚姻的目標是什麼：兩個人結婚的目的是為了培養親密感情呢？或是為了更實際的利益？如果雙方的對婚姻的目標發生嚴重差異時，應該如何解決？是要分居、離婚、或者請第三者調停？

2.怎麼樣的婚姻關係：人們在婚後，常常會埋怨夫妻感情不如婚前約會談戀愛時那麼深，因而懷疑或甚至咒罵對方變心。其實這並不一定是事實。婚前的高潮，常在婚後的生活裡變得平淡。尤其是婚後兩人時時在一起，日夜相處，自然不像婚前偶爾相約外出時刺激。怎麼樣維持這看來平淡卻有情的夫妻關係呢？在婚姻契約裡可以預料這些改變，伴侶又如何接受這樣的改變？當然，如果一方真的已經變心，該如何處理

離婚問題？

3.性的專一權：夫妻關係最親密的便是具有肌膚之親的性關係。在婚姻裡，夫妻如何處理彼此間的性要求？如果一方要，另一方卻沒興趣，該怎麼辦？更嚴重的是，如果一方有外遇或婚外性行為，怎麼處理？是睜一隻眼閉一隻眼，假裝不知道？還是一刀兩斷辦離婚？男人在外逢場作戲，偶爾為之，可不可以？女方是否也有同等待遇？這些問題最好事先在契約中講清楚。

4.親家關係如何維持：婚姻中牽涉到的，往往不只是結婚的兩個當事人而已，而是把兩個原本沒關聯的家庭聯結起來。這兩家關係的好壞，往往會影響到夫妻的感情與婚姻經營。夫妻如何對待這兩家親家？譬如拜訪探視時間的安排、經濟上的來往等等，都不能只顧一家而忽略了另外一家。這些都可在契約上事先列明。

5.生育計畫的擬訂：結婚後要不要生小孩？什麼時候生？生幾個？如果無法生育，有沒有補救辦法？要生男孩還是女孩？養育子女的金錢，如何籌畫？如果夫妻都有工作，是先等事業穩定下來，過幾年再生；或者是婚後馬上就生，等生全了，妻子再重回職場？生了小孩後，由誰負責照顧？

6.妻子該不該離職回家專心帶小孩：兩個親家跟新生小孩的關係互動如何安排等，都需事先講明。

7.家庭事務如何分配：是男主外、女主內嗎？男的在家當老爺，什麼家事都不用做？還是男的什麼都得一個人做，女的在家打扮得漂漂亮亮地當少奶奶呢？丈夫和妻子是不是應當平均分配工作？如何分配？花費怎麼計算？賺來的錢由誰管？

8.彼此溝通的期待：你願意花時間彼此交談溝通嗎？願意談什麼？什麼不願意談？當雙方無法溝通時，第三者該怎麼協調處理？

9.契約修改的準備：婚前和婚後的生活必定會有所不同，因此契約不能一成不變。在什麼情況下可以修改契約？如何修改？要修改哪些？要不要設立期限，定期討論契約內容或修改契約？

10.婚前婚後財產的分配：婚前雙方各自擁有的財產要有細帳，以免兩人分手時，財產分不清。婚後的財產常由雙方均分，然而在契約中可提出是由男方負責所有生活費，還是由雙方的收入共同負擔。這常是目前婚前契約的重點，尤其在雙方經濟背景有差距，或是經濟環境都較好的情況下，更應先約法三章。

上面所提的這些問題，有些人可能會認為是小事，其實卻都是大問題，常常是導致婚姻發生裂痕的原因。夫妻感情變淡，有時候只因為一些細微的小誤會，雙方賭氣或是為了面子問題而不願意溝通，以致於問題由無變有、由小變大，最後導致不可收拾的局面。因此，雙方確實有必要在婚前或婚後初期，把上面這些問題攤開來講明。雖然許多人可能覺得夫妻之間的感情若需要用契約來維持，不僅不像有夫妻之情，也很沒面子；更認為，雙方如果相愛，實在不必訂什麼契約；若有契約而雙方不遵守，亦毫無用處。不管理由是什麼，有契約式的明細表列對雙方還是有用處的；即使雙方雖有契約規定，卻從未有必要以它來解決夫妻間的衝突，幾十年後再重讀當年契約條例，也可以讓自己和老伴重新評估夫妻兩人這段日子以來的甘與苦。

我們必須知道創造性的角色要有彈性，需考慮到雙方的立場、想像力，以及雙方的需要。契約的目的並不在一定要夫妻兩人的婚姻角色固定不變，而是在必要時可給予某種程度修訂協調的依據。

第二節　婚姻的美滿與穩定

我們常常看到一對夫妻總是吵吵鬧鬧，或者是整天各忙各的，彼此間好像一點感情都沒有，可是卻也不見他們兩人吵著要離婚。另外有些夫妻貌合神離的過了一輩子，也不見得壞到哪裡。那麼，維持婚姻的因素，就不一定是婚姻的美滿或親密的感情，而是雙方對婚姻要求的滿意程度。社會學家表示，一個美滿的婚姻，不一定是一個能持久的婚姻；同樣的，一個穩定的家庭，並不一定能造就快樂的夫妻。

其實，太甜蜜的婚姻並不一定能遲久。前面提過，現代年輕人講究戀愛，要求跟有感情的人結婚，時時相親相愛；沒錯，若能這樣維持下去，這段婚姻會是美滿甜蜜的。問題是，這種甜蜜的夫妻感情能維持多久？年輕人在婚前總是把婚後的日子想像得那麼美滿，那麼羅曼蒂克，夫妻兩心相互依偎，相親相愛。這種感情的高潮在結婚初期尚能維持，一旦生活趨於平靜之後，丈夫為事業整天在外面奔波，回家後只想安靜的休息一番；而做妻子的整天一個人在家，不但寂寞，還有忙不完的瑣碎家事，好不容易盼到先生回來，希望有人可以說說話，體諒自己一番；或是做妻子的忙了一天，提不起勁跟先生親密。由於夫妻雙方不甚瞭解彼此一天的工作，因而沒能協調對方的要求。如果夫妻兩人皆有工作，各忙各的，事業占據了兩人大部分的時間和精力，回到家後已疲累不堪，丈夫卻還坐在沙發上看電視，等著太太準備晚餐。

夫妻都有工作，可能還有一個大問題：由於事業上的需要，兩人的時間表湊不合，例如，早上天沒亮，一個就先出門了；晚上一個早已睡熟了，另一個卻還沒回來。當兩人見面時間一少，缺乏溝通，當年的親密感情自然難以維繫。另一個最可能傷害婚姻的情況是猜忌：當夫妻各有工作時，所接觸的異性同事難免會因來往頻繁而發生感情。雖然如此，夫妻間的猜忌卻常是無中生有。尤其當婚後感情生活漸趨平淡，或因工作的勞累、作習時間的不配合，以致減少彼此的互動關係時，一方可能懷疑對方移情別戀或有外遇，甚至以此為藉口刺激對方以發洩自己的挫折。

要長時期維持高潮的感情生活，是相當不容易的；然而要長期維持一個穩定的婚姻，卻是可以做到的。擁有穩定婚姻的第一個條件是，認清雙方所要扮演的角色。前面提到現代的婚姻，已不再是「角色取用」式的套上傳統的老公式，而是「角色創製」，以夫妻雙方都同意的方式來擬訂彼此的角色。婚姻契約的目的就是為此。

第三節 家庭裡角色的確定

在角色確定的過程中，一個最主要的障礙是「家庭主婦」角色的創製和接受。「家庭主婦」（homemaker）顧名思義是負責家內事務。很多婦女在婚前有自己的一番事業，為了愛情而毅然下決心結婚，相信自己可以安心做一個「家庭主婦」。但其實這並不容易。傳統上認為，家務事是婦女的工作；雖然目前很多婦女在外有工作，但家事仍被認為是婦女應該要做的。男人雖然也做家務事，但是他們常認為自己是在「幫」太太的忙。即使像美國這麼男女平等的社會，一項調查指出，養育子女的責任，沒有工作的妻子有56%、在外有工作的妻子有39%單獨負責，先生則完全不管；對於妻子單獨負責家務事的處理，分別是57%及42%；又如洗碗的工作，也高達49%及34%。妻子有工作的先生，其會參與上述家事的比例稍高些；但整體來看，丈夫的參與仍不多，更何況參與者自認為只是在「幫助」妻子而已。

另一個比較在家務雜事的處理上誰花了多少時間的研究發現，妻子大約負責70%的家務雜事，先生則只有15%，剩下的15%是孩子們幫忙。未在外工作的家庭主婦，一星期花在做家事的時間約40小時，而在外工作的妻子則約30小時。如果將減少十小時看成是職業婦女占了上風，其實並不公允：職業婦女在外全職工作約40小時，再加上家務工作30小時，總共是70小時，就像是做兩份工作，其實是非常辛苦的，比任何一代婦女工作的時間都長。如將花在教養子女及家務雜事上的時間分開來，有一研究不僅有男女所花的時間資料，還有相隔二十年的比較資料：1977年及1997年。該研究指出，在此二十年間，男性所做的家務事都有增加，而女性除了非工作日（即公休日）花在教養子女的時間有增加外，其他都有減少的現象；這表示這一代的男性確實有所改變，他們參與了較多的家務工作。然而，該研究也指出，不論是工作日或非工作日，女性在兩項家務事上仍較男性所花的時間為多。由1977到1997

年，除了非工作日的家務雜事上所花的時間稍有減少（由11.4減到11.2小時，男女合計）外，其他各項如教育子女及工作日的家務雜事，都仍有增加，其詳細時間數字見表6-1。

表6-1　教養子女及家務雜事的性別差異

(單位：小時)

教養子女				家務雜事			
	男	女	合計		男	女	合計
工作日				工作日			
1977	1.8	3.3	5.1	1977	1.2	3.7	4.9
1997	2.3	3.0	5.3	1977	2.2	3.1	5.3
非工作日				非工作日			
1977	5.2	7.3	12.5	1977	4.2	7.2	11.4
1997	6.4	8.3	14.7	1997	5.1	6.1	11.2

　　一項研究將丈夫及妻子在家庭生活圈裡的各個階段，彼此在教養子女及家務雜事上所花時間的差距，做了詳細的比較。其間，以年輕夫妻剛結婚尚無子女的時期差距最少，為5.08小時（每星期）；其次是空巢期，為8.87小時。差距最大的是老大未滿三歲時，其差距高達24.11小時；其次是退休以後，老先生比老太太少做了19.15小時。詳細差距可見圖6-1。

　　家庭主婦角色之難為，並不單單指妻子花在處理家務雜事的時數上，也在於家務事單調乏味、無報酬、更無成就感。在外做事，有名意、有頭銜、有收入，很有成就感，還有機會一步步往上升遷，這些都是家庭主婦這角色所缺乏的。社會學家奧可利（Ann Oakley）認為，家庭主婦的角色有下列四種特質：

　　第一，它幾乎是全部交給女性來做的角色，很少要求男女雙方共同負擔。

　　第二，它造成經濟上的依賴性。由於無金錢上的報酬，因此家庭主婦在經濟上必須依賴丈夫。

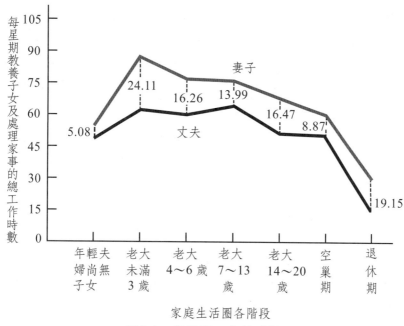

圖6-1　每星期工作總時數

　　第三，它不算是真正的工作職業。人們並不把做家務事看成是工作，因此，在家沒有工作常成為一般人對家庭主婦的描述。

　　第四，它是女人最重要的角色。不管女人是否還扮演其他角色，也不論她扮演得多好，人們總認為「家」才是女人的天地，做好家務事勝於其他任何角色。

　　在社會價值觀念中，總是把婦女處理家務事解釋成一種愛丈夫、愛子女的表現。女人把家庭整理得乾乾淨淨，是因為她愛丈夫和子女；把衣服洗乾淨是要讓丈夫、子女不會在外面丟臉，是一種愛的表現；煮飯洗碗是要讓丈夫、子女吃得飽，吃得健康，也是愛的表現；負責子女的教養，是要延續家族的血脈，也是愛的延續。一個對做家事滿腹抱怨的妻子，往往被看做不是一個好妻子或好母親。繁雜的家務事把一個女人整天鎖在家裡，總有做不完的事，也沒有任何報酬。雖然如此，有一些妻子卻很滿意這種生活，心甘情願在家做家庭主婦。

要維持一個美滿和穩定婚姻的重要步驟之一是，夫妻雙方要瞭解處理家務事的重要性及其特質。做妻子的不要整天埋怨家事，做丈夫的則應該參與或幫忙家事。丈夫的親身參與，可以藉此瞭解妻子角色的難當，因而夫妻雙方可做必要的協調。有人說現在很多家務事都可以讓機器來代勞：煮飯有電鍋，洗衣有洗衣機和烘乾機，掃地有吸塵機，清洗碗碟也有洗機碗，這些都可以減輕家庭主婦的負擔。但也有人指出，這些工具反而疏遠了夫妻共同處理家務的機會和一齊談話溝通的時間，無助於婚姻的經營。

一、妻子的參與勞動市場

　　當然，一個跟夫妻角色協調有絕對關聯的導引因素，是近年來職業婦女數目的增加。家庭主婦原本是婦女婚後唯一的角色，沒有其他選擇。正如上面所提到的，女人就是在家做牛做馬，勞碌命一條。然而這種情況在近些年已有很大的改變，最主要的原因是，婦女婚後不僅有相當大數目的人在外做事，而且把它看做是事業。在外做事只是工作（job），在工作上求進展和成績則是事業（career）。這種現象在許多工業社會裡已經很清楚。以美國的例子來看：1998年，有68%的單身婦女及62%的已婚婦女投身勞動市場。1990年代增加最多的是有學齡子女或學齡前幼童的母親進入勞動市場，所以，婦女參與勞動市場工作已是不爭的事實，亦是社會變遷的一項重要指標。

　　社會學家指出，這種已婚婦女和有子女的母親在外工作的現象，是一個很重要的「社會革命」（social revolution）。它不僅改變了夫妻之間權力分配關係，也造成了大約半數的美國幼年子女交由外人來看管照顧。更詳細來講，這種社會改變具有下列重要的影響：

　　第一，妻子的收入帶給婦女經濟上的獨立，也提高了婚姻關係權力分配的地位。

　　第二，家庭依賴妻子的收入來維持較高的生活水準。

　　第三，家務事必須重新分配，讓夫妻雙方共同分擔。

第四，子女放在托兒所或由外人看管的現象增多，而且演變成必須且不能避免的現象。

第五，妻子收入增加，使她有勇氣結束不愉快的婚姻關係而獨立。

第六，職業帶給婦女較高的自我評價，生活比沒有工作時更有意義。

第七，夫妻的活動必須雙方相互配合，不再只以丈夫為主。

由於上述的改變及影響，夫妻間的關係可能更形緊張。如果丈夫仍保有傳統的舊觀念，認為男子漢大丈夫，男人賺錢養家是天經地義的事，讓太太外出賺錢、拋頭露面實在是萬不得已；再加上還得（幫忙太太）打掃家裡、處理家務雜事、照顧孩子，做的都是女人該做的事，這種心理壓力，自然會造成夫妻感情和婚姻關係的緊張。

在這種緊張情況下，如果妻子的收入高於丈夫，情況就更嚴重了。家庭社會學家稱這種婚姻為「妻為上司」的婚姻（Wife-As-Senior-Partner, WASP）。在這種婚姻裡，家庭活動、婚姻生活以妻為重，沒有孩子的機率較高，因妻子常以事業為重，以致常被標籤為自私利己、支配操縱、不顧家庭、沒有女人味的女強人。做丈夫的則被看成軟弱、無男子氣概、甚或不求上進、不負責任。或許夫妻本身並不把這看成是婚姻關係的阻力，但壓力卻來自周遭的親朋好友。做妻子的深怕自己不是個好妻子，傷了丈夫的自尊心；不是個好母親，無法跟孩子有較多的時間相處。做丈夫的雖盡力盡心維持家庭的和諧氣氛，但有時也會感到妻子因事業上的需要而不常在家，進而影響到自己在事業上的升遷機會。妻子收入較高的比率雖不是很高，但有漸增的現象，尤其當妻子的教育程度愈高時，其比率就愈高。就美國勞工局的統計資料顯示，1998年每小時薪資，妻子較高的約有30%。妻子的年齡不是主要因素，教育背景才會真正影響妻子的收入。只擁有高中文憑的妻子，有22.8%收入較丈夫高；教育程度愈高，百分比也愈高，例如擁有研究所學歷的妻子中，有43.5%收入高於其丈夫。詳細數字詳見表6-2。

表6-2　妻子的賺錢能力
妻子收入高於丈夫的百分比（1998）

妻子年齡	百分比	妻子教育程度	百分比
20～29	31.4	高中程度	24.4
30～39	31.0	高中畢業	22.8
40～49	27.4	一些大學教育	29.3
50～64	28.0	大學學位	35.5
		研究所	43.5

　　絕大多數職業婦女的收入較男性為少。社會常有一共有的觀念，認為婦女出外工作是為了改善家庭，是為生計所逼，特別是單身、分居、離婚、守寡、丈夫無能、或丈夫收入微薄者。雖然有女性是為興趣、為學以致用、甚或為逃避家務事、為免寂寞無聊而外出做事，數目畢竟不多，絕大多數都是為了經濟因素以貼補家用。

　　為了賺取一份薪水而出外工作，讓婦女對所做的工作沒有選擇的餘地，對薪水的要求也就沒有討價還價的能力。她們的收入常只有男士的70%上下，亦即男人每賺到一元錢，婦女才拿到七毛錢。大多數由女性擔任的工作，如秘書、會計員、售貨店員、護士、看護等，其收入和聲望都不高，升遷機會更是渺茫，很難稱之為事業。社會經濟學中所謂的「分割市場」（split-labor market），是指社會將勞動力分成兩個類別：一半是有機會往上升遷、有前途的，另一半則是無升遷機會的。男人的職業通常是有升遷機會的那一半，女人的職業則屬於沒升遷希望的那一半。

　　上述現象很明顯地是社會對女性的歧視和差別待遇。婦女進入勞動人口市場，是近二、三十年的事，多數由於經濟上的需要而無爭取、選擇的餘地，只要有工作就好，先做做看再說，是一種騎驢找馬的心態；再加上目前社會仍存有一種觀念，認為女性的收入是為補丈夫收入的不足，並不是主要的家庭經濟來源，而是所謂的「第二收入」（second income），所以薪水不必像男士們那麼高。

除此之外，在勞工市場中，升遷機會常跟工作的連續性有關。如果工作常常中斷，不僅失去高升的機會，連累積的年資也會被削減打斷。已婚有子女的職業婦女常因家庭之故而須中斷工作，不論是長期的，如結婚、隨夫遷離、生育、照顧幼兒等，或是短期的，如孩子或先生生病得照顧，或其他臨時的家庭事故。這些情況較少發生在男士身上，他們自學校畢業進入勞動市場後，就很少離開職業圈，而是持繼不斷的工作，直到退休年齡。即使男性的工作有需要中斷的情況，也極少是因為家庭的緣故。

　　據資料指出，有經歷半年以上中斷工作經驗的，女性有近70%是因家庭因素，男性則只有2%。這些由於家庭因素而造成工作上的中斷，自然會影響到女性在職場上升遷的機會。設想一男一女同時進入公司做事，具有同樣的教育背景，同樣努力工作，也經歷同等的升遷；但是幾年後，女職員為生育及教養幼兒而停職半年或一年，她的年資及薪水就會落在男性之後。在這之後，女職員還因照顧幼兒而常請假，以致在工作績效上也會不如男同事。雖然這位男職員可能也有家庭及小孩，卻較不會被這些事情所干擾。很明顯的，年輕人都會結婚成家，但撫養及照顧孩子的責任卻總落在母親身上，從表6-3的資料即可清楚看出。只有管教小孩一項是由父母共同執行。

表6-3　　小孩生活誰負責？父親？母親？

事　項	父	母	共同
1.小孩生病誰留在家	1%	77%	22%
2.帶小孩去看病	1	72	26
3.陪小孩做功課	1	65	33
4.到學校跟老師溝通	1	63	35
5.管教小孩	9	7	83

　　婦女在勞動市場的參與過程，隨著家庭生活的影響而有升、有降，呈現M字型：

M的左邊第一個頂尖，代表婦女在16到24歲開始進入勞動市場；M的中間下垂點，代表婦女在24、25歲就因成家、生育等原因而離開勞動市場，使其參與率下降；M的右邊第二個頂尖，代表婦女在35歲左右，因子女長大先後入學，使其漸漸返回勞工市場，參與率回升；而後到婦女60歲以後漸漸退休，其參與率再次下降。這就是所謂婦女勞動力參與率的M字模型。

　　近年來，此模式已開始有所改變。許多婦女為了家計，即使有年幼子女，只得找人看管而繼續工作。目前為這一大批職業婦女提供托兒的服務如雨後春筍般成立，已成為一項最迫切需要的社會服務。雙薪家庭的增加，也明顯地可以看出現代婚姻關係的新面貌。做丈夫的已不能像以往般在家稱王，不能再堅持大男人主義；新式的丈夫必須能與妻子共同分擔家事、照顧孩子，並能協助、顧慮妻子在外的工作事業。同樣的道理，做妻子的也不能像以往一樣只會做家事，其他什麼都不懂，凡事只會依賴丈夫；相反的，她必須考慮自己的尊嚴，替自己、同時也替丈夫和子女著想；她可以在外做事，有一番自己的事業，但是她必須與丈夫相互協調，正如丈夫必須跟她協調一樣，雙方互相體諒，彼此尊重。

　　男人一直是在外工作，即使「犧牲」點時間幫忙家事，對他所造成的壓力並不太大；相反的，女性卻需擔任家庭主婦加上職業婦女的雙重角色。前面提過，妻子在外做事並沒有增加多少丈夫在家幫忙的時間；反之，丈夫在外做事的時間反而減少了，因為有了妻子的收入，丈夫不必再像以往般拚命加班或做兩份工作，獨力擔負養家的責任。妻子雖然花在處理家務的時間減少了，但工作總時數卻增加了，很明顯的是「角色超載」（role overload），或者以一句普通話來形容：操勞過度。家務上的負擔與工作上的要求和挫折，讓職業婦女更難以做個好妻子、好母親。家庭社會學者指出，雙薪家庭的三大主要協調問題包括：

　　1.重新界定及分配夫妻傳統角色，以減少婦女的「角色超載」現

象。

　　2.提供適當的托兒所服務。

　　3.面對雙薪家庭的狀況，調整工作環境。

　　雙薪家庭的夫妻在相處和溝通上發生磨擦或衝突，在所難免。專家們提出以下幾點來幫助解決，或至少減輕一些因夫妻雙職所引起的衝突：

　　第一，以肯定及正面的態度來處理妻子在外就業的新角色，肯定她在這方面的能力與貢獻。

　　第二，建立角色的優先次序。當職業婦女的職業與家庭角色發生無法協調的衝突時，應事前協商以何者為優先。

　　第三，避免工作上所發生的事影響到家庭和婚姻生活。不將工作及工作場所的情緒帶回家，使在家的時間能跟家人和樂相聚。

　　第四，應同時考慮雙方的事業，減少出差過多、過長的現象。出差會影響家庭生活，造成婚姻及家庭成員關係上的犧牲。如果出差是必要的，則應考慮是否值得。

　　第五，重新合理安排家庭裡每一個人應扮演的角色，讓丈夫與孩子共同分擔家務事。

　　第六，時間上的安排要儘可能有彈性。工作上的需要不應占據家庭相聚的機會。

　　第七，合理調整生活水準。不可因妻子有收入就過太奢侈的生活，這樣，一旦妻子工作中斷沒有收入時，才能順利適應。家庭的收支要有合理的規劃。

　　第八，生育子女數目與時間，應儘可能配合事業上的需要。到底是要先有孩子再做事，還是先做事再生，要生幾個孩子，事前都要有家庭計畫。

　　在目前觀念上仍偏向由男人養家的社會裡，婦女在事業上必須多所犧牲。這不是合不合理的問題，而是能否好好維持婚姻和家庭的問題。現代職業婦女對這一點要再三考慮。的確，感情與事業都需要夫妻

雙方的通力協調。

二、夫妻性趣的協調

在這一節，我們要談的是夫妻「性趣」的協調問題。這裡所謂的「性趣」，係指夫妻對性的觀念、態度、興趣，以及性行為等方面。這是夫妻生活最親密的一面，也是最具隱私的一部分。夫妻「不足為人道也」的生活面，常常是指夫妻兩人的性趣。國人把夫妻性行為稱之為「房事」，顯得太沒情調、太呆板、也太具照例行事的味道；另一個名詞「性交」，又顯得太庸俗。因此，用「性趣」來描述夫妻之間的性生活似較適當些。也許，在我國舊式婚姻中，把夫妻間的性看成是房事，是例行公事，是照章行事，但實際上，夫妻間的性生活還是很活躍的。孔子不也說過：「食色性也。」由於它有「不足為人道也」的隱密，因此一般對我國夫妻間的性趣所知不多。這種情形在西方社會也是一樣的，例如，美國人的性態度和性行為的知識及開放，也不過是近幾十年的事。

就美國社會，1960年代的「性革命」（sexual revolution），把男女間的性趣公開化、自由化，使得婚前性行為被大眾所接受，未婚同居也不再被責備，同時對已婚夫妻的性趣也有深遠的影響。「性革命」所帶來的後果，大致有下列幾點：

第一，性革命改變了以往認為性行為只是為了生兒育女的舊式觀念。現在人們的性關係不一定是為了生孩子，而是為求肉體和心靈的享受，是一種娛樂式的行為，是有高度的趣味。男女雙方在發生性關係或做愛時，已遠比以往講究當時的情調與滿足感。

第二，性革命將以往對男女所持的「雙重標準」（double standard）減輕了許多。以往男人在婚前有性行為是社會所默許的，對女人則嚴加禁止。性革命後，對男女婚前性行為已予以同等的看待。

第三，以往社會道德的著重點在於男女該不該有性行為，認定婚前與婚外性行為是罪惡的、不當的；目前的重點則是強調男女間與性行為

相關聯的感情程度。換言之，只要男女兩情相悅，就可以有性行為；至於他們是否有結婚，倒不重要。在這種新的道德標準中，男女雙方只要喜歡就可以做愛，而丈夫強逼妻子做愛卻是不允許的。

第四，性革命鼓勵人們嘗試各種不同的性行為方式。人們不僅自己嘗試各種不同的做愛方式，而且對他人的嘗試也不再加以嚴厲的責備。最明顯的例子是同性戀已逐漸為社會所允許。在民意測驗裡發現，有將近一半的美國人認為同性戀應予以合法化。報章雜誌介紹各種各樣的做愛方式，也變得相當普遍。

第五，性革命以前，性與婚姻是一體兩面，不可分離；到了現在，性與婚姻則可以毫無關聯。性交做愛的結果，不必然就需走向結婚的道路；而結婚也不一定就使男方有權要求妻子做愛。現在的人有性經驗的年齡已愈來愈年輕，可是卻比以往較晚結婚。

有些社會學家認為，性革命對婚姻關係中的性趣影響，遠較對婚前與婚外性行為的影響更為深遠。他們的理由有三：(1)目前夫妻之間性交做愛的次數比以往增加了。從研究中可以看出來，無論夫妻的年齡層是年輕或年老，相較之下，他們做愛的次數都比以往要頻繁。(2)夫妻之間除了做愛次數增加以外，做愛方式也較多花樣，同時也有意願嘗試新的、未嘗試過的方式。(3)夫妻雙方較注重彼此的性滿足及是否達到性高潮。以往男人只為了發洩，滿足本身的性慾，卻從未注意到妻子的反應；現在，由於對性知識的瞭解，丈夫已漸漸注意到妻子的反應及要求，並知道在性愛之前培養性趣的重要性。

夫妻間性趣的啟發者已不再是男性的主權。以往總是由丈夫提出要求，妻子附和，是被動的；即使妻子有心，也從不會主動要求。由於性革命及男女均權的觀念，現在妻子主動要求做愛及親密行為，已不再是違反社會的行為了，妻子也不再被標籤為「壞女人」。如今，做愛已不再是丈夫單方面的房事，而是夫妻雙方面的。在這種情況下，雙方的性趣滿足程度不僅包括生理上的滿足，更包括了雙方在心理與情緒上的快感。

夫妻在性趣方面的協調，自然成為夫妻關係好壞的一個重要工作。在以往舊式的婚姻裡，丈夫要求，妻子提供，是單行道式的，無所謂協調；現在則必須顧慮到雙方的滿足程度，就必須加以協調。尤其丈夫往往比較性急，要得多；妻子的性趣則較需時間培養，兩者如何協調是夫妻必須面臨的課題。

　　現在的西方社會（其實臺灣也有此趨勢），由於婚前性行為的開放，許多夫妻在結婚前就已有性經驗，因此婚前的經驗對婚後性趣具有某種程度的影響。如果婚前性經驗是愉快的，則婚後性趣高，且易滿足；相反的，如果對婚前性行為懷有一種罪惡感，則在婚後就會有負面的影響效果。然而，並非所有研究都證明這兩者的相關。在臺灣社會中，人們對婚前性經驗的看法還是相當保守，對此有罪惡感的人很多，尤其是女性。如果婚前性伴侶不是現任婚姻伴侶，則更怕會被對方發現，影響到夫妻間的親密關係。

　　一般來說，新婚期間的性趣最高。在生理上，男女雙方在20幾歲出頭都是精力充沛，有體力做愛；在心理上，由於新婚，兩人感情深厚，愛的滋味仍濃，自然希望時刻在一起；在社會層次上，年輕新婚者沒有孩子的干擾，事業正在起步階段，憂慮少，而且社會也鼓勵並期待新婚夫妻多做愛。新婚的「年輕小倆口」晚起床，雖然是人家笑話的對象，卻也正是社會對他們的期待；更何況那些「抱孫心切」的父母，總是希望小倆口多親熱，好「早日得孫」。

　　美國在1996年所做的一份調查發現，已婚男女在「去年一年內做愛的次數」每周少於兩次（包括全年僅數次的）的百分比最高，男性占43%，女性占46%；其次為每周兩次至三次，男性占36%，女性占32%。雖然如此，如果把已婚男女與獨居男女做比較，已婚男女做愛的次數仍然較多（見表6-4）。

表6-4　你在去年一年內做愛的次數是多少？

調查對象 做愛次數	已婚男女		獨居男女	
	男 （％）	女 （％）	男 （％）	女 （％）
每周4次或4次以上	7	7	7	5
每周2到3次	36	32	19	15
每周少於2次	43	46	26	24
全年數次	13	12	25	24
從未有過	1	3	23	32
合　　計	100	100	100	100

資料來源：E. V. Long, *The social organization of sexuality*, University of Chicago Press, 1996.

　　如果以結婚年數的長短來看，性趣做愛的次數乃隨著結婚年數的增長而減少。美國在1984年的一項調查發現：結婚不滿一年者，大約平均一個月做愛十五次，即兩天一次；結婚兩年者，一個月約十二次；結婚三年者，一個月十一次；結婚四、五年者，一個月大約九次；結婚六年者，一個月大約六次。

　　有研究者認為，這種下降趨勢並不一定代表夫妻性趣的下降，因為很可能夫妻在結婚一段時間後，由於雙方瞭解程度高，感情比較穩定，因此以質代替量。也就是說，雖然他們做愛次數減少，可是從做愛中得到性趣的滿足卻相對提高了。

　　2000年5月，一項特別針對不同社會的性趣做愛次數的調查中發現：社會文化的不同，對做愛次數確實有影響。16到55歲的男女中，在美國，每年平均做愛次數是一百三十二次，為最高；其次是法國、英國；最少的是日本，為三十七次；其次是中國大陸，為六十九次。其他國家的數字，請見表6-5。

表6-5　做愛次數（年平均）

國家	次數	國家	次數
日本	37	德國	97
中國	69	澳洲	98
臺灣	78	以色列	105
香港	84	英國	109
荷蘭	90	法國	121
印度	95	美國	132

根據2000年5月對16～55歲男女之調查。
資料來源：Durex Ltd.

　　除了做愛次數外，做愛時間的長短，也因年齡大小而有所不同。美國的一項調查發現：30至34歲的做愛時間最長，約14.6分鐘；其次是20至24歲，約9.9分鐘；35至39歲是6.6分鐘；25至29歲是5.3分鐘；40至44歲是4.6分鐘；45至49歲為3.8分鐘，大致上跟體質有關。年輕者可能過於興奮，以致時間比中年人短。

　　臺灣地區也有類似資料，一項報告指出，性行為做愛的時間在5分鐘以內結束者占67%，在5至20分者占31%。所以真正做愛的性行為時間並不長，能至20分到30分鐘的只占1%。雖然如此，臺灣夫婦對婚姻性生活的滿意程度高達91.4%，而且學歷愈高者，滿意度愈高。

　　夫妻到了中年以後，性趣的協調與青年時期不同。第一，在生理上，男女性發育的時程不同，男性大約在20至30歲期間性慾最強，女性則在30至40幾歲達到高點。依中國人老式的說法，中年女人在性方面是「虎狼之年」，即指這種情形。一般來說，若夫妻年齡相差不多，在性慾上的需求便要有所協調。第二，丈夫到了中年，事業心重，這時極需在事業上衝刺，以更上一層樓，將時間和精力都放在事業上，以致無暇也無心從事性趣；如果此時妻子性趣高高，雙方實難配合。第三，孩子們漸漸懂事，父母深怕被孩子撞見，沒有隱私的安全感，以致做愛時常有恐懼感而草草了事，無法從中獲得親密感。第四，夫妻漸漸成熟，較瞭解性趣對彼此關係的重要性，也較願嘗試新方式來滿足彼

此。同時，想要的孩子都有了，可以無後顧之憂的避孕，盡情享受親密關係。

進入老年期之後，夫妻雙方的性趣通常會有減低的趨向。不過這並不是說老年夫妻無性生活，相反的，很多老年人都表示他們仍有性趣和性生活。性趣減低的一個主要原因是身體其他方面疾病所致，而不一定是性機能的無能。夫妻已一同生活了數十年，彼此成為老伴，性趣不再是生活的重點了。

夫妻性趣的協調是婚姻生活的主要工作之一。如果丈夫性無能、早洩、達不到性高潮的快感，或妻子性冷感、無性高潮、甚至做愛時有疼痛等不良反應，並不完全是生理的缺陷，往往只是心理上的狀態所造成。首先，夫妻如能彼此協調，放鬆心情，再尋求專家的指導，大多數問題都可獲得改善。性治療方面的專家相信，一個有高度自尊心的人比較容易在性趣上得到滿足，因為自尊心使個人能夠接受並補賞他人所付出的，也能把自己的快樂等分享給別人。如果真的是生理上的問題，目前醫藥方面已相當進步，各種不適都有方法治癒。第二個協助性趣的滿足，是在心理上解除傳統兩性角色的束縛：傳統的男性角色要男人不輕易流露感情，要嚴肅，但是這種角色與享受性趣的快樂是相違背的；同樣的，傳統的女性角色要求女人需被動，不可主動要求性交，也不宜表現快感，更不得談論或求教，這自然使得女性無法充分發揮及享受性愛。第三個能有所幫助的是夫妻雙方的溝通及合作，雙方瞭解彼此的需要，協助一同達到性趣的滿足。

夫妻性趣的協調及享受，是雙方感情最高表現之一，若在這方面不能一致或得不到滿足，就會影響到婚姻關係的其他層面。外遇便是其中之一。在學術界是以「婚外性趣」（extramarital sexuality）來稱之，係指已婚者跟配偶以外的第三者發生性趣關係。這種關係可能：(1)有性行為，卻無感情；(2)有性行為，且有感情；(3)有感情，但無性關係等三種類型。

外遇的原因很多，因人而異：或因對婚姻生活不滿意，或由於工

作上長期接觸或方便，或僅是為了找刺激等等。不論原因如何，外遇的雙方都會感到興奮及刺激，尤其在外遇的初期。這種興奮與刺激來自：(1)雙方（或僅一方）婚姻已趨平淡，無法激起興奮之情；(2)其約會常要偷偷摸摸，防著他人，而且相處時間有限制，因此特別緊張刺激；(3)雙方都有心理上及（或）生理上的需要，相聚可滿足這（些）需要；(4)由於雙方相聚的機會不多、時間太少，彼此都將最優秀的表現出來，男的體貼，女的深情，於是總覺得自己的配偶比不上外遇的對象。

臺灣地區有的「早妻」、「午妻」、「出差」或「紅杏出牆」等等名稱，指的都是婚外性行為或外遇。臺商到大陸做生意後，產生了所謂「大陸妹」、「包二奶」等問題。至於與非配偶的性行為（如嫖妓或一夜情），數目也不少。「小三」的話題近年來常見於媒體報導。

外遇的比率到底有多少，並無詳細的數字，但一般學者相信為數不少。根據美國社會學家的估計，男性大約有一半以上曾有外遇經驗，女性大約有四分之一左右。臺灣地區按報章的說法也應不少，不過並無資料支持此說法。有一點中外社會都類似的是：外遇的經驗常是性趣高於感情，其持續的時間不長，部分婚姻會因外遇而導致離婚。有研究指出，外遇是破碎婚姻的結果，而非原因；因有破碎、不美滿的婚姻在前，才會造成「婚外性趣」，而非先有外遇，才將婚姻關係搞壞。

另一個跟夫妻性趣有關的婚姻問題是丈夫嫖妓。雖然不少社會，包括臺灣在內，有男娼問題，但絕大多數是丈夫嫖女娼的問題。嫖妓除了是倫理觀念問題外，還會感染性病，以及影響家庭親密關係。近年來，由於愛滋病（AIDS）的蔓延，許多社會對娼妓的興趣已大為減低，就連外遇和婚外性行為都大為小心。目前在美國，極力勸導人們不應有太多的性行為伴侶，並大力倡導使用保險套以防止感染愛滋病。

附錄

文摘

男人女人的十大建設

卓以定

為了與男人有更親密、美好的關係，女人的十大建設：

1.千萬不要以為他會懂妳的心，親熱地直接告訴他妳的心。

2.不要害怕主動去觸摸他，他會十分感動地接受妳這份改變。

3.千萬不要隨便洩漏他囑咐妳保守的祕密。

4.做愛時學會多放鬆，有自在心就是愛他最大的保證。

5.當妳不想做愛時，拒絕時可婉轉，但是要直截了當地告訴他原因。切忌拿「做愛」當成不滿的武器，動輒用來討價還價。有不滿的事情要說出來，用做愛當成武器是會把婚姻毀掉的！

6.在做愛時，如果善於幻想的妳有任何「性遐想」，不妨和他分享，讓他知道妳的感受有多好！

8.千萬不要舊事重提，做個記恨的人。尤其是已經有所爭執時，老提「舊傷」絕對會引起「新疼」，是婚姻的致命傷。

9.沒有感到做錯什麼時，也不必隨便道歉（因為心中的不滿一定會流露無遺），但是說話一定要平心靜氣。

10.當他終於鼓起勇氣說出自己的困難時，妳可別在此時打岔說出妳也有困難。妳要細心傾聽，處處露出關懷、愛護和支持。

當他突然特別地沉默、安靜時，千萬不要嘮叨，或是自己找別的話題和他嘰嘰喳喳，說個不停。只要告訴他，妳在那兒和他心心相連，一定會支持他的。

為了與女人有更親密、美好的關係，男人的十大建設：

1.更加注意她的肢體語言。在談情做愛時，加強眼對眼，注意對方臉部的表情，同時也學著加重自己的微笑和點頭支持。

2.學會做更好的聽眾，不打岔──記得，這將是最好的催情劑。說話時多學著用感情表示。如果有一段話想特別強調，可以改變語調來表示，如「我愛妳，也希望妳愛我，這是我要想說的……」絕對不是大吼大叫。

3.做愛時，要學會多考慮對方的感受。在床上千萬不要害怕表達感情，腦子裡有什麼，學著說出來讓她歡喜，就是最好的情人。能夠讚美就更加美好了。譬如：「妳今天的香水很好聞。」保證你絕對不會吃虧的。

4.多學會用「我希望……」或「我感受……」之類的話來改變對方，絕對勝過大吼大叫和強勢壓人，或不理人。

5.切忌用三字經的髒話。根據研究報告，天下女人最恨男人用髒話來表達憤怒。

6.不要怕說道歉，也不要怕流淚。

7.談情說愛時，用細訴、感性聊天的方式和她對談，最能引起情感交流。

8.當她不開心時，千萬別亂逗她，或和她開玩笑，或譏笑她。別忘了男女的幽默感是不同的！

9.如果心中有煩惱，當她關心問你時，不要像以前一樣說「沒有事」或搖頭。試著用你的感受組句說給她聽。

10.在親密時刻如果被她讚美，也學會自在地接受吧！

男人與女人各自實踐以上的十大建設，一定可以增進彼此親密與和諧的關係。

錄自《其實你不懂我的心》，頁193～196。

悔

我的心微微的顫抖，彷彿在擔心什麼。

如果你走出我的生命中，我將無法接受。

是你走進我譜的音符裡，一切旋律因此而改變。

但為何理由，再度做選擇，叫我不知該如何。

我不知道，我不明瞭，失去你我是否會過得好。

我的心微微的顫抖，彷彿在想些什麼。

如果你走出我的生命中，我將無法接受。

或許我不該介入你的生活，那為何要曾經說愛我。

只能怪自己，造成一切的錯。

請你請你，原諒我哦。

　　這是一首臺灣流行的國語暢銷金曲，雖然講的是失戀的人，不過也可以用來暗喻夫妻親密感情的消失。當年海誓山盟的愛戀逐漸消逝，充滿無望的恐懼。

第7章

婚姻的苦楚：權力與溝通

第一節 婚姻內的權力

　　在傳統的家庭裡，男人為一家之主，女人屬於順從的地位，家中的權力操控在男人手上。1960年代以前的美國家庭是如此，傳統中國家庭亦是如此，這種所謂「父權家庭」（patriarchal family），在傳統社會中是相當普遍的。近年來由於各種社會變遷的影響，婚姻中夫妻雙方的權力分配亦發生了改變。現代婚姻裡的角色範圍定義比較混淆不清，夫妻必須以彼此的情況，並參考社會環境來重新界定兩個人的角色，夫妻間的權力分配於是成為夫妻必須協調的主要項目之一。

　　從社會學的角度來看，權力（power）是指一種使用個人的特質和角色來影響別人的能力；權力是驅使別人按個人意志來行事的力量。社會學家烏倫（Anthony M. Orum）認為，權力包含下面幾個重要原素：

　　第一，權力是一種社會能力：一個人本身並沒有什麼權力，當個人成為團體中的一分子時，才能擁有權力。也就是說，權力通常依附在一個社會組織裡的社會地位或社會角色上；擁有某個社會地位、角色，才能擁有所謂的權力。

第二，權力是用在做決策上：有權者在做決策時，會要求別人遵守，但他自己也要對此負責，所以權力是有分量的。

第三，權力所做的決策對社會有深遠的影響：任何政策都對社會提供服務及規則。對權力的研究，不僅應注意權力運作的過程，同時也應注意權力運作的成果，即決策對社會所產生的後果。

烏倫繼而指出，權力還有下列四種特質問題不應被忽視：

第一，權力的範圍問題：有些權力相當廣泛，可能牽涉到許多方面，而另外一些權力則比較狹窄。例如，政治權力範圍大，夫妻間的權力範圍小。

第二，權力的來源問題：權力可來自個人的特質，例如，身強體壯者會比弱小者有權，智慧高者比愚蠢者有權。權力也可來自財富或聲望，或者來自個人在社會上的地位與角色。

第三，權力的擴張問題：權力並非永遠固定不變。個人的權力可以隨著權力來源的改變而擴張或縮小。例如，財富地位的提高，往往帶來更多的權力；財富地位的下降，所掌握的權力也會隨之減少。

第四，權力的分配問題：誰該擁有權力，擁有多少權力，這是權力分配及運用的問題。

一個人權力的擁有，常建立在下列六種基礎上：

第一，暴力：指以武力強迫他人服從的一種暴力權力（coercive power）。

第二，酬賞：指以報酬或獎賞來贏取他人服從的酬賞權力（reward power）。

第三，合法：指由社會或法律所賦予的合法權力（legitimate power）。

第四，專家：指個人因具有某種特殊的知識或能力，而讓他人順從的專家權力（expert power）。

第五，參考：指一個人的身分造成他人依附、順從，以能跟此人相識、相處為榮的參考權力（referent power）。

第六，資訊：指一個人具有資訊、消息，而使他人信服的資訊權力（informational power）。

權力的詮釋，常泛指一般的社會權力；在婚姻權力（marital power）中，同樣可以看出上述的特徵。家庭中夫妻間的權力分配常是不均等的，如果婚姻的一方長期被壓制、被驅使，就可能會厭棄這個婚姻關係，而想法脫離婚姻的束縛；於是，權力的分配問題是婚姻中必須重視且解決的大問題。

一、權力的分配

夫妻之間的爭吵總是難免的。有人說完全沒有爭執的婚姻，不一定是美滿的。爭吵的因素很多，權力分配的不平均便是其中一個主要原因。常常聽人說：「這個先生管太太管得很嚴」，或者是「這個人很怕太太」。這裡指的都是婚姻權力分配問題，管太太管得很嚴是因為先生有權力，能支配太太；那個人怕太太是因為妻子權力大，能使先生順從。

社會學中的衝突論就認為，人與人之間的互動不會是完全均等的，總有一方高於另一方，而高低差別的基礎，就是權力資源問題。達倫多夫（Ralf Dahrendorf）認為，只要人們聚集一處組成一個團體，就會有少部分人擁有指揮和影響他人的權力，同時必然有一大群人會被指揮、被影響。於是，達倫多夫把社會角色分為兩大類型：「正支配角色」（positive dominance roles）與「受支配角色」（negative dominance roles）。前者是指一種具備支配他人權勢的角色，後者則是指一種被人所支配的角色。這兩種角色必然會產生衝突，因為有權力者總希望能維持既得權，沒有權力者則總是會設法奪取權力，這種衝突是社會團體的必然現象。

如果將上述衝突論對社會分子的觀點及看法，運用到婚姻關係裡，就不會認為夫妻間的衝突有什麼不正常。丈夫扮演的往往是「正支配角色」，妻子則是「受支配角色」的扮演者。在當代社會中，婚姻講

究愛情，常把愛情及衝突視為兩個極端。其實不然，一則，愛情裡多少總含有一些痛苦。例如一日不見如隔三秋，又如由愛而引起的嫉妒等，沒有這些，就不算是真愛。再則，衝突不完全是破壞性的，它也具有正面的功能。社會學家考舍（Lewis Coser）就指出，衝突有時可以增強一個團體的團結力。在家庭婚姻中，如果衝突協調得當，便不至於造成婚姻的破壞或解組。所以，婚姻中的衝突不是有沒有的問題，而是如何處理的問題。

Cricket Webber把衝突的類型大致上分為下列四類：

1.爭論誰對誰錯的衝突（fault-finding conflicts）：指責和批判對方的過錯。例如「你（妳）一直都這樣，從來都沒尊重我」，「結婚這麼多年，我都忍下來了」，把舊帳統統抖出來，數落對方的不是。這種衝突往往是更嚴重衝突的前聲。

2.傲慢輕蔑的衝突（contemptuous conflicts）：把對方看成一文不值，「我怎麼會嫁給你這種人？」用語言肢體動作來輕蔑對方，漫罵或推擠對方。

3.防衛式衝突（defensive conflicts）：上述二類衝突長期存在的結果是當事人一方或雙方放棄爭論而以沈默不語來對付。一方面保護自己，另一方面增加對方的罪惡感。

4.家暴（family violence）：以武力來處理衝突。家暴不僅是男方施諸女方，也可能是女方施諸男方者。

夫妻間衝突的來源，大致可包括下列八項：

1.經濟因素：家中經濟狀況不好，甚至生活貧困，常是導致夫妻衝突的主因。另外，如果妻子的收入高於丈夫，也可能造成衝突。丈夫不甘屈居於妻子之下，便會發生衝突。

2.子女：不能生育可能會造成夫妻間的衝突，但有小孩並不能保證家庭的和諧，它也可能是夫妻間衝突的原因，特別是當雙方對子女教養問題有歧見時。

3.第三者的問題：與公婆或其他親友同住，也是夫妻衝突的導引

線。如果婚後獨立自組核心家庭，這個問題可能會較輕些；但是如果婚後住在夫家，上有公婆、下有姑娌和其他親人，衝突將很難避免。

4.性：夫妻其中一方埋怨對方在性事上的不合作或不協調，這樣的衝突往往來自丈夫不滿意妻子的「性趣缺缺」。性方面的衝突在婚姻後期更為突顯。

5.宗教信仰的差異：婚前這往往不是問題，婚後則會發現兩人不同的信仰，會帶來不同的價值觀和行為，尤其當一方堅持另一方要改信自己的宗教時。

6.公婆：中國人的婆媳問題，往往在於小倆口覺得父母管太多和干擾太多，而父母又覺得媳婦不孝，以致造成夫妻的衝突。老一輩的要求孝道和服從，年輕人則嫌長輩囉嗦。

7.個性不合：婚姻把兩個在不同環境中長大的人，結合在一起組成家庭。當兩人個性不同又不願意妥協時，就會為了一點小事而爭得面紅耳赤。

8.缺乏溝通：特別是現代的雙薪家庭，夫妻各有自己的事業和工作，兩人相處時間愈來愈短暫，造成一種不關心對方的現象。因此在當兩人有時間在一起時，反而是爭吵而非親熱。

其實，夫妻衝突的最基本潛在原因是權力分配的不平等。目前大致上主要有兩種理論來解釋夫妻間權力分配問題，一種是「資源假設」（resource hypothesis），另外一種是「相對的愛與需要理論」（relative love and need theory）。

二、資源假設論

社會科學家柏拉德和沃爾夫（Robert Blood and Donald Wolfe）於1960年在他們合寫的一本書中，發表了一個研究結果。他們研究的主題是婚姻中的配偶，哪一位具有較多的權力？而這權力是怎樣得來的？這本書的書名是《丈夫與妻子：動態的婚姻生活》（*Husbands and Wives: The Dynamics of Married Living*）。此研究的貢獻有二：第一，這是第

一本有系統地研究婚姻配偶權力分配的專著；第二，由於此研究所提出的資源假設具有創意，因而引起許多後繼者的研究，使我們對婚姻權力的分配有更進一步瞭解。

資源假設論的基本論點是：夫妻間的相對權力，是來自於彼此間的相對資源。這些資源包括教育背景、職業專長、收入，以及經驗等等。夫妻中哪一位能提供較多上述資源，就會擁有較多的權力。基於這個假設，柏拉德與華飛訪問了大約九百名妻子，詢問下面八項問題是由誰做主決定：

1.丈夫職業的選擇；

2.買何種車子；

3.是否該買人壽保險；

4.度假的去處；

5.應住什麼樣的房子；

6.妻子應否外出工作（或辭職不做）；

7.家人生病時應看哪一個醫生；

8.每星期花多少錢在食物上。

選擇這八項問題的主要原因是，上列每一個問題都會影響到家庭生活；更重要的是，這些都是每個家庭遲早會碰到的問題。研究發現，上面八項中的第1和2兩項，幾乎全由丈夫決定，妻子很少參與做決定；第4、5、6項主要是由妻子做決定，有少部分丈夫會參與；第3項的買人壽保險，則是夫妻各自有權決定者相等；第7項的看醫生，大多由妻子做決定，不過夫妻「共同」做決定的約有三分之一； 最後第8項的食物問題，則有一半是夫妻「共同」做決定。

從研究中，這兩位學者發現，丈夫的教育程度與職業地位愈高，就有較強的配偶權力；同時，白領階級的丈夫也比藍領階級的丈夫能做更多的抉擇。根據這些發現，他們推演出當家庭中需做抉擇時，丈夫與妻子的相對資源扮演很重要的角色，年齡較長和教育程度較高者，常能做較多的抉擇。因為丈夫的年齡較長和教育程度較高，所以權力較大。同

時，當妻子不再需要照顧幼兒時，或當她在外有工作和薪資時，她的權力地位也會相對提高。因此，這兩位學者的結論是：配偶個人對家庭的資源提供，以及對家庭生活的貢獻，是決定婚姻權力的要素，而非全靠社會角色的安排與期待。由於丈夫的資源往往多於妻子，因此丈夫在家往往是發號施令者。

這項研究自有其突破性的發現，但也引起不少批評。對其批評的論點包括下列幾項：

第一，研究的重點在哪位是家務事的抉擇者，就是婚姻中權力較大的人，這樣的想法未免太簡單。事實上，許多抉擇的過程很複雜，最後做決定的人並不一定就是有權力者。以買車來說，雖然是丈夫付錢並決定要買哪部車，然而在真正買車之前，妻子仍會參與許多意見，尤其如果這部車是要買給太太開的話；然而，按照目前社會上的習俗以及分工原則，仍會由丈夫出面交涉購買。表面上看來是丈夫在做決定，其實不然。所以，最後做決定往往不一定就代表有權力。

第二，有些學者指出，資源假設是以丈夫與妻子的背景資料做分析，並沒有談到夫妻各自的個性特質與兩人的互動關係，因為個性和互動關係會影響到權力的掌握與決定。有些丈夫有高學歷和高收入，是很有資源的，但因個性懦弱，什麼事都不敢做主，只能任由妻子擺布。所以，這類非資源的因素不應被忽視。

第三，在資源假設研究中，將八項問題皆以同等價值看待是不合理的，它們應該有不同的分量才對。例如，丈夫所從事的行業及職務，對家庭的整體影響至深，這遠比花多少錢在食物上來得重要許多，不能一視同仁。

第四，該研究忽略了一些家庭生活中的重大問題。例如，要不要有孩子？何時最適合生孩子？生幾個孩子？以及有關性趣、親密關係方面的問題等等，這些婚姻裡的重要項目都應該包括在內。

第五，該項研究僅以九百名妻子為對象，對其研究的可信度大打折扣。理想的做法是應尋求丈夫們的回答，以相互應證。因為男女對這類

問題的說法，常常並不一致。

　　第六，女權運動的支持者指出，社會給予男女的資源原本就不同，男性的資源總是比較多，其能獲得較多的權力，正是社會歧視婦女的印證。這是社會制度決定了丈夫的婚姻權力，而非相對資源的問題。因此，妻子欲達到資源假設裡的均權，幾乎是不可能的事。

　　最近的一些研究發現大致上都支持資源假設。社會科學家發現，妻子外出工作，有一份收入，仍然是權力來源的主要條件。不過他們也同時發現，妻子外出工作及擁有收入，並不就帶來平等的權力，只不過是將其權力提高了點而已。除了工作外，妻子參與社區活動，也會影響其在婚姻中的權力；同時，妻子的權力分配和結婚時間的長短也有相關。在新婚期間，夫妻較均權，雖然丈夫的權力仍然會高一點，但彼此共同做抉擇的機會較多；這種情況會一直維持到第一個孩子出生時，自此之後，妻子的權力便下降。此實因為妻子為了孩子，往往必須辭去工作，全職在家忙碌，沒有性趣，不具性感。從第一個孩子出生到最小的孩子上學這段期間，妻子的權力最低；等孩子大了，妻子的權力才會慢慢提升；尤其當妻子出外工作、參與社區活動時，她的婚姻權力就會相對提高。

三、愛與需要相對理論

　　基本上，愛與需要相對理論認為，婚姻中的兩個人，權力較少的是愛得較深的一方，以及對此婚姻關係有較多需求的一方；因為擔心配偶變心或離開而事事順從將就，其在婚姻中的權力自然會失去、減少。而對此婚姻沒有投入太多感情的另一方，對婚姻關係抱持無所謂的態度，也就取得了較高的權力，因為婚姻關係的有無或好壞，對其而言沒什麼大不了。這種情形即所謂的「低興致原則」（the principle of least interest）：夫妻間對婚姻關係興致較低的一方，常會剝削對方，對婚姻的維持不覺得重要，甚至拒絕主動尋求婚姻關係的協商及補救。該理論還進一步指出，順從並非永無止境，一旦到了令人無法忍受和承擔的地

步時，順從的一方就可能對此婚姻完全灰心而打退堂鼓，選擇結束婚姻關係而離婚。

愛與需要相對理論並不在於討論誰有權力，以及誰的權力大；而是在分析夫妻雙方對維持婚姻關係的意願程度：如果丈夫對妻子的需求及評價，高於妻子對他的需求及評價，那麼他便會設法討好、順從妻子。例如，女方的美貌、溫柔、才能、子女或經濟財源是丈夫所需求的，於是這位丈夫就讓妻子擁有較多、較大的權力，以換取妻子所擁有的資源。

在絕大多數的婚姻中，丈夫的權力通常比妻子高。愛與需要相對理論指出，下列幾項因素造成這樣的婚姻權力不均：

第一，女孩從小就被灌輸一種「最好的出路是嫁人」的結婚觀念，認為女人應以家為主，婚姻是女人的歸宿，家庭是女人的一切。男人的世界是在外闖鬥，家庭只不過是個附屬品，因此對家的需要與興致較低。相對之下，妻子只好順從以維持她所需要的家。這是兩性在不同的性別社會化影響下的結果。

第二，直到最近，女性的身分地位、經濟背景、感情保障等，仍多依附於男人，不論是父兄，或是丈夫、兒子。如此一來，結了婚的女子一旦離婚，損失便較大。男人的社會角色有多種，離了婚的男子還可以從其他方面得到補償。損失大的一方會防止婚姻的解組，而讓需求較少、興致較低的丈夫加以控制及擺布。

第三，社會對兩性角色的雙重標準，讓男人除了家裡的妻子以外，偶爾還可以在外面尋花問柳，得到性趣的發洩，因此就算妻子不理會，他還是可以找到暫時性的代替者。相反的，妻子卻不被允許有同樣的行為，她只有丈夫一個人，因此必須緊緊守著這個婚姻。需求程度高的妻子，自然就必須聽從於需求程度低的丈夫。

第二節　家暴與婦女運動

　　婚姻中權力的不均，常產生「家庭暴力」的現象。所謂家庭暴力是指發生在家庭成員之間的暴力虐待行為，包括對配偶、子女、手足或長者身體虐待、言語虐待、心理虐待及性虐待。這裡指的是對肢體的推、甩、踢、揍、摑、抓、咬、拗扭、甚至以器械槍枝等攻擊，或以語言、字眼、聲調來控制或傷害，或在性行為方面的強迫，或在心理上加以傷害等。因此，「家庭暴力」不僅指婚姻暴力，也包括其他家人的暴力行為。根據臺北市的資料顯示，2000年至2006年間，家庭暴力有顯著的增長，其中婚姻暴力占最多。不過，對兒童、少年和老人的暴力也同樣在增加。詳細統計請看表7-1。讀者必須注意的是，表內所列的數字僅是市政府接案統計，實際上的數字應遠高於官方數字，因為絕大多數的家暴受害者因家醜不外揚的傳統觀念，或因懼怕加害者報復而不敢報警，所以家庭暴力問題會比表7-1所列的嚴重許多。

表7-1　臺北市家庭暴力接案統計，2000～2006

	2000	2001	2002	2003	2004	2005	2006
婚姻暴力	3,660	4,460	3,179	3,390	3,651	4,864	5,070
兒童少年家暴	1,052	755	790	933	1,047	1,573	1,829
老人家暴	187	66	202	210	202	321	347
其他	353	102	646	648	725	1,257	1,346
合計	5,252	5,383	4,817	5,181	5,625	8,015	8,592

資料來源：臺北市家庭暴力暨性侵害防治中心。

　　根據內政部歷年統計資料顯示，2005年家暴的通報案件是62,310件，2009年時已增加到89,263件，有14.3%的增加率。其中加害者以配偶和前配偶最多，詳見表7-2：

表7-2　臺灣歷年家暴通報案件，2005～2009

年	合計	配偶合計	配偶共住	配偶分居	前配偶
2005	62,310	32,653	29,613	3,040	2,329
2006	66,635	33,637	30,861	2,776	3,473
2007	72,606	35,182	32,528	2,924	2,745
2008	79,874	35,862	32,724	3,138	2,850
2009	89,263	38,906	35,309	3,597	3,193

內政部家庭暴力事件通報案件統計，http://www.moi.gov.tw

由於傳統家醜不外揚的文化倫理和被害人懼怕二度傷害，不願和不敢通報治安單位的現象普遍存在，真實的案件必然遠超過上表所列數字。另一份內政部2002年婦女生活的調查報告發現，婦女在最近一年曾遭遇到的不好經驗中，以在外遭受性騷擾為最多數，占52.1%；遭受配偶暴力或精神虐待者次之，占11%。從被害人教育程度來看，以高中教育者最多，占26%；其次為初中教育的16.7%及小學教育的15.7%。至於加害人與受害人之間的身分，仍是夫妻者占8%，是直系血親者占9.1%。對家暴的處理方式，根據一份2008年的調查報告指出，臺灣人有52.8%會立即求助和報案，17.7%會先求助於親友，14.4%會在嚴重時才報案。

在傳統社會中，「打太太」是天經地義的，沒什麼了不得；「怕太太」才是天大的笑話。當前許多社會對虐待妻子（wife abuse）的現象都相當重視。美國各個城市都設有「婦女避難所」（women's shelter），對受害的婦女及／或子女提供協助，給予暫時的庇護場所。目前臺灣各地也有婦女庇護中心、中途之家等。林佩瑾指出，在臺灣的反婚姻暴力工作大致可分為五階段：

1.忽視時期（1987年以前）：認為婚姻暴力是家務事，不需社會和政府插手干涉。雖然有些地區提供零星的服務，但規模不大，影響亦有限。

2.草創時期（1987-1989）：1987年8月，學者劉可屏發表了一篇〈虐妻問題〉，是學術界關注此問題的開端。1988年，臺北市社會局成立了北區婦女福利中心，正式介入家庭暴力議題。1989年1月，康乃馨專線替受虐婦女發聲。臺灣的家庭暴力問題，特別是婚姻暴力問題，總算走出家務事的格局，為社會所關懷。

3.萌芽時期（1990-1992）：此一時期，社會工作學者馮燕以社會工作理論和觀點做系統性的詮釋，北區婦女福利中心亦派人至國外考察。此時期有婚姻暴力保護手冊的出版，以及受虐婦女庇護中心的成立。

4.開展時期（1993-1995）：1993年發生了受虐婦女鄧如雯殺夫案。鄧如雯與林阿棋係夫妻，在鄧如雯就讀國中三年級時，鄧如雯的母親被林阿棋強暴住院，鄧如雯在醫院照顧母親時，又遭大她十二歲的林阿棋伺機強暴多次，因之育有一子。林阿棋於同居期間經常毆打鄧如雯，鄧如雯遂逃回其父家中，林阿棋又至鄧父家中砸毀屋內物品，將鄧父吊起來毒打。鄧如雯為免家人繼續受害，只好允與林阿棋結婚。婚後六年，林阿棋仍對鄧如雯打罵不斷。鄧如雯曾多次逃回娘家，但其丈夫追到娘家毆打岳父母、強暴其妹，鄧如雯的母親也被林阿棋毀容，然後把她抓回去繼續毒打。鄧如雯在丈夫長期虐待下，憤而持刀殺夫。此事件最後引起婦女團體的聲援，強烈要求政府訂定家暴法。

5.關鍵時期（1996-2006）：正當前一時期的熱勁開始減退時，隨即爆發彭婉如事件，重新點燃婦女保障運動。1996年11月30日，彭婉如前往高雄市參加民進黨臨時全國黨代表大會，晚間在搭乘計程車離開高雄市尖美大飯店後便失蹤，直到12月3日，警方才在高雄縣鳥松鄉發現彭婉如的遺體。彭婉如命案引起了社會的強烈震撼，婦女人身安全也成為社會大眾關注的焦點。1996年12月21日，婦女運動者發起「1221女權火照夜路大遊行」。同時在社會的壓力下，立法院通過「性侵害犯罪防治法」，教育部也成立「兩性平等教育委員會」，規定學校必須有兩性平權教育時數，此即性別平等教育法之法源。政府相關單位也對性別問

題特加關懷，民間社福機構紛紛提供婦女協助。

高惠珠就1971年至今，臺灣女權運動的發展重點事件及相關立法，予以有系統的整理，茲列表如下以供參考：

表7-3　臺灣女權運動的發展重點及相關立法

	女權議題及立法		
年度	事件	婦女團體／女權運動	社會立法
1971年	呂秀蓮女士將新女性主義思潮帶入臺灣		
1977年		婦工會提倡「齊家報國運動」	
1979年	呂秀蓮女士因高雄美麗島政治事件入獄	新女性運動中斷	
1982年	李元貞等人創辦「婦女新知雜誌社」	臺灣第一個婦女解放組織	
1984年		連署墮胎合法化的「婦女意見書」	優生保健法、勞動基準法
1985年		臺大婦女研究室成立	民法親屬編修正
1987年	女性員工年滿30歲或懷孕必須辭職	男女工作平等法起草委員會	
1988年	1988救援雛妓大遊行	婦女權益促進發展基金會核定通過	
1989年			所得稅法修正
1991年	抗議罰娼不罰嫖	婦援會	社會秩序維護法
1993年	鄧如雯殺夫案	婦女團體參與反婚暴工作	兒童福利法修正
1994年	反性騷擾大遊行／修法總動員		
1995年			兒童及少年性交易防制條例
1996年	民進黨婦女部主任彭婉如遇難	一二二一女權火照夜路／彭婉如文教基金會	民法親屬篇修正
1997年		兩性平等教育委員會	性侵害防治法／民法親屬篇修正

1998年		家庭暴力防治法／民法親屬篇修正
1999年		刑法「妨害性自主罪」
2001年		兩性工作平等法
2002年		民法親屬篇修正
2004年	性別平等教育法民間推動聯盟	性別平等教育法
2005年	臺灣防暴聯盟完成修正家庭暴力防治法	性騷擾防治法
2006年	人工流產需接受諮詢及三天思考期	婦女團體抗議行政院版生育保健法草案

資料來源：高惠珠，〈臺灣女權論述發展的考察—以婚姻暴力為例〉。《網路社會學通訊期刊》，http//www.nhu.edu.tw/~society/e-j.htm第五十九期，2006/12/15。

在家庭中，妻子除了權力少以外，甚至還會被虐待。我們不禁會問：受到這般不平等的待遇，那些婦女們為什麼不求去、不離婚呢？下面是妻子忍受求全的幾個原因：

第一，在舊式傳統家庭裡，自小見父親虐待母親，認為這是一種理所當然的夫妻關係；長大成人結婚後，這種夫妻關係重新展現在自己身上。當年母親忍辱求全的經驗，給年輕的一代一種接受「好女人就得委屈求全」的迷思，久而久之自己也就接受這種現實。

第二，許多妻子有罪惡感，常常自責，認為丈夫的壞脾氣，自己也有錯，總把責任往自己身上攬。

第三，許多女性認為婚姻關係的維持是她們的責任，不管丈夫多兇、多狠，萬事忍為先，總比離婚好。同時，她們總想，這次是意外，丈夫一定會改過來的。

第四，被虐待的妻子不敢報警，怕報了警，丈夫會被關或失去工作，如此一來，非但不能改善，還可能遭受丈夫更多的虐待，情況反而更糟。此外，更不願讓別人知道，覺得這樣很沒有面子，所以還是忍忍

吧！

第五，許多妻子缺乏自信心，凡事完全依賴一家之主。她們沒有經濟能力，手上又沒有錢；除了沒地方可去之外，甚或沒有家人或朋友，完全被隔離了；或者得不到親友的支持，又怕讓孩子失去「完整的家」。婦女除了家之外，對整個社會完全陌生，一個人怎麼過日子呢？所以選擇委屈求全。

有研究指出，施虐者常因事業不順，在家中以暴力來表現其男子氣概，藉此補償在外的不滿意，這常是當事人對自身無力感的一種轉嫁表現。施虐者常具有下列特質：自尊心低，無自信，病態的嫉妒心，有雙重個性，喜怒無常，喜歡控制他人，缺乏溝通技巧，無法表達情緒，缺少親近朋友；有些更可能在酗酒、吸毒後，以暴力來解決問題。受虐者如有心留下維持這份婚姻關係，就應有許多準備，以防虐待事件再次發生。例如，留心暴力的警訊，做好自我保護的準備，尋求經濟上的保障，探知求助機構的服務項目，以及如何獲得司法、警察、社會服務機構的保護。

從愛與需要相對理論的角度來看，妻子對婚姻的需求大，以致被丈夫的權力所控制。但虐待毆打是權力過分運作的一種極端行為。愛情雖然多少會包含著痛苦，但絕非皮肉上的痛苦，兩者不能混為一談。從資源假設論和愛與需要相對理論的角度來看，夫妻間要真正達到權力平等分配，幾乎是不可能的。因為夫妻兩個人婚前的資源就不同，也不等值；而且彼此對愛情付出的程度不一樣，對婚姻的期望亦不完全一致，那麼，要把這些不等值的成分換成均等的權力分配便是不可能的。事實上，如果一段婚姻關係裡，凡事都要兩人同意或一同做決定，這樣的婚姻也不見得有多理想。衝突理論認為，只要兩個人在一起相處，就會有高低之分，並非沒有道理。因此，最切實的問題不在謀求權力的完全均等，而在於謀求權力的中和。

權力的不平等，在婚姻中會造成夫妻的勾心鬥角：一方面亟力維持既得的權力，另一方面則謀求權力的重新分配，以致彼此爭吵不休。在

這種情況下，夫妻各自有興趣的是如何玩弄權勢伎倆，只知道如何利用對方的弱點來控制玩弄對方，雙方以「你不順我，我就不順你」為遊戲規則，變得蠻橫，永無終止，更加深了夫妻間的隔閡。

權力的中和，是中斷這種無止境的權力鬥爭最好的折衷辦法。權力的中和與權力的玩弄不一樣：玩弄權力的夫妻，以強制的暴力或酬賞來控制對方；只求權力中和的夫妻，則是希望雙方達到某種程度的妥協。

中和權力的一種方式是，權力較少的一方知道為什麼自己要順從配偶的權力，再由他處尋得可以代替的方法來補其所需。例如，許多妻子依附順從丈夫，是因為她沒有經濟能力；如她能在外工作，得到一份收入，使自己的經濟獨立，那麼依賴性便能減少，相對的，權力就能提高。妻子使自己經濟獨立，就成為婚姻中權力中和的因素。中和權力的另一種可行方式是在接受對方的要求時，要儘量保有自己的自願成分；換言之，不要一味毫無條件的接受對方要求，或做完全的犧牲。

在尋求權力中和的過程中，有權力的一方會覺得受到威脅。他可能認為妻子的順從是一種愛的表現，而當妻子不再毫無條件地順從時，他便會懷疑妻子是否移情別戀。因此，中和的技巧十分重要，必須謹慎處理，需建立在雙方都能瞭解的基礎上。溝通不僅是減少婚姻衝突，也是達到權力中和的最有效方式。完全的和諧、沒有問題、沒有衝突的婚姻關係是少之又少的。通常權力分配不均，常是爭吵及暴力或虐待的主要原因，更是婚姻中的一大問題。於是，如何處理衝突，就成為婚姻過程中相當重要的一環。社會學家柏德（Gloria Bird）舉出了下列七種夫妻處理衝突的手段：

1.講理（reasoning）：跟對方講道理，例如，「我把經驗告訴他，指出這方法才是對的」；「以情、理、法說服他」；「我認為這是為了他好」；「我認為這樣做是最公平合理的」。

2.討價還價（bargaining）：例如，「我無法找出雙方都同意的方式」；「我跟他說願意以其他方式跟他溝通」；「我無法妥協」；

「如果你答應我這個，我就會讓你那個」。

3.告示（telling）：例如，「我告訴他，我要什麼」；「我告訴他，我非要這樣不可」「我就是要這樣，你能怎麼樣」。

4.勸服（persuasion）：例如，「我有心要說服他」；「我堅持我的立場，一直到對方答應為止」；「我不停地講述我的想法」。

5.暴力（coercion）：例如，「我極力爭辯」；「再不聽從，我就動手」；「我痛快地罵了他一頓」；「我走開，不理他」；「我破壞或取走他喜歡的東西」。

6.操縱（manipulation）：例如，「除非他同意我的看法，否則我不再理會他」；「提醒他，我要什麼」；「用愛與情來說服他」；「拒絕跟他說話，除非他同意我的看法」。

7.恐嚇（threatening）：例如，「警告他，我要搬出去」；「我要離婚」；「不跟他做愛」。

夫妻爭論時，男女所使用的方法常有所不同。研究中發現，解決爭論最好是以直接的方式，有什麼問題就講出來，不要拐彎抹角要對方猜，更不該以間接的方式來報復。例如，丈夫一氣之下，一個晚上不回家；或者太太賭氣，不煮飯、不講話，這都無法解決問題。至於使用暴力更是不被允許，譬如一氣之下破壞家具、摔破碗盤，到頭來還不是得花錢添購；此外，拿孩子出氣更是最最不該。

這裡所提到的暴力，雖然坊間都只注意到虐待妻子的暴力（wife abuse），但事實上，虐待丈夫的暴力（husband abuse）也相當多，近年來已引起學界與政府的關注。此外，虐待小孩（child abuse）和虐待老人（elder abuse）亦時有所聞，也已被重視，常包括在家庭暴力的研究範圍內。

第三節 溝通與協調

前面提過，夫妻之間多多少少總會有衝突。有些夫妻甚至認為，如

果婚姻中完全沒有衝突，生活也沒什麼意思。夫妻衝突的原因很多，可能的範圍包括對權力的分配問題、對經濟財產的處理、對事業的選擇、對小孩的教育、甚至於對雙方親家關係的來往等，都是造成衝突的原因，至於其他大大小小的導火線也不少。社會學家認為，婚姻中有衝突並不完全是負面的，不需大驚小怪，反而是如何處理這些衝突才是最重要的。完善的處理衝突，不讓它嚴重傷害到婚姻與家庭；否則，它很可能導致家庭的破裂。

當然，有不少夫妻總是希望避免衝突，他們的出發點雖然是好的，只是有時候迴避衝突的處理方式，反而會帶來更多的問題。這些夫妻可能相信時間會沖淡衝突的嚴重性。學者們都指出，這種迴避和克制，對婚姻和家庭並不一定是健康的。拉曼納和雷德門（Lamanna & Riedmann）列舉了下面幾種不健康的處理衝突的方式：

一、惱怒的代替品（anger insteads）

很多夫妻不願意正面衝突，因此就找代替品來發洩。代替惱怒的可能是在飲食方面、生理方面、心理方面、行為方面，例如，暴飲暴食或厭食、生理病痛、意志消沉、抱怨、嘮叨、無所事事。其中最常見的代替品是暴飲暴食。妻子因不滿丈夫的冷落，自覺情緒無處可發洩而自暴自棄，就發洩在飲食上，能見到的食物都進了肚子，但吃多了，變胖了，看在丈夫眼裡更加不順眼，更加冷落，更加沒地位；妻子雖然事後又悔又恨，卻又無力改善任何情況。做丈夫的為了發洩對妻子的不滿，其代替品便是酗酒、賭博。雙方染習成性，無法自拔，夫妻關係愈來愈糟，這些都不是處理衝突的辦法。心理行為、飲食方面的代替品，常導引生理上的不適，到頭來只是自我毀滅。

二、軟性的攻擊（passive-aggression）

夫妻發生衝突後，雙方不願意面對面爭吵，而以間接的方式發洩，並讓對方知道自己的憤怒。上面所提的代替品，是自我毀滅的形

式，也是軟性攻擊的方式。軟性的攻擊常是：間接的諷刺對方，挖苦對方，繞著彎不明講的批評對方，或故意找對方麻煩、不合作，甚或轉移目標，把怒氣發洩在對方所喜愛的事物上。例如，明知對方什麼時候回家，卻故意外出避不見面，或不準備晚餐，讓他餓肚子，或故意把對方帶回家的公事弄亂，把對方心愛的音響設備弄壞，甚或把怒氣發洩在孩子身上。

三、無生命的婚姻（devitalized marriage）

有些夫妻長期壓抑怒氣，彼此心照不宣，既不爭吵，又不承認婚姻有問題。夫妻雙方雖然共處一屋簷下，卻形同陌生人，同床異夢或分床分房，各過各的生活。這種無生命婚姻的主要特徵是貌合神離，猶如情感上已離婚。

四、婚姻暴力（marital violence）

衝突的極端處理方式是以暴力來發洩，以丈夫虐待太太最常見，但也有妻子殺丈夫的。一吵架就開打，鬧得天翻地覆，傷痕累累。常常看到妻子身上青一塊、腫一塊，當然也有妻子毆打丈夫的案例，只是這不算什麼光榮的事，男人通常鮮為告知別人。

上面任何一種都不是處理衝突的好辦法。彼此願意溝通，以達到某種程度的協調，才是降低衝突的有效方式。但是溝通並不簡單，除了技巧外，不同情況、不同個性，都有不同的溝通方式。大體上，可用不同的動物來代表人們處理衝突的不同方式：

第一種是「烏龜型」（turtle），像烏龜一樣，當衝突發生時，縮頭不理。

第二種是「鯊魚型」（shark），像鯊魚般只攻不退，以吃掉並消滅對方為目標。

第三種是「溫熊型」（teddy bear），像小熊玩偶般，犧牲自己以滿足對方。

第四種是「狐狸型」（fox），妥協，找出雙方都能接受的中心點。

第五種是「貓頭鷹型」（owl），重視雙方的情和理，視衝突為增進彼此瞭解的過程。

以上各類型是否能達成個人的目標，增進或損壞彼此的關係也往往各有不同。茲以表列出，以利比較，見表7-4。

表7-4　衝突的處理類型

處理類型	個人目標	兩人關係
烏龜型	－	－
鯊魚型	＋	－
溫熊型	－	＋
狐狸型	＋／－	＋／－
貓頭鷹型	＋	＋

＋代表接受，注重或獲得　　－代表拒絕，捨棄或不關心

這五種類型中，以貓頭鷹型最為理想，是雙贏的局面，對雙方的目標和關係都有正面的效果。狐狸型常是兩面的，或好或壞，烏龜型則雙方都有所失，鯊魚型及溫熊型是總有一方占上風，另一方則有所失。事實上，處理衝突的有效方法很多，茲列於下，以供參考。

1.彼此坦白，儘可能率直公正：夫妻之間常有些不必要的誤會，總認為對方應該明白自己的心思，不必明講。其實不然。我們常高估了對方瞭解自己的能力，因此把事情悶在心裡，等待對方主動提出。殊不知有話明講清楚，才是溝通的最基本策略。

2.注重時效：有些衝突需要當場溝通解決，有些則需等事情冷淡下來後再處理，要看衝突的原因和性質而定。一個基本原則就是不能久拖，因為時間不一定能沖淡衝突，遲早還是要面對的。

3.避免把過錯全推給對方：在處理衝突的協調過程中，不要一味指責對方，覺得一切都是對方的錯。即使真是對方的錯，也要給對方有轉

圓彌補的餘地。

4.用直接的語句來溝通：儘量避免繞圈子或用模稜兩可的語氣，因為語言的表達常有被誤解的可能。但這並不是說可以當面指責對方，讓對方難堪，因此不應用氣話或可能增加彼此隔閡的語氣來溝通。

5.給予回饋（feedback）：溝通是雙方面的，不能單是指責一方。一定要提供對方具有建設性的意見，讓對方把以往的錯誤改正過來，同時也要有心聽取對方的說法及感受。

6.有改過的雅量：溝通的最終目的是降低衝突並恢復雙方感情。如果錯在自己，就應該有改過的雅量和勇氣。光只承認錯誤卻不改過，協調等於沒結果。

7.避免人身攻擊：不就事論事，而採取人身攻擊，是處理衝突時最危險的方式。應以衝突事件為溝通的重點，不涉及不相關的事項及對方的個性或親人。

8.不一定要贏：協調的目的不在於輸贏。任何一方都想贏，但總有輸的一方，一旦有輸贏的意念，當事人就會運用不必要、甚或不正當的方式來取勝，這樣難免會愈鬧愈僵，無法有圓滿的結果。

上面提到的處理衝突的溝通和協調，都是指夫妻之間的關係。事實上，在我們的社會中，夫妻關係的協調並不完全是夫妻兩個人所能處理的。周圍的人和社會服務機構常會介入，其中，雙方的親人和長輩，尤其是岳母或婆婆，更常在夫妻溝通時「插一腳」。在當今工業化的社會，社會服務機構的介入有時更是不可避免，甚或是必要的。

在傳統父權父襲的中國家庭，兒女的婚姻由父母做主，年輕人常在婚前毫不相識，對雙方家庭毫不瞭解。一個新媳婦，由於娘家的家教和社會化經驗跟夫家可能不完全相同，彼此難免會有些磨擦；同時，傳統婚姻並非以夫妻關係感情為重點，因此，夫妻感情必須隱藏在父子關係之下，造成父子、母子、夫妻間無法兼顧，也無法兼得的困境。有些人指出，做婆婆的當年剛進門時也曾受過折磨，因此有一種報復的心態，一旦熬成婆，就會以同樣方式對媳婦加以虐待。在今日臺灣的家庭

裡，由於教育程度的提高和核心家庭的增加，成年子女婚後往往不跟父母同住一處，婆媳間的磨擦已大為減輕。

無論中外，目前的家庭關係中，父母和子女之間的溝通，皆比傳統的舊式家庭來得多。一個家庭或婚姻和諧的程度，跟家庭分子間的溝通程度有關。一個美滿和諧的婚姻在夫妻溝通方面，通常具有下列幾項特質：

1.兩人相處得很融洽，並對婚姻狀況感到滿意。

2.討論問題時，不節外生枝，只針對問題表達意見。

3.常保持笑容，並以溫和的語氣討論溝通。

4.儘量贊同對方的意見。

5.用幽默感來引開衝突的話題。

6.稱讚對方，並強調接受對方合理的觀點。

7.討論時，彼此儘量坐得靠近坐，以表現支持對方的態度。

8.有均權的觀念，不獨霸討論場面。

9.以合理的方式解決彼此間的衝突，例如彼此妥協。

10.不使用暴力或威嚇。

11.具有彈性。

但是一個婚姻欠缺美滿和諧的家庭，往往表現著另外不同的互動方式，包括下列幾項特質：

1.爭吵不斷，並對婚姻不滿意。

2.討論時常中斷對方表達意見的機會，不聽對方的。

3.以暴力做為解決問題的手段。

4.揭露對方的缺點，忽略其優點。

5.態度惡劣、高聲爭吵、目中無人。

6.離開現場，一走了之。

7.以言語侮辱對方，詆損對方。

8.堅持己見，不接納對方的想法。

9.無理的要求。

10.責備對方，把衝突的責任完全歸咎於對方。

社會心理學家建議人們在互動時，最好能有直接的接觸，譬如以眼神、表情、手勢、姿態等來幫助語言的表達。夫妻間衝突的解決亦是如此：當夫妻為某件事而爭論時，一方突然走開或不再發言，不僅不能解決問題，反而是火上加油，使爭論更形嚴重。研究性別差異的學者發現，女人的語言表達能力比男人強，當夫妻發生激烈爭論時，一旦男方覺得自己辯不贏，往往會閉口不語或一走了之，而女方卻仍想說清楚，卻發現沒有討論的對象，心中更是有氣。這種性別特質的差異，在衝突時是很常見的。

夫妻的衝突往往由小事所引起。如果夫妻不能以正面的態度來處理，便很容易讓小衝突演變成大問題，雙方互揭瘡疤，搞得兩敗俱傷，甚至走上離婚的不歸路上。婚姻學家特別建議下面幾項婚姻的「遊戲規則」：

1.給對方精神上的支持。

2.跟對方分享自己的成就。

3.忠實不欺。

4.創造家庭和諧的氣氛。

5.尊重彼此的隱私權。

6.維持正常的性愛。

7.為對方守密。

8.為對方辯護。

9.讓對方知道自己的困境或心情。

10.讓對方知道自己的日程安排。

11.善待對方的朋友。

12.不在公共場合惡意損傷對方的尊嚴。

如果夫妻雙方都能遵守上面這些「遊戲規則」，不僅可避免衝突的發生，同時還可正面處理已產生的衝突，因此溝通是絕對重要的。

第四節　婚姻仲裁

　　大多數夫妻間的衝突，可由夫妻自行解決。此外，經由第三者，例如親友長輩或鄰居等，也都可以幫忙調停。但如果夫妻的衝突已嚴重到不能由上述親友協助解決的話，只有求助於專業人員，由他們來仲裁協調。在臺灣社會中，由於婚姻諮詢者（marriage counselor）專業訓練尚不普遍，於是，民眾服務站、村里辦公室、社會局（科）、甚至警察機構，都可成為婚姻諮詢仲裁的服務單位。當然，這些單位的主辦人員總是抱持著善意與熱忱來處理夫妻糾紛，解決不少問題，功不可沒；然而也由於他們並未受過婚姻仲裁的訓練，很可能不僅無補於事，還可能造成負面的效果。

　　在西方國家中，婚姻諮詢已成為被社會所接受的一種福利事業，不僅相當普遍，也廣受重視。婚姻諮詢者常有不同的理念，而採用不同的方式來處理婚姻所發生的問題。若要請婚姻諮詢者來解決問題時，必須仔細的挑選。大致上，婚姻諮詢者所使用的方法可歸納成下列幾種：

　　1.交往分析（transactional analysis）：採用這種方法的婚姻諮詢者認為，夫妻之間相處之所以不快樂，是因為他們不以婚姻配偶來對待對方，而是以如同跟一個不相干的路人，或將對方視為父母長輩或子姪晚輩般來互動。於是，婚姻諮詢者會鼓勵夫妻雙方重新檢討自己的角色、對婚姻角色的期望，以及解決衝突的方式。

　　2.艾德治療法（Adlerian therapy）：奧國精神病學家艾德（Alfred Alder）認為，婚姻關係不和諧是雙方權力鬥爭的結果，而權力鬥爭常始於幼年，是為彌補個人缺陷不足的一種補償方式。採用艾德理論的婚姻諮詢者的主要治療觀點是，鼓勵培養夫妻雙方的安全感，並瞭解權力鬥爭的不必要。

　　3.行為諮詢（behavioral counseling）：行為諮詢法是試圖瞭解夫妻雙方在處理婚姻行為上，所可能產生的衝突，並設法加以校正。有些時

候，當事人對自己行為的對錯並不瞭解，總是自以為是，這時就需要第三者加以點出。專業諮詢者的功能在此便可大為發揮。婚姻諮詢工作已成為社會工作中的重要一環，一個婚姻諮詢員必須具有社會學和心理學的訓練，並有社會工作員的專業知識才能完成任務。

並非每一個人都需要婚姻諮詢員的協助，也並非每一對夫妻都願意尋求專業者的輔導。當被問及是否需要尋求諮詢員的輔導時，人們常給予下列的回答：

‧如果婚姻真的不幸福，婚姻諮詢可能會有助益。

‧有人或許需要這類輔導，不過我們夫妻兩人過得很好，並不需要。

‧我們自己知道問題在哪裡，無須旁人插手。

‧找外人幫忙就表示自己無力解決問題，這很沒面子。

‧我們太忙了，沒時間找外人來輔導。

‧他其實是個好配偶，要他去接受輔導，他會怪我的。

‧我已很滿足於現況，無須接受輔導。

‧輔導員只想騙錢。

‧我們的事，自己最清楚，無須第三者插手。

‧家務事不足為外人道也。

上面這些藉口，其實並不完全錯。事實上，真有不少夫妻不須要第三者介入輔導，只要雙方開誠布公，願意一起處理和解決問題，沒有不水到渠成的。一旦問題變得嚴重，就該有心理準備，尋求專家的協助。回想當年結婚時，並非一時衝動或隨便找個對象，兩人想必有情有意，這些都有助於處理衝突，避免問題惡化，擴大衝突。「天下沒有不吵的夫妻」，這句俗語雖然不全然是事實，但絕不過分。大多數的夫妻總會有爭吵，只要雙方能心平氣和的處理爭吵的原因，偶爾的爭吵，也不全是具破壞性的。

附錄

文摘

人身安全：認識婚姻暴力

婚姻暴力的定義及形式

婚姻暴力的定義，並不是法律上的，而是行為上的定義。這是一種強迫的行為模式，包括身體、心理及性方面的虐待，施虐者通常是有意識地控制他的伴侶。婚姻暴力絕非單一事件，而是一種行為模式。它的形式有：

1.孤立：使受虐者依賴伴侶，孤單而無外援。

2.財務管制：使受虐者仰賴伴侶，特別的脆弱。

3.恐嚇和威脅：讓受虐者害怕，擔心若不順從，將會有可怕的後果。

4.情緒虐待：使受虐者失去信心、依賴、脆弱、感到自卑。

5.肢體虐待：使受虐者照著施虐者想要的去做，或懲罰受虐者。

6.利用孩子來控制或懲罰母親：施虐者會傷害孩子，以要脅母親須順從他的要求。

為什麼會有婚姻暴力

暴力是一種學習的行為，從觀察、經驗、文化、家庭中學習而來。暴力並非疾病、酗酒、壓力或失控行為。事實上，施虐者即是掌控者。施虐者在攻擊前，其情緒是穩定的，並非因受虐者刺激而引發施虐者的情緒反應。相反的，施虐者是有意以行為控制受虐者。婚姻暴力的存在是因為施虐者要利用受虐者，以獲得他想要的。有超過95%的受虐者是女性，她們屬於不同的經濟、文化背景，所有受虐婦女唯一共同的性質是：她們都是女人。

婚姻暴力的迷思

有什麼樣的迷思（錯誤的觀念）應該打破？

迷　思	事　實
1.虐妻是個孤立且不常見的暴力	虐妻是經常發生的問題，根據婚姻暴力機構統計，每年有三百萬至六百萬虐妻事件。依據FBI的統計，每十個案件內，只有一件報案。
2.只有一小群人受到虐待	每兩個女人中有一位受虐，每二十二個男人中有一位受虐，每四個女孩中有一位受到猥褻。
3.只有貧窮及少數民族的男性才毆妻	各種社經階層及種族的男性都毆妻。
4.只有隨便的婚外關係中，女性才被毆打	通常男性覺得自己對這位女性有某種所有權時，才會發生對她的暴力。
5.毆妻事件中，暴力的嚴重度被誇大了	毆妻事件的暴力會升高。暴力會變得更嚴重、危險、頻繁、拖長，最後還加上心理的恐怖。
6.通常被先生毆打的婦女會向朋友或警察吐露被虐之事	被毆婦女通常不會告訴朋友、家人或警察，除非她們發現暴力是有意圖的，而且已升高到可能會威脅她生命的地步。婦女不告訴別人丈夫對她的虐待，主要原因有三： (1)否認 (2)希望有改變 (3)保護丈夫
7.高社經階層的婦女比較不會容忍虐待，且會去求助	高社經階層婦女比較不會透露虐待之事，因為害怕破壞先生的事業，也怕在社會上和政治上使先生尷尬。
8.被毆婦女想要報復先生的虐待	被毆婦女只想要停止暴力，並開始一個健康快樂的關係，被毆婦女並不想傷害她的配偶。
9.虐待妻子的人一定是個可怕的人	虐妻的男性通常在公開場所很愉快，對妻子和別人都很大方，虐妻完全是件私密的事。

10.社會不贊成虐妻	社會並不追究，甚且促進虐妻。
11.一個男人不可能又愛妻子，又打她；反之，一個女人不可能愛打她的男人	許多發生毆打事件的夫妻互愛並且互賴。
12.毆打妻子的男人失控了	虐待是選擇性、朝向妻子的。施虐者的工作、社交及家庭生活中，沒有其他人受虐。施虐者有意地轉換及合理化。暴力一旦不再私密，就不會停止。
13.妻子被虐，整個夫妻關係一定很糟	暴力事件的空檔時，有一段蜜月或求愛期。先生很體貼、又迷人，夫妻間可能會有一段好時光。
14.被虐婦女事實上喜歡被毆打	被虐婦女很害怕，且被虐待癱瘓了，而被虐待時她往往會經歷下面的心理階段： (1)否認 (2)認知和原諒 (3)恐懼 (4)愧疚與挫敗 (5)沮喪 (6)憤怒 (7)關係改變
15.是被毆婦女自己激發虐待的	被毆婦女努力去討好、順從、使先生高興，這樣做常使她戲劇化地改變她的生活。
16.同等身量的男性和女性有一樣的肢體對抗的能力	女性被社會化為被動和脆弱。女性從未被訓練打架或有這種經驗。婦女比較相信暴力是錯的，她們並不想傷害配偶，婦女被社會化地害怕痛。
17.如果婦女想要終止先生的暴力，她可以表現出不一樣的行為	除了討好先生以避免暴力外，婦女在暴力爆發時，會主動嘗試。

摘自〈婚姻暴力助人者在職訓練手冊〉，臺北市社會局。

婚姻暴力的影響

生理傷害：

暴力發生時，多數先生是用手
毆打妻子，有些丈夫會使用皮帶、
籐條、木棍、家具或菜刀等傷害妻
子。對妻子會造成的生理傷害有以
下幾種：

1.輕度傷害：瘀青、紅腫等局
部傷害。

2.中度傷害：明顯的外傷，如
流血或被工具毆傷。

3.嚴重傷害：被殺死或傷重而
有生命危險，甚或造成身體某部分
成殘。

4.身心症：因長期處於極度不
安之中，而出現胃病、頭痛、失
眠、疲勞、緊張等身心症現象。

心理傷害：

遭毆打婦女受到的心理傷害，
一般以心理的自尊受損最嚴重。暴
力對婦女心理所造成的影響，有下
列情形：

1.初次遭受暴力：遭丈夫毆打
後，多數婦女會感到委屈、害怕、
生氣、憤恨、甚至羞恥。

2.長期處於受虐狀況：心理反

應上會有夢魘、頹喪、恐懼、自
卑，甚至因極度絕望而有自殺行為
出現。

另有些受虐婦女在長期被毆、
被虐的情況下，大多有低自我評
價、抑鬱、無助，或認為不論自己
做什麼，都無法脫離被毆、被虐的
命運，也認為自己不可能有能力做
什麼改變，於是悲觀地長期忍受被
虐待的痛苦。

婚姻暴力發生時該怎麼辦？

1.被打時該怎麼辦？

從過去的婚姻暴力案件來看，
先生打太太都是用手（拍、推、
撞、勒）、用腳（踢、踹、踩），
也有用東西摔、繩子綑、皮帶抽、
棍棒敲、擊和刀子戳、毆。因此，
當先生失去理智而動手打你的時
候，請千萬要保持鎮靜，不要說
會刺激對方的話（如「你打啊，
我看你敢不敢？」「你打死我好
了！」），也不要動手和他對打，
以免火上加油，把事情弄得更糟。
你要做的是：

（1）保護自己：尤其是你的

頭、臉、頸、胸和腹部。

(2)大聲呼救：請家人或鄰居趕快來幫忙。

(3)快點避開：離開現場，或到親戚、鄰居、朋友家或處理婚姻暴力的機構去躲避。

(4)去找警察：請警察出面制止先生施暴，或送你到醫院庇護中心。

(5)請警察協助你填寫「員警處理家庭暴力案件調查記錄表」：記得一定要要求填寫，這是你的權利！若警察不清楚此表，可與女警隊聯絡，或打警政申訴電話反應：080-032-888。

2.心理準備、自我調適及危機處理：

研究發現，打過太太的先生，通常還會再打第二次、第三次……，打的次數愈多，下手的程度便愈重。因此，你不要完全相信先生說「以後絕不會再打你」的話，要做好心理準備，想好萬一發生不幸，你該怎麼做。以下是兩點建議：

(1)聯絡有關機構：譬如和彭婉如專線聯絡。

(2)準備好一個隨身包：把現金、換洗衣物、身份證、印章、房契、結婚證書、保險證明、存摺等重要文件和重要的電話號碼，放在一個隨身可攜帶的小包包裡，一旦發生不幸，可以馬上拿了就走。若不幸被打，你要馬上：

(1)去醫院驗傷：去公立醫院較不會遭到拒絕，不論是甲種、乙種診斷證明書皆可，並且要拍照存證。

(2)向警察局報案：請員警幫忙填寫「員警處理家庭暴力案件調查紀錄表」。萬一要訴訟，可做為佐證。

(3)保留證物：如驗傷單、筆錄、破壞的衣物、先生用的凶器等等。

(4)向機構求援：瞭解自己下一步該做什麼。

(5)切記，暴力常會發生，忍耐不是唯一的辦法，反而會給自己帶來更大的危險。

(6)積極採取遏止暴力的行動，才能保障自己與孩子的安全。

3.如何保護孩子？

(1)當暴力事件發生時，如果孩子不在場，則儘量不驚動孩子。

(2)如果孩子恰好在場，則告訴孩子這是大人的事，媽媽會處理，請孩子回房（避開）。

(3)若孩子也被打，必須立刻帶孩子到別的房間或離開家中，以免孩子被嚴重毆傷（若你自己無法處理，請用電話向鄰近的親友、警察求援，也可以就近向鄰居求助）。

目擊母親被虐的兒童可能有的症狀

- 睡不著、害怕睡覺、做惡夢、做危險的夢、頭痛、胃痛
- 擔心被傷害或被殺害、過度擔心危險
- 打架、傷害其他兒童或動物
- 脾氣火爆
- 退縮
- 無精打采、沮喪、沒有活力
- 感到孤單、孤立
- 物質濫用
- 企圖自殺或從事危險活動
- 害怕上學或害怕與母親分離、逃學
- 偷竊、過度警戒或害怕
- 表現完美、超成就、行為像個小大人
- 擔心、注意力不集中
- 尿床或退化到早期發展階段
- 飲食問題
- 生理問題，如氣喘、關節炎、潰瘍
- 否認有問題或解離
- 認同攻擊者

摘錄自婦女論壇（http://forum.yam.org.tw）

遊子吟

慈母手中線，

遊子身上衣，

臨行密密縫，

意恐遲遲歸，

誰言寸草心，

報得三春暉。

這是唐代孟郊的一首五言詩，也是《唐詩三百首》裡面最平易近人的一首，描繪出一個遊子對母親的懷念與感恩。後人譜成音樂後，即使在今日流行歌曲風靡之時，仍然是大家喜歡演唱的一首。

為人父母

第一節 人口與家庭 ━━━━━━━━━━━━━━━━━━

　　任何一個社會如果欲繼續生存下去，必須有新生分子來接替。一個繁榮的社會，往往是一個人口眾多的社會。近年來由於先進社會已普遍接受家庭計畫及節育觀念，而導致人口增長的減緩，但是絕大多數先進社會還是鼓勵有計畫的人口增長。家庭對社會的主要功能之一，就是人口生育的責任。家庭的穩定與否，不僅影響到一個社會裡的人口數量問題，還會影響到人口質量的問題。人口結構和特質往往能反映一個社會的特質，兩者是息息相關的。

　　通常一對新婚夫妻如果沒有生理缺陷或使用任何節育的方法，在正常的夫妻關係下，六個月內就能受孕。女性的生理受孕時期應始於經期來潮，止於停經，大約是從12、13歲到47、48歲，前後長達三十餘年；男性的精子活躍期則遠較女子為長。如估計女子在生育後半年就可再懷孕，就等於大約一年半可生育一次，以三十年的生育時期而言，女性生理上的潛在可能性是可懷胎生育二十次以上。然而，由於社會、文化、甚或宗教的影響，再加上個人生理因素等，人類的生育潛能一般是

不會達到這麼多的。

生育兒女，繁衍子孫，使社會能不斷地延續下去，歷久不衰，是家庭最重要的責任。在傳統社會中，只有在社會所認可的婚姻所組成的家庭，才能合法的生育子女。社會經由對性行為的嚴格控制，把生育的責任放在家庭裡，幾乎所有的社會都鼓勵有婚姻關係的夫妻生兒育女，社會於是發展出一套規範和制度以鼓勵夫妻生育。

社會通常給予有子女的夫妻相當正面的評價與酬賞。在很多人的眼光裡，未能生育的夫妻是不正常的，也是不可信任的；有些傳統社會對未生育的夫妻不給予認可的成人地位，認為他們尚未能證明已具有成人的體質，因還未負起社會所要求的傳宗接代責任，因此不能算是社會的正式成員。即使在高度文明和開放的今日美國社會裡，人們對單身者和無子女的夫妻，亦往往持著懷疑的眼光。例如，在找工作時，有家有子女者，常是雇主認為應徵者成熟穩定的特徵之一，可靠可信，在薪水的給予上，也往往會多些，這都是社會鼓勵生育的規範。

中國傳統的倫理觀念中，強調「不孝有三，無後為大」、「有子萬事足」、「延續香火」，亦是很明顯的鼓勵生育的價值觀念。一個理想的中國家庭必須建立在一個兒孫滿堂的基礎上，未能生個兒子就是絕後，就是斷根和絕種。傳統的中國舊式婚姻本來就是為了傳宗接代，並未考慮到夫妻兩人感情的問題。婚姻美滿與否不重要，生育以傳宗接代才是首要之務。人們常在有意無意間提醒尚未生育的夫妻，應該準備生了。公婆更是著急，問醫求神，總希望媳婦早日得子。因此，不能生育在傳統中國就成為男人納妾休妻的藉口。在傳統中國的婦女地位往往決定於她的生育能力，特別是生兒子的能力。往往，父母為兒子找媳婦的條件並不完全是女子姣好的美貌或相配的家庭背景，而是是否有生育的體質（例如，肥臀）。現今臺灣的情況雖然已和傳統中國社會有異，但

是社會上鼓勵年輕夫妻生兒育女的觀念仍在。

　　世界上絕大多數的宗教都鼓勵人們生育。宗教通常支持社會倫理道德，婚外性行為、非婚生子女都是宗教極力反對的。在西方的宗教裡，天主教教義對淫亂有嚴厲的處罰，並明白規定，婚姻的目的就是生育。其他的基督教會雖然沒有這麼呆板的規定，但也同樣把新生命的來臨視為值得大肆慶祝的喜事，將新生嬰兒的受洗視為一種莊嚴神聖的儀式。在傳統中國和今日臺灣，生育後的祭祖和做「滿月」的習俗，都有著濃厚的宗教意義。

　　社會學家大致上相信，一個社會裡人口的數目和特質，會影響該社會的組織與結構。從人數上來看，一個人口多的社會，會比一個人口少的社會在結構上要複雜得多，不僅要負責更多人的衣食住行，而且更要有較系統性的社會階層和角色規範來安排人與人之間的互動。從人口特質來看，人口裡男女性別的分配、年齡組合的分配、居住地區的分配等等，都會影響到該社會的組織與結構。例如，早年美國摩門教允許一夫多妻制的原因之一，就是因為當時在猶他州鹽湖城落腳時，男少女多，無法推展一夫一妻制。其他如在西藏、印度等地區實行的一妻多夫制，也是因為適婚年齡的男女人數不相稱的結果。人口年齡結構會影響到結婚對象的選擇。夫妻的年齡，平均是男方較女方長二至三歲（尤其當雙方都是第一次的婚姻時）。如果適婚年齡的對象人數較少（這可能是出生死亡率的改變，也可能是男女遷移率的差別），那麼其擇偶的選擇性就少，如堅持一夫一妻制，則有部分人口將找不到對象結婚。這一點，我們已在第四章討論過。如上述，人口的生育、死亡、遷移都會影響人口的數量及其特質，本章將重點置於生育的討論上。

　　人口學家對生育現象最基本的瞭解方法是探討人口中的粗出生率（crude birth rate）。它是指在一年中每一千人口中有多少數目的新生嬰兒，可用下列公式來表示：

　　粗出生率＝一年中出生嬰兒數／該年之總人口數×1,000

以臺灣地區為例，1999年的粗出生率為12.9，即每千人人口中有12.9個新生嬰兒。另外一種比較準確的計算方法是以育嬰期間年齡之婦女為基準，來計算其所生育的嬰兒數字，此即一般出生率（general fertility rate），可用下列公式來表示：

一般出生率＝一年中出生嬰兒數／15～44歲婦女人口數×1,000

一般出生率比粗出生率準確，乃是因為計算的標準不包括不生育的男性及年幼或年長的婦女。還有第三種計算方法是計算一個婦女在育齡期間（15～45歲）有多少個小孩，稱為總生育率（total fertility rate）。其計算方法是將每五年齡組育齡婦女的出生率乘5，用來估算每1,000同年齡組婦女一生所生育子女的數目。臺灣在1999年是1.55，即每一個婦女一生平均只生1.55個小孩。表8-1所列的是臺灣1962～2005歷年來的生育狀況，明顯地，三項有關生育的指標均呈下降狀態，特別是在1980年代上半期的五年間（1981～1985）下降得最多。

表8-1　臺灣出生人口狀況

年度	粗出生率	一般出生率	總出生率
1962	37,4	174	—
1966	32.4	149	4.81
1971	25.6	112	3.70
1976	25.9	105	3.07
1981	23.0	89	3.45
1986	15.9	60	1.68
1991	15.7	58	1.72
1996	15.2	54	1.76
2001	11.7	41	1,40
2005	9.1	33	1.11
2009	8.3	31	1.03

資料來源：《中華民國臺灣地區社會指標統計》，《中華民國統計年鑑，民國95年》，《內政概要，民國99年》。

高出生率雖然代表出生嬰兒數目多，卻不代表人口膨脹。工業革命以前，世界上人口的增加並不快速，主要原因是死亡率也高，尤其是嬰兒死亡率高，因此出生人數雖多，死亡人數亦多，社會增長不可能高。更由於環境衛生、醫療、營養方面的知識都不足，有相當大數目的兒童未能存活到成年、結婚、生子，因此未給社會帶來很大的壓力。高出生率被高死亡率抵銷了，以致社會人口增長不多。然而，當死亡率開始下降，而出生率仍然很高時，人口增長的速度便會增長。就中國歷史上人口的增減來看，這情況是很明顯的。中國人口數的歷史紀錄，可見表8-2。

表8-2　中國歷代人口數

年代 （公元）	人口數 （百萬）	年代 （公元）	人口數 （百萬）
2	59.5	1651	60
724	51	1741	143.4
900	53	1775	264.5
1200	45	1793	313
1292	53.6	1849	413
1393	60.5	1950	552

資料來源：Lucian W. Pye, *China*, 3rd ed. p.102.

　　中國歷代人口數雖有增減，但幅度不大，總是在五千萬人至六千萬人之間。東漢平帝元始二年（公元2年），中國人口已達五千九百萬之多；直到清世祖順治八年（公元1651年），也僅六千萬人口。在這一千六百多年間，中國的人口並未顯著增加。順治年間以後，中國人口的增加速度就相當明顯。至清高宗乾隆六年（公元1741年），人口增加一倍有餘，高達一億四千三百餘萬；至乾隆四十年的短短三十幾年內，增加至二億六千四百餘萬人口；至乾隆五十八年，更高達三億一千三百萬人口。乾隆在位期間，中國人口共增加了一億七千萬左右，超過一倍；從乾隆朝至宣宗道光的二十九年間，亦增加了一億人

口，高達四億一千三百萬左右。中國人口的增加，從清初一直到民國都是很明顯的。在大陸撤退時，民國三十八年（公元1949年），人口數大約是五億四千萬；中國大陸淪陷後，在毛澤東的「人多好辦事」的思想領導下，三十幾年內，人口便增加了一倍，突破了十億大關。1995年，中國大陸人口超過十二億人，至2000年已有十二億六千餘萬，這主要是因為五○年代和六○年代高出生率所致，資料詳見表8-3。

表8-3　中國大陸人口數

年份	總人口數（單位：萬）
1950	55,196
1955	61,465
1960	66,207
1965	72,538
1970	82,992
1975	92,420
1980	98,705
1985	104,320
1990	114,330
1995	121.121
2000	126,583
2011	133,672*

*美國CIA估計，見http://www.cia.gov
資料來源：中國統計年鑑，2001。

　　正由於中國大陸人口之多，中共近年來開始實施強迫性的人口節育計畫。毛澤東早年的「人手論」，人多好辦事的舊思想，在七○年代已被「晚稀少」的家庭計畫所替代：「晚」是指晚婚，「稀」是指兩胎兒出生期間的拉長，「少」是指子女數目少。在八○年代，中共更進一步在計畫生育法案中硬性規定每家只生一胎的辦法，違者須受罰，包括罰金、不配宿舍、子女無受特殊教育權利或強迫墮胎等等。凡簽訂同意生育一胎者，可領取獎金、優先配給宿舍、提供就業機會及工作選擇權

利。雖然中共的一胎化家庭計畫政策在強大人口壓力下,是可以理解的不得已措施,但是如果長期推廣下去,將有相當嚴重的後果,動搖中國的傳統社會結構。

第一,傳統的重男輕女觀念會更加嚴重。中國社會自古以來,傳宗接代的是男性,生兒以延續香火則是每一個中國人對祖宗的交代和責任。以往不論有多少個女兒,人們總想要生個兒子。在一胎化政策下,如果生個女嬰,豈不斷後,因此有段時期發現有溺殺女嬰的現象。

第二,婦女在家庭中的地位將更形降低。沒有生男嬰的婦女將遭受夫家欺凌,甚至導致離婚,因為男方可經由再婚而得到生男嬰的機會。

第三,今後婚姻對象難找。如果因一胎化而重男棄女,則一代以後,將造成男多女少的嚴重現象,男性想找對象會愈來愈困難。如果因找不到對象而使同性戀者增加或終生不能成家,就會造成新的社會問題。

第四,未來經濟生產人口將更形單薄,難以負擔年幼與年長者。尤其那些只有女兒的老年人,晚景將更淒涼,無依無靠。

第五,傳統以父子關係為支柱的家庭組織將消失。如果持續下去,下一代將缺少伯叔姑姨等長輩,也沒有兄弟姊妹等手足。

第六,由於人口的減少或緩慢增加,中國大陸的消費市場將縮小,難以容納四化運動的經濟成長產品。

第七,若一胎化政策執行不公平,會造成有權勢者可多生子女,一般老百姓則不可以,階級鬥爭會更尖銳。

第八,由於城市居民比鄉村者更遵守一胎化政策,可能造成人口品質的下降。

上面這些可能的負面後果,將使中國社會的基本結構改觀,個人和家庭亦將受影響。不過近年來,由於中國大陸經濟的高度成長,人民生活大幅改善,再加上中共對人民的控制已不如以往嚴厲,一胎化

政策似有鬆弛跡象，人口仍在增長，2011年中國大陸的人口估計已達 1,336,718,015人。雖然如此，中共已在考慮放寬一胎化政策。

　　臺灣目前人口數目雖然只有兩千餘萬，但在過去五十年間增加了近三倍，也是值得注意的。其人口數可見表8-4。不過近年來由於政府家庭計畫的推動及其他社會因素，成長已緩慢下來。

表8-4　臺灣歷年人口數

年份	總人口數
1951	7,869,247
1955	9,077,643
1960	10,729,202
1965	12,628,348
1970	14,674,964
1975	16,149,602
1980	17,805,067
1985	19,509,082
1990	20,401,305
1995	21,357,431
2000	22,276,672
2005	22,770,000
2010*	23,162,123

*美國CIA預估數，見http://www.cia.gov
資料來源：《中華民國統計年報，民國94年》，《統計年鑑，民國94年》。

　　家庭是人類社會的基本單位之一，是由有血緣、婚姻或收養關係的人所組成，因此，家庭與人口息息相關；沒有人口就沒有家庭，其理自明。有不少的社會鼓勵人們生育，雖然社會所允許的生育數目有多有少（由傳統中國社會的多子多孫，一直到今日中共的一胎化政策），但是卻沒有一個社會會鼓勵人們不生育。因此，當人們問一對夫妻生育問題時，不會問要不要生孩子，而是會問什麼時候生？要生幾個？很少有人會把生育或增加家庭人口視為負擔，而是將其視為值得慶祝的喜事。

事實上，現在大多數社會所倡導的家庭計畫是鼓勵節育，而非斷育；是要少生幾個孩子，而非不生孩子。因此，家庭子女數目愈來愈少雖是事實，但絕不會到完全是零的地步。美國家庭大多數希望的子女數目是二個至三個之間，臺灣大多數家庭也差不多是在二個至三個左右。從每戶平均人口數，大致上即可看出此趨勢。1951年時，臺灣大約每戶平均數是5.46人，扣除夫妻兩人，大致上有三個以上的子女；到了1981年時，每戶平均數只有4.6人；到了2005年時，已降至3.1人。

其實，大多數已開發國家已開始擔憂出生人口太少的問題，包括臺灣在內，人口政策已由節育轉變為鼓勵生育。表8-5列舉了世界上一些主要已開發國家獎勵生育的政策。

表8-5　各國鼓勵生育政策概論

在少子化潮流下，鼓勵生育已成當務之急，各國政府祭出各種辦法「催生」，包括發放各種津貼、獎金、獎牌、放育嬰假、改善醫療和托兒所環境等。

現況	政府政策
法國 ·法國經濟暨統計研究局（INSEE）2007.01.16發表的統計數字指出，法國以婦女平均生育兩個孩子的比率，成為西方國家生育率最高的一個國家，稍領先美國。	·產假：除了生育第一及二胎均有16週產假，第三胎及以上則有26週的產假外，並保證獲得84%之工資。 ·育嬰假：生育第一胎後，母親有6個月的育嬰假，第二胎及以上有三年的育嬰假，且政府每月給付3000法郎的管家津貼，並保證育嬰假後回到原有工作單位及保持年資。 ·稅賦：自2004年開始，附有托兒所的企業可退稅。由社會共同協助負擔大家庭及單親家庭之部分稅捐。 ·普及幼托及提供免費全日幼教：全國2～3歲幼童，可獲得全日免費的幼托服務；所有3～5歲以上幼兒，均可獲得免費參加幼教的課程。
瑞典 ·1999年婦女平均生1.5個孩子，2004年則增為1.71個。	·產假：最高可以請到672天。 ·育嬰假：450天，小孩滿8歲前都可以利用。450天的假期中至少30天必須由父親請領，強制「準爸爸」要休假。

		補助金：女性請產假，男性請育兒假，或是父母請假照顧生病子女，可領取類似補助金達18個月。
德國	·德國每名婦女平均生育1.36個嬰兒，是歐洲出生率最低的幾個國家之一。	·育嬰假：2007年1月1日起，生孩子者，可請12個月帶薪產假，其伴侶陪產假則為2個月。 ·育嬰津貼：無論是父或母請育嬰假，期間每月可領原薪的67%，等於1個月平均領1,800歐元（約臺幣7萬7,000元），如果有一人再請2個月，福利順延2個月，也就是最高可領14個月（2萬5,200歐元）。
俄國	·俄國人口從1993年起至2006年，快速下降580萬。	·補助：凡是生養第二胎以上的婦女，從2007年1月1日起，可以在小孩滿3歲時，領到25萬盧布的福利津貼。
臺灣	·2005年臺灣每個婦女的平均生育率已達到全世界最低的1.12人。 ·經建會推估，2017年人口將零成長，之後開始衰退。	·育嬰假：工作滿一年、家有3歲以下小孩的勞工，最長可請2年育嬰假，不分性別、婚姻狀態皆可請。育嬰假屬留職停薪性質，但若為公務員，年資可以「折半採計」。 ·育嬰津貼：請假期間每個月可領1萬多元津貼，最高可領6個月，以育嬰人數為計算單位。
日本	·生育率目前已掉到二次戰後谷底，每名婦女平均生育1.26個嬰兒。	1994年和1999年分別推行「天使計畫」和「新天使計畫」，以鼓勵生育。 ·育嬰假：女性生育時，可請1年育嬰假。 ·育嬰津貼：請育嬰假期間，目前可領40%薪水，2007年10月起可領50%薪水。 ·育兒金：新生兒及未滿2歲的幼童，每個月政府會發給父母5,000日圓的育兒金，第三胎將發1萬日圓，直到小孩滿12歲為止。

資料來源：http://www.udn.com 4/20/2007

　　臺灣2008年的人口政策白皮書也建議制訂鼓勵生育辦法，各縣市亦頒布生育獎勵辦法。例如，臺北市政府2010年推出「助你好孕」的獎勵生育方案，自2011年起，臺北市將發放每胎新生兒2萬元（新臺幣）生育獎勵；2010年度家庭淨所得在113萬元以下且家中有五歲以下兒童的家庭，每月亦可領2,500元育兒津貼。南投縣制訂生育獎勵辦法，鼓勵

新人早日生育，原則上從生育第二胎開始補助，因每對夫妻都會生第一胎，因此生育獎金就送給生第二胎和第三胎的夫婦。其他縣市亦有類似獎勵辦法。內政部甚至提案鼓勵不孕者懷孕的健檢補助。

　　另外一個常受討論的問題是生男孩還是女孩。傳統中國社會重視世代延續，生男嬰是後代的責任。無後其實是指沒有男孩來承續香火。這在舊社會裡是男人棄妻或納妾的主要理由之一。當代中國大陸實施一胎化政策，為了男嬰，溺女嬰在偏遠地區時有所聞，有些鄉村初生嬰兒的性比率竟然高達130以上，遠高於自然性比率的105（即每生100個女嬰，會有105個男嬰相對出生），大陸學者認為這種異常的性女比率是殺女嬰的結果。臺灣目前重男嬰的現象已不大明顯，但偏好男嬰的希望多多少少還是有的。即使在美國，也有類似傾向。根據蓋洛普2011年對1020位成年人的訪問，如果只有一個小孩，有40%要生男孩，28%生女孩，32%男女皆可。以訪問者來分，男性回答者中有49%要兒子，只有22%要女兒。女性回答者則只有31%要兒子，32%要女兒；以年齡來看，30歲以下回答者中有54%要兒子，27%生女兒。

第二節　初為人父母

　　在傳統社會中，結婚後生兒育女是天經地義的事。中國舊式婚姻本就為傳宗接代，多子多孫多福氣，因此不孕是可以休妻的。現代人的婚姻則是考慮要不要生小孩？生幾個？什麼年齡生？兩胎之間相隔多久？等等問題。在人生旅程中，初為人父母的轉變並不是一件簡單的事。結婚前，無憂無慮、自由自在的單身生活，是很多人常常回憶的美好時光。結婚初期，夫妻兩情歡悅，一齊過著甜蜜的日子，儘管如此，生不生小孩的決定，並不是那麼簡單的事。而且一旦有了小孩以後，怎麼樣過日子，也是一個大問題。並不是每對年輕夫妻都能夠適應為人父母的新角色，尤其是婚後

一、二年內就有小孩者，在經濟上、感情上、心理上皆必須有所準備與適應才行。

一、夫妻感情上的適應問題

結婚初期，夫妻雙方的主要任務是彼此調整與協調新的婚姻角色，學習如何彼此溝通，如何培養雙方的瞭解和感情。以往舊式婚姻中父母之命、媒妁之言的婚姻，把兩個素昧平生的人放在一起，過著夫妻生活，最初的困惑是可以想像的。現代的婚姻雖然男女青年在未婚期間有交往、有接觸，甚或相互愛戀，但是結婚後仍然需要彼此溝通；尤其是在夫妻角色分工不十分明顯的今天，夫妻間更需要溝通。在結婚的最初一、二年，生活雖然最甜蜜，但也最困難，如果一下子就加上一個孩子，則夫妻關係會變得更複雜，有時可能導致嚴重的危機。

二、心理上的穩定

為人父母這個角色是很突然的。雖然在懷孕期間，人們可能就在心理上有所準備，但是等到小孩出生後，卻不免手忙腳亂，完全不是想像的那麼一回事。不僅照顧嬰兒的工作，大多數人都沒有事先學習過，而且孩子出生後，必須大人二十四小時不斷的照顧與呵護，相當累人；更河況妻子在有了小孩之後，可能要辭掉工作，待在家裡，心理上也覺得無奈。因此，心理上的穩定與成熟是為人父母的要件之一。

三、經濟財政上的考慮

想要為人父母者必須瞭解養育一個小孩並不是那麼簡單的事，如果經濟能力不足，添加一個孩子是相當重的負擔。除了生育的醫療保健費用，母親和嬰兒的衣食住行也都是一項長期的花費。隨著年歲增長，這些費用開支也會跟著增加；若住的地方太小，還得搬家。如果母親仍須工作，還得保姆照顧孩子，這都是支出。再加上教育費用，上小學、國中、高中、大學，以及補習、課外活動等，加起來更是一筆大數目。許

多母親會為了孩子而辭去工作，家中少了一份收入，經濟上更顯得吃緊。因此，年輕夫婦應考慮到在經濟上是否有能力養育孩子的問題。

　　年輕夫婦婚後馬上就有小孩，可能比較會增加家裡的緊張，影響夫妻關係。因此，有人建議婚後兩年左右，等夫妻雙方都能適應和溝通以後才有小孩，最為理想。有些人更建議婚後四年再生小孩，因為根據統計上的分析顯示，大多數的離婚案件都發生在婚後最初幾年，由於年輕夫妻身心未準備周全，若太早有小孩，反而會造成更多的困擾。

　　有些人主張不要有小孩；當然，有沒有小孩是各有利弊的。以往人們常常以譴責的眼光看待沒有小孩的夫妻，現在人們則開始注意到沒有小孩的自由自在日子的好處。尤其一些受過高等教育並有事業雄心的婦女，更傾向於無子女的生活，因為小孩的來臨，會中斷了她們在事業上能換來的成就。前面第六章曾提過，懷孕和生產所造成的工作中斷，是婦女事業上最大的阻撓。一些受過良好教育的夫妻，享受輕鬆悠閒、自由自在的生活，有錢有閒，不願意因為有了小孩而降低生活情調。也有人認為世界太亂、人口已達飽和，而不願意帶來新生命，使這個世界更擁擠。

　　然而，絕大多數的夫妻仍希望能有小孩，所不同的是時間的遲早而已。有些人是因為真心喜歡小孩，希望能生一個自己的孩子；有些人從小就沒有太多的兄弟姐妹，因此希望自己能多生幾個，彼此作伴；有人是為了養兒防老，或為了延續香火、傳宗接代；有人認為結婚生子是天經地義、順理成章的事；有人希望生個孩子來挽救已出現危機的婚姻關係；更有人想以生孩子來表示自己的成熟，已可脫離父母的控制，更能獲得獨立自主的形象及地位。

　　要完全決定不要生小孩，是需要很大勇氣的；許多原本不想生小孩的夫妻，後來還是改變了主意。為人父母這個角色並不容易扮演，有不少夫妻不論做了多麼妥善的準備，孩子出生後還是顯得手忙腳亂，尤其是第一個孩子出生時。社會學家羅絲（Alice Rossi）指出，初為人父母這個角色之所以難扮演得好，是因為下面五項因素：

1.文化價值和倫理觀念鼓勵人們要有小孩：雖然一個人可能並不真的想要小孩，可是在這種社會的壓力下就生了。小孩一旦出生，就絕無辭掉為人父母角色的可能性。

2.許多夫妻沒有養兒育女的經驗：以往大家庭人口多，還可以觀察到父母對兄妹的養育方式而學到點東西，而且還有長輩在旁幫忙指點。現在的小家庭制往往只能靠夫妻兩人自己摸索，手忙腳亂是在所難免的。

3.為人父母這個角色的來臨，是一夕之間就轉變成的：許多社會角色總給人們一段適應的時間，但為人父母的角色，無論事前做了多少的身心準備，一旦孩子來臨，仍會毫無頭緒；一夕之間，在家庭、在社會中的地位就升級了。

4.夫妻關係因孩子的來臨，須重新調整：夫妻親密關係可能因為孩子夾在中間而減低了。尤其是母親為了照顧嬰兒，生活重心完全改變，常以新生兒為中心而冷落了丈夫，在時間上、體力上、精神上都受到影響。此時，丈夫必須諒解，一齊重新調適，找機會讓母親有自我獨處的時刻，輕鬆一下；也更應找機會讓夫妻有單獨相處的親密時間。

5.因為是第一胎，夫妻還沒有經驗，不知怎麼帶孩子：雖有專家書籍當做「育嬰寶典」，或有長輩協助，但不免仍會懷疑自己的做法不適當，甚或因眾人意見太多而無所適從，缺乏自信心。

除了上述五點外，初為人母的妻子，整天有做不完的事，時時都感到筋疲力盡，睡眠不足，還要擔心自己的體態，以及如何恢復身材等問題，實在沒有精力再照顧另一位大孩子（指先生）了。初為人父的丈夫，上班回家後原有的休息時間被剝奪了，還得幫忙家事，深夜也要犧牲睡眠照顧小孩；再加上添了一口人，經濟負擔加重，或需加班或找副業。總之，夫妻雙方得經過一段時間才能接受及適應新來的家庭成員。

從小孩出生後，其成長的每一個階段都有不同的新任務，為人父母者必須處理及參與。在小孩上學以前，食衣住行都需要有人全天候

的照顧。小孩在這個階段會有模仿成人行為的習慣，大人必須以身作則，做孩子的榜樣。上了小學後，又是一番景象。為人父母者必須鼓勵小孩注意學校功課和成績，並且要在旁輔導回家功課。此外，父母也要抽空陪伴小孩參與其他課外活動，如學鋼琴、舞蹈、游泳、打少棒、踢足球、練武術、參加童子軍活動等，這些都是要花時間的。這個階段也要訓練小孩幫忙處理家務、整理房間，以及保持整潔乾淨的習慣。更要鼓勵孩子合群、不害羞、多結交好朋友。父母也要緩衝兄弟姐妹間的衝突，這都為了鼓勵孩子發揮獨立性、自主性、判斷力，以及對父母兄長權威的尊重。

孩子到了青少年時期，也有要做的事情。這段期間，父母總覺得子女不聽話、充滿叛逆心態；而孩子則覺得沒有人瞭解自己、父母管得太嚴、被壓抑得也要透不過氣。代溝（generation gap）在這一階段最為明顯。因此，父母應該試著瞭解年輕人的青年次文化，試著參與子女的活動。例如，孩子喜歡電動遊戲、音樂電視節目，父母也可以參與、觀察，只要這些活動不太過分，便可讓孩子有限度的自主。在此時期，父母須學會適時地放鬆管束，讓孩子擁有自己的天地。朋友的影響很大，父母應特別關心孩子交往的朋友的素質。與異性朋友的交往，在青少年時期更應謹慎處理，父母要提醒孩子約會時的安全問題、性行為問題，以及吸毒等問題。

在青少年時期，孩子跟父母的距離似乎遠隔著一個世界。如果父母能提供好的行事準則，雙方能互相協調適應，年輕人仍會有教養、能成才。目前的管教方式已愈來愈民主，雙方都有參與、溝通的機會，許多規矩可事前訂立，讓雙方遵行，必要時亦可修改商量。但長輩仍有最終的決定權，因為孩子終究還是需要父母的引導。

總而言之，為人父母並不是件簡單的事，孩子的來臨一定會影響到家庭成員間的關係。以小家庭為例，人口由有兩人增至三人、四人，其互動模式就增加許多，其中影響最大的自然是夫妻間的關係。一項美國的研究發現，夫妻在初為人父母時，會擔心下列有關夫妻間關係的情

況，依其嚴重輕緩程度排列如下：

1. 擔心夫妻感情會疏遠。

2. 擔心夫妻的性趣會減低。

3. 擔心夫妻相處的時間會減少。

4. 擔心配偶不諒解。

5. 擔心婚姻關係會被破壞。

6. 擔心沒能好好體貼配偶。

7. 擔心跟配偶無話可談。

同時，夫妻還會擔心整天跟小孩在一起，自己跟外面的世界好像脫了結。在養育子女期間，特別是嬰兒期，父母總是忙著照顧孩子，為了便於跟孩子溝通，所用的辭彙和句型都採極簡捷的方式，其文化層次很低，在社交場合就會鬧笑話。又因以孩子的一切為生活中心，談話的主題總是繞著小孩打轉，讓他人聽得無趣，因而降低自己的形象。針對這些問題，只要給予時間，就能讓年輕夫妻順利處理，對為人父母的角色感到驕傲。

第三節 管教子女

人們對子女的管教方式，往往受到父母對自己管教的經驗所影響。有些人會按照父母當年對自己的管教方式來教養子女，有些人則會採取相反的方式。當年，我的父母就是這樣教我的；或是認為當年父母的管教方式不適當，現在我要採用不同的方法來管教自己的孩子，譬如當年父母太嚴格，現在我要對孩子民主些；或當年父母管教太放鬆，我認為孩子應該嚴加管教才能成器。社會中，有不少人會聽取依賴專家的意見，從書本或雜誌上尋找理論基礎，以專家們所提供的方式來管教子女。因此，市面上這種嬰兒手冊、育嬰指南、如何教養子女等方面的書籍，為數不少。

大致上來講，對子女的管教可以分為兩種類型：一為管束型

（restrictive school），二為放縱型（permissive school）。以管束型為方法的父母，會採以專橫嚴格的體罰為管教方式。這種父母通常認同「子不教，父之過」的傳統倫理，相信孩子不管就不能教，不能教就不會成器。為了孩子的將來，必須嚴格管教，做錯必罰，父母與子女的關係是建立在敬畏的關係上，因此，體罰、罰站、罰跪、不准吃飯、不准看電視或禁足，就成為父母管束子女的主要方式，下等階層家庭較常使用這種方式。

放縱型父母認為孩子有自己的尊嚴和獨特人格特質，必須予以尊重，因此，愛護、諒解、自由，以及滿足孩子的身心需要，就成為放縱型管教方式的基本原則。孩子做錯事，不打不罵，好好地跟孩子講道理，希望他能瞭解並約束自己的行為。父母跟子女就像朋友一樣，彼此尊重、減少體罰。可惜的是，有時候父母的放縱易變成溺愛和護短，孩子野得沒人能應付。中等家庭較講究這種管教方式。

其實，管得太嚴或太鬆，都不是好方式。一個折衷的辦法是該嚴則嚴，該鬆則鬆，最主要的原則是父母的管教方式要一致，也要讓孩子知道為什麼會受罰，讓孩子明白自己錯在哪裡，這比一味的懲罰謾罵卻被當成耳邊風要有效得多。

父母對子女的管教，是家家有本難念的經。社會經濟背景的不同，通常所使用的管教方式亦不同。在上層社會中，父母非常重視子女的教養，因為子女必須繼承家族事業及名望。但是由於父母忙於事業與社交，很難有時間直接管教子女，於是交給保姆照顧，送去寄宿學校，學習上流社會的禮儀。這些孩子跟父母的關係通常不是很親近，常被寵壞了而不求上進；又因家庭背景而成為社會注目的對象，無法享受正常的童年。不論他們如何努力上進，總是活在父母或整個家族的陰影下。

中層社會的家庭，管教子女時較採用開放民主的方式。父母總是希望能跟孩子講道理，以平等的關係溝通，不用體罰。父母非常重視教育，盡力幫助孩子的課業，因為他們知道教育是成功的捷徑。子女對父

母較信服，在他們心中，父母是成功的榜樣，更是自己可以信賴的對象。中層社會的家庭，成員相處時間較多，也較重視彼此間的溝通方式及素質。

工人階級和下層社會的子女，父母在管教上比較嚴格，較常用命令的語氣或體罰來控制子女。他們雖也知道教育的重要，但由於本身教育程度不高，在實際的課業輔導、指引未來教育的方向，以及經濟上的協助，都常感無能為力，以致子女常不信靠他們。更由於生活上的困難，父母整天為了生活而奔波，無暇顧及子女的日常生活和課業；同時這階層家庭子女人數較多，更增加了問題的複雜性。工人階級一般較為保守，對子女的要求較多，要求孩子做家事、遵守傳統道德的約束、尊重權威及法規。

無論是哪一種社會階級，父母與子女之間彼此互信是最基本的要求。互信是指父母信任子女，子女亦信任父母。什麼是互信？根據克拉清尼（J. G. Corazzini）的歸納，彼此間的互信包括下面幾項特質：

1.相信彼此間會誠實，講真話，並認真執行該做的事。

2.相信對方有責任心。

3.彼此互為榜樣。

4.彼此給予對方某種自由發揮的餘地。

5.對類似情境有一致性的反應。

6.雙向的往來與互動。

如果父母和子女之間能有這樣的互信，父母對子女的所做所為，採取信任子女的行為及判斷力的態度，而子女亦相信父母能瞭解他們這樣做的原因，如果雙方在互信的基礎下，必定會以對方為傲。如果父母對子女缺乏信心，對子女的行為處處懷疑，樣樣俱管，將引起子女的反感。以約會為例：如果父母信任子女，就不會擔心子女會做出踰矩的行為，不會限制子女不能做這或做那，相信子女必能自我約束，必會適可而止。如果父母不能信任子女，就會不允許他們交異性朋友，甚至派人跟蹤，造成子女的不滿。

為人父母的一個基本原則是要如何改變和影響子女的行為，而互信是必然的條件。以下幾個教養子女的方法，可以建立在互信的基礎上：

　　1.行為的修正（behavior modification）：行為的修正主要是靠賞罰分明來達到。子女有優良行為表現時，應該加以酬賞，且酬賞不應拖太久；同樣的，當子女有不良行為表現時，則應立即懲罰，使該行為立刻停止。等到子女能自動自發約束自己時，賞罰就不必要了。

　　2.民主式教養（democratic child training）：讓子女自動自發的在家規內表現行為。此家規是行為的規範，如果子女能理性的瞭解家規，便較不會犯錯。

　　3.人文方式（humanistic approach）：此方式是建立在父母和子女的溝通上。父母應該以同情和諒解的眼光來看待子女的問題，替他們著想。持這種方式者，不相信體罰會有成效，也不認為獎賞是好辦法，而是認同父母和子女應該互相尊重與溝通。

　　4.父母的效率（parent effectiveness）：父母應做子女的聽眾，傾聽子女的問題和困擾，並適時提供解決的辦法；子女犯錯時，盡可能不責備，而是以間接的方式提醒子女如何改正。

　　從社會學的角度來看，對子女的管教，就是要把子女訓練成一個遵守社會規範的人，也就是社會化的過程。經由父母和兄弟姐妹，孩子把社會規範、文化習俗、價值觀念灌輸到心裡，成為其人格的一部分。小孩從父母及家人身上觀察到什麼事是可以做的，什麼事是不可以做的。他學著去博取父母的歡心，由父母所給予的賞罰和理喻來修正個人行為。

　　內政部在2003年的一項調查中發現，有70%以上的父母，其管教的態度是會跟子女商量，或以子女的意見為主，特別是母親。表8-6顯示父親方面在這兩項合計是71.15%，母親方面則高達79.11%，可見臺灣父母還是相當開明的。

表8-6　臺灣少年認為父母親的管教方式

	會和我討論 後再做決定	會以我的 意見為主	強迫我去做 他想做的事	根本不在乎 我做什麼事	其他	無父親或母親
父親	49.72%	21.43%	10.87%	5.95%	5.11%	6.92%
母親	57.38%	21.73%	9.19%	2.55%	4.26%	4.99%

資料來源：內政部，《少年身心狀況調查報告，2003》，頁139～140。

孩子逐漸長大後，會慢慢地受到家庭以外的影響，因此，父母若要成功地管教孩子，就必須注意到這些家庭以外的各種影響力。例如，近年來，電視對兒童的影響已愈來愈顯著。小孩從2、3歲就開始看電視，父母往往為了忙自己的事或求取寧靜，把小孩往電視機前一放，讓孩子自己看電視。然而如果父母對電視節目不加以挑選，就可能影響到自己管教的立場與功能。有一陣子臺灣有許多小孩都想上山學劍，要當大俠史艷文，就是受到電視節目的影響。近年來，電腦和錄影帶盛行，多多少少也影響了父母對子女的管教方式。內政部的調查發現，少年在假日有33.57%在家看電視、VCD或DVD，在家上網的有25.66%，打電玩的有19.21%，上網咖的有9.51%，可見這些對年輕人的重要性和影響力。

一個直接影響小孩社會化的非家庭機構是學校。從幼稚園算起一直到大學畢業，子女有將近二十年時間受到學校的影響。學校擔負一個相當重要的兒童社會化角色，其道理是很明顯的。在學校裡，子女學到新的知識和技藝，學習合群與相處之道，也學會競爭的公平原則。在學校裡，孩子知道成績和表現是評價他人和被他人評價的標準，他必須公平的與他人競爭。在學校裡，有機會結交朋友，學習尊重他人，同時也被他人所尊重。尤其一些友情關係可能維持一輩子，甚至在事業上扮演很重要的影響力。總而言之，父母對子女管教的成功與否，雖然與本身所採取的立場和方法有直接關聯，但是外界的影響也是為人父母者必須加以注意的。

一個近年來受到學者關切的問題是獨生子女教養的問題。中國大陸在一胎化政策下，製造了無數的小皇帝；臺灣雖無一胎化政策，但生育率降低的趨勢卻也是事實，家中僅有一獨生子女的數字日增，獨生子女教養的問題因而浮上檯面。社會上戲稱此批小孩為「臺獨」，即「臺灣獨生子女」。心理學家對獨生子女的研究指出，影響獨生子女性格的因素包括：(1)獨生子女沒有兄弟姊妹，延遲了其社交能力的發展；(2)家中得到父母全部的關照；(3)自小在全成人圈內成長，比其他兒童成熟；(4)孤獨但獨立性高。心理學家也發現，父母在教養獨生子女上常犯的錯誤有下列七項：

　　1.過度放縱；

　　2.過度保護；

　　3.缺乏紀律；

　　4.過度補償；

　　5.過度讚美；

　　6.苛求完美；

　　7.以成人待之。

　　1980年代以前的理論，給予獨生子女現象較多負面的評價，稱其為「獨生兒症」（the Single-Child Syndrome）。不過近年來的研究發現，只要父母處理得當，獨生子女比其他小孩會更有成就和成熟。臺灣最近一個備受大眾關心的問題是外籍新娘所生子女的教養問題，特別是他們在語言教育上的問題。

第四節　中國式的家教

　　2010年華裔耶魯大學教授蔡美兒（Amy Chua），出版了一本自傳《虎媽的戰歌》（*Battle Hymn of the Tiger Mother*），談到其以中國式管教方式教養兩個女兒成長的經驗與過程，認為中國式教養比美式教養優秀，也更造就了許多成功的華人。她認為自己應在女兒們的日常活動

中掌握絕對的權力，並要求她們任何時候都要遵循嚴格的標準。

虎媽蔡美兒的九大「家規」，不允許女兒：

- 去別人家過夜。
- 參加朋友聚會。
- 參加學校話劇演出。
- 抱怨不能參加學校話劇演出。
- 看電視或玩電腦遊戲。
- 自己選擇課外活動。
- 任何一科成績低於A。
- 沒有每一科都拿第一，除了體育和戲劇以外。
- 彈奏鋼琴或小提琴以外的樂器。
- 不彈鋼琴或不拉小提琴。

這種嚴厲的管教方式，引起了一場大論戰，絕大多數的美國人都不贊同，還有人稱這種方式是虐待兒童（child abuse）。當然，也有人支持她的做法。

由古迄今在中國社會裡，家庭一直扮演著相當重要的角色，「孝道」是傳統中國倫理的基柱，「嚴父慈母」是中國家庭對子女教養的傳統分工方式，「相夫教子」一直是婦女的理想角色。儒家思想的五倫，政治系統裡的君臣和官民關係，無一不是家庭倫理的延伸。無論是傳統中國或現代臺灣，對子女的教養都是相當重視的。由於受到西方心理學或其他行為科學理論架構的影響，中國人的社會化問題研究或討論，呈現了片斷紛歧的現象。下面介紹幾項主要的看法。

曾炆煋（1972）從人格發展的觀點，特別是艾瑞克森的人格發展階段觀點，來看中國子女養育及人格發展的過程。他將由孩子從出生一直到青年時期，分成六個階段來敘述：

1.**嬰兒期**：中國的父母不僅認為嬰兒虛弱，需要營養滋補，而且注意小孩的身心舒適，最重要的是以小孩為中心，一哭就餵奶或食物。另外，小孩總是與父母同睡，養成了日後好吃黏人的性格。

2.孩童早期：中國人對小孩的如廁訓練不嚴格，不注重規律訓練，但是卻限制小孩的活動與主動性。而且強調如何與人相處，學習適當角色的扮演。

3.孩童後期：自我控制與批評的訓練，重視外來的約束力量，不鼓勵好奇心的發展。生活範圍擴大到家庭以外，但中國小孩被教導如何去順從，以符合、協調環境，而非征服與改造。

4.少年期：嚴格管教的開始。在家聽父母，在學校服從師長。這階段也要求小孩要勤奮、努力、求上進，吸引並模仿成年人的經驗。這一階段中，小孩與母親的關係仍然很密切，但對父親則開始有敬而遠之的現象。在社會關係中開始學習到互助的人際關係。

5.青春期：性的壓抑，自我意見的抑制與自我身分的謙虛，造成一種內向型的自我認同，決定自己在社會上所要扮演的角色。

6.青年期：這時期的中國小孩雖然有反抗父母的傾向，但是仍然相信權威必勝，尊重權威。獨立自主的慾望一直要到成家立業後，才能充分獲得。

曾炆煋認為：「從整個人生過程來看，中國嬰兒在早期極為享受、舒適，到了少年期突然接受嚴格管教，進入負擔沉重的青壯年期，到了老人期後，又開始其享有權力與地位之舒適階段。」

徐靜（1972）也是從發展人格的角度來看中國兒童的人格發展，是以兒童故事為資料，強調親子關係中所反映的中國社會化過程。徐靜把人格發展由嬰兒期、幼兒期、孩童期、青年期，一直到父母期，然後試圖從幾部流傳較廣的兒童故事（其實應該是民間故事）中，找出有關的社會化特徵。圖8-1是他敘述的摘要。

徐靜還把二十四孝的故事加以分析，發現了以下特質：(1)孝順的孩子幾乎清一色是男孩；(2)孝順的對象以母親為多數；(3)孝順的行為表現以餵食父母、犧牲自己及照顧父母為多數。

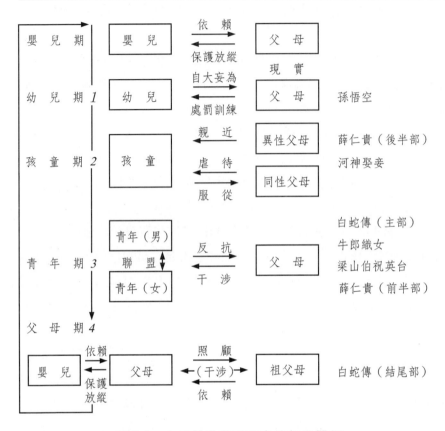

人格發展階段		親子關係		兒童故事

嬰 兒 期   嬰 兒   依賴 / 保護放縱   父 母   現 實

幼 兒 期 1   幼 兒   自大妄為 / 處罰訓練   父 母   孫悟空

孩 童 期 2   孩 童   親 近   異性父母   薛仁貴（後半部）
虐 待 / 服 從   同性父母   河神娶妾

青 年 期 3   青年（男） 聯盟 青年（女）   反 抗 / 干 涉   父 母   白蛇傳（主部）
牛郎織女
梁山伯祝英台
薛仁貴（前半部）

父 母 期 4

嬰 兒   依賴 / 保護放縱   父 母   照 顧 / （干涉） / 依 賴   祖父母   白蛇傳（結尾部）

圖8-1　人格發展各階段中的親子關係

　　楊懋春（1972）和朱岑樓（1972）兩位也同意，在重視家族主義的中國社會中，孝的訓練與要求是兒童社會化的中心。楊懋春指出，孝道至少具有三種涵義：(1)延續父母與祖先的生物性生命，即結婚、成家、生育子女；(2)延續父母與祖先的高級生命，即教育子女，使他們具有社會、文化、道德上的表現與貢獻；(3)彌補父母或祖先未達到的願望，即為祖先光大門第。楊懋春進一步指出，傳統中國人有兩種認同：一種是以想像中的聖賢、豪傑、偉人為對象的認同；另一種則是以家傳祖先為對象而看齊。

朱岑樓認為，孝道的訓練在培養一種恥感文化性格。這種要求在儒家經典中到處可見，而且傳統中國的人文環境也適合這種文化性格的滋長。以子女教養方式為例：第一，父母以外的年長權威，包括祖父母、伯叔、姑嬸、外祖父母、姨舅，以及非親非故的鄉鄰長者，皆有管教的權威；第二，訓練與獎懲的執行，截然分明，且不欺暗室，無愧屋漏。

　　心理學家楊國樞對臺灣轉變中的中國人性格，發表了一系列論文，也從事一系列的實驗研究工作。他認為在中國的農業經濟型態與社會結構下，教養方式所強調的是依賴、趨同、自抑、謙讓及安分。對於這幾種特質，楊國樞指出：

　　1.傳統的中國家庭在教養子女時，特別強調依賴訓練，以維護集體主義與家族主義。同時亦注重服從，以維繫上下關係的階層式社會結構。

　　2.中國農業社會在思想上著重正統，在行為上力求齊一，也特別注重服從趨同他人的反應，以避免差異行為的出現。

　　3.傳統中國家庭一向注重子女的自抑訓練，對他人的冒犯、批評、爭吵及攻擊行為，皆會受到嚴厲的懲罰。

　　4.父母為子女培養積極的謙虛忍讓性格，不論自己是否有理，都應謙讓別人。

　　5.重視安分，也就是適當的社會角色的扮演，安分守己，不求變革。

　　6.傳統中國教養手段重懲罰而輕獎賞。

　　7.以父母為中心的單方向教養方式。

　　楊國樞根據上述教養方式的特質，發現中國人的性格有下列性質：

　　1.社會取向：社會（特別是家族）的利益，高過並重於個人。

　　2.權威性格：嚴守「自己人」與「外人」的分別，習於服從權威，重視並追求權威感。

3.外控態度：將個人的成敗歸諸於外在因素，有一種被動的無力感。

4.順服自然：強調人與自然的和諧關係，認為人與天是不可分的。

5.過去取向：傳統主義的保守取向，緬懷歷史。

6.冥想內修：強調內修的重要性，而貶低外在行動，以減少與外人發生衝突。

7.依賴心態：一種希望別人加以照顧、保護、支持及指導的心理需要。

楊國樞認為，臺灣近二十年來的社會變遷，已經使上述傳統中國人的性格有了明顯的改變，一方面是因為工業社會不適合上述性格的人，另一方面則是因為人們改變自己以適應新的社會環境。他將此變化的特徵，用圖來加以對比，詳見圖8-2。

綜合上述幾位學者的看法，中國人的社會化過程，重視小孩的服從權威、團隊精神、內向性，以及自我約束；在這過程當中，家庭社會化是懲罰重於獎賞。不過，近幾年來，這些特質近在臺灣的社會變遷中已開始有了明顯的轉變，父母對子女的管教比以往要民主得多，比較注意子女的個人意願。其實無論是傳統的嚴格模式或現代的開放模式，父母期望子女成為社會上有用的人的心還是一樣的。

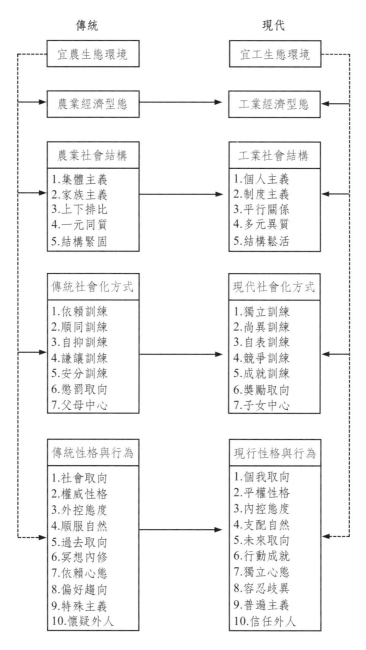

傳統　　　　　　　　　　　現代

宜農生態環境　　　　　　　宜工生態環境

農業經濟型態　　　　　　　工業經濟型態

農業社會結構　　　　　　　工業社會結構
1.集體主義　　　　　　　　1.個人主義
2.家族主義　　　　　　　　2.制度主義
3.上下排比　　　　　　　　3.平行關係
4.一元同質　　　　　　　　4.多元異質
5.結構緊固　　　　　　　　5.結構鬆活

傳統社會化方式　　　　　　現代社會化方式
1.依賴訓練　　　　　　　　1.獨立訓練
2.順同訓練　　　　　　　　2.尚異訓練
3.自抑訓練　　　　　　　　3.自表訓練
4.謙讓訓練　　　　　　　　4.競爭訓練
5.安分訓練　　　　　　　　5.成就訓練
6.懲罰取向　　　　　　　　6.獎勵取向
7.父母中心　　　　　　　　7.子女中心

傳統性格與行為　　　　　　現行性格與行為
1.社會取向　　　　　　　　1.個我取向
2.權威性格　　　　　　　　2.平權性格
3.外控態度　　　　　　　　3.內控態度
4.順服自然　　　　　　　　4.支配自然
5.過去取向　　　　　　　　5.未來取向
6.冥想內修　　　　　　　　6.行動成就
7.依賴心態　　　　　　　　7.獨立心態
8.偏好趨向　　　　　　　　8.容忍歧異
9.特殊主義　　　　　　　　9.普遍主義
10.懷疑外人　　　　　　　 10.信任外人

圖8-2　中國人性格與行為的形成及蛻變（臺灣地區）

附錄

文摘

藝術收藏家

吳玲瑤

　　我倒不記得八年前懷孕時，曾經參觀過什麼博物館，也沒有特意進行過藝術方面的胎教，而如今卻生了一個藝術收藏家的兒子，這個收藏家專收自己的作品，已氾濫到不可收拾的地步，加上為人父者助紂為虐，我這媽媽已不知如何處理這些可能是「無價之寶」也可能是「垃圾」的玩意。

　　孩子周歲前是拿到什麼東西都往嘴裡送，有一次胖胖的小手從嘴裡掏出已啃了半截的蠟筆，在旁邊的廢紙畫了兩下，不巧被他老爸看到，拿起那張破紙端詳了半天，大叫道：「我們兒子有繪畫天才！」我實在看不出那兩筆有什麼特殊之處，說圓不圓，說直不直，粗細也不一，濃淡各異，想不透為什麼會讓老爸興奮得無法自持，趕緊找來

另外一張紙，用盡各種阿諛方法，幾乎失去了為人父的尊嚴，才又求得小胖手在紙上大筆勾，他更捧著直喊：「漂亮，漂亮。」

　　第一紙畫就掛在客廳進門處最明顯的地方，與大師級的名畫平坐平起。第二張用磁鐵吸在冰箱門上，我每開一次冰箱就要向它行一次注目禮，第三張擺在⋯⋯，如此一張張傑作就在他老爸的要求下應運而生。至此以後他手中拿到任何東西就作起畫來，媽媽的口紅眉筆，爸爸的牙膏針筆，廚房的木炭番茄醬，都是他作畫的工具，而畫布也不再限於紙上，衣櫃門上，廁所牆上，冰箱蓋上，前廊柱子，鋼琴椅上，電腦螢幕，車房走道，都是他作畫的天地，使我聯想到如果蘇南成的萬人畫請了兒子去，他一

定最開心。

　　但我也不由得擔心起來，長此下去孩子以後會變成紐約地下車的塗鴉者，還是會成為畢卡索第二？倒是他老爸對他信心十足，認為自己兒時未完成的夢想，將在兒子身上實現。一勾起他兒時的畫家夢，話題就沒個完，如何畫阿三哥大嬸婆連環畫，如何瞞著老師父母畫完全套諸葛四郎，國語算術課本上每一個空間都填滿了星球大戰、太空騎士、飛機、坦克、古代遊俠。後來因為種種原因，捨藝術而去念電機，但對於繪畫一直不能忘情。如今看到兒子血液中有他的遺傳，暗暗下決心要栽培這顆藝術蓓蕾，要讓他盡情去畫，任性去發揮。

　　在孩子五歲前，家中所有抽屜、櫃子、櫥子、牆上、門上都藏滿了他的作品，甚至天花板上也有直垂而下的傑作。乳白色的地毯滴滿未乾水彩的顏料，紅綠藍色彩斑駁是另一種大作。

　　上了幼稚園一時成品大增，我幾乎有無法招架之勢，每一張他都要收，每一件都要藏，家中為此換

了大房子還不夠，因為他的「藝術視野」擴展了，不再滿足於畫而已，開始有了立體的傑作。我最怕什麼「廢物利用」的玩意，「蛋殼上種花」真叫人不知如何保存，小心翼翼地「供奉」在壁爐架上，一天得數次大呼小叫才能保住不把它弄破，恨不得為它買下百萬保險，不然我怎麼賠得起那項在他眼中是無價之寶的傑作？

　　學校每一個節慶都有一大堆「計畫」要做，華盛頓生日做回來一個移民時代的大帽子，不能壓不能碰，哥倫比亞日的三艘帆船，帆是經不起風吹的，萬聖節的骷髏人每一節骨頭一碰就全身脫落，感恩節的大火雞尾巴毛走一步掉一根，情人節的兩顆大紅心一直無法心心相印，母親節送我的紙花胸針，別上就像天女散花一樣，父親節送給老爸的紙領帶，他一直沒有勇氣用膠水黏在胸前戴去辦公室。學了印地安歷史，用泥土木片紮成的部落，使我們家有一個月的時間得一起過原始生活，中國新年用硬紙板衛生紙一層層地貼上舞獅子頭，那

時我們得睡在滿是衛生紙的床上，科學課本上的行星，引發兒子用通心草保麗龍做了太陽系，其體積之大占滿了我整個桌面，使我兩年無法用那桌子。每樣東西都是又大又鬆，只能遠瞧不能近看，更別說摸一下碰一下了，一碰就全數解體，但我們仍然件件得當「傳家之寶」一樣地供奉著，只因為兒子認為皆是曠世之作。

我已成了驚弓之鳥，每次孩子從學校回來說要做什麼「廢物利用」的勞作，我就得開始藏東西，因為他心中惦記著那作品，眼中看到家裡的每樣東西都是「廢物」，均可以被他好好「利用」。需要用毛茸茸的布來做動物毛，他會問：「媽，為什麼妳的大衣領子不能剪一塊給我做獅子呢？」

我想每一個藝術家背後都有一個偉大的母親，能犧牲心愛的絲絨外套來做孩子的小熊，我經常掙扎在這種邊緣，深怕不答應他剪我的衣服，就因此扼殺了一顆彗星。

以前念書時上家事工藝課，家長最怕要交錢的買材料，如今自己做了家長，卻寧願交錢了事，不要帶回一張列出長長的表，說第二天要帶這些材料上學校，什麼五呎長彩虹絲帶，三吋鐵片，大型空菸盒，家中沒有人菸煙，上哪兒去找空菸盒？市場中也沒見過只賣空盒不要菸的玩意，感恩節要帶火雞羽毛，我一生中沒見過幾次活火雞，去哪兒偷拔牠的羽毛。

孩子在美國上學，做父母的不僅要有替他們找勞作材料的本領，還要有表達驚奇歡欣表情的能力。當兒子從學校、陶藝班、童子軍活動中帶回作品，要如何做出驚嘆讚賞的表情，以維持現代親子的關係，實在是現代父母的一大課題，至少我必須多多學習。

暑假時我帶著兒子回臺灣，因為怕大人忙著辦事及拜望親友，孩子閒著浪費時間，於是替他在畢卡索畫室報了名參加兒童繪畫手工藝班，自以為是絕頂聰明的安排，卻沒想到自作自受的事在後頭，所有我在臺灣買的東西均得郵寄回美，而飛機行囊中抱著、拖著、捧著的全是他的作品，因為不能讓「家

寶」流落故鄉，而臺灣氣候潮濕對於保存他的藝術品不利，美國大陸性的氣候乾燥有利於作品的壽命，這些理論是他在參觀故宮博物院時聽來的。

家中的房子被他的東西愈擠空間愈小，我曾試著偷偷扔掉已經蒙上幾層灰的作品，每每都被他發現了抱回來，「媽，你怎麼把我幼稚園時做的掛鐘扔到垃圾桶呢？」

我一看事情不妙，趕緊答道：「可能是釘子鬆了，正好掉到垃圾桶裡。」

有一次我下了極大的決心，大義滅親地把他的月球表面模型直接扔到外面的大垃圾桶，三十分鐘後他興高采烈地跑進來。

「媽，你看我多幸運，撿到這麼一個模型，正好可以做我計畫中的火山爆發。」那個被壓得亂七八糟的月球表面又將以另一種面貌在家中占一席之地。朋友家也同樣為太多的藝術傑作而煩惱，如今卻給她想出個高招把事情解決了，那天她對我面授機宜，令我感激得不知如何感恩圖報：「讓孩子把作品簽名，送給爺爺奶奶保存一些，給外公外婆收藏一些，外加舅舅阿姨各送數件。」正當我拍手稱好之際，朋友加了一句：「萬一有一天他成名了，你卻有可能後悔沒有保存他早期的作品。」

錄自《化外集》，頁128～132。

釵頭鳳

紅酥手，黃藤酒，

滿城春色宮牆柳。

東風惡，歡情薄，

一懷愁緒，幾年離索。

錯，錯，錯！

春如舊，人空瘦，

淚痕紅浥鮫綃透。

桃花落，閒池閣，

山盟雖在，錦書難託。

莫，莫，莫！

　　這是南宋陸游早年的作品。陸游初娶表妹唐婉，夫妻感情很好，卻不容於母親，被迫分離而另娶。此首詞是陸游春遊偶遇前妻之作，寫懷念前妻的深摯感情，並反映出封建社會婚姻不自由的悲慘現實。

第9章

離婚與再婚

　　幾乎沒有一對夫妻是完全和諧、沒有衝突爭論的。夫妻間的衝突，不一定是家暴、爭吵、哭鬧，雙方不言不語、不理不睬，也是衝突的表現。社會學家相信衝突與否並不重要，重要的是如何善後。有些夫妻能夠爭吵完就算了，事後風平浪靜；有些夫妻則整天吵鬧，還延續很長一段時間。衝突可能有建設性，如果夫妻雙方能就事論事，不攻擊對方人格，找出爭論的原由，然後針對這些原因設法解決彼此間的衝突，夫妻雙方便可從中學習經驗，增加對彼此的瞭解。同時，衝突也可能是破壞性的，夫妻雙方如果把吵架的重點放在人身攻擊上，罵街式的胡鬧，專門挖對方的瘡疤，就會直接傷害夫妻的感情，事後雙方不僅不易修好，甚至會導致婚姻的破裂，走上離婚一途。

　　人們常用婚姻幸福和婚姻滿意與否，來衡量婚姻的持續性。通常絕大多數的人都會認為自己的婚姻是滿意和幸福的，特別是在婚姻初期的新婚期間。根據調查資料顯示，婚姻幸福滿意程度會隨著家庭的生命圈而有所改變，在第一個小孩出生前最高，等到孩子出生後就會開始下

降，一直要到退休後才有上升的跡象。夫妻雙方分別在不同的家庭生活階段，對婚姻滿意程度呈「U」字型的圖形，詳見圖9-1。

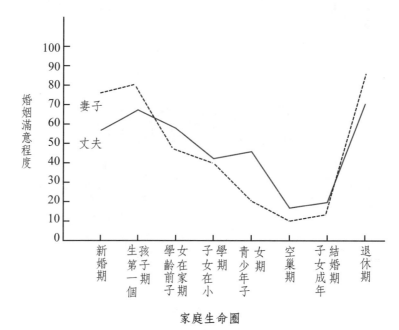

圖9-1　婚姻滿意程度與家庭生命圈

　　夫妻對婚姻的滿意與否，不單單是兩個人的事，它不僅牽涉到許多外來因素，還可能因人們年齡的增長而有不同的滿意標準。依家庭生活的不同階段（家庭生命圈）來看，新婚期滿意程度高，是因為夫妻雙方都對婚姻有所期待，總是相信自己走上這條婚姻的道路絕對沒錯，夫妻雙方都努力照顧和體貼對方。當然在這一段時間，由於剛結婚，彼此瞭解不深，而且也不完全清楚雙方應扮演的角色，因此衝突和緊張是難免的。但是經過一、兩年共同生活後，滿意程度會提高，一直到第一個孩子出生，此後滿意程度開始下降，而且妻子的下降幅度會遠較先生的幅度要大。這可能是因為：(1)妻子初為人母，心裡緊張，不知所措；(2)初為人母，整天忙著嬰兒事務，精神和身體都很疲乏；(3)妻子可能放棄了工作事業，而有被困在家裡的煩惱；(4)夫妻之間因孩子的來臨而

疏遠。

丈夫在孩子出生後也會有少許滿意程度的下降，主要是因妻子無暇顧及丈夫，以及隨著孩子出生後的經濟負擔壓力。從這一時期開始，妻子的滿意程度持續下降，一直要到孩子都出外後的空巢期，才有鬆一口氣的感覺；而丈夫的下降幅度較小，尤其他在外面的事業天地可彌補家庭的不滿意問題。夫妻雙方從孩子遷出、學成、獨立、結婚、成家、而至退休期，滿意程度再度提升。

貝德（Edward Bader）和一群研究者曾經在美國做了一項研究，觀察不同婚姻期間衝突爭論的原因是否有所不同。他們發現在婚後半年裡，夫妻間的衝突爭論原因依序是：(1)家務事；(2)錢財的分配使用；(3)雙方相處時間與注意力；(4)丈夫的事業；(5)感情。婚後一年，衝突原因依序是：(1)家務事；(2)雙方相處時間與注意力；(3)錢財的分配使用；(4)妻子的親戚與社交活動兩項並列。婚後五年，衝突原因依序為：(1)家務事；(2)雙方相處時間與注意力兩項並列於首；(3)性趣問題；(4)丈夫的事業與感情等兩項。從這項研究可以發現，雖然在不同時間有不同的衝突原因，但是基本上幾個主要原因還是很明顯一致的，尤其是家務事的處理、相處時間與注意力、錢財的分配使用等三項，在各個不同階段皆名列前茅，可見夫妻間的爭吵衝突仍在共同生活的問題上。詳細資料請參閱表9-1。

婚姻美滿與否，不一定就代表婚姻是否能維持。一個很美滿的婚姻，也有可能走上離散的路途；相反的，一個不美滿的婚姻，也很可能維持幾十年而不斷。第五章討論婚姻關係型態時提到古柏和哈瑞弗的分類，其中有兩種婚姻關係是正面和美滿的：有生命的婚姻與全盤性的婚姻，照理論上來講，這兩類婚姻不應該導致破裂，可是其中仍有夫妻走上離婚之路。相反的，其他三種婚姻關係：衝突性的婚姻、無生氣的婚姻及消極性的婚姻，是反面的和不美滿的，照道理應該非破裂不可，但卻也常見夫妻吵吵鬧鬧幾十年，沒一方提出要分手。所以，婚姻美滿與否並不一定是婚姻穩定與否的好指標。

表9-1　不同結婚期間內衝突原因及其排名

衝突原因	婚後六個月	婚後一年	婚後五年
1.家務事	1	1	1
2.錢財分配	2	3	6
3.雙方相處時間的注意力	3	2	1
4.丈夫的事業	4	6	4
5.雙方的感情	5	7	4
6.妻子的工作	6	10	10
7.丈夫的朋友	7	12	11
8.性趣	8	9	3
9.妻子的親戚	9	4	6
10.丈夫的親戚	10	7	6
11.社交活動	11	4	9
12.妻子的朋友	12	13	12
13.子女	13	11	12
14.宗教	14	14	14

列文格（G. Levinger）因此認為人們是否繼續維持一個婚姻關係的因素，可能並不與美滿程度有關。他指出下面三個值得考慮的因素：

1.婚姻的吸引力所在：人們願意維持一個婚姻的最主要原因可能是它有吸引力，有讓人捨不得的好處。例如，配偶的感情和優點、性趣的滿足、物質上的享受、相同的性格或價值觀。常有富有人家的媳婦雖明知丈夫有外遇，可是捨不得捨棄當前物質生活的享受，仍繼續維持這段婚姻關係。也有人雖然對方待自己不好，自己卻對他十分崇拜，寧願受辱以維持婚姻關係。這些情形都是既有婚姻吸引力大的緣故。

2.拆離的阻拒力：有些夫妻不願離婚的原因是因為外在的阻力太強。例如，父母的反對、宗教信仰的不許可、對子女的關懷、怕親友的冷言冷語。有些丈夫為了討好年老的父母，對妻子百般忍讓；也有些妻子雖然受到丈夫的虐待，得不到家庭溫暖，卻怕父母不諒解，怕鄰居嘲笑，更擔心獨自一人，無法生活下去，就勉強維持婚姻關係。另外，社會習俗的壓力、法律的約束、再婚的可能性，也都可能是阻礙。

3.外來的吸引力和誘惑：有些婚姻相當美滿，可是由於一方受不了外來的誘惑，而走上婚姻破裂一途。俗語說「野花比家花香」，就是指外面的女人比自己的太太更誘惑人。一項臺灣的民意調查（2002年6月10～12日）顯示，有4%的受訪者承認自己有外遇，有4%的受訪者表示配偶曾有外遇，更有高達四分之一的已婚者擔心另一半會有外遇。無論男女，如果有外遇，就比較容易離婚。近年來臺商湧入中國大陸，包養二奶時有所聞。還有人為了事業，終至婚姻破裂；也有人嚮往單身生活而離婚。如果沒有比現有婚姻關係更吸引人之處，人們較不會輕易談離婚。

列文格所列的這三點因素，很可以用來解釋為什麼一個看起來好好的家庭會突然間發生變化，而導致離婚；也可以用來解釋為什麼夫妻整天吵吵鬧鬧的，卻仍可維持婚姻關係。所以，婚姻的維持與美滿兩者的關係不一定是一種正相關。

婚姻的破裂離散，並不是在離婚後才開始，這中間有時是要經過一段時間的。或許有第一次吵架就鬧離婚的夫妻，但絕大多數的離婚並不是一時衝動或毫無緣由的。家庭社會學者認為，婚姻由破裂到離婚，中間可能經過三個過程：

1.孤獨感：當婚姻關係開始呈現破裂跡象時，人們的第一個感受是被對方忽略、不被重視，充滿一種孤獨感。夫妻兩人不再彼此關心，不再珍惜相處的時光，彼此形同陌路人，互不理睬，各走各的路，沉默多於交談，甚至愈來愈覺得沒什麼好談的。在這種情況下，夫妻雖然同住一屋簷下，卻已不同心。即使交談，所用的語氣也不友善，甚至發生衝突或吵架毆打。但是夫妻雙方在此時期並不一定會談到離婚的問題，孤獨與沉默是夫妻關係的重點特徵。

2.敵對感：如果孤獨與沉默繼續持續下去，則夫妻雙方就可能採取敵對的手段。在孤獨感階段是忽視對方的存在，在敵對感的階段就是故意諷刺、敵視對方。在恩愛的時期，夫妻間相互扶持、互相體念；但到了這個階段，則採取敵對態度，以行動及語言故意激怒對方，挖苦損傷

對方。當婚姻發展到這地步時，夫妻雙方可能覺得沒什麼好珍惜的，不值得試圖去修補缺陷。

3.背叛感：維持一個良好的婚姻關係，需要雙方彼此信任和彼此忠貞。自己以愛與諒解對待對方，同時也期待對方以愛與諒解回報自己；夫妻相扶相持，不論彼此間有何歧見，雙方都能盡力處理解決。前面我們曾經提過，夫妻爭吵衝突是不可避免的，但是只要處理得當，就不會造成不可收拾的場面。等到婚姻開始出現裂痕時，小小的一點衝突都可能演變得不可收拾，而且常常會發生寧可信任外人，而不聽信配偶的現象；甚至跟外人站在同一陣線，攻擊自己的配偶，總覺得對方已經背叛自己，應受懲罰；懷疑對方有外遇，移情別戀，使裂痕更加深，以致不可收拾。到了這個地步，如果外來的吸引力和誘惑大時，夫妻必然會走上離婚這條路。

離婚的時刻，不一定是最痛苦的時候。因為離婚通常是在經過一段不算短的衝突和掙扎後才做的決定，離婚只不過是一種法律程序而已。因此，通常我們談到離婚的痛苦時，應該是自婚姻有裂痕時算起，一直到婚姻正式離婚時，再推算至離婚後的那段日子，三者加起來的心路歷程。因此，離婚代表的是一個過程，而非在法院簽字同意的那一瞬間。正因為此過程會拖延一段時間，所以對人們的傷害也相當的嚴重。

有人曾經把我們一生中所經歷的幾個重大挫折對我們所造成的痛苦程度，做一比較，發現離婚經驗是最嚴重者之一，僅次於喪偶。這些經驗按嚴重程度排列如下：

1.喪偶。

2.離婚。

3.分居。

4.入監。

5.家人去世。

6.傷痛或病痛。

7.結婚。

8.被解僱。

9.婚姻調停。

10.退休。

11.家人生病。

12.懷孕。

13.性無能或困難。

14.夫婦爭吵。

15.子女成長遷出。

16.親家或婆家問題。

17.妻子開始外出工作或辭職不做。

上面這十七項，由上而下，代表對人們影響的痛苦程度，由嚴重至輕微。從喪偶、離婚、分居三項被排在前三名來看，可見夫妻關係的變化最可能影響人們的情緒，而這三項所牽涉到的都跟婚姻的破裂有關。事實上，離婚只不過是婚姻破裂的一種方式而已，其他包括喪偶、分居、遺棄、配偶長期被隔離在總體組織（total institution）裡，如監獄、精神病院等，都將中斷婚姻關係，而這些方式都是可能發生的。

（第二節）離婚經驗

最近一、二十年來，世界上絕大多數國家的離婚率都有增高的傾向。美國現有人口約三億，其中59%已結婚。雖然90%以上的美國成年人會選擇婚姻生活，但美國人的離婚率也非常高。在上世紀50年代，90%以上的已婚夫婦可將其婚姻維持到十年以上；但到了上世紀90年代，此一比例已下降到不足50%。近兩年來，美國甚至出現了「30年之癢」一說，即許多60歲以上的老年人，甚至80多歲的老夫老妻也加入了離婚行列，老年人的離婚率有明顯上升的趨勢。根據韓國統計廳的數

字顯示，近年來韓國離婚率平均以0.5%的速度上升。2003年，韓國統計廳發表的《2002年結婚和離婚統計結果》顯示，離婚件數每年都在刷新歷史最高紀錄。一年中，約30.6萬對夫婦結婚，而有14.5萬對夫婦離婚。據韓國統計廳2006年6月21日發表的《1970年以後婚姻、離婚的主要特性及變化》透露，2005年離婚的夫婦中，已共同生活二十年以上的夫婦占18.3%；換句話說，平均每五對離婚夫婦，就有一對屬於晚年離婚。這個數字是二十四年前的四倍。另外，由女性先提出離婚、分居提議的比率，在2003年達到了66.7%，男性僅為30.6%。2004年，印度全國離婚率為0.58%左右，比十年前增長了一倍有餘。近幾年來，德國的離婚率仍居高不下。根據德國聯邦統計局公布的統計數字顯示，去年德國有近二十萬對夫婦離婚。根據巴西統計局的資料顯示，巴西離婚率從1985年以來，已經增加了兩倍（DWNEWS.COM，2006年5月17日，多維新聞）。

離婚率的算法有數種，每一種都代表一種量法指標，常用的有：(1)全年離婚數字跟該年新婚人數的百分比；(2)全年離婚數跟該年已婚人口總數的百分比；(3)全年離婚數跟年中總人口數的千分比。在做比較的研究時，不論是時代上或地域上的比較，都應採用相同的指標來做客觀的比較。表9-2是2000年世界離婚率前十名的國家。

表9-2　離婚率排前十名的國家，2006年

1	美國	4.95
2	波多黎各	4.47
3	蘇俄	3.36
4	英國	3.08
5	丹麥	2.81
6	紐西蘭	2.63
7	奧利地	2.52
8	加拿大	2.46
9	芬蘭	1.85
10	巴貝多	1.21

資料來源：http://www.nationmaster.com

臺灣的離婚比率也算是較高的。如果以2000年2.4的粗離婚率來跟其他國家做比較，是可以排在前十名的。不過因為中國在世界性組織中排擠臺灣，阻止登錄臺灣資料，所以上表未列臺灣。下面表9-3是歷來臺灣離婚率的資料。

表9-3　歷來臺灣離婚率，1951～2005

年份	離婚對數	粗離婚率	有偶人口離婚率
1951	3,858	0.5	--
1961	4,487	0.4	--
1971	5,130	0.4	2.0
1981	14,636	0.8	4.2
1991	26,324	1.4	6.4
1996	35,973	1.7	7.6
2001	56,628	2.5	11.4
2005	62,650	2.8	12.5
2009	57,223	2.5	11.3

資料來源：內政部統計年報，社會指標統計。
　　　　　①離婚率＝（離婚對數／年中人口數）×1,000
　　　　　②有偶人口離婚率＝（離婚人口數／有偶年中人口數）×1,000

一般來說，婚姻的穩定度跟雙方當事人的年齡有關，跟結婚時的年齡及成熟程度更有關。通常結婚時年紀愈輕，未來的離婚率就愈高。根據1985年的一項調查指出，在美國所有的離婚當中，約有三分之一的夫妻是在20歲以前就結婚的，約有18%是在20至24歲結婚，約有13%是在25至29歲結婚，約有12%是在30歲以後才結婚。此種現象仍維持至今。

根據蘇晉儀（2002）的一份報告顯示，臺灣2001年離婚對數，以結婚未滿五年者21,002對，占37.1%最多（其中結婚未滿一年者6,014對，結婚一年者4,547對，結婚兩年者3,630對，結婚三年者3,503對，結婚四年者3,308對）；結婚五至九年者13,404對，占23.7%次之；結婚十至十四年者8,215對，占14.5%再次之。離婚人口之年齡，以男方35至

39歲，女方30至34歲者最多，有4,515對；男女雙方年齡皆為30至34歲者，有4,459對居次。就男女雙方年齡別的離婚率來觀察，男性以35至39歲者為12.2%最高，30至34歲者為12.0%次之；女性以30至34歲者為12.9%最高，25至29歲者為12.6%次之。而男性年齡別有偶人口離婚率以20至24歲者為50.3%最高，15至19歲者為45.6%次之；女性年齡別有偶人口離婚率以15至19歲者為68.5%最高，20至24歲者為58.4%次之。

內政部指出，我國99年全年離婚對數計5萬8,037對；就近十年來觀察離婚對數，91至95年間平均每年高達6萬3,230對，96至99年間則降為平均每年5萬7,443對，今（100）年上半年離婚對數又較99年同期減少1.8%，顯示離婚的風潮已趨減緩。99年平均每千位有偶人口有11.5位離婚，平均每日離婚對數為159.0對；如與離婚率最高峰之92年比較，平均每日離婚對數減少19.1對。內政部統計指出，99年離婚者依結婚年數分，以結婚五至九年者占31.0%最多，未滿五年者占27.7%居次，其後隨結婚年數增加而遞減。若與十年前比較，結婚未滿五年者所占比率減少8.6個百分點，而五至九年者增加6.7個百分點變化較大，顯示近十年來離婚者之結婚年數結構已有顯著變化。衛生署公布臺灣老化地圖，其中嘉義縣、雲林縣、澎湖縣已經是「高齡縣」，全國已經有23個鄉鎮是「超高齡社區」，每4到5個居民當中就有1位是老人！衛生署預估，未來14年老化速度三級跳，將從高齡化社會變成超高齡社會，由於臺灣老的快、生的少，如果沒有及早準備，不到十年，恐怕國家競爭力面臨危機。 衛生署國民健康局指出，第一批戰後嬰兒潮，也就是民國35年出生，在今年邁入65歲，也宣告臺灣進入人口老化潮！分析內政部資訊，統計至今年五月，臺灣老年人口約10.7%，最老的嘉義縣、雲林縣、澎湖縣，老年人口超過14%，屬於超高齡縣，新北市平溪區則是全臺最老的鄉鎮，老年人口達25.8%，算一算，全國已經有23個鄉鎮（區）是「超高齡社區」，每4到5個居民當中就有1位是老人。 另外，根據陸委會官網資料，國人去年離婚率約為千分之28.4，「跨境婚姻」離婚率最高的是臺灣人和日本人聯姻，離婚率達千分之153，其次是泰

國的千分之52，第三是柬埔寨的千分之31；大陸配偶和越南配偶的離婚率，都約為千分之28，與臺灣平均離婚率相近。

離婚除了跟結婚年齡有關外，還有許多因素，因人、因環境而異。由社會結構的角度來看，離婚率增加的原因很多，例如：

1.家庭功能的改變：在傳統社會中，家庭是一個自給自足的多功能社會組織，提供人們教育、宗教、娛樂、生育、性需要及性節制等功能，人們依賴它的程度非常高。在現代工業化社會中，原先由家庭擔當的功能，已逐漸被其他的社會制度所取代。感情的扶持成為目前最主要的家庭功能。教育已由學校負責，信仰由教會組織取代，娛樂更有專門的藝術、娛樂界提供，經濟物資有工廠等全權處理，生育及性趣雖然仍由家庭提供，卻已不再完全只得自於家庭，未婚同居者的多，生和育都可請人代理，導致家庭的功能及重要性大減，於是婚姻、家庭的拆散就不像以往那般嚴重了。

2.伴侶選擇方式的改變：不少學者認為，伴侶選擇方式的改變是近年來離婚率增加的主要原因。以往，選擇結婚對象即使不是由父母全權處理，也是由父母或其他長輩積極參與；他們考慮較周全，總希望找到門當戶對、身心健康者，以維護家庭、家族的穩定及延續。中國人以往還要算八字，就是希望能為子女找到永久相配，使家族興旺的對象。現代的婚姻多由年輕人自己作主，考慮欠缺周詳，一方面是被情感矇住了理智、沖昏了頭，另一方面是年輕人沒有像父母長輩那樣地有心打聽、蒐集資料、然後再做決定。戀愛時無視於對方的缺點，只看到並強調對方的優點；即使知道婚姻可能有問題，還是認為自己可以改變對方，只要有愛情，一切問題和缺陷都可以彌補。

3.結婚目的的改變：在傳統家庭中，結婚的目的是為整個家庭的延續。尤其在傳統中國，傳宗接代更是子女的責任，挑媳婦時也必然要找一個擁有能生小孩體態的女性。但是現代婚姻強調的是個人的滿意，結婚是要找一個自己喜歡的對象，建立一個美滿的小家庭。然而，什麼才是滿意，什麼才是幸福，它的定義隨著時間、年齡的增長而有

所改變。結婚初期可能雙方都有幸福感，過一段時間後，由於標準的改變，幸福感消失，同樣的一個配偶，因時過境遷已不再能提供幸福感，於是人們就開始厭棄現有的婚姻而另覓幸福。

4.道德制裁力的減低：以往絕大多數社會都反對離婚，道德和宗教教義都不贊成離婚，離婚者不會被社會接受。但是在現代社會裡，宗教已不再像以往那樣能支配人們的生活觀點，社會倫理也改變到承認離婚是結束不幸婚姻的唯一辦法，因此當前的道德和宗教教義對離婚都持寬容的態度。

5.再婚的可能性增加：以往人們過分強調貞操和性的專一，因此對離婚者總是避之唯恐不及。在現代社會裡，離婚者已為社會所接受，而且有再婚的可能性。根據統計資料顯示，大多數的離婚者都能重新找到對象。既然有再婚的可能，離婚就不是人生的盡頭，而只是一段舊婚姻的結束，更可能是另一段新婚姻的開始。人們離婚後假若不被允許再婚，相信人們必然不會輕言離婚，離婚率自然不會如此高。

6.同儕團體的壓力：這裡所指的同儕團體，是指經常往來的親近好友。既然目前離婚率日增，同儕間自然難免有離過婚的，由於受到同儕經驗的影響，增加人們結束一段婚姻的勇氣。尤其若同儕中因再婚而重新擁有美滿的關係，更會讓人們覺得不必要勉強維持一段不滿意的婚姻。

7.法律約束的放寬：以往，離婚必須得到法律的認可，也必須符合法律嚴格的規定。時至現在，美國法律對離婚的約束已放寬很多。以往需證明配偶有觸犯法律上的錯誤，才能要求離婚；現在的「無過錯離婚」（no-fault divorce），已不再堅持過錯的要求，只要雙方同意或者只要法院認為理由成立，就可獲准離婚。1970年加州通過「無過錯離婚」法案後，當年離婚率增加了46%。

8.婦女在外就業率的增加：在第七章討論夫妻權力關係時，曾提到近年來婦女在外就業率提升、雙薪家庭增加等等，都導致了夫妻權力關係的重新分配。妻子的職位地位和收入不僅提高了她在家庭的地位和權

力，同時也保證了離婚後的經濟獨立與生存的能力。於是，妻子不必受丈夫的控制，也不必怕離婚後生活無依。一旦對目前的婚姻有所不滿，離婚就成為可能的合理安排。

9.子女的減少：現代的婚姻中，子女的數目已大為減少，而且有愈來愈多的家庭不願有子女。由於生活上的顧慮減少，離不離婚就成為兩個人的事，沒有子女的牽掛，離婚自然容易多了。

10.兩性角色的模糊：在傳統家庭中，甚至僅二、三十年前，家庭裡夫妻角色分明，丈夫與妻子各自的權責義務區別得很清楚，夫妻雙方知道如何扮演好自己的角色，而且也有心盡力扮演好那個角色。近十幾年來，由於兩性角色的彈性特質及對夫妻角色內涵的爭執日增，往往因界線不明而爭吵、衝突，終至離婚。

上面所舉的十項因素，是從社會結構角度來看的。當然，離婚並不全是社會的錯，個人的因由也很多。有人離婚是因為發現兩人個性不合，有人是移情別戀，有人是舉債離家出走而離婚，有人是厭倦婚後生活並希望回歸單身的日子，也有人是受不了公婆的虐待而離婚。根據美國統計局的分析報告，從1986至1997年間，離婚的最主要原因是家務事的分歧（domestic differences），其次是家庭糾份（family troubles）、經濟問題（economic problems）和健康問題（health）。十年間，這幾項原因並無太多的改變。社會學者的調查分類比較詳細，發現妻子對離婚的要求，主要原因依序是：(1)婚姻不愉快；(2)精神虐待；(3)溝通問題；(4)不同身世背景；(5)性的問題；(6)丈夫時常不在家；(7)丈夫酗酒；(8)職業及經濟上的困難；(9)丈夫外遇問題；(10)丈夫漠視妻子；(11)不能信任；(12)丈夫整天跟朋友混；(13)興趣與價值觀的改變；(14)孩子的管教問題；(15)兩性角色的衝突。

2002年有機構利用網路詢問離婚的原因，共收到2,976件回覆，最主要的原因是外遇問題（25%），其次是「不理想的配偶不值得終生依靠」（23%）、溝通問題（21%）、經濟問題（10%）。其他提及的原因包括中年危機（3%）、不良的習慣（2%）、親家問題（1%）、酗酒

及吸毒（3%）、身體虐待（2%），以及不誠實（4%）等。臺灣夫妻離婚的原因，如果依法院申請案件來看，2002年以來都是遺棄最多，虐待次之。至於更詳細的原因則尚無資料。一項中國大陸的資料顯示，離婚原因有：夫妻分居兩地占43.7%，第三者的誘惑占30.2%，家庭和生活壓力占18.6%，其他占6.5%。報紙則稱婚外情、家庭暴力、性生活不諧調、婆媳關係、性格不合，是中國大陸2000至2009年夫妻離婚的「五大殺手」。

總而言之，造成離婚的原因有個人因素，也有社會大環境的促因，兩者交互影響的結果不應被忽視。離婚是婚姻破裂的最終點，通常在離婚前，夫妻關係已經過一段長時期的掙扎和惡化，因此，離婚並沒有如文學家描寫的戲劇性高潮；尤其是在「無過錯離婚」的情形下，雙方不需要重敘和責罵對方，離婚只是一種形式。研究者發現，提出正式離婚者以婦女為多，男人則比較不願意採取這最後一步，雖然造成婚姻破裂的原因往往是男方。

法律上的離婚，是離婚的一種形式而已。人們因分手所遭遇的感受，其實不止於法律上的簽字生效。人類學家包漢南（Paul Bohannan）指出，離婚常常牽涉到六個層面：

1.法律上的離婚（legal divorce）：這是指經由法庭判決認可而解除婚姻關係，主要目的是解決法律束縛，使感情上已貌合神離的雙方可以得到法律上實質的認可。這樣做是為了劃分財產上分擔的義務，並為日後再婚重新鋪路。

我國民法對離婚有特別規定。根據民法第四編第一千零四十九條及第一千零五十二條規定，離婚的方式有兩種：一是由夫妻雙方自行協議者，稱為兩願離婚，又稱協議離婚；一是經由法院判決者，稱為裁判離婚。哪些原因可構成判決法律上的離婚？根據民法第一千零五十二條規定，若夫妻一方有下列情形之一者，才得向法院請求離婚：

(1)重婚者。

(2)與人通姦者。

(3)夫妻之一方受他方不堪同居之虐待者。

(4)夫妻之一方對於他方之直系尊親屬為虐待，或受他方之直系尊親屬之虐待，致不堪為共同生活者。

(5)夫妻之一方以惡意遺棄他方在繼續狀態中者。

(6)夫妻之一方意圖殺害他方者。

(7)有不治之惡疾者。

(8)有重大不治之精神病者。

(9)生死不明已逾三年者。

(10)被處三年以上徒刑或因犯不名譽之罪被處徒刑者。

有前項以外之重大事由，難以維持婚姻者，夫妻之一方得請求離婚。但其事由應由夫妻之一方負責者，僅他方得請求離婚。

民法的此條規定有時間上的限制，例如，第一千零五十二條第一款、第二款之情事，有請求權之一方，於事前同意或事後宥恕，或知悉後已逾六個月，或自其情事發生後已逾兩年者，不得請求離婚（第一千零五十三條）。又如第一千零五十二條第六款及第十款之情事，有請求權之一方，自知悉後已逾一年，或自其情事發生後已逾五年者，不得請求離婚（第一千零五十四條）。

2.感情上的離婚（emotional divorce）：這是指夫妻雖有婚姻之名，卻無婚姻之實，屬於貌合神離式的夫妻。感情的疏遠、欺騙、傷害等，已將夫妻之情耗散無存。在這樣一個失敗的婚姻中，夫妻雙方感到失望，被誤解，互相傷害對方，或故意做出對方不滿意的行為。

3.經濟上的離婚（economic divorce）：這是指離婚時對收入、財產、稅務、債務等之分配，以安排配偶雙方及子女們事後的日常生活。統計資料證明，男方在離婚後，經濟情況會有所改善，可是女方則往往比離婚前差。尤其對年紀較大的家庭主婦而言，離婚是一種經濟危機，因為她們沒有能力賺錢養活自己。女性在離婚後，應受到經濟上足以維生的保障。

4.撫育上的離婚（coparental divorce）：大約有三分之二的離婚夫

婦有子女，因此在離婚的程序上就需決定哪一位擁有監護權、教育子女的方式等問題。通常父親要負責財務上的支持，母親則負擔子女教養的日常照應責任。雖然在今天的法律制度下，父母皆有相等的監護權，但是絕大多數的案件是由母親取得監護權。

5.社區的離婚（community divorce）：離婚往往象徵著社交圈的改變。以前夫妻共同的朋友，現在可能只能歸於一方。即使能維持不變的關係，自己也會因離婚後的單身身分而跟以往的夫妻朋友格格不入，因而須重新結識新朋友。

6.精神上的離婚（psychic divorce）：結婚後，夫妻雙方多多少少會產生一種精神上的共識，一種兩人一體的感覺。一旦離了婚，就必須把對方從自己的人格中分離出來，由哀傷、痛苦、仇恨，發展出自主的獨立人格與自我。

也有學者把上述六項，看做是離婚過程中的六站（six stations）。唯有夫妻雙方走完這六站，才能算是完全分離。

離婚是人生的一大挫折。學者研究發現，離婚者的感覺，正反兩面都有，例如：

(1)96%認為有了新的做人的價值。

(2)94%認為自己變得更成熟。

(3)92%認為自己脫離了苦海。

(4)89%認為自己跟小孩更親近。

(5)89%認為自己變得更有自信。

(6)87%的家庭經濟更形困難。

(7)87%對前配偶仍然有恨意。

(8)86%缺乏安全感。

(9)86%擁有更多自己的時間。

(10)86%心情低落消沉。

芝加哥大學發表在《健康與社會行為期刊》（The Journal of Health and Social Behavior）的一項九千人的實驗中發現，當已婚者再度單身

後，不管是因為離婚或配偶過世，健康所受到的打擊難以復原，得到心臟病或糖尿病的機率也比有婚姻的人高出20%；離婚或鰥寡者的健康，似乎比終生單身的人更糟糕。俄亥俄州州立大學醫學院一對分別從事免疫學與臨床心理學研究的夫婦檔教授葛拉瑟（Ronald Glaser and Jan Kiecolt-Glaser），聯手針對人類行為、人體免疫系統與內分泌之間的關係，進行長達三十年的研究，他們的研究結果雖然肯定了婚姻幸福與免疫力之間的連動關係，但也發現婚姻中的衝突會對健康造成惡果。另外也有若干研究顯示，離婚或鰥寡者的健康情況，比終生單身者更糟。葛拉瑟早先根據人體內抵抗病毒與預防癌症的「殺手白血球」指數，研究婚姻中的壓力對人體健康的影響，發現婚姻不幸的女性及離異後難忘舊情的女性，與婚姻幸福的女性或完全走出離婚陰影的女性相比，前者的免疫力比後者差很多。

毫無疑問的，離婚對當事人是一個相當大的打擊，其精神上的失落和哀傷僅次於喪偶。除了夫妻兩人以外，另外的受害人則是他們的子女。前面曾經提到，現在家庭平均子女人數雖已逐漸減少，但並不等於沒有孩子，有三分之二的離婚者皆有子女，因此，離婚的負面影響將會波及子女。離婚對當事人或許是一種精神上的解脫，但絕大多數對子女會有歉疚的感覺。尤其是怎樣把離婚的消息告訴子女們，更是一件讓父母很為難痛苦的事。如果原本是一段好好的婚姻，則子女會較難接受父母結束婚姻的事實；如果父母原本就整天吵架不休，子女便較容易接受父母離異的事實。

華勒斯坦（Wallerstein）和蓋利（Kelly）認為，孩子對父母離婚經驗的適應過程有三個階段：

第一階段是初期階段（initial stage）：孩子在得知父母要離婚的消息後，最初的反應是震驚和憤怒，因此排拒父母雙方。

第二階段是過渡階段（transition stage）：大約一年左右，孩子們開始適應父母離婚後的新生活安排。通常小孩會跟母親住，並定期跟父親接觸溝通，同時適應經濟上的情況與認識新朋友。

第三階段是重整階段（re-stabilized stage）：大約在父母離婚後五年，孩子已能適應單親父親或母親的生活方式。所謂「單親家庭」（single-parent family）就成為新的生活方式，孩子會重新整理出一套新的生活方式。

當然，離婚對子女的影響程度會因子女年齡大小而有所不同：子女年紀愈小，負面反應愈大。有些幼兒會尿床，變得非常黏媽媽，寸步不離，怕媽媽也像父親一樣突然棄他而去。學齡期的子女因較懂事，會責備和痛恨父母的一方；但有時也會責備自己，認為是因為自己不乖才造成父母離婚。青少年時期的孩子則會儘可能置身事外，避免夾在父母的衝突之中，但是對離婚後的父親或母親新交的朋友卻很反感，尤其不能忍受他們之間的親密行為。表9-4把小孩對父母離婚的反應，依年齡列出其不同的行為表現。

表9-4　子女對父母離婚的反應行為表現（百分比）

	青少年	兒童
A.對外的表現		
逃學	78%	12%
恨每一個人	66%	62%
偷東西（店裡）	76%	68%
偷別人東西	66%	41%
打架	61%	18%
離家出走	21%	8%
虐待動物	5%	2%
想要毆傷別人	62%	37%
B.內在的發洩		
心情低沉	35%	35%
吸大麻	69%	38%
吸毒	43%	18%
喝酒	82%	48%
有自殺念頭	69%	38%
飲食不正常	11%	4%

為了孩子的生活和教養，法院對子女監護權的問題，通常依情況而有三種型態：

　　1.單獨監護權：由父親或母親負全部監護權，通常是由母親獲得單獨監護權。

　　2.聯合監護權：由夫妻雙方同時擁有監護權，共同決定子女生活和教養問題。

　　3.拆裂監護權：將子女拆散，通常兒子交給父親，女兒交給母親。

　　以美國2000年的情形為例，大約69.6%將小孩交給母親，19.6%交給父親，4.2%由雙方共同監護，其他方式的有6.6%。大多數的子女監護權會由母親取得，這跟傳統兩性角色期待有關，但與1980年代的母親有九成會獲得監護權，已改變很多了。至於我國的情形，民法上規定夫妻離婚後，子女之監護權該歸誰呢？在舊法中，兩願離婚後，關於子女之監護權，由夫任之。但另有約定者從其約定（舊第1051條）。判決離婚亦適用此條文。但法院得為其子女之利益酌定監護人（舊第1055條）。立法院已在民國85年9月6日將第1051條條文刪除，並修正第1055條如下：

　　　　夫妻離婚者，對於未成年子女權利義務之行使或負擔，依協議由一方或雙方共同任之。未為協議或協議不成者，法院得依夫妻之一方、主管機關、社會福利機構或其他利害關係人之請求或依職權酌定之。

　　　　前項協議不利於子女者，法院得依主管機關、社會福利機構或其他利害關係人之請求或依職權為子女之利益改定之。

　　　　行使、負擔權利義務之一方未盡保護教養之義務或對未成年之子女有不利之情事者，他方、未成年子女、主管機關、社會福利機構或其他利害關係人得為子女之利益，請求法院改定之。

　　　　前三項情形，法院得依請求或依職權，為子女之利益酌定

權利義務行使負擔之內容及方法。法院得依請求或依職權，為未行使或負擔權利義務之一方酌定其與未成年子女會面交往之方式及期間。但其會面交往有妨害子女之利益者，法院得依請求或依職權變更之。

除此之外，又增定第1055-1條和第1055-2條，條文內容如下：

【第1055條】

法院為前條裁判時，應依子女之最佳利益，審酌一切情狀，參考社工人員之訪視報告，尤應注意下列事項：

子女之年齡、性別、人數及健康情形。

子女之意願及人格發展之需要。

父母之年齡、職業、品行、健康情形、經濟能力及生活狀況。

父母保護教養子女之意願及態度。

父母子女間或未成年子女與其他共同生活之人間之感情狀況。

【第1055條】

父母均不適合行使權利時，法院應依子女之最佳利益並審酌前條各款事項，選定適當之人為子女之監護人，並指定監護之方法、命其父母負擔扶養費用及其方式。

第三節　再　婚

離婚後的人，第一件要做的事是重新適應社會生活，因自己已不再是「丈夫」或「妻子」的角色。有子女者離婚後，「父親」或「母親」的角色也大為減少。尤其是沒有獲得監護權的父親，雖然可能仍有探訪子女的權利，但是「父親」的角色已逐漸變為「朋友」，影響力大減。擁有監護權的「母親」雖有子女在身旁，但由於生活所逼而須外出工作，無法全心全力扮演「母親」的角色。社會上的規範並沒有特別的方式，來幫助離婚者進入另一個新的生活圈，只能依靠個人的意志處理

這段過渡期。

　　根據美國目前的資料顯示，大約有70%的離婚者能夠再婚。以性別來分，有四分之三的離婚男士通常都能再婚，而女士們較低，約三分之二有機會能找到對象再婚。這種男女再婚機會不均的原因有很多，列述四項如下：

　　1.女性生命餘年（life expectancy）較長：年齡愈長，性比率（男士人數跟女士人數之比×100）愈低；換言之，年齡愈大，女性人數愈多，可挑選的男性對象自然較少。

　　2.男女有別的審美標準：男性過了中年，仍具有良好的擇偶條件；而女士們就無法跟男士相比，尤其再加上生理上生育條件的限制，接近四十歲的女性，不但人老珠黃，而且快「沒蛋可生了」。更何況男士不論年齡老少，都想娶個年輕貌美的對象。

　　3.離婚婦女的兒女牽掛：單親女性若有未成年的兒女，常會讓男士們退避三舍。統計資料明顯的表示，兒女愈多的單親婦女，愈難找到再婚的對象。

　　4.在經濟、事業上的男女不均：男士們的經濟狀況及事業成就，要到50歲以後才攀上高峰；女性如有事業，通常30幾歲就開始走下坡。男性因經濟基礎穩固及事業成就而增加其擇偶的資源條件，自然較易找到再婚的對象。

　　由於上述因素及社會對男女有不同的標準，因此，離婚或喪偶後的男性比女性更易再婚。以臺灣的情形來看，男性的機會大致上是女性的兩倍。2010年，每1,000名離婚或喪偶的男性有24.6人再婚，女性則僅有11人。

　　第二次婚姻的經驗自然跟首次不同，例如：

　　1.由於已不是年輕的單身者，生活環境不再單純，都有工作，還可能有小孩，相約出外的時間常受限制，往往不允許太長、太晚，因為明天還得上班，家裡還有孩子。不像第一次結婚前，約會時說出門就出門，可盡興，不須顧慮太多。

2.由於都已有婚姻生活經驗，在挑選約會對象或結婚對象時會有些倉促，沒有耐性慢慢來，不再像首次婚姻時的情緒化。某些人經過第一次婚姻失敗後，對婚姻完全失去信心，於是會有一段時間完全拒絕約會等等。

3.再次找對象時比較重視現實條件，例如，經濟環境、社會地位或個人人格品德等，以及是否能提供孩子安定無缺的家庭生活，並提供給自己安穩平靜的婚姻生活。此時羅曼蒂克的愛情已不再重要。

4.在為再次婚姻鋪路的約會中，較易發生性關係。這自然是因為雙方都已有性經驗，知道如何在性趣上做溝通，以及對性趣上的需求較強。

再婚並非那麼簡單，尤其雙方都曾經有過不美滿婚姻的經驗，也可能皆經歷過孤寂、痛苦、掙扎的階段，再加上雙方都可能有子女，也各有事業工作，要協調並非易事。雖然如此，大多數的再婚者都指出其婚姻關係比第一次要好些，也有不少再婚者為能再次找到較理想的對象而慶幸。曾有調查指出，有88%的再婚者認為其婚姻比第一次好得多，有7%認為稍微好些。有學者對此百分比產生懷疑：事實上，再婚者的離婚率相當高，其比率甚至較初婚者還高。對二次婚姻表示滿意的資料，可能只是再婚者不願意承認他們第二次犯錯、失敗，而不敢承認再次婚姻的不幸福。

再婚者再次走上離婚一途的原因很多，例如：

1.再婚者可挑選的對象較受限制，在時間上較為倉促；又常因只為找個伴侶，或找個人做孩子的父親或母親，以致常考慮不周，未能找到真正合適相配的對象。

2.再婚者尋找的對象缺少愛情，而以實際現況為重點，因此雙方的情感基礎較脆弱，一旦發生衝突往往難以收拾。

3.兩家合併的子女問題，養父母難為。兩家子女相處不合的問題，以及繼兒女的管教問題，都可能是婚姻衝突的導火線。

4.經濟負擔上的困難，尤其有子女要扶養。養育子女原本就是經濟

上的沉重負擔，若兩家子女合併，將更難承擔。

5.因曾有過離婚經驗，較容易決定再次離婚。第一次面臨到離婚的可能時，對未來的生活總是充滿茫然和惶恐。再婚後，離婚的生活已不那麼恐懼，若婚姻發生問題，較易決定走上離婚一途。

6.社會對再婚者的角色和規範尚不清楚，因此，再婚者家庭內的角色和社交上的角色扮演，往往難以適從。

無論是初婚或者是再婚，都是人生旅程中的一個經歷，需要男女雙方的互諒和互讓。雖然很多社會裡不願結婚的單身者愈來愈多，但是想結婚的人還是占多數。即使是離婚或喪偶者，仍有大多數的人想再婚，可見婚姻仍是一個重要的社會制度。

終於離婚

王映霞

我眼前的各條道路已都被郁達夫塞住。只有無可奈何的一條，就是請求與他離婚。無條件地協議離婚。我清醒了，我要衝出家庭，各人走各人的路。

我對他說：「我沒有任何條件，也不要你的什麼東西，只望你將護照還給我，讓我一個人回國就行。」

1940年3月，跨過了重重難關，郁達夫同意了我的要求，彼此都在一張現成印好的協議書上簽了名。

合法的離婚手續已經完備，我已是一個可以自由的人了。但我還要最後一次的試探，就提出了三個兒子的教養問題，我說：「由我來管，請你負擔教養費用。」他不願接受我的建議，他切斷了我和他中間這僅有的一條可以聯繫的線。

但郁達夫沒有把進新加坡的護照交給我，使我無法申請回國護照。因為按照新加坡法律的規定，若沒有新加坡的護照是不能領取回國護照的，而當時我的進新加坡的護照，是被鎖在他的辦公室的保險箱裡，鑰匙是在郁達夫身邊隨身帶著。我沒法，只能等機會。一直等到這年5月，我才得到機會提取了我的進新加坡的護照。也就是在這個時候，我才得到辦出口護照的時機。總算子然一身，毅然回國。因為我不懂馬來話，所以辦回國護照等等的一切手續，都是我不認識的一位在星洲中華書局裡工作的姓黃的先生為我代辦的。

他，這位心地善良的黃先生，一直把我送進船艙裡，交代得清清

楚楚，他才離開。然後我一個人站在船艙的房門口。這時有一個同艙的婦女來問我：「你怎麼沒有人來送你？只一個人嗎？」我聽了之後，只「哦」了一聲，眼淚就已經塞滿在我的眼眶裡。就是一個不善哭泣的人，這時候也有一些難以抑制。我想，我是人，是一個有血有肉有靈魂的人，何以竟會落到這種境地？

在郵輪快要離開紅燈碼頭的時候，有兩個「星洲日報」的同仁匆匆趕來，送來了總經理胡昌耀先生叫送來的二百元叻幣，說是給我作川資的。因為胡先生知道我除了買船票以外，是已經沒有什麼餘錢的了。由於送錢來的人再三推讓，我只能收下了這二百元。

提起錢的問題，這實在還是我不好，是我平時把錢看輕了，太相信人了的緣故。還記得我決定回國的那幾天，家中的一個廣東保姆，和我講的那些話，後來想到，實在是不無道理。她曾說：「師母！你怎麼就這樣地回唐山了（當地把回中國說成回唐山）？如果是我的

話，那我一定要向他算回這十二年的損失和工資。」又向我說：「你太不中用了，為什麼要便宜他？」當時我只對她苦笑。

當我正在想起這些片斷的時候，我所搭乘的郵船，已經離開了新加坡海岸，我獨自站在甲板上，眼睛卻望著新加坡，這我所寄跡十八個月的新加坡。等我看到最後只剩了一條細線的新加坡時，我才回進艙內。一方面感覺到自己身子的輕鬆，另一方面也馬上從心底深處浮起了一種已經埋入了心底的仇和恨！新加坡呀新加坡，我不知何日再來見你？不知今後能不能和你再相見？人，如果沒有神經失常的話，我相信總還是有感情的。

到香港後，我曾請戴望舒先生為我在「星島日報」、請程滄波先生為我在重慶的「中央日報」、請劉湘女先生在浙江的「東南日報」上，登載了我單獨一個人登的離婚啟事。啟事原文如下：

王映霞離婚啟事：
郁達夫年來思想行動，浪漫腐

化，不堪同居。業已在星洲無條件協議離婚，脫離夫妻關係。兒子三人，統歸郁君教養。此後生活行動，各不干涉，除各執有協議離婚書外，特此奉告海內外諸親友。恕不一一。

在「毀家詩記」中「南天餞別」這兩首詩，本來是沒有的，是郁達夫於我離開新加坡後加進去的，我想也好，既然能後來加入，總算還有一分情感存在其中。但我並不要接受這種情感。

關於我和郁達夫的離婚，郭沫若在「論郁達夫」一文中確切地寫出了他的正確的看法和批評，他說：

「後來他們到過常德，又回到福州，再遠赴南洋，何以終至於乖離，詳細的情形我依然不知道。只是達夫把他們的糾紛做了一些詩詞，發表在香港的某雜誌上，那一些詩詞有好些可以稱為絕唱，但我們設身處地替王映霞作想，那實在是令人難堪的事。自我暴露，在達夫彷彿是成了一種病態了，……說不定還要發揮他的文學想像力，構造出一些莫須有的家醜。公平地說，他實在是超越了限度。暴露自己是可以的，為什麼還要暴露自己的愛人？而這愛人假使是舊式的無知的女性，或許可無問題，然而不是，故所以他的問題就弄得不可收拾……。」

在我離開星洲上船時，郁達夫還在報館裡辦公，我就留下了這樣的一封最後的信給他：

「我馬上要上船了，一切手續也都辦妥，你們報館裡知道我缺少路費，聽說預備送二百元來，這是我首先該向他們表示謝意的。以前的家用中所積餘的二十餘元，我留下了給你。

你我結婚十二年多，至少到今天為止，我還未曾做過一件於心有愧的事情，今後如何，那就要看我的家庭出身，要看我的本質的如何了。當你我共同生活的初期，你不但沒有固定的收入，而且還給

予我許多未曾償清的債務。就是後來的十二年裡，在家庭的經濟上，我亦曾作過許多東湊西補的安排。而今天我所留下給你的，債務是沒有的，你已經有足夠開支的固定收入。你是飽受過經濟的苦楚的，當你在盡情揮霍之時，望你總要顧到三個孩子的生活教育費用。雖然他們都是從艱苦樸素裡成長起來，畢竟他們都還在學齡，沒有自立的能力，父親若不以身作則的來管教，又讓誰來管教？

　　你的日常用品和衣服之類，全都放在原處未動。另外還有幾套新的衣褲，是我在前些日子裡為你趕做成的，你應該自己處理。我只帶了幾件自己的替換衣服走，留著的，隨你安排。對這一些身外之物，我是素來不加以重視的。

　　我是中國人，忘不了中國。一定得回中國去，大概你是願意永遠留住在南洋的了。三個兒子，既堅決說須由你教養，我亦不想硬來奪走，但希望你要把他們教養得像個『人』的樣子……。」

和郁達夫做了十二年夫妻，最後終至於分手，這正如別人在文章中所提到的，說郁達夫還是在愛著我的，我也並沒有把他忘記。四十多年來，他的形象、他喜怒哀樂變幻的神情，我依然是存入心底深處。

　　錄自《王映霞自傳》，頁205～209。

中年

漠漠秦雲淡淡天，

新年景象如中年。

情多最恨花無語，

愁破方知酒有權。

苔色滿牆尋故第，

雨聲一夜憶春田。

衰遲自喜添詩學，

更把前題改數聯。

　　唐朝詩人鄭谷描寫人到中年後的一些感受：青春已逝，來日幾何；瞻前顧後，百感交集；對花無語，借酒澆愁。

第10章

中、老年家庭生活

中年家庭生活

　　在家庭社會學領域中，絕大多數的研究和理論都把重點放在婚前的擇偶時期和婚後最初幾年的夫婦子女問題，對於中年和老年時期的家庭生活研究卻很少。近年來，雖然由於老人人口的增加、老人學的流行，學者們已開始注意老年人的各種個人和社會問題，但對於老年家庭的研究仍嫌不足，中年時期的家庭更是無人專門研究。在家庭社會學中，中、老年時期可以說是一片空白。

　　以往，這種疏忽、不被重視是可以諒解的，因為過去人們的壽命不長，十幾或二十幾歲便結婚，夫妻一起生活至多不過二十幾年。但現代人壽命延長了，自結婚到配偶過世，共同生活的時間可長達四、五十年以上；即使子女長大成人自己獨立後，夫妻還可有二十多年的相處時日，若把這段生活置於一旁，是說不過去的。可幸的是，中、老年的家庭生活研究已有日漸增加、日漸受重視的趨勢。

　　在今日工業國家裡，中年家庭生活跟過去有很大的區別。以往子女人數多，有孩子環繞身邊的時日較久；如今，孩子人數少，相對的從

老大出生到最小的孩子成人離家獨立的時日就短得多。據一項估計，在二十世紀初期的美國，從結婚到生育最小的孩子，大約平均是14.6年；到最小的孩子離家獨立自主，大約平均是33.8年；而現今的大約平均年數分別是6.8年及20.7年。百年前，許多人在孩子尚未成人獨立之前就已過世；而今，人們的壽命普遍延長，使得孩子遷出後、夫妻單獨相處的所謂「空巢」（empty nest）期不但提前了，也增長了。不僅空巢時期，退休後的日子也增長了。在以往農業社會，人們活到老做到老，沒有什麼退休的觀念；在二十世紀初期，工業社會創立了退休制度，當時人們的壽命不像今日已達70歲以上，於是退休後的日子不長；如今65歲退休，真可有一、二十年的退休生活。有些人若提早退休，日子就更長了。在工業社會裡，中年家庭及老年家庭就成了社會中一群不可忽視的成員。

美國政府把45歲當做中年人的起點年齡，亦即從最小的小孩獨立離家時算起，一直到65歲退休時算做中年，約有二十年之久。中年時期代表著一種人生旅程的轉變。從中年婦女的角度來看，這些轉變最主要的是小孩的離家遷出。這種轉變是巨大的，因為在過去二十年間，她每天主要的工作就是為子女而忙：嬰兒時，忙著餵奶、換尿布、衣服換洗等；在學齡時期，則忙著煮飯、督促課業、參與學校和校外各種活動等等。現在每一個孩子都長大成人遷出，一種空虛感由然而生，一種無用的感覺亦可能隨之而起，甚至感覺人生從此無趣。雖然如此，有些中年婦女卻有一種解脫的輕鬆感，一種重獲自由的快樂。以前沒時間做的事，現在可以做了；而且夫婦間的感情也因子女不在身旁，而有新的發展。有些婦女選擇重回職場、有些到大學選課、有些做某種研習、有些積極參與慈善活動。在子女離家後的這段時期，婦女的滿足程度會影響到她在老年時期的生活。

中年男子在這段時期所遭遇的轉變，並沒有中年婦女那麼明顯和強烈。大多數男性在中年時期已達到職業生涯的高峰，40歲左右是一個男人事業的轉捩點，如果他已獲得所要的職位和薪資收入，則他會盡力維

護；如果尚未獲得，那麼他很可能會恐慌，因為超過40歲之後，想再轉行的機會就大為減少了。許多中年男性回顧職業生涯或成就時，很可能有一種無可奈何的感覺，「在公司服務了這麼多年，才做到這個小主管的位置，實在不值得！」或者「我做了二、三十年的小公務員」等怨言常時有所聞，以後的生活將注定平淡無味、沒沒無聞。

對很多家庭而言，中年時期是生命的最高峰：一家之主的先生在事業上和收入上達到頂點了，由於事業和收入的穩定，家庭經濟的富裕，夫妻的感情也經過婚後初期的衝突與調適，到了此階段已較成熟、平靜。在雙薪家庭中，婦女因子女已長大，不必再陷入工作與照顧子女等家務之間的衝突，此時可以專注於自己的事業，成就感也較高。因此，中年家庭對這些人來講是幸福和充實的。

然而無論男女，皆可能有「中年危機」（midlife crisis）的困擾。這危機往往有下列幾項狀況：

1.對往昔的回憶：追憶以往那些少數珍貴生活的回憶，回想當年的成就和美好的日子。（例如，「當年我是校花」、「我們剛結婚時，生活多美好啊！」）

2.自我懷疑：惋惜以往所失去的機會。（例如，「真可惜，當年沒出國留學」、「如果沒那麼早結婚生小孩，我的人生可能就不一樣了」）

3.孤獨感與興趣縮小：把自己孤立起來，無心學習新的東西。（例如，「年紀都一大把了，學這幹什麼」、「老了，沒人理」）

4.情緒化、易怒：總覺得人家看不起他、在算計他，易為小事而輕易動怒。（例如，「我不過才40幾歲，你就嫌我老呀？」）

5.終日無精打采：總覺得渾身酸痛、無聊、提不起勁。（例如，整天無所事事，在家發呆。）

6.性需求的改變：婦女在更年期後，性需求會減退，男人往往會尋求外遇，以肯定自己雄風還在，不怕沒人要。

7.酗酒、吸毒、暴飲暴食：以外物擺脫心理上的苦悶。

8.對邁入老年的恐懼感：把老年看成恐怖無助的時期，對未來的日子充滿恐懼。

9.過分重視安全感：害怕老了沒保障，不願尋求新的和具有挑戰性的角色。

不過有研究指出，並不是每一個人都必經中年危機的階段。他們發現，在日本和印度的文化中，就找不到中年危機的跡象。即使在今日的美國，也只有大約15%的中年人有此危機。他們認為是因為西方文化過分重視年輕（youth），才造成了中年是危機的迷思。

雖然如此，大多數的中年夫妻還是各有其心理負擔和角色認定的問題。那麼，他們的婚姻關係又會是怎麼樣？孩子們都已離開家庭，現在只剩下夫妻兩人，日子該怎麼過？婚姻如何調適？美國在1976年的一項研究指出，中產階級家庭夫婦的婚姻關係，在孩子們離家後較孩子們在家時，顯得更和諧、更快樂。

以45歲當做計算中年人口的起點年齡，是一般的現象。此外也有研究者認為，當一個人開始顧慮到自己還有多少時日可活時，這個人就已進入了中年階段。從家庭生命圈的觀點來看，中年時期開始於家中最小的孩子成年離家獨立的空巢期開始，一直到退休時為止。中年時期代表著人生旅程的轉變時期，夫妻對此轉變程度會有所差異。由於女性的生活範圍在中年時期以前是以家庭為主，其主要的社會角色常是家庭主婦。

由於家庭組成的改變，中年夫婦在家庭生活中的主要角色也會隨之改變，中年以後又以為夫、為妻的角色為主，因此夫妻雙方都必須重新認定新角色的扮演。孩子離家後，夫妻又回復新婚時期的兩人生活。有研究指出，夫妻在孩子離家後的婚姻關係，會更和諧、更快樂，尤其是中產階級家庭。這段時期新發現的婚姻角色及關係，是一種「老伴」式的關係，而非結婚初期羅曼蒂克式的愛情關係。

中年夫妻在角色上已有所界定，明瞭自己在婚姻中所應扮演的角色。即使夫妻間有一方不同意其角色的責任義務，到了中年以後通

常都能諒解、接受，或至少容忍其配偶的角色、行為、觀點。這些年來，由於離婚率與再婚率的提高，很多中年夫妻已不再是當年初婚時的心態，都變得較成熟、較有耐性。這些再婚的夫妻常有一個棘手的難題：單方或雙方在前次婚姻中的子女問題，這常造成再次婚姻生活中緊張的關係。

至於中年夫婦的性關係，亦有所改變。婦女更年期經驗可能帶來某些心理壓力，對某些婦女而言，由於免除了懷孕的可能性，而增加對性的興趣。中年男性可能因為體質上的改變，而無法維持年輕時的性能力表現；對某些男士來說，由於事業上的穩定與夫妻感情的重新發現，對性依然保持興趣。中年夫妻在性關係上的改變，以及因人而異的改變，對空巢期夫妻生活的影響是不爭的事實。

中年期夫妻關係的滿意程度，對老年退休後的生活關係，具有很大的影響力。事實上，中年時期的生活調適、角色的重新界定，都在為老年生活鋪路。在此時期若不及早為退休生活做準備，老年生活自會產生許多新問題；若能事前有所安排，則老年生活會順利些。因此，心理專家提出下列幾種心理和社會角色的調整，以避免或順利度過中年時期：

1.心理調整

(1)健康的身體，注意飲食。

(2)要有自信和樂觀，相信自己的能力。

(3)正視並面對未來。

(4)將危機化成轉機。

2.社會角色的調整

(1)對自己中年角色的認定。

(2)持續或擴大興趣範圍。

(3)夫妻之愛的維護。

(4)朋友和同事關係的維持。

(5)社會公益和休閒活動的參與。

(6)退休後生活的準備。

第二節 老年家庭生活

　　二十世紀最明顯的家庭變遷之一，是人們壽命的延長，而增長了老年人口數，以及老年人在總人口中的比率。此現象不僅在工業化國家十分顯著，在開發中國家也是如此。二十世紀初期，人的生命餘年最高只約四十年；到了1970年代，工業先進國家的平均生命餘年都已超過七十年。據CIA的*Worldfact Book* 2011年的估計生命餘年，在工業國家已接近八十年；女性的生命餘年則幾乎都已超過八十年。根據CIA的估算，2011年生命餘年最長的是摩納哥的89.73年，其次是澳門的84.41年。表10-1是世界上十個最長壽國家的排名。臺灣排名53，生命餘年78.3；中國大陸排名96，有74.68年。

表10-1　2011年世界最長壽的十個國家

排名	國名	生命餘年
1	摩納哥	89.73
2	澳門	84.41
3	聖瑪利諾	83.01
4	安多拉	82.43
5	日本	82.25
6	古爾希	82.16
7	新加坡	82.14
8	香港	82.04
9	澳洲	81.81
10	義大利	81.77

資料來源：http://www.nationmaster.com

　　如果以65歲老年人的生命餘年做比較，2007年，美國是女19.9，男17.2；日本是女23.6，男18.6。換句話說，退休後男女都有二十年左右

的餘年。臺灣地區的生命餘年，在民國40年（1951）僅男性53.10，女性57.32；到了民國89年（2000），已增長到男性72.63，女性78.30；民國98年（2009），男性生命餘年是75.6，女性是82.5。如果以65歲老年人來預估其存活年數，則生命餘年是17.8。

　　臺灣老年人口的增加，也隨著世界的趨勢。老年人口在1966年的總人口比率僅占2.7%，2009年8月底已達到10.6%，估計會持續增加。詳細資料可見表10-2。

表10-2　臺灣老人人口成長趨勢，1966～2009

年份	在總人口之比率
1966	2.7%
1971	3.0%
1976	3.6%
1981	4,4%
1986	5.3%
1991	6,5%
1996	7.9%
2001	8.8%
2009*	10.6%

*2009年9月底數字

資料來源：《中華民國社會統計指標民國92年》及http://www.moi.gov.tw

　　老年人生命的延長及老年人口的增加等現象，並不就此打斷。據學者估計，到2025年，已開發的工業化國家，大約每四個人當中就有一位65歲以上的老年人。

　　無論是美國或臺灣，家庭在一個人的生命歷程中，扮演著相當重要的角色。年幼時需要父母的扶養，成年時需要配偶與子女的親情，年老時則需要其他家人的扶持照顧。雖然在目前已工業化的社會中，成年子女與老年父母同居一處的現象已愈來愈少，但關係的維持對獨居老人仍有很深刻的影響。根據美國人口普查局的資料，2003年，65歲以上老年

人中，男性有配偶者占71.2%，喪偶寡居者占17.5%，未婚者占4.3%，離婚或分居者占7%；女性有配偶者占41.1%，喪偶寡居者占46,6%，未婚者占3.7%，離婚或分居者占8.6%。可見，四個男性老年人當中，就有三個是有配偶者；而女性老年人則不到一半，其中有將近一半是其配偶已過世。這種現象的產生，主要是丈夫往往比妻子早過世，因此老婦女守寡的數目相當多。其他的研究發現，男性老年人在喪偶後再婚的機會較多，而且再婚數目亦不少。心理學家則認為，男人本來就不善於獨居，喪偶後會很快就再婚，幫自己找個伴。因此，有些研究也指出，如果男性老年人在妻子過世後不再婚，則平均大約只能多活三年左右，就是因為喪偶後的孤獨感，帶來心理與身體上的各種疾病致死。但婦女在類似情況下則較長壽。

臺灣的情形也大致類似。內政部為瞭解65歲以上老年人健康、居住、經濟、社會活動等狀況，以及起居生活困難之情形，以做為擬訂老人福利措施，以及加強老人福利服務、醫療照護與保健措施之參考，每隔三至五年會辦理一次「老人狀況調查」。最近一次調查於2009年下半年實施，以2009年6月底的老年人口為母體，辦理抽樣，實際完成有效樣本5,520人。這份調查報告是目前臺灣對老年人生活最詳盡的資料。根據這份資料顯示，2009年65歲以上男性老年人有配偶者約占73.75%，喪偶者占20.20%，未婚者占2.04%，離婚或分居者占4.01%；女性老年人有配偶者約占41.60%，喪偶者占53.96%，未婚者占1.36%，離婚或分居者占3.09%，詳見表10-3。可見男性老年人尚有配偶者，遠高於女性老年人；相反的，女性老年人喪偶者，則高於男性老年人。其中最重要的一個因素是，男性生命往往較女性為短，因而造成較多的寡婦。另外，有配偶者的老年人隨年歲增長而減少，也是事實。

表10-3　65歲以上老年人目前的婚姻狀況（2009年6月底）

（單位：%）

項目別	總計	有配偶或同居	喪偶	離婚或分居	未婚
2005年調查	100.00	57.53	38.48	2.48	1.50
2009年調查	100.00	57.13	37.64	3.53	1.69
性別					
男	100.00	73.75	20.20	4.01	2.04
女	100.00	41.60	53.96	3.09	1.36
年齡別					
65～69歲	100.00	71.93	22.01	3.43	2.64
70～74歲	100.00	61.54	33.30	4.34	0.82
75～79歲	100.00	52.56	43.22	3.29	0.93
80歲及以上	100.00	35.69	59.28	3.00	2.03

　　老年人的家庭組成，據2009年的調查發現，三代家庭仍居首位，約占37.86%，兩代家庭次之，家庭對老年人生活的重要性顯而易見。

表10-4　65歲以上老人家庭組成情形

（單位：%）

項目別	合計	獨居	僅與配偶（同居人）同住	兩代家庭	三代家庭	其他
2005年調查	100.00	13.66	22.20	22.49	37.87	3.78
2009年調查	100.00	9.16	18.76	29.83	37.86	4.39
性別						
男	100.00	7.94	25.62	29.24	32.01	5.19
女	100.00	10.31	12.35	30.37	43.33	3.64

資料來源：內政部98年老人狀況調查報告。

　　老年人的經濟來源，以「子女奉養」（含媳婦、女婿）為最多，占42%，可見子女對老年人生活的重要性。老年人自己的儲蓄和退休金次之，占28.73%。「政府救助或津貼」有17.12%，亦不能忽略（見表10-5）。老年人平均每月可使用的生活費約1萬4千元，惟有21.9%認為生活費不夠用。

表10-5　65歲以上老人之主要經濟來源

（單位：%）

項目別	總計	自己工作或營業收入	配偶或居人提供	自己儲蓄、利息、租金或投資所得	自己退休金、撫卹金或保險給付	子女奉養（含媳婦、女婿）	向他人借貸	政府救助或津貼	社會或親友救助	其他	不知道／拒答
總計	100.00	6.99	4.60	12.33	16.40	42.00	0.06	17.12	0.17	0.05	0.28

資料來源：內政部98年老人狀況調查報告

　　不過，絕大多數的子女或孫子女，皆不需要來自老年人的經濟援助。表10-6是2009年所做的調查，顯示只有3.80%須要老年人經常給予支援。

表10-6　65歲以上老人提供經濟支援給子女或孫子女的情形

（單位：%）

項目別	總計	需要經常支援（含定期）	僅不定期支援	不需要	無子女或孫子女	需要但沒能力	不知道／拒答
2005年調查	100.00	3.77	5.01	91.22	-	-	-
2009年調查	100.00	3.80	6.77	83.71	2.94	2.48	0.30

　　事實上，老年人平日的起居活動也是要靠家人協助的，特別是配偶與子女，以及媳婦。在表10-7a中，如果把這四類併算，就占了62.49%。尤其媳婦的角色，在2009年比2005年有明顯的增加。

表10-7a　65歲以上老人最近一個月起居活動有困難者之主要幫忙料理者

（單位：％）

項目別	總計	配偶或同居人	兒子	女兒	媳婦	女婿	兄弟	姊妹	母親
2005年調查	100.00	13.20	13.39	4.49	8.92	0.37	-	0.02	0.47
2009年調查	100.00	14.25	22.30	11.32	14.62	0.23	0.18	0.33	-

資料來源：內政部98年老人狀況調查報告。

表10-7b　65歲以上老人最近一個月起居活動有困難者之主要幫忙料理者（續）

（單位：％）

項目別	孫子	孫女	其他親戚	鄰居	朋友	外籍看護工	本國看護	居家服務員（含志工）	機構服務員（含志工）	自己	其他
2005年調查	-	-	1.28	0.39	0.02	12.40	5.14	0.89	7.63	29.53	1.85
2009年調查	1.94	1.06	0.23	0.53	0.39	12.82	3.78	0.52	3.39	12.12	-

資料來源：內政部98年老人狀況調查報告。

　　老年人認為理想的居住方式，主計處於1991年的調查中發現，有65.5%的老年人希望固定與某些子女同住；至於到子女家中輪流住的意願並不高，僅有7.5%；僅與配偶同住，但不跟子女同住者占13.8%；希望遷入扶養機構的只有4.1%。理想的居住方式與性別差異相關不大，不論男性或女性老年人皆最希望與固定子女一起居住，而不願意獨居和遷入扶養機構。唯一有明顯差別的是在與配偶同住一項，似乎男性老年人在這項的意願比較高，占16.5%，女性僅有10.6%。這也許是因這一代的老年婦女在婚姻上吃虧較大的緣故吧！2002年尚有一半（50.8%）的老年人認為，與某些子女同住是理想的居住方式。

表10-8 65歲以上老人過去一年曾住院者住院期間主次要照顧者情形，
2009

（單位：%）

照顧者	主　要	次　要
兒子	29.09	24.19
配偶或同居人	20.24	3.20
女兒	14.21	17.84
媳婦	9.68	11.77
本國看護	7.61	2.17
外籍看護工	6.71	1.14
自己	5.45	2.34
孫子	1.86	1.34
機構服務員（含志工）	0.93	0.08
孫女	0.85	1.59
其他親戚	0.66	0.12
兄弟	0.63	0.05
居家服務員（含志工）	0.37	0.15
姊妹	0.37	0.40
女婿	0.27	0.47
朋友	0.24	0.28
鄰居	0.20	0.43
母親	0.14	-
其他	0.17	0.43

註1：94年調查主次要照顧者，並無「孫子」、「孫女」選項。
註2：98年調查將志工分為「居家服務員（含志工）」、「機構服務員（含志工）」
　　　等兩類，94年調查僅有「志工」一項。
資料來源：內政部98年老人狀況調查報告。

　　對絕大多數的老年人而言，家庭是晚年生活的唯一依靠，無論子女
是否同居一處，家庭生活因為退休而占據了日常生活的主要部分。如果
把家庭視為老年社會生活中最重要的社會制度，一點也不過份。

　　退休常給老年男人帶來一種震撼，因為退休正式宣告一個男人進
入老年期。特別是對一個一直以事業為中心的男人，這種無事可做的生
活是很難捱的。在家庭裡面，退休的來臨也改變了男人的角色，從賺錢

養家的主要角色，變成幫助家務的輔助角色。以前夫妻見面的時間不多，現在丈夫整天待在家裡，妻子的主婦角色便受到威脅，夫妻間的衝突可能因而產生。但是研究者發現，老年夫妻常會發展出一種分享家務的方式，例如，一起討論屋內裝飾、一起整理花圃、一起外出購物等等。社會地位的差別也影響了老年夫妻婚姻關係的調整，中上等社會家庭老年婚姻，會比下等社會家庭更美滿。

退休的決定和來臨，對老年人的家庭有很大的影響。退休前夫妻各忙各的，相處的時間並不長，退休後兩人整天面對面，自然較易發生衝突。尤其現在的人較長壽，退休後可能還有二十年左右的生活，因此必須在婚姻關係上做些調整。例如，家事的重新分配、夫妻溝通的方式、退休後居住地的選擇、與成年子女關係的處理等，都需要加以調整。

雖然大多數老年人對他們的婚姻還算滿意，尤其是男性老年人。但是老年人離婚率在一些國家已有上升的趨勢。英國的每日新聞（Daily Mail）將其看做是「流行病」（epidemic）。義大利55歲以上者的離婚率，在2000年至2004年間增加了3.5%。日本結婚二十年以上者，在1985至2004年間離婚者增加了一倍。加拿大在1993至2003年這十年間，55至59歲的離婚率增加了47.8%，60至64歲的離婚率增加了31.7%，65歲以上增加了9.2%。

美國退休人協會（American Association of Retired Persons, AARP）在2004年對1,147位年齡在40至79歲的人所做的問卷調查發現，66%的離婚是由女方先提出，而且很多是在丈夫事前不知情的情況下提出的。很多婦女表示，離婚是因為無法再忍受長期的肢體和精神虐待，以及丈夫酗酒、吸毒。提出離婚的男性則往往是因為有了第三者。有四分之三受調查的人認為，在離婚前後會有恐懼感，但離婚的決定是對的。

臺灣社會中喪偶老年人的處境資料並不多，內政部的一些零碎資料曾有下列報導：

＊56%的獨居老人雖有子女，但經常保持來往者只有其中的50%。

＊68%的獨居老人患有慢性疾病。

＊17.5%獨居老人生病時無人照顧。

可以想像得到的是，各地老年人所遭遇的問題和美國老年人不盡相同。臺灣社會中人與人之間的互助比較直接與親近，因此，老年人喪偶後的孤獨感可能會減少些，而且子女對父母的奉養，目前仍是一種社會所稱頌的價值，父母經濟上的困難亦比較不嚴重。然而即便如此，喪偶對當事人來講，無論中外，皆必有某種影響，臺灣老年人這方面的問題仍值得注意。

至於老年家庭是否和諧的問題，根據休克（Huyck）分析一些研究結果而綜合出以下三個要點：

1.老年家庭有許多不同的特質，並非同質性，因此不可以偏概全。有些家庭很重視夫妻間關係的和諧，有些家庭注重老年父母與成年子女的關係，有些家庭則把興趣轉移到外界事務或興趣上。這些不同皆會影響到老年家庭婚姻的滿意度。

2.大多數的婚姻原本就相當穩定，因此，進入老年期後仍然穩定。

3.早期的人格特質會影響到老年時期的婚姻滿意度和家庭和諧。

至於喪偶或離婚後再婚者的人數並不多，一個研究指出，再婚是否會成功，必須具備四項條件：

1.新婚夫婦皆有健康的身體。

2.有足夠的收入和經濟來源。

3.家人及朋友皆贊同。

4.之前的婚姻大致上沒有太大問題。

顯然地，老年人若欲再婚，必須要有健康的身體，否則會造成配偶的負擔。經濟不佳則應付不了日常生活所需，如果一旦生病，更是沉重。家人和朋友的贊同，尤其是成年子女的贊同更是重要。最後則是避免惡劣的婚姻重演，因為正如前面提到的，老年家庭往往是中年家庭的延續，不愉快的第一次婚姻會影響到第二次再婚的滿意程度。

一、老年人跟孩子、孫輩的互動

一個老年家庭生活的重要互動關係，是年老父母跟孩子及孫輩的互動。老年夫婦之間的互動頻繁，在空巢時期，夫妻的感情有回升的跡象，成為兩個相依為命的「老伴」；雖然如此，老年人跟晚輩的互動仍是相當重要的。在美國2008年有6.6百萬個小孩是與一個祖父或祖母同住，占總小孩人口之9%，其中4.4百萬是住在一個祖父或祖母家，至於祖父母全在的有2.2百萬。在現代社會中，老年父母跟孩子們的互動具有下列幾個主要特點：

1.不住在一起，地理距離的限制使互動的直接關係頻率減少，面對面的互動難以發生。

2.家庭生育率的減少，使得父母與子女的互動較能集中，因此感情的維持延續較密切且長遠。

3.老年父母與成年子女間也有代溝，必要時，他們彼此能提供意見及協助。

4.老年祖父母為孫輩提供了必要的情感角色（expressive role），年輕父母常忙於事業，無法適時地給予子女感情上的扶持，老年祖父母正好可彌補這缺陷。

從許多的實地研究報告中，我們可以發現證據來支持上面這四個特徵，老年父母與子孫輩的互動仍然有某種程度的滿足。如果我們要求美國這一輩的子孫們對祖父母的印象做一描述時，大多數的形容用語都會偏向好的一方面，例如，和藹可親、有信心、有知識、受人尊敬等等。當然也有少數人會用沒耐心、自傲、孤僻等字眼來形容他們。

二、老年人的祖父母角色

由社會角色的觀點來看老年人的家庭生活，老年人由為人父母的角色，增加到為人祖父母的角色，這同樣是個不容易扮演的角色，每位老年人對此新角色的反應各不相同。一方面，晉升到祖父母的角色，代表著一個人的老化，在社會中的輩分會因有兒孫輩而升高，這種升高對某

些人來講是一種榮耀，覺得令人驕傲；然而，對某些人而言卻象徵著退出社會活動圈的日子就要來臨。這些不同的反應自然也因社會而異，在美國這樣一個以青年人為中心的社會，這個祖父母的角色自難稱頌；但在傳統的社會，則代表著家庭的延續及個人的福氣。另一方面，在以往個人社會化的過程中，從未有過扮演祖父母輩角色的訓練，因而令人手足無措的困惑。就像其他新接受的社會角色，為人祖父母需要經歷再社會化過程，以熟習社會所賦予的行為模式、期待、價值觀念等等。祖孫輩的關係會因家庭、文化而異，有些關係親密，甚至比父子輩的關係更加和諧；有些關係不好，或是不喜歡這角色，或根本不願意親近孫輩們。為人祖父母的角色大致有下列數種類型：

．類型一：嚴肅型：這類型的祖父母高高在上，忙著自己的社交活動，而沒有時間跟孫輩們互動，彼此間保持很正式的嚴肅關係，是一種不可親近的角色。

．類型二：疏遠型：這類型的祖父母不像類型一那麼可畏，但是跟孫輩間總保持一段距離，有點像外人一樣，一點也不親切。

．類型三：親愛型：這類型的祖父母扮演一種孫兒們的父母角色，不但支持幫助其子女教養孫輩，更提供必要的協助及忠告，是家庭中不可或缺的一分子，雖疼愛孫兒們，但不溺愛。

．類型四：溺愛型：這類型的祖父母易溺愛孫兒們，常在教養方式上與年輕的父母發生爭執衝突。他們的生活完全以孫兒們為中心，自認為是孫兒們的保護者。

上述四種類型，跟兒孫輩們是否與祖父母同居一處無關，祖父母居住的地點遠近，都有可能造成上述各類型關係。一般來說，在現今的工業社會裡，老年人都表示希望兒孫們能住得近，彼此可以有照應，但卻不願同住一處以保有個人的獨立及隱私。有研究指出，不同住一處的兩代關係，比同住者要

和睦些。另有研究發現，約有四分之一的年老父母跟子女每星期至少互動一次，其中不少每天都碰面。還有研究發現，祖父母還健在的孩子，95%曾跟祖父母住過一年，75%住過兩年，超過半數以上的孩子一個月至少探視祖父母一次，這些都顯示出祖孫輩互動的頻繁。

另外一種對祖父母角色的分類法，是由紐卡頓（B. Neugarten）和韋斯汀（K. Weinstein）兩人提出的，分為五種類型：

1.正式的祖父母（the formal grandparents）：寵愛和溺愛孫兒們，但不干擾父母對子女的管教。

2.玩伴的祖父母（the fun seeker）：與孫兒們一起玩耍，保持親密關係。

3.兼職父母（the surrogate parent）：女兒在外工作，祖父母仍代母職，處理孫兒們的教養。

4.家庭智慧的寶藏（the reservoir of family wisdom）：祖父母具有某種程度的權威與智慧，要求孫兒們服從與絕對的尊敬。

5.疏遠者（distant figure）：此類祖父母僅在節日或其他紀念日才跟孫兒們來往，平常對他們相當冷淡和疏遠。

其實無論哪一種類型，絕大多數的美國老年人都願意跟孫兒們親近，即使是所謂「疏遠者」，也很少是永遠疏遠的，因此，祖父母的角色值得重視。在性別角色上，男性在家庭中扮演著較工具性的角色（instrumental role），但是一旦當上了祖父輩，此性別角色的差異就會有所改變。老年人對子女或孫輩的角色扮演，較偏向所謂女性化的感情角色（expressive role），不論是祖父或祖母，工具性的角色變成次要的，其主要功能偏重於感情上的扶持。

關於祖孫輩的互動，有許多研究發現，例如：(1)老年人很喜歡小孩，卻不喜歡成年的孫兒；(2)老年人歡迎孫兒們的來訪，但卻更高興見到他們離開；(3)同性間較能互相吸

引，因此，祖母較能跟孫女維持親密關係，祖父則跟孫兒較親切；(4)不僅如此，女性間的關係亦較親密，換言之，祖母及孫女的關係，遠較祖父及孫兒的關係更親近。這些發現可用下列的說法來解釋：小孩較容易應付；成年孫兒要求較多；老年人體力漸衰，任何過久的拜訪都難以維持；老年人在家中所扮演的角色已趨向感情上的扶持，這樣的角色期望比較適合由祖母來扮演；祖母理家的經驗仍可傳授給孫女，而祖父的工作經驗卻跟工業社會日新月異的工藝技術有點脫節。祖父母對家庭的貢獻是正面的，他們提供看顧小孩、家務管理、孫子女需要用品的贈與、金錢補助以及行為規範的教育等。祖父母的參與讓成年子女或初為父母者有喘息的空間。一項2010年的調查發現，美國有63%的祖父母在過去五年內曾提供孫子女一些金錢上的贈與或幫助。70%是$5,000以下，中數是$3,000。不過，大多數老人家不讓子女或孫子女知道自己的財產數目。

臺灣專門對祖父母與孫子女們互動的資料相當少，不過，從一般對老年人生活調查中，可間接獲得一些結果。衛生署家庭計畫研究所在1996年的調查中發現，有26.2%的中老年人會幫忙照顧小孩，尤其是女性。男性中老年人此項的百分比是19.3%，女性則高達33.9%。另外，前面我們曾經提到，臺灣老年人仍然與成年子女同住一處者，數目不少，這些家庭自然有較密切的祖父母與孫子女間的互動與來往。

除了跟子女、孫輩互動外，另一種老年家庭關係的重要對象是其兄弟姊妹。當今許多人為了工作事業而遠離老家，老年人的兒孫輩常不住在同一個城市，跟自己較親的就是同輩的兄弟姊妹了。這層關係對老年婦女更是明顯，因女性的壽命較長，一旦丈夫過世，自然會跟自己的親人有更密切的往來，因此，老年人兄弟姊妹間的關係是不容忽視的。

總而言之，家庭對老年人來講是相當重要的，不僅老年夫妻的感情會影響到老年人的日常生活，老年人與成年子女及孫子女間的互動，亦會影響到老年人快樂與否。在當今工業社會裡，遷移的機會多，除了鄰近有來往的少數親人外，跟其他親屬間的關係就顯得不重要，再加上現

今強調核心家庭，很少依賴外地親屬的扶持、協助，老年人跟其他親屬的關係僅止於季節性的通信問候、婚喪喜慶的拜訪而已。在離婚率逐漸攀升的當今社會中，不少人都有兩次或兩次以上的婚姻，因此，姻親關係就顯得更淡薄疏遠了。

第三節　老人生活圈

一、老年人的朋友及宗教信仰

　　老年人的生活層面並不侷限於家人親屬，還有不可或缺的重要資源便是朋友圈及宗教信仰。尤其老年人對死亡即將來臨的恐懼心理，宗教信仰及朋友皆可提供某種程度的依靠。我國有句俗語「遠親不如近鄰」，對老年人來說更是貼切。在現今工業社會中，年輕人的遷徙機會大，親戚和家人常不住在同一城市，一旦有事急須求助，鄰近的朋友就能適時伸出援手。對許多老年人來說，朋友關係不僅能彌補親屬關係的不足，有時更超越家庭親屬關係之上。

　　研究指出，有親近朋友圈的老年人，他的精神會好些。如再跟成年子女做比較，有朋友似乎比有成年子女更為重要。其原因有三：(1)老年朋友之間的生活方式、嗜好、興趣、態度，價值觀念等都較相近，彼此的地位也較平等；相反的，由於年齡輩分上的差距，易使老年父母及子女間產生代溝；(2)老年父母與子女間應是上下、長幼的關係，父母年老後，常無法再扮演提供協助的角色，成年子女也不能再繼續扮演只是接受的一方，於是雙方都得重新調適角色的職責及義務；但朋友間的關係則是平等的、不變的，因此沒有調適上的難題；(3)在時間因素上，老年人的朋友間常都是已退休的，彼此的時間都較充裕自由；而成年子女則正處於事業和家庭最忙的階段，有時真的無暇照顧或探訪父母。上述這些都說明了朋友圈在老年生活中的重要性。

　　根據老年社會學中的活躍理論（activity theory），老年人在社會中

仍然是活躍的，只有繼續參與活動的老年人，才能安穩的由中年階段過渡到老年生活的階段。然而其所參與的活動，由於所擔任扮演的角色跟以往不同，必會有所改變。活躍理論可以應用在老年人朋友圈的討論。許多老年人一齊活躍的參與各式各樣的志願組織團體（voluntary association），不論是地方性的組織或全國性的組織，他們常提供時間、精神、財力以推廣組織的目標；對老年人而言，還能在組織中建立自己的朋友圈。

老年人的朋友圈常能成為他們日常生活中最親近的團體，此即社會學中所稱的「初級團體」（primary group）。有時，朋友更成為老年人的「參考團體」（reference group），用以參考比較自己的社會生活品質，並獲取精神生活上的支持。

在美國，有不少志願組織團體是由老年人所組成，也有一些是專為爭取老人福利而組成的。湯普森運動（the Townsend Movement）是美國最早由老年人組成的團體，成立於1934年，當時主要的會員是較低收入的工作人員，其主要目的是爭取國會通過法案，給予每個60歲以上的退休老人每月200美金的救濟金；至1936年，全美已有數千個地方性分支機構，會員已達一百五十萬人。1950年代，該組織將其目標推廣至老年人的娛樂和社交活動。由於美國社會安全法案在1960年代以後陸續推廣，湯普森運動已逐漸消失。

目前美國以老年人利益為主的組織，最主要的有美國退休人協會（the American Association of Retired Persons, AARP）、全國退休教員協會（the National Retired Teachers Association, NRTA）、全國老人協會（the National Council of Senior Citizens, NCSC）、灰豹會（the Gray Panthers）等等。台灣雖有高齡團體，但少為人知，功能不大。

老年人另一種獲取長期友誼和精神支持的組織是教會。社會學家發現，不少美國人參加教會的主要目的並不在於宗教信仰，而是想擴大社交的活動圈。教會裡的聚會較固定，教友相會的機會較多，也較定期，老年人在教會裡的朋友關係常是長期的，彼此能依賴、依靠。

老年人在生活上的孤單及面對就將來臨的死亡，都會增加老年人上教堂敬拜神或進廟拜神。曾有研究發現，宗教的重要性跟年齡有正相關：年齡愈長，宗教神明的重要性愈強。此外，在參與教會活動方面也發現跟年齡有關。

　　宗教信仰的正面功能是協助老年人減輕孤獨感，減緩因配偶、親友死亡的悲痛，更能減輕自己對死亡的恐懼。宗教也能提供老年人拓展朋友圈，教會組織更能為老年人提供許多必需的服務及支援、活動場所等。宗教也有其反面功能，宗教團體的價值觀念常跟外界不完全一致，這會使老年人對一般社會環境產生不適應的感受。有些教派認為上帝能治療一切，導致老年人生病卻不願就醫，拖延病痛，甚至死亡。

　　總而言之，宗教對老年人的生活有正反面的影響，但其重要性是無庸置疑的。中國式的傳統民間信仰跟西方宗教組織是不一樣的：沒有所謂的正式組織，也沒有神職人員的中介角色，個人與宗教的關係是單獨的、直接的，跟神明溝通來往不必經過他人之手。民間信仰更沒有教會的會員制度，一個廟宇拜拜的人有多少、其信徒有多少，都不容易估計正確的數字；然而，從廟會的活動即可相信參與的人可能不少，老年人的參與率更高。

　　在臺灣的老年人，朋友圈也是很重要的老年社會互動。臺灣雖已對老年人提供了一些社會福利，但讓老年人有機會認識朋友的活動場所仍不多，不過整個社會提供了一些非正式的交友機會及場所。例如，公園、學校、廟前廣場的晨操運動、太極棒練習等，不但提供老人一項娛樂健身運動，更提供了老人社交的場所。由於臺灣地區人口密度較高，人們的互動頻率較直接且頻繁，因此，老年人在朋友圈中應可獲得心理上的扶持，再加上較大的親屬群，亦可減輕老年人的孤單感受。

二、老年人生活上的問題

(一)病痛及喪偶

　　老年家庭的一個常見問題，發生在夫妻一方可能有嚴重的疾病而造

成行動不便、半身不遂等，需要長期照顧。由於女性壽命較男性長，而且丈夫的年齡通常較長於妻子，於是，照顧男性老年病人的責任常落在妻子身上。長期照顧生病的老伴，會使婚姻關係增加許多身心負擔，但也能促進夫妻間的相互珍惜和憐愛。無論如何，對照顧的一方而言，這仍是一個挑戰。

在老年階段，最嚴重的事件可能要算配偶的死亡。死亡不僅斷絕了夫婦兩人長期的婚姻關係，而且也帶來一種自我生命即將結束的恐懼。既然婦女活得長些，老年婦女喪偶的經驗自比老年男性要多。然而，配偶的死亡對男性的打擊會比對女人來得嚴重得多，主要原因包括：

1.男性一生大部分時間都專注在事業上，對家務毫無經驗。一旦妻子過世，老年男性常有不知所措的空虛感。尤其是如果妻子在老年初期就過世，情況更嚴重。

2.男性跟親屬、朋友的交往聯絡，沒有女性般頻繁親密。以往家庭裡的社交活動都由家庭主婦來安排，一旦妻子過世，他便必須重新建立這層關係。對許多男性來說，尤其是老年男性，這並不是件簡單的事。

3.男性在家庭中一直是支配性的角色，妻子過世後只剩他一人，角色無法實現，又難以調適，易產生恐懼。

4.男性不易表露情緒上的需要。妻子的死亡使他需要慰藉和同情，但是他以往社會化的過程中並沒有學到這些，甚至認為接受同情與慰藉是弱者的表現。

5.男性與男性的來往總是比較正式化，喪偶之後較無法自同性朋友處得到心理需求上的支持。

反過來看，老年婦女對喪偶之後所可能遭遇的困難，比較容易適應。一方面是因為家務事一直是她婚後的主要工作，不受丈夫在否的影響；另一方面是婦女原本就跟許多親友保持聯絡，互動頻繁，再加上一些同病相憐的寡居親友，一旦喪偶，她也較能得到這些親友在身心和精

神上的扶持及慰藉。

婦女在喪偶後也會遭遇一些難題和困擾，包括：

1.經濟上的困難：老年夫妻因丈夫退休，在經濟上本就已顯拮据，退休金和養老金往往僅夠糊口而已，老伴的過世更可能中斷或減少退休金的領取，收入大為減少，經濟上困難重重。

2.行動上的困難：老夫老妻出門有伴，可相互照應，一旦老夫過世，出門一切都得靠自己，再加上老太太自己也老了，行動不便，單獨出門實在不安全，在今日犯罪率提高的都市，更增加危險性，缺乏安全感。

3.社交上的困難：以往參加活動總是夫妻一齊出席，社交的對象也都是一對對的；如今一個人單獨參加，不但行單影隻，自感哀傷，一對對的朋友也不知該怎麼保持原有的互動模式，因此覺得自己不再適合參與以往的社交活動，另尋交往的社交夥伴實有必要。

4.基本上，大多數社會仍是以男士為主，一個喪偶的老年婦女單獨過日子，並不是簡單的事。

中國人與人之間的互動較直接，也較親近，老年喪偶後的孤獨感可能會少些。子女對父母的奉養仍是中國社會中被稱頌的價值，子女對父母依然有盡孝的傳統觀念，尤其對寡居的老母或獨居的老父，都有心接來同住奉養。至於社交活動，中國婦女以往就很少參加，寡居後不至於有太大的社交壓力。雖然如此，中國社會也將經歷工業社會對老年人以及喪偶的老年人所添增的困擾和難題，這方面，在老年人口日漸增加的任何社會，都是值得加以研究和注意的。

(二)居住問題

由於生活環境的改變，老年人常須遷換居處以適應新的老年生活。老年人在選擇居處時，須考量到新居的一些條件，例如：

1.安全：包括防火、防盜等。

2.移動性：住宅本身應適合老年人活動，例如，臥室、洗手間、廚房等。

3.舒適及隱私：室內、庭院的設施，以及不受干擾的自由。

4.活躍及刺激性：住宅社區應有足夠的活動空間，以激發老年人生活的情趣。

5.良好的社區：不歧視老年人，並為老年人的福利著想。

6.交通方便：有公共運輸工具可使用。

7.完善的公共設施：在社區內或社區鄰近方便處有購物、娛樂、運動等場所。

這是理想的老年人居住環境，但要有完全美好無瑕的居處是不可能的，應視個人的需要及經濟條件，以覓求對自己最理想的居住環境。不少社會都開始設計並建築給老年人居住的社區，大到有數百戶的房屋，小到十多家的公寓。這些新的設計都以上述特徵為要點，以老年人的需求為中心。在這些社區裡都是老人家，彼此還可建立友情、互相幫助，增加生活的情緒以及安全感。部分社區還跟醫院、醫生、護士有特別的安排，以照應老年人在醫務方面的日常或特殊需要。

年齡愈長，體能和健康衰退的情況便愈嚴重，不但自己無法再照顧自己，親人也無法、無能或不願照顧，社會環境亦無法提供必要的服務，於是，許多老年人只得住進養老院。由於養老院的費用極高，除了有社會福利金的補助外，個人的經濟能力是個很大的因素。有研究指出，養老院的院民常是受過良好教育的中上階級，其中以女性較多，尤其是白人女性，寡居、單身者也不少；成年子女愈少，有較高比例的老年人會遷入。

養老院院民的生活素質，常是目前研究調查的中心。不少報導養老院的管理完善、設備周全、醫護人員素質合格並有愛心，而得到住院者及其家人的讚賞。然而也有報導指出養老院管理員虐待院民、欺詐院民、暴力管制院民，或醫療設備不足或不合標準，提供的飲食不佳或餵食方式不正確等，造成院民營養不良。

美國近年來發展出一種拆仲式的居住模型，介於老年人混雜一般社區內居住型與養老院機構型之間，稱為「五十五活躍成人社區」（55+

Active Adult Community）。這種社區的居民必須是55歲以上，居民擁有自購的房屋，但社區的綠地由社區委員會負責整理。社區內設有休閒設備和健身器具供使用，而且大多數社區有警衛，不准閒雜人等進入。這種社區的特色是讓即將退休者和已退休者共處一地，比全是老人的養老院更有生氣。目前這種社區很受歡迎。

(三)心理問題

許多老年人，特別是孤寡單身者，常感到孤獨。這種孤獨感，一方面來自老年人本身的自我認知（self-perception），一方面則來自社會的歧視。許多社會，包括敬老的我國社會，多少都對老年人有歧視的現象。

一般人對老年人的普遍印象是足不出戶、不諳世事、固執主觀；或是另一極端的愛管閒事、囉嗦嘮叨、我行我素等等。老年人若許真有上述這些特徵，然而這並不是老年人的真正世界，大多數老年人並沒有心理失調的問題。即使老年人有心理問題，也很可能是整個社會結構的問題，例如，社會的偏見觀點及歧視現象造成老年人的自我應驗預言（self-fulfilling prophecy）。

目前心理學家及社會學家共同合作，想瞭解及分析老年人的心理世界及處境。早期的心理學理論一直認為人格的主要發展是在兒童期，到了成年以後人格已定，很難改變。近年來心理學家指出，人格成長不止於兒童期，人格在一生中會不斷的成長、模塑。於是，目前的研究重點已擴展到成年及老年時期的人格發展經驗過程。

每個社會都發展許多年齡規範（age norms），用以規範、引導每一年齡組成員所應有的行為。兒童有其行為表現的方式，年輕人有另一套合適的行為方式，老年人也是如此，有其特有的適當的、被接受的行為模式和價值觀念。進入老年期後，一定得把以往一些被接受、允許的行為規範加以修正，而以老年行為規範為準則，表現老年人所該有的行為方式。這種轉變常是所謂「老年心理問題」的主要來源。進入老年期後會面臨許多問題，例如：

1.適應健康和身體衰退的問題。

2.適應退休和收入減少的問題。

3.適應配偶去世後的問題。

4.與同年齡的老年人建立友誼的問題。

5.適應新社會角色規範的問題。

6.找到合適的居住環境的問題。

每個老年人並不會面對同樣的問題，其問題的輕重程度也不盡相同。尤其老年時期會維持二、三十年，年輕的老人（the young old），指65至74歲者，跟老年的老人（the old old），指85歲以上者，所面對的問題並不完全相同。然而，老年人對上述六個問題：健康、經濟、死亡、孤獨、社會角色、居處等的適應情況，的確會影響其心理狀態及對老年生活的滿意程度。

附錄

文摘

爺與孫

陳安琪

最近爺都在交代後事、選壽衣什麼的，我鮮少介入。雖然我時時注意著爺的聲響，適時扶助他或是呼叫先生，大多是先生親力親為。

常常從房門口看著先生悉心照顧陪伴爺爺，溫柔的餵他吃東西，有時有點責怪爺的固執，苦口婆心勸他吃藥、吃東西。有幾次爺爺抬頭對他笑，沒有牙齒的老人笑起來很可愛，我看著看著哭了。偶爾偷偷地想拍下他們的背影，我羨慕這溫馨的情感，我和母親之間太多情緒和祕密未解，我沒有力氣這麼近地相陪最後的旅程。我想對先生說：「我羨慕你，我很感動。」

男性親人間的愛沒有抱抱親親摟摟，而是如廁擦身、在冬夜塞一個暖暖包、把饅頭撕小泡在熱濃湯裡一口口餵他吃⋯⋯容受老人在不安與時間的緊迫感下，有時耍脾氣，有時抱怨，有時唉聲嘆氣，有時半夜醒來沒事卻按下手中的呼叫鈴。我能做的並不多，只是靜靜地想想能做什麼吃食讓老人能多吃一點，心情平靜一點，讓他們的伴食時光更安詳愉悅一點點，如此而已，也並不想要刻意介入太多，那是他們的，親密。

最近爺爺睡眠的時間變得很長，每日除了起床如廁和吃兩餐（不定時）之外，都在睡眠的狀態。我們用嬰兒監聽器24小時注意著，有時候我會感到精神上有種莫名的緊繃，爺爺的聲響令人安心，但聲響的內涵則主導了我的情緒弛張。奇怪的是，和爺爺很親的先生，情緒上總是比我來得放鬆，有時爺爺喘得嚴重或哀叫，我會很捨

不得甚至擔憂想哭，而先生就是每日如一日的進出照顧，出來看到我哭了還會拍拍我，問他時他說，爺都一百多歲了，我準備了很久，現在就是想好好陪他這段路就好，沒別的。

這天爺爺忽然大叫好冷，手顫抖著卻沒有發燒或其他的症狀，唯一異常的就是胃口更差，而且吃東西會反胃想吐，連水也喝不進。先生跪伏在爺爺床邊，不時注意爺爺的體溫和反應（說太冷或熱），加減被毯和暖暖包，侍候爺爺吐，吐完張羅他?口清理。一次，不經意的看到爺爺已沉睡而先生握著爺爺的手，先生跪坐在地，像個小孩子將頭斜放在床邊，眼神凝視著爺的睡顏，我從側面看去，一老一小的安詳表情是那樣的神似，那是⋯⋯「一家人」的表情。我很感動，想拍照又怕驚擾，用心眼拍下這幕感動。

昨晚爺爺想如廁，但身子著實虛疲無力，先生便說要抱他，不喜歡麻煩人的老人叫著「不要」，先生仍將他抱起，事後柔聲問他要不要順便沖洗一下，沖洗後又趁勢在老人乾荒的皮膚上抹上乳液，爺爺嘟嚷著不要，但一會兒就沒意見了，由他服侍著。整理清潔後，先生將爺爺抱到床上，我聽到爺對孫說：「辛苦你啦，累哦⋯⋯」先生說：「爺爺很輕，不辛苦，照顧爺爺不累。」我的眼淚滿眶。想起前幾年又要上班又要顧生病的媽媽和年幼的孩子，爺爺偶爾會忽然拍拍我手說：「唉，累了妳了，要早點睡」的慈愛，每次我買了或做了什麼東西給爺爺，他也會說：「謝謝妳，不要累了。」現在想起來，智慧的長者似乎一眼看透，從小沒有父親愛護又要和母親在不友善的環境裡互相保護的我，內心底層不自知的辛苦，從來沒有人和我說過這句「你辛苦了，孩子」，讓我感受到爺爺對我的疼惜，和一種來自父執的，未曾有的幸福。

昨夜先生睡在爺爺的床邊直到天明，從來沒說過愛的兩個男人，教會我，愛。

（轉載自網氏／周市女性電子報http://www.frontier.org.tw/bongchhi2010/7/12）

家

我的家就像鉛筆盒。

爸爸是鉛筆，出外幫人寫字賺錢。

媽媽是橡皮擦，功課不對就幫我擦掉。

爺爺是2B鉛筆，畫個小鴨給我看。

奶奶每天買菜花好多錢，

就像自動鉛筆每天都要吃筆心。

我呢？

是鉛筆爸爸、橡皮媽媽的小鉛筆，

每天都要做個好學生。

　　臺北市11歲的蘇幸運用身旁的物品來譬喻家庭成員的角色、功能及相互間的關係，在其童稚情懷中還充滿了期望。錄自臺北市政府新聞處發行的詩城市（民國85年12月）

第11章

臺灣家庭之今昔

第一節 傳統中國式家庭

　　前面各章節都曾稍稍提及中國傳統家庭及臺灣家庭，這一章把中國傳統家庭及當前臺灣家庭做一較完整的討論。絕大多數研究中國文化的學者都會同意，傳統中國社會中最重要的社會組織是家庭。整個傳統中國文化體系與社會制度，無一不受家庭制度的影響，一切政治、經濟、教育、宗教，以及娛樂等社會制度，都以家庭為基本單位。不僅如此，所有人與人之間的主要關係亦是以家庭關係為基礎，君臣父子關係是並稱的。在政治或社會關係上，人們也常以家庭關係為模式來擴張自己的勢力範圍，例如，結拜兄弟、義父母等現象在中國社會是很常見的；在文學詩歌上，描寫家庭關係的更是豐富精彩。楊慶堃就曾指出，「在中國社會中，尤其是鄉村社區，僅僅有極少數的社會組織或結合能在家庭之外滿足人們的需要。」在傳統中國的思想體系裡，社會和國家只不過是家庭組織的一種延伸而已，統治者與被統治者的關係，正像家庭裡的父子關係。君臣父子常常被聯想在一起，而天下一家的政治理想亦帶有家庭色彩。儒家的思想更以家庭為思想體系的出發點，孝道

則是維持家庭的最重要因素。

傳統中國社會的家庭理想模式是一種五代同堂、多子多孫的擴大家庭。在這種理想模式裡，家人不應離開祖先居處而另建家庭，好幾代的子孫同居一處，不僅是家庭的福氣，也是社會安寧的表徵。史料中對這類家庭有頗多記述，例如，唐代張公藝的九世同堂、《紅樓夢》裡的賈府等。不過，最近學者開始懷疑這種擴大家庭的實際普遍性，認為絕大多數的中國家庭都只算是一種包括祖父母的折衷家庭而已。許倬雲（1967）分析我國歷史上的戶口資料，發現從西漢至明代，每戶人口均未超過七人；民初李景漢的北平郊外鄉村調查也發現，平均每家人口是4.06人；另外，北京京華義賑總會在直隸、山東、江蘇及浙江四省240個農村調查所得，平均每戶是5.24人。擴大家庭只是一種理想模式，實際上的家庭型態還是以折衷家庭為主。

傳統中國家庭的最大特色，也許應該是父權式的權力結構。男性家長是家中的掌權者，父親或祖父掌有生殺大權。所謂「父叫子死，焉敢不死」，而子女受懲時，「雖至流血，不敢疾怨」，都是父權的表現。父權也常涉及經濟權、法律權、宗教權，以及子女的婚姻大權。此種嚴格的父權制度是建立在孝道的基礎上：「為人子者，生者養，死則祭」，「冬溫而夏清，昏定而晨省」，以及「出必告，反必面，所遊必有常，所習必有業」。而「父母在，不遠遊」，更說明了人子盡孝、無微不至的大道理。

傳統的中國孝道強調子女對父母的絕對服從，父母甚至可以叫子女死。而子女若對父母不孝，其處罰相當嚴峻；不只家人不容，社會國家亦有所不容，甚至繩之以法，正是所謂「父雖不慈，子不可不孝」，而「五刑屬三千，而非莫大於不孝」。在傳統中國社會中，不孝是最不可饒恕的罪惡。國法人情皆惡不孝，為人子者亦戰戰兢兢，如臨深淵，如履薄冰，唯恐冒不孝之名。父權之所以能實行，就是靠孝道在支持。因為父權是由上而下單方向的權力支配，父親是支配者，也是發號施令者，子女只是在下的聽命者。

有人認為，孝道不僅是中國家庭階級的象徵，也是父權專制的象徵。然而如果沒有孝道，中國傳統的大家庭制度早就瓦解了。家庭中的一切衝突，一言及孝，都可消弭於無形。許烺光說：「在孝道的名義下，沒有一種行為是太苛刻地或困難地。」人人視家庭為整個單位，視孝友為行為標準。家庭分子因孝友的聯繫而互視為一體，並擴及家族，守望相助，貧病互濟。

總之，中國的大家庭制度是建立在父權的基礎上，而父權的維持則依賴孝道的觀念。下面分別談談家庭分子之間的關係。

一、父子關係

中國家庭中最重要的分子是父與子的關係，一切家庭關係皆以父子關係為基本。許烺光說：「所有家庭團體內的關係都被認為是父子關係的擴展，或者是附屬著、輔助著父子關係。」同時他認為，雖然在地位上兩者相差很大，但父與子卻是一體的。在家庭中，通常父親是一家之主，是指揮者和命令者，具有很大的權威，不僅掌握著家庭裡的一切事務，更掌管著家庭經濟大權；他代表著祖先的權威，甚至可以結束兒女的生命。而為人子者在家庭中是服從者，即使父親殘暴不仁，兒女也只有服從的義務。往往父親的態度是威嚴的，甚至是疏遠的；他的權威是無可置疑的，並且他要求孩子的絕對服從。兒子被期待去做兩件事：對父母尊敬及順從，以及為家庭團體的財富而努力。在中國，為人子者應該保存祖先的財物及房產，這是他的職責。

父子關係在家庭裡是最重要的，但是並不親近。他們很少談話，即使交談，也是扳著面孔的提訓，絕少嬉笑。楊懋春教授描述此兩者的關係時提到：「在田裡父子共同工作，共同散步，但是兒子時常感覺到和他父親在一起工作比跟別人還不快樂。在公共場所，他們甚至於避免碰面。」在許多事情上，尤其是關於私人的事件，他寧願跟母親私下商談；他覺得母親比父親更親近，更能同情和瞭解他。由上所述，我們可以瞭解父與子的關係，其社會意義重於私人意義。

父親與女兒的關係，在中國家庭裡是不重要的。為父者不能時常與女兒接近，雖然他愛女兒，卻應克制。男女授受不親的觀念，束縛著父親與女兒之間的關係。通常大部分有關女兒的事，都經由母親傳達，尤其在女兒稍長以後，父親更少直接與女兒接觸。

二、母子關係

在家庭裡，母子關係是相當親密的。社會不允許年輕的男孩與其他女人來往或遊戲，因此他們喜歡和母親談話。尤其是當父親不在場時，他可以和母親很自由地談許多事情，甚至包括堂表姐妹或女孩子的事。母親可利用這個機會打探他的意見，為他安排婚事。婚後母子的互動就減少了。通常一個理性的母親會與媳婦相處得很好；但如果母親是胸襟狹窄自私的人，她可能會嫉妒年輕的媳婦。在理論上，當父親死後，長子是一家之主，即便是母親亦在他的統理之下。但就整個家庭而言，母親的地位已因此而提高了一些。

母親與女兒的關係是十分密切的，從開始懂事後，女兒就跟母親親近，學習女紅、處理家務事，有時還須幫忙照顧年幼的弟妹。父親跟女兒很少直接接觸，尤其在有外人的場合，更避免有所接觸。母親負責教導女兒做人的道理，尤其是怎麼做個好媳婦；女兒出嫁後，夫家滿意與否，關係著母親的面子。事實上，女兒的表現代表著做母親的典範，反映著母親的人格；同時，母親也常分擔女兒的過錯，以及婆家的責難。

三、兄弟姐妹關係

在中國傳統家庭中，年齡與性別是決定一個人地位的兩個最重要因素。年齡大的哥哥有權支配年紀輕的弟妹，但是年紀大的姐姐對弟弟只有愛護而無支配權，女孩子在年輕時通常受兄弟的支配，而男孩子則會有某種保護姐妹的責任。未結婚的兄弟姐妹之間有一種自由和親密的關係，什麼話都可以說。兄弟們在結婚前的關係是很親近的，他們在一

起學習，一起工作，一起嬉戲；但是當結婚後就會逐漸疏遠，常因受到妻子和孩子的影響，甚至開始不合。如果父母不能調解，這個家庭就很容易破碎。兄弟間的和諧是保持父子關係的要素。兄弟「本是同根生」，應該互助友愛，是傳統的倫理觀念。然而，家庭分子多，個性、背景常不盡相同，兄弟姐妹間的友愛關係也就難以永遠維持。

四、夫妻關係

在中國的社會裡，夫妻關係是次要的。社會所強調的是父子關係，而非夫妻關係。事實上，夫妻關係僅僅只是父子關係的附屬，夫婦間的感情是不能表現出來的。男人必須跟血親保持比妻子更密切的關係，不能夠在大眾面前與妻子嬉笑，更不可當眾誇獎她。夫婦間的接觸只有在晚上，當妻子侍候公婆就寢後，才能和丈夫單獨在一起。夫妻間的瞭解和愛情是很少的，他們相敬如賓，互相諒解、忍耐與互助。

在家庭裡，妻子的地位是卑屈的，她只是丈夫的附從體。楊慶堃曾指出：「年輕的妻子不僅附屬於這個家庭中的男人，而且附屬於婆婆，並且在某種程度上也附屬於年長一輩的婦女。」不過當她生了兒子之後，地位就會稍稍提高，只因她的兒子將承繼這個家的香火。如果公婆不喜歡這個媳婦，再加上她不能為這個家庭生個兒子延續香火，即使夫妻感情恩愛，這個婚姻關係還是可能被公婆拆散。

五、婆媳關係

婆媳關係是大家庭裡最緊張的關係之一。在常規的情況下，兒子娶妻以後，會把對母親的感情轉移到妻子身上，這就造成了婆媳之間的相對、緊張情境。在傳統家庭裡，媳婦對丈夫及對公婆的義務、職責是相等的。許多小夫妻間的恩愛，都讓婆婆看不順眼，有些婆婆更會故意難為媳婦。尤其有些人年輕時曾經歷婆婆的為難，造成一種報復的心理，巧婦熬成婆，因此就不善待媳婦，造成許多無謂的家庭衝突。

婆媳關係的不良，有時也源自小姑的妒忌心理。尤其大家庭人口

眾多，年輕的媳婦要完全恰當的配合每一家庭成員，是萬分困難的。婆婆的嚴厲臉色、公公的偽裝尊嚴，再加上得應付小姑、小叔和眾多親人，處處都使媳婦喘不過氣來，甚至還有做不完的家事。然而也有具愛心、有眼光的婆婆，處處謀求家庭分子間的和諧互助；她是過來人，瞭解當媳婦的處境及心理，因此會特別給予同情及協助，因而媳婦也就會盡力學著適應新的家庭，並展示其關心及忠誠。如此，婆媳的衝突就不會發生；即使有小衝突，也不成大問題，彼此諒解，往大處著眼。

總之，中國大家庭內的分子關係是十分複雜的，想維持一個家庭，就必須先協調這些關係，營造和樂的家庭氣氛，但事實上這是相當不容易的。

六、婚　姻

中國傳統的婚姻是一種父母之命、媒妁之言的婚姻。結婚是整個家庭的大事而非個人的，因此很少顧及當事人的幸福。婚姻只是家庭的擴大和延續，而非為個人尋求快樂與幸福。事實上，婚姻是家族中的大事，關係著家族未來的發展與存在。為人父母者總是很謹慎地為兒子選擇妻子，卻很少顧及他的幸福，愛情和個人主義的婚姻是很難在舊式的社會中找到的。換言之，在傳統的中國社會裡，婚姻和愛情是各自獨立的兩件事；男女雙方在婚前甚至沒有見過面，當然更談不上愛情與瞭解，婚姻只是為父母找一個媳婦，而非為兒子找一個妻子。於是，大部分的婚姻是沒有愛情基礎的，不過有些人在婚後仍可漸漸發展出他們的愛情。為人妻者最重要的責任是生個男丁，為夫家家族承繼香火。

七、離　婚

離婚在傳統中國社會是少見的，離婚權亦操之在父母手中。「子甚宜其妻，父母不悅，出。」舊式社會中，在下列七種情況下可以離其妻，即所謂的「七出」：「不順父母，為其逆德也。無子，為其絕世也。淫，為其亂族也。妒，為其亂家也。有惡疾，為其不可與共粢盛

也。口多言，為其離親也。竊盜，為其反義也。」

唐律對離婚的規定相當明確。「受聘財」或「已報婚書及有私約者」，便不許再悔，但「男家自悔者不坐，不追聘財」。離婚限於七出及義絕。七出已如前述，義絕係以下列舉事項為限：「毆妻之祖父母、父母；及殺妻外祖父母、父母、伯叔父母、兄弟、姑、姐妹；若夫妻祖父母、父母、外祖母、伯叔父母、兄弟、姑、姐妹自相殺；及妻毆詈夫之祖父母、父母；殺傷夫外祖父母、伯叔父母、兄弟、姑、姐妹；及與夫之緦麻以上親，若妻母姦；乃欲害夫者；雖會赦，皆為義絕。」雖有七出而有三不去者，亦不得離婚。三不去，謂一經持舅姑之喪，二娶時賤後時貴，三有所取無所歸也。離婚之權在於夫家，妻無權強制離婚：「妻妾擅去者，徒二年，因而改嫁者加二等。」但唐律允許「和離」，即雙方同意而離婚。

目前很難確定中國舊式婚姻的美滿程度。然而，不可否認的，這種僅憑父母之命、媒妁之言的婚姻是極不合理的；但是當這種婚姻變成一種社會規範或文化模式時，也就無所謂合理與否了。換言之，社會價值觀念的評價，決定了社會對婚姻美滿與否標準的態度。我們曾經再三強調中國的家庭和社會是整合成為一體的，家庭是社會的中心，擔負了大部分的社會功能，如經濟、教育、宗教、娛樂等等的功能。

一、經濟的功能

舊式的中國社會以農業為主，大部分的人都居住在農村社區中，其經濟體系則是屬於家庭經濟。家庭經濟的特徵是以家族為中心的經濟體系，家族或宗族是經濟的中心單位，此種經濟制度只求自給自足，不願多事生產；年歲收成好，則藏之於倉，以待他年之需。當時的傳統觀念認為夠吃夠穿就是福，不必增加生產或跟商人打交道，人民過著與世無爭的悠閒生活，外界事物只要不危及家族的安全，也就不必介入，人人都抱著一種「自掃門前雪，莫管他人瓦上霜」的人生哲學。所謂知足

常樂，就是農村社會和農村經濟的理想。男耕女織是自給自足的農業經濟的另一特色，已經變成一種社會規範。好吃懶做是無法立足於家庭的，亦為社會所不允許。在生產工作的範疇內，各人都有責任；除了讀書參加科舉、爭取功名外，每個人在家庭經濟體系中都擔負了一個角色。

二、宗教的功能

祖先崇拜在中國社會與家庭中具有相當重要的功能，是中國人對祖先的眷念，是孝道的表現和延續，是慎終追遠的信仰。為人子孫者，生不能敬事父母，死自當致祭其哀。此種祖先崇拜是人類永生的信仰，上追祖宗，下續後世，使家族得以永懷祖宗創業之艱難，更使家族得有永存而不滅的希望。

此種社會規範使得家族或家庭中的每一分子，戰戰兢兢地為整個家庭或家族的綿延而奮鬥。人們相信祖先在天之靈會時時監視著他們，因此要為善揚德，以光宗耀祖。同樣的，如果行事不當，死後將受到先祖的懲罰，更得不到子孫的敬畏。藉著祖宗的威嚴，家長得以控制全家，因為他就代表著祖宗的權威，可對子孫的行為嚴格地加以控制。如果行為有所不當，家長或家族中的長老還會在祖宗面前，也就是祖廟內，審判犯錯的人，以示祖上。

三、教育的功能

中國傳統家庭。本身即負擔著大部分的教育責任，公共的教育可以說等於不存在。如有經濟能力，家族常自聘教席，集合族裡的兒童一同讀書識字，作詩填詞。除此之外，孩子們更從父兄以及其他長輩的言行中，學習做人處事的道理，領會社會規範的意義，此即所謂的「言教不如身教」，由榜樣中學習。我國傳統教育的特色是偏重倫理道德，而社會裡的倫理道德標準是以家庭倫理為本，家庭教育是社會穩定的基本要件。

四、娛樂功能

在傳統社會裡，由於公共娛樂設施的欠缺，家庭就成為休閒娛樂的中心。勞動者由談笑中得到喘息，孩子們則由長輩的閒聊天、談往事、說故事中得到為人處事的真諦。在家族祭祀、慶典時，還會特別請戲班子來娛樂族人，更會跟鄰里鄉人共享。

第二節 當代臺灣家庭

在二十世紀下半葉，由於急速工業化的影響，臺灣的家庭結構已遠非傳統式的家庭，社會變遷是必然的現象，家庭結構的改變只是社會變遷的一部分。臺大社會系朱岑樓教授曾以問卷調查國內15所大專院校講授有關家庭課程之教師，以及臺北市7家早晚報的家庭版主編和專欄作家等，共152位，以10項為原則，列舉臺灣近六十年來發展出的家庭特質的重大變遷。變遷現象計32項，共收回96份，詳細內容列於表11-1以供參考。

表11-1　近六十餘年我國家庭的重大變遷

變　遷　項　目	提出人數
1.以夫妻及未婚子女組成之家庭增多，傳統式大家庭相對減少。	94
2.父權夫權家庭趨向於平權家庭，長輩權威趨於低落。	79
3.職業婦女增多，妻之經濟依賴減輕，家計趨向於共同負擔。	77
4.傳統家庭倫理式微，祖先崇拜不若過去之受重視。	71
5.家庭功能由普化趨向於殊化，以滿足家人情感需要為主，其餘則轉由社會負擔，尤是以子女的教育為然。	71
6.傳統孝道日趨淡薄，家庭非若以往以父母為中心，轉趨向於以子女為中心。	70
7.夫妻不再受傳統倫理的束縛，趨向於以感情為基礎，穩定性減低，家庭糾紛增多，離婚率升高。	60
8.傳宗接代觀念減輕，家庭人數減少。	54

9. 親職受到重視，教養子女方式由以往之嚴格控制，轉向尊重子女人格獨特發展，且養兒目的不再全是為了防老。子女均受教育，輕重之別趨於淡薄。	51
10. 家人相聚時間減少，關係趨向於疏離，衝突增多。	49
11. 婚前自由戀愛逐漸替代父母之命、媒妁之言，傳統擇偶標準大部分消失。	44
12. 貞操觀念趨淡，兩性關係愈見開放。	39
13. 單身家庭及有子女而不在身邊之家庭增多，年老父母乏人奉養，孤單寂寞。	35
14. 男女趨向於平等。	35
15. 老人問題趨於嚴重	35
16. 青少年犯罪者增加。	35
17. 婚後與岳母共居之家庭增多。	34
18. 親子間教育程度差異造成「世代差距」。	20
19. 安土重遷觀念逐漸消失，公寓家庭日增。	19
20. 家庭成員由互負無限責任轉為有限責任。	5
21. 兄弟成長後，由於各自謀生，分居他處，感情反面較為和諧。	5
22. 年輕一代從事宗教活動愈見減少，有則接受西方宗教。	3
23. 家庭較重視子弟事業成就、金錢收入等，而不太重視其傳統倫理。	3
24. 電視對家庭影響甚多，壞處多於好處。	3
25. 家庭分歧化，出現聯邦式家族（即是若干核心家庭圍繞著以父母為中心的大家庭）。	3
26. 農村子女離鄉入城趨勢日增。	3
27. 不結婚的人增多。	3
28. 與外族通婚者增多。	3
29. 家庭孤立，與鄰居少有往來。	3
30. 婚前性行為增加。	3
31. 家庭主婦家事操作多由電器代勞。	2
32. 出現陰性文化。	1

錄自朱岑樓，《我國社會的變遷與發展》，臺北：三民，1981。

　　當代臺灣地區家庭結構的改變，大致有下列數項主要趨向：核心家庭、自由戀愛、擇偶、晚婚、生育率下降、離婚率增長等。

一、核心家庭

在朱岑樓的調查，從96份回答中，幾乎一致認為（高達98%，94位）我國家庭變遷的最大現象是，「以夫妻及未婚子女組成之家庭增多，傳統式大家庭相對減少。」雖然有些學者對我國傳統家庭是否為大家庭早有存疑，但臺灣的家庭人口數逐漸減少的趨勢卻是很明顯的。根據政府的統計報告，1940年時，每戶平均人口為5.85人，1996年降至5.6人，1981年為4.7人，1991年是3.9人；西方2000年家庭平均人口數字降到只有3.3人。由家庭每戶平均人口數來推測，臺灣家庭絕不是一個人數眾多的大家庭組織，而是一種核心家庭（nuclear family）或是折衷家庭（stem family）。前者係指一種由父母與未婚子女所組成的家庭；後者則指由父母及已婚子女之一所組成的家庭。陳寬政和賴澤涵認為，臺灣的家庭屬於折衷家庭的說法是可信的。

臺灣家庭人口數的減少，其導因可包括：(1)人口的都市化；(2)教育程度的提高；(3)價值觀念的改變；(4)家庭計畫之推行；(5)醫藥衛生之普及；(6)工業化職業結構的改變；(7)西方文化之影響。人口的都市化造成都市的擁擠，狹小的居住空間實無法維持一個兼容數代的大家庭，或子女眾多的「多子多孫」家庭。這是很現實的現象，也是導致家庭人口數字不多的主要原因之一。值得強調的另一原因是工業化所帶來的職業結構之改變：由需要大量人力、勞力的農業，發展到機械化的工業；由無固定工作時程的農業傳統工作方式，發展到相當規則化的工業體系，使得人們在時間的分配上相當嚴謹而制度化，於是能花在撫養子女的時間就相對減少了，家庭子女眾多已變成不可能。再加上勞工工資低，一個家庭往往需要夫妻共同的兩份收入才能維持一家生計，自然無法兼顧眾多的子女。在朱岑樓的調查中，有80%聲稱「職業婦女增多，妻子的經濟依賴減輕，家計趨向於共同負擔」（見第三項）。由於妻子的經濟依賴減輕以及其他原因，使得妻子在家中的權力隨之提升。朱岑樓調查的第二項中就指出，「父權夫權家庭趨向於平權家庭……」

（82%）。

二、自由戀愛及擇偶

戀愛自由及擇偶自主，是臺灣家庭變遷的另一特徵。早期在擇偶態度上的研究就已指出，例如郝繼隆的一次大學生調查中，有87%回答希望自己挑選對象；蔡文輝的中學生研究中，亦有86%希望如此；楊懋春和黃俊傑分別訪問家長，以探求其對安排子女婚姻的態度，亦發現只有很少數的父母堅持要全權為子女安排婚姻。目前對子女婚姻情況較合理的說法是：絕大多數是在父母及子女雙方同意之下的結合；完全由父母安排的傳統婚姻已逐漸減少，而完全由年輕人自己選擇的比例亦不太高。朱岑樓的調查中指出，「婚前自由戀愛漸替代父母之命、媒妁之言⋯⋯」（第十一項）。

婚前男女兩性的聚會或約會，已逐漸成為年輕人擇偶過程的必經途徑，其約會的地點與方式有著較濃厚的西方色彩和情調，例如，看電影、逛街、餐廳吃飯、咖啡館、茶館、到卡拉OK或KTV唱歌娛樂等等，已是年輕人相會、相聚、溝通感情的常用方式，此即所謂的青年次文化（youth subculture）。婚前的約會機會增加，又受到西方性開放文化的影響，婚前性行為已不再是禁忌。正如上述調查指出，「貞操觀念趨淡，兩性關係愈見開放」（第十二項）。

三、延緩結婚成家

晚婚風氣漸盛，生育年齡也逐漸提高。就年齡來說，初婚年齡中位數男性由1971年的26.8歲上升到1981年的27.1歲，1991年的28.4歲，到2009年已達31.6歲；女性初婚年齡中位數也分別由22.0、23.6，到25.7，及2009年的28.9歲。近年來結婚的對數一直在減少，在結婚之路上觀望的人愈來愈多。

即使結婚，生育也有延緩的現象。產婦的平均生育年齡從1976年25.3歲，1981年25.5，1991年27.2，到2009年已上升至29.3歲。生育的母

親超過30歲所占的比率在2000年也上升到35.4%，較1981年增加了23.3個百分點。表11-2的資料是內政部所提供，可以做為參考。

表11-2 年齡別總出生率

年份	20～24歲	25～29歲	30～34歲	35～39歲
2000	72	133	90	24
2009	27	69	75	27

這些資料都明顯表示了延緩結婚、延後生育及產婦高齡化的趨勢。2000年最高的總出生率（total fertility rate，即每千名育齡婦女生育數）是25至29歲婦女，而2009年卻是30至34歲婦女。再者，20至29歲年齡層下降最為明顯。

四、子女人數減少

當代臺灣家庭不僅變成以核心家庭為主的結構，其子女人數也逐漸減少，婦女的生育率更是逐漸下降。生育率的變遷，可由每千名15至49歲生育年齡婦女之活存嬰兒總數的一般生育率（general fertility rate）來看，也可由婦女在生育年齡其間一共生育的嬰兒數的總生育率（total fertility rate）中探出。根據內政部出版的《臺閩地區人口統計》資料顯示，一般生育率由1966年的千分之149降到1971年的112，1981年的89，1991年的58，至2009年已降到千分之31。總生育率由1966年每位婦女生育4.815個子女，到1971年的3.705，1981年的2.455，1991年的1.720及2009年的1.03。這表示在1990年代，一位婦女平均生育已低於兩個孩子。根據資料表示，淨繁殖率（net reproduction rate，只指活女嬰數）在1980年代中期已低於一個女嬰，2009年的淨繁殖率是0.486，亦即每兩位婦女才生育不到一個活女嬰，臺灣婦女所生的女嬰已不足替代這一代的生育婦女數了。

目前世界各地生育率下降是一普遍現象，然而傳統文化常扮演一個重要的因素，能使出生率在短期間內稍有升降變動。例如，1998年是所

謂的虎年，其一般生育率由以往超過千分之50，降至43；總生育率也由以往的1.7以上，降到1.465（平均每名婦女），這些都是近年來最低的比率。但次年隨及回升，而千禧龍年嬰兒潮再回升到48及1.680。

五、離婚增加

離婚人數的增加是很明顯的。臺灣社會由以農為主轉變成高科技的工業社會，社會變得較快速、較開放，更較能接受、容忍非傳統的文化特質，離婚自是其中之一。離婚實際對數由1951年的3.858對，到1981年的14.636對，1991年的28.324對，2000年已有52.755對。其粗離婚率也由0.4‰到0.8、1.4‰及2009年的2.8。如只以15歲以上人口的婚姻狀況來看，每百位15歲以上人口，在1966年離婚的有0.8人，1981年增至1.1，1991年2.4，到了2009年已達5.5人。離婚率上升，子女歸屬母親的比例漸增，單親家庭迅速增加。據行政院主計處的普查指出，在1990年底女性戶長的比率不及四分之一，有115萬多戶；到了2009年底已超過三分之一，有216萬多戶，十年間增加了10個百分點，增幅相當可觀。

臺閩地區家庭組織在工業化及經濟發展的衝擊下，已有所改變。為提供對臺灣家庭制度的長期整體概念，特將一些有關統計資料列表於後，以供參考。

從表11-3的資料可以看出，未婚人口比例雖有增加跡象，但並不太急劇，相反的，各項離婚指標的增加卻相當明顯。另外，初婚平均年齡的增加則顯示著晚婚的趨勢。

表11-4顯示臺灣出生率的急速下降及產婦平均年齡的提高，所以生得少和生育晚已成為臺灣當代婚姻的趨勢。

造成前面提到的晚婚和少子化現象的一個主要因素，在於婦女大量進入職業市場。表11-5顯示1966年婦女的勞動參與率只有三分之一左右，但2008年則已逼進半數。為了職業而不願早婚，同時不願意多生小孩的現象，並不是臺灣獨有的，其他已開發國家也是如此。當然，婦女大量進入職業市場也提高了女性的經濟資源，並因而提高了她們在家庭內的地位。

表11-3　15歲以上人口婚姻概況，1966～2004

年份	婚姻狀況				初婚年齡		離婚率	
	未婚%	有偶%	離婚%	喪偶%	男	女	粗離婚率*	有偶人口離婚率**
1966	31.5	61.9	0.8	5.8	—	—	0.4	—
1971	37.2	57.1	0.7	5.0	26.8	22.0	0.4	2.0
1976	37.2	57.3	0.9	4.6	26.9	23.0	0.5	2.7
1981	35.8	58.6	1.1	4.5	27.1	23.6	0.8	4.2
1986	34.6	59.2	1.7	4.5	27.8	24.6	1.2	5.5
1991	33.9	59.0	2.4	4.7	28.4	25.7	1.4	6.4
1996	34.2	57.6	3.2	4.9	29.3	26.7	1.7	7.6
2000	34.1	56.4	4.2	5.3	29.2	25.7	2.4	10.7
2009	34.9	51.9	7.1	6.1	31.6	28.9	2.8	11.0

資料來源：《中華民國社會指標統計，民國93年》。

*每千人口中的離婚對數。

**每千有偶人口中的離婚人口數。

表11-4　育齡婦女生率概況

年份	粗出生率	年齡別出生率			總出生率*	產婦年齡
		15～19	20～34	35～39		
1966	149	40	266	51	3.705	—
1971	112	36	212	26	3.705	27.5
1976	105	38	194	13	3.075	25.3
1981	89	31	156	6	2.455	25.5
1986	60	18	103	5	1.680	26.2
1991	58	17	104	8	1.720	27.2
1996	54	17	104	9	1.760	27.8
2000	48	14	97	10	1.680	28.2
2009	31	10	67	27	1.030	28.5

資料來源：同表11-2。

*平均每名育齡婦女依當年年齡別生育率，在未計算死亡率的情況下，一生所生的嬰兒總數。

表11-5　勞動力參與率

年份	勞動力參與率		
	總計	男	女
1966	57.5	81.5	32.6
1971	57.1	78.4	35.4
1976	57.5	77.1	37.6
1981	57.8	76.8	38.8
1986	60.4	75.2	45.5
1991	59.1	73.8	44.4
1996	58.4	71.1	45.8
2000	57.7	69.4	46.0
2008	58.3	67.1	49.7

資料來源：同表11-2。

　　根據表11-6的資料，雖然對目前夫妻生活滿意程度「很滿意」和「還算滿意」兩項，正面回答者占絕對多數，但在回答很滿意者似與年齡有關：年輕者很滿意的百分比高於年長者，而且無子女者亦高於有子女者。

表11-6　對目前夫妻生活滿意程度

（單位：%）

項目別	很滿意	還算滿意	不太滿意	很不滿意	無意見
總計	35.6	59.0	3.7	0.8	0.9
年齡20～29歲	48.3	49.9	0.7	—	1.0
30～39歲	38.2	59.1	2.3	0.2	0.2
40～49歲	38.9	56.2	2.9	1.3	0.7
50～64歲	29.2	63.4	5.1	0.8	1.5
65歲以上	28.6	61.6	6.9	1.3	1.5
有子女	34.6	59.7	3.9	0.8	1.0
無子女	52.9	46.7	0.4	—	—

資料來源：內政部《國民生活狀況調查報告》（調查時間民國93年6月6日至30日），頁131。

表11-7顯示臺灣單親家庭以女性家長居多，主要原因是離婚所造成，年齡集中在30至49歲中年族群，教育背景有偏低趨向，80%無大專以上學歷。

表11-7　臺閩地區單親家庭基本資料分布

項目別	實數	百分比%
臺閩地區	284530	100.0
按性別分		
男	121011	42.5
女	163519	57.5
按單親成因分		
離婚	163319	57.4
分居	36231	12.7
未婚	35447	12.5
喪偶	49533	17.4
按年齡分		
20歲以下	1134	0.4
20～29歲	32766	11.5
30～39歲	127719	44.9
40～49歲	106855	37.6
50～59歲	13498	4.7
60歲以上	2558	0.9
按教育程度分		
小學以下	36556	12.9
國（初）中、職	70938	24.9
高中、職	122248	43.0
專　科	38109	13.4
大　學	14539	5.1
研究所以上	2140	0.8

資料來源：內政部中華民國90年《臺閩地區單親家庭狀況調查》。
調查期間：民國90年7月1日至7月31日。

　　總而言之，今日臺灣的家庭已非純粹傳統中國式家庭，在急速工業化和社會現代化的衝擊下，已有明顯的變遷。這些過程在下列附錄文摘中有更詳細的解釋。

附錄

文摘

臺灣家庭生活的現代化

蔡文輝

現代社會的特質

在人類歷史的發展過程中，現代化社會代表著一定的特質。它通常是指一個比較理性、進步、富裕、民主，以及多元化的社會。這種現代化的社會在經過十七、十八世紀以來的工業革命衝擊下產生，並由歐洲而到美洲，並在二次大戰以後逐漸擴散到非西方的亞非兩洲國家。因此，現代化的改變可以說是一種全球性的經驗現象。

現代化過程有兩個相當顯著的特質：社會結構的分化與社會關係的理性化。分化（differentiation）係指社會組織裡的角色或單位由一變二的過程。這兩個新分化出來的角色或單位，在功能上要比原有的那個更有效率。按照美國社會學家帕森思（Talcott Parsons）

的說法，分化牽涉到兩個相關聯的過程：第一是特殊化過程（specialization），使新的單位更專更精；第二是功能適應能力的提升（adaptive upgrading），使新分化出來的單位具有更強的適應能力。

現代化過程也牽涉到理性化（rationalization）。大多數研究社會變遷的學者都強調，理性化是現代社會中最重要的特質之一。美國社會學家墨爾（Wilbert E. Moore）指出，理性的工作原則可以達到高效率的目的；私人的恩怨和感情，在講求高效率的現代社會裡應該減到最低程度。因此，墨爾認為現代化就是理性化。

因此，從社會結構的角度來看，現代社會具有下列幾項特徵：

1.社會單位的特殊化：有了專和精的單位，社會才更能適應環境的挑戰，提高社會功能的操作。

2.社會單位的互賴性：傳統的社會是比較自給自足的，無須求助於他人。在現代社會裡，每一個單位的自給自足能力因分化而減低，因此，單位與單位之間的互賴性大為提升。

3.一種普遍性的倫理觀念：在傳統社會中，倫理觀念以家庭為中心，狹窄而特殊。現代社會的倫理觀念是建立在一個超越家庭的普遍性原則上，依理性的準則來辦事，家庭中心倫理減退。

4.中央集權與民主化的綜合：為了講求效率，現代社會往往趨向中央集權，用以協調社會中的各部門單位。同時，為了順應大多數人的需求，現代社會也包含民主式體制。所以，現代社會是集權與民主的綜合運用。

不僅社會學家指出現代社會與傳統社會結構有所不同，心理學家也相信，現代社會的人具有幾項明顯的人格特質。按照英克禮（Alex Inkeles）和史密斯（David H. Smith）兩人的看法，這些現代人格特質包括：

(1)願意接受新的經驗。

(2)承認並接受社會變遷之事實。

(3)提供個人意見並尊重他人之意見。

(4)蒐集資訊以做為意見之根據。

(5)具有未來導向的人格。

(6)有效率並具有支配環境的信心。

(7)有計畫，相信公私生活的規律性。

(8)是可靠的，信任自己與周圍環境。

(9)注重工藝技術的價值，而且願意以才能做為分配報酬的準則，也重視科學的貢獻。

(10)重視教育。

(11)認清並尊重他人的尊嚴。

(12)瞭解現代經濟的生產過程，樂觀進取。

因此，一個現代社會中的人大致上是心胸比較寬廣，樂觀有自

信，不怕周圍環境的挑戰，相信科學工藝技術的優越性，而且也尊重個人和他人的尊嚴。

大多數的社會學家都相信，現代化的經驗在二十世紀的世界裡以及未來，將經由文化的傳播（diffusion），由已開發國家傳播到未開發國家，這種傳播的力量不是任何一個國家能夠排拒或阻擋的。而且未開發國家一經現代文化的感染，就無法停滯或回歸古老的傳統生活方式。

現代化研究中的聚合理論（convergence theory）相信現代化的結果，會使社會與社會之間的距離縮短，社會與社會之間會發展出更多類似的特質。基本上，聚合理論是建立在兩個主要的構想上：第一，不論社會的現代化起點為何，或者現代化所採用的途徑為何，每個社會在現代化的努力下，必朝著同一個終點方向改變；第二，不論社會在其社會現代化過程中遭遇什麼樣的挫折或衝突，其最終的成功幾乎是可以保證的；雖然有些社會達到成功的終點快些，有些社會可能會慢些。

聚合理論認為，既然現代化過程起源於西方社會文化體系，而且事實上目前現代化程度最高的也是以英、美、法、德所代表的西方社會體系，因此，任何社會只要齊心朝向現代化，就必然朝向西方化的方向走，模仿西方社會文化的特質。也就是說，很多已經發生在西方社會文化的特質，也會出現在非西方社會中。雖然聚合理論裡有明顯的種族中心論（ethnocentrism）色彩，但是我們也不得不承認，西方的社會文化在傳播過程中已移植在非西方國家社會裡，日本雖然是一個比較能保存傳統的社會，但是今日日本文化中外來文化成分相當多，日本經濟的資本主義精神與策略、日本人對美式棒球的狂熱、日本婦女地位的提升等等，皆反映了外來文化的衝擊，也使日本向西方社會靠攏得更近一些。

中國社會傳統一直是建立在百年不變的穩定基礎上，但是自從中國在十九世紀中葉開放海禁，提倡曾李的洋務運動以來，一些外來的

西洋文化也傳播進入中國，成為今日中國人生活的一部分。這些外來文化，包括新式的西方教育體系、馬克思共產思想、民主共和政體、男女平等概念等等。臺灣過去四十年來的經濟奇蹟，多多少少也跟外來西洋文化有直接和間接的關聯。中國大陸自1970年代以來的經濟開放措施，外來西洋文化的影響亦日益增加。

現代社會是一種理性、有效率，以及多元化的社會，因此，現代社會的人亦比較有容忍他人不同生活方式的氣度。任何一個邁向現代化的社會，必會產生上述新的現代社會的特質。

現代社會裡的家庭

在傳統社會中，家庭是最主要與基本的社會組織。家庭提供了人們許多基本的功能，例如，性慾的滿足、情感的心理支持、經濟和教育的功能等。中國人傳統的齊家、治國、平天下的倫理思想，代表著一個以家庭為基礎的社會體系，而儒家思想中的五倫人際關係也是以家庭為中心。這種以家庭為中心的傳統社會，並不侷限於中國，其他的傳統社會亦大致如此。

因此，在現代化變遷的過程中，家庭組織必然會受到衝突而有所改變。家庭的經濟功能逐漸由生產轉變為消費單位，家庭的生產功能逐漸為獨立的工廠制度所取代，員工的僱用也因此不再侷限於家庭成員，轉向以效率準則僱用非家庭成員。家庭的教育功能同時也逐漸為獨立的學校組織來承擔。這是因為一方面現代社會複雜與多元，家庭無法充分提供子女所需的知識以適應新的社會結構；另一方面則是因為現代社會裡的單位組織強調專門化與特殊化，講求效率，家庭無法面面俱到，負責所有的功能。尤其是要同時兼顧外面的生產功能和裡面的子女教育功能，違反專精原則，且效率低。

西方家庭研究者發現，現代化社會擁有一個共同的家庭型態：核心家庭的普遍性。美國社會學家古德（William?J. Goode）最早指出，現代化裡的工業化特徵很適合

核心家庭的出現。他認為下面幾項核心家庭的特徵，很符合工業化的現代社會的要求。核心家庭（nuclear?family）通常係指一個由父母與未婚子女所組成的兩代成員的家庭。

在工業化的現代社會裡，人們的職業和地域性的流動率大，人們隨著職業市場移動，尋找就業機會。同時，人們也可能因職位的變遷而由一地轉移到另一地域。核心家庭成員人數少，與其他親戚的關係也不是那麼強，因此，核心家庭的遷移流動比較容易，較適合工業化現代社會的要求。

工業化的現代社會講求效率，因此，在用人方面以能力表現為僱用標準，儘量減少私人恩怨的成分因素。傳統式的擴大家庭（extended family），人數眾多，講究人情關係和成員間的彼此照顧，私人恩怨多，不利於現代化社會的高效率。核心家庭既然不包括數目龐大的親族，在用人方面比較能夠摒棄私人因素，而重視個人的能力和表現。

核心家庭由於只包括父母與未婚子女，因此沒有其他長者干擾的顧慮。在傳統擴大家庭裡，祖父母或曾祖父母輩所代表的長者往往掌握家庭的權力。年輕的成員無論能力多強，仍必須服從長者的決定，個人無法發揮。在核心家庭裡，年輕夫妻有權自做主張，無須聽命於長者或徵求長者的意見。因此，核心家庭比較適合工業化的現代家庭。

工業化現代社會的家庭除了具有核心家庭型態之外，亦有趨向單身家庭的新式組織。雖然現代社會中由結婚而組成的家庭仍占絕大多數，但是單身者人數日漸增多，由沒有婚姻或家庭關係的單身者同居一處的戶口也同樣在增加。單身者包括從未結婚的獨身者，也包括離婚或喪偶後而未再結婚者。傳統社會由於家庭是社會的中心，個人很難獨身而完全脫離家庭或家族的依賴。但是今日的現代化社會，由於生活經濟上的富裕，家電消費用品的大量使用，個人在衣食住行上不必仰賴家庭或家族的支援，其他的

社會制度都已能分別供應。個人的獨立性增加，單身生活也就不再是畸形或變態的家庭型態了。

單身家庭增多的另外一個主要因素是個人對隱私權（privacy）的重視，現代社會尊重個人的尊嚴，因此也重視隱私權。隱私權和西方社會的個人主義（individualism）有息息相關的牽連。由於生活的富裕，個人可以購買僅供自己用的器具，不必顧慮到他人。甚至於在性慾的滿足上，個人也並非必須經由婚姻才可享受。無婚姻關係的性自由，也間接鼓勵了單身生活者人數的增加。

工業化現代家庭的另外一個特徵是收入以個人為單位，而不以家庭為單位。而且由於生活要求水準的提高，夫婦同時在外工作的雙薪家庭亦逐漸增加。在傳統社會裡，主要的經濟活動是以土地為中心的農業生產。農業生產需要大量的勞力，而且受氣候的影響，農人必須配合氣候耕收。因此，集合全家人力、勞力共同耕收，才有收穫，也才能克服環境的挑戰。

但是工業化的經濟生產方式已經由機器代勞，不須受氣候影響，個人皆可以操作，而且經濟生產工具也由家庭擁有轉變為資本家擁有。因此，工業化現代社會裡的勞動者，大多數都成為受人僱用者。有些社會學家稱現代社會是僱傭者社會（employee society）。家庭的收入是以勞動受僱者個人為計算單位，是個人的收入，而非家庭的收入。現代家庭成員既然少，則夫婦同時工作增加收入就成為必然的現象。尤其是現代社會進入服務業（service?industry）階段後，許多新的職業和工作都不侷限於男性，女性工作者受僱用機會大增，因此，雙薪家庭亦增多。

現代社會裡，家庭生活方式的第四個主要特徵是家人休閒時間的延長，以及休閒方式的商業化。在傳統社會裡，農業生產活動需要大量的體力，也受季節的影響，因此，人們的工作時間長。現代的經濟生產方式由機器代替人工，生產效率提升，但人們工作的時間反而減少。目前，世界上大多數已開發

社會，工作時間都有顯著減少的趨向。例如，美國在1980年代，平均每人工作時間每週大約是40小時左右，1990年已降低到34小時。工作時間減少，也就相對提高了休閒的時間。

同時，人們的休閒方式也改變了。以往傳統社會裡的擴大家庭，人數多，家人聚集一處聊天、講故事或唱歌都可以輕鬆一下。現代社會的核心家庭人數少，休閒活動必須仰賴外界的供應。因此，人們出外旅行、看球賽、到公園走走、逛街等等，皆發生在家庭之外，由商業性的組織系統地提供。也因此，人們休閒活動的項目也比以往要增加許多。

總而言之，現代社會裡的家庭是以核心家庭為中心，人數少，親族關係淡薄，注重個人的隱私權和獨立的生活方式。現代家庭經濟單位以個人為基礎，雙薪家庭增加，而且休閒時間長，休閒的方式也繁多。

工業化衝擊下的臺灣家庭生活方式

如果我們同意聚合理論的看法，則上述已發生在西方現代家庭的一些特徵，也會傳播到現代臺灣家庭。當然，這並不是說所有西方的特徵會原封不動的搬到臺灣來，而是說，某種程度的選擇與修訂會出現在新的臺灣現代家庭。臺灣現代社會有其獨特的特徵，其現代家庭型態和生活方式自然會有其特點。

主幹家庭的家庭組織。主幹家庭是指已婚子女跟父母同居一處。傳統的擴大家庭不僅包括父母，也往往包括已婚兄弟或其他近親。中國傳統家庭倫理一直是建立在「多子多孫多福氣」的價值觀念上，而且也一直以「五代同堂」為家庭和諧的最高理想。雖然有些學者指出，傳統中國的舊式家庭人口並不多，因此對這種擴大家庭的型態提出質疑。許倬雲（1967）指出，從漢到明末，每戶人口並未超過7人。李景漢的北平郊外鄉村調查中，鄉村家庭人口也只有4.06人，

因此不認為傳統家庭是擴大家庭。不過，我們認為人口少並不一定就能說明擴大家庭不存在。傳統中國的嬰兒死亡率高，四口人家可能代表三代同堂，所以真正要研究傳統中國家庭是否為擴大家庭，必須要計算代數，而非人口數。

臺灣現代家庭是不是也像西方家庭以核心家庭為主？根據一些民眾的意向調查，大多數年輕人似乎較傾向於自組家庭。例如，行政院（1989）的一項調查發現，只有40.7%贊成已婚子女跟父母同住。但是行政院的另一項調查（1988）卻發現，婚後五年內曾與父母同住的比率高達69.4%，可見婚後立即搬出自組核心家庭者並沒有想像中多。而且行政院（1992）的調查也發現，只有1.93%的子女認為與父母相處不融洽。陳寬政和賴澤涵（1980）認定臺灣現代家庭是主幹家庭組織，大致上是對的。

臺灣家庭以主幹家庭居多的原因，可能是受到下列幾項因素的影響：(1)臺灣都市化程度高，房價高昂，因此，新婚夫婦無法自購新屋獨立門戶；(2)臺灣經濟以中小企業為主，因此，家庭成員須共同維護事業，父子合住的情形不少，婚後自不必搬出；(3)政府公教機構的福利（配給津貼）制度亦傾向於婚後跟父母同住；(4)臺灣的托兒所設備不全，跟父母同住可把小孩交給他們照顧，亦可同時照顧年老的父母，對雙方都有利。

雖然臺灣目前的家庭是主幹家庭，但是趨勢仍然傾向核心家庭。行政院（1988）的調查就發現，婚後五年與父母同住的比率有逐漸減少的趨勢。因此，我們可以說，臺灣的現代家庭是摒棄擴大家庭，正處主幹家庭，趨向核心家庭。這跟現代化的西方國家是很接近的。

雙薪家庭的出現。西方社會現代家庭的另外一個主要特點是雙薪家庭的出現。從二次世界大戰以來，英美各國的職業婦女增加的趨勢很明顯，不僅是未婚婦女就業，也包括已婚有偶婦女進入就業市場。臺灣的情形也很相近。根據勞動力的統計資料來看，臺灣

在1961年的男性勞動力參與率是86.4%，女性是35.8%；1990年則男性勞動力參與率減低到73.9%，女性則提高到44.5%。也就是說，15歲以上的婦女人口中，有將近一半係勞動參與者。不僅婦女的勞動參與率提高，有偶婦女的參與率也在提升。由附表1可以看到，1981年的參與率是31.4%，1990年已高達42.5%。而且這種高勞動參與率並不侷限於尚無子女之婦女，或子女在18歲以上近成年者，更值得注意的是有年輕或年幼子女的婦女。在附表1中我們可以看到，有6至17歲子女的婦女勞動參與率是52.1%，有6歲以下子女的婦女勞動參與率達43.7%。可見婦女勞動參與率已非單身婦女的現象，有偶有子女者亦然。

附表1　有偶婦女勞動參與率

年份	平均	子女在18歲以上	有6～17歲子女	有6歲以下子女	尚無子女
1981	31.4%	22.2	39.9	28.3	39.3
1983	35.5	25.2	44.0	33.4	48.9
1985	39.8	27.9	49.1	39.0	48.6
1987	43.7	30.5	54.2	43.0	56.8
1990	42.5	29.1	52.1	43.7	55.2

資料來源：社會指標統計，1990年，頁88～89。

政府的統計資料也發現，婦女教育程度愈高者，其參與勞動力之比率愈高。1990年的資料顯示，大專以上程度之有偶婦女勞動力參與率是71.2%，專科是64.9%，高中是43.7%，國中是39.6%，國小是41.3%，不識字是27.2%（行政院主計處，1990）。婦女就業率提升的第一個主要影響是子女教養的問題，既然夫婦皆就業，那麼能自己照顧子女的比率就會減低。行政院的調查指出，子女由自己照顧者在1979年是85.6%，到了1990年則減低到74.8%。交給親屬照顧、或由保姆照顧，以及由寄養家庭照顧者，皆有增多的趨勢（見附表2）。

附表2　第一個子女未滿3歲前之養育方式

年份	自己照顧	親屬照顧	保母	家庭托養	其他
1979	85.6%	12.1	1.1	0.9	0.3
1981	84.9	12.7	1.1	1.0	0.3
1983	80.6	16.5	1.6	1.2	0.1
1985	78.9	18.6	1.3	1.4	0.2
1987	77.9	18.4	1.6	2.0	0.1
1990	74.8	20.5	2.0	2.6	0.2

資料來源：社會指標統計，1990，頁54～55。

　　婦女就業率提升的第二個主要影響是職業所得使用分配的問題。既然有不少的已婚婦女就業，則其所得對家庭總收入與消費，必然會產生某種程度的影響。美國的研究發現，婦女就業絕大多數是為了賺錢。臺灣的情形似乎仍把已婚婦女就業當做「副業」來看，也就是說，賺錢養家並非她們就業的最大原因。根據鄭為元和廖榮利於1985年的一項訪問調查資料分析，有一半的就業已婚婦女回答就業是為了興趣（49.9%），只有31.2%表示是為了家計。在那些為了興趣而就業的已婚婦女中，有43.1%是用在儲蓄置產，25.4%供自己花用。甚至於在那些為了家計而就業的已婚婦女當中，也有將近40%把所得花在非家計方面的支出消費上。這項研究也同時發現：職位高的婦女傾向於將所得主要用於「非家計」之比率，高於職位低的婦女；年輕的已婚婦女用在「非家計」之比率，亦高於年長的婦女。

　　已婚婦女就業率高的第三個影響，關係到家庭權力和家務分工的分配情形。這一方面的資料，臺灣學術界所做的驗證研究並不多。張曉春（1974）的都市家庭主婦研究曾稍微提及，已婚就業婦女的丈夫會在家務上幫些忙。伊慶春（1991）討論家庭問題時也只閒談夫婦對子女教養的問題，至於家務工時和權力分配的驗證資料尚缺。美國的情形大致上是這樣的：妻子在外工作後，丈夫對處理家

務時間有些微的增加，但不明顯，可是丈夫在外工作的就業時間則有顯著的減少。妻子的情況則是家務時間稍微減少，但把在外工作和家務時間兩項加起來，則有明顯的增加。換句話說，在雙薪家庭裡，妻子比以往更忙，丈夫則有較多的休閒時間。

至於臺灣的情形，希望以後有學者能夠加以分析。中國時報（1992）的一項婚姻關係調查問題裡有一項：「在與配偶相處時，妳最不喜歡他的地方是？」有6.5%回答丈夫不做家事，但比率並不高。再者，就婦女每天做家務的時間來觀察，亦可反映丈夫的分擔。行政院主計處（1988）的一項分析發現，就業婦女平均每天做家務的時間大約是3小時，未就業婦女則約4小時，兩者相差約1小時左右。這現象跟美國家庭大約類似。因此，臺灣家庭家務事的分配，尚未達到平等的地位，但是比傳統男主外、女主內的二分法要現代化多了卻是事實，這也是臺灣家庭與西方現代家庭特質聚合的一個證明。

休閒時間的增長。西方國家在現代化的衝擊下，由於生產工具的機械化，生產管理的合理化，以及生產物資的充裕化，大部分國家工人的工作時間都有減少的趨勢。這種工作時間的減少，相對的也就增加了人們能夠用在休閒生活上的時間。也因此，休閒的活動呈多樣化，也呈商品化。美、日、英等現代化國家如此，臺灣的現象大致上也有類似的趨勢。就以工作時間的長短來看，根據行政院主計處的資料，臺灣各行業歷年來的工作時數皆有遞減的趨勢。例如，礦業每人每日平均工作時數在1990年是7.6小時，製造業是8.4小時，商業是7.8小時，服務業是7.9小時。如附表3所示，皆比1974年時為少。

附表3　受僱員工平均每日工作時數

（單位：小時）

年份	礦業	製造業	商業	服務業
1974	8.2	8.7	—	—
1978	8.1	8.8	8.3	8.4
1982	7.7	8.5	8.2	8.3
1986	7.4	8.4	8.1	8.1
1990	7.6	8.4	7.8	7.9

資料來源：社會指標統計，1990年，頁100～101。

工作時數減少和國民所得增加，相對的也造成休閒時間的增加。因此，休閒活動自然成為現代化社會生活素質的重要指標之一。根據內政部在1992年所做的調查，臺灣休閒活動最主要的是看電視，有68.6%的人經常看電視；其次是閱讀書報雜誌，占35.2%；再其次是訪友聊天，占30.8%；聽收音機、郊遊或做運動的人也不少。詳細情形，請參考附表4。1990年時，平均每人每日有6.22小時的休閒時間，其中2.11小時看電視，半小時休息，半小時訪友聊天。

附表4　平常主要從事的休閒活動，1992

休閒活動	百分比
看電視	68.6%
閱讀書報	35.2%
訪友聊天	30.8%
聽收音機	26.8%
郊遊	26.6%
運動	25.9%
逛街	14.8%
看電影	10.7%

資料來源：臺灣地區國民生活狀況調查提要報告，頁19。

附表4所列是國民一般休閒活動情形。如果我們以家庭結構來分析，則近年來政府兩項民意調查可以做為參考。附表5所列的是休閒活動項目參與百分比，按婚姻狀況來比較，附表6所列則是以嗜好與家庭組織種類來比較。

從附表5我們可以看出來，在全部樣本中，看電視者高達98.9%，閱讀書報雜誌的亦有84%，其次為郊遊的76.8%，國內旅遊的69.1%，看電影的有62%。如果把未婚跟有配偶者做比較，書報閱讀和看電視仍然是主要的兩項休閒活動。不過，未婚者在體育、KTV、電影及聽音樂會的百分比，遠比有配偶者要高很多，大概是時間多且在家待不住的原因吧。

附表5　民眾主要休閒活動項目，按婚姻狀況分，1990

（單位：%）

樣本總數		書報	電視	郊遊	國內旅遊	國外旅遊	體育	**KTV**	電影	音樂
合計	14,201	84.0	98.9	76.8	69.1	12.6	53.6	32.4	62.0	58.9
未婚	4,439	97.5	99.4	89.1	71.0	9.0	69.8	54.0	87.1	72.9
有配偶	8,765	81.6	98.8	73.3	69.5	14.5	48.2	23.5	53.0	54.4
離婚	263	81.0	99.2	74.1	67.7	15.6	47.5	33.1	55.5	52.5
喪偶	734	32.2	96.1	45.4	53.7	10.4	22.9	6.7	21.1	29.8

資料來源：國民文化活動需要調查報告，頁80。

如果從抽菸、喝酒、吃檳榔等三項嗜好來比較，則國民平均每三人中有一人抽菸，每十五人中有四人喝酒，每九人中有一人吃檳榔；男性每五人中有三人抽菸，每兩人中有一人喝酒，每五人中有一人吃檳榔。

附表6是根據家庭組織類型來分析上述三項嗜好，單身者經常抽菸的有30.1%，偶爾抽菸的有15.7%；單身者經常喝酒者有5.7%，但偶爾喝酒的則高達33.8%。這兩項都是單身者比夫妻兩人或其他型態的家庭為高。吃檳榔的情形也類似。因此，不同類型的家庭並未造成不同的嗜好。

附表6　國民最近一個月的嗜好，按家庭組織分，1991

嗜好 家庭型態		抽菸		喝酒		吃檳榔	
		經常	偶爾	經常	偶爾	經常	偶爾
	樣本總數	%	%	%	%	%	%
單身	690	30.1	15.7	5.7	33.8	4.4	9.3
夫妻兩人	3,174	24.4	10.3	3.7	27.4	4.1	9.2
單親	876	21.5	10.6	2.7	22.3	3.8	7.8
核心	6,345	19.6	9.8	2.6	20.8	2.8	7.2
主幹	1,067	18.5	9.1	2.8	19.4	3.2	6.5
其他	2,182	24.4	10.9	3.5	24.8	4.0	9.4
合計	14,334	22.1	10.3	3.2	23.5	3.5	8.0

資料來源：國民生活狀況調查報告，頁58。

　　家庭生活週期的改變。在傳統農業社會裡，由於家庭人數多，而且大多數從事農業生產，因此，家庭生活比較穩定。再加上人們的遷移流動率低，家庭生活週期的轉變比較不明顯。但是在工業社會裡，結婚生子、教育子女、子女外出就學、子女結婚自立家庭、孫子女的出生、退休、養老、死亡等等，皆有明顯的轉變特徵。近年來，發展家庭理論（developmental family theory）對這方面的研究頗有貢獻。

　　臺灣是一個工業化的現代化國家，家庭生活週期的不同轉變特徵也逐漸成型。雖然這方面的研究並不多，可參考的資料也很零碎，我們利用已知的統計資料，加初婚年齡、生第一胎年齡、兩胎之間的間距、學童年齡、子女婚後與父母同住的比例和年數等等指標，以婦女為例，繪出統計的圖表，顯示臺灣目前家庭由一生活週期階段轉變到另一階段的過程，以供參考討論（見附圖1）。

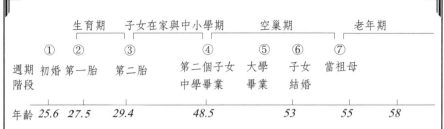

附圖1　家庭生活週期階段，以女性為例

註：①政府資料顯示女性平均初婚年齡是25.6歲。
　　②大多數的婦女在婚後兩年內生第一胎。
　　③大多數的婦女兩胎之間的間距是二至三年，理想子女數是二至三個之間。
　　④包括國小六年，國中三年，高中三年，這十二年都在家，另加就學前六年。
　　⑤大學四年為準。
　　⑥子女在畢業後二至三年結婚。
　　⑦子女婚後二至三年生第一胎。

結論

　　本文的重點是強調現代化社會中的家庭生活方式，由於受到文化傳播的影響，會呈現類同的趨勢。根據聚合理論的觀點，一些發生在西方現代社會裡的家庭特徵，也逐漸會在工業化衝擊下的臺灣家庭發生。我們從家庭組織成員的多寡、雙薪家庭的出現、休閒活動，以及生活週期的標準化角度來探討臺灣現代家庭的生活方式。

　　雖然如此，我們並非採取全盤西化的立場，堅持「所有」西方現代家庭方式通通會出現在臺灣；而且，我們也不認為在那些已出現在臺灣的西方家庭生活方式全然不變的搬到臺灣來。從本文裡，讀者可以看到在臺灣出現的新式現代家庭，並不完全跟西方一致，它有其臺灣本土性的氣質。也就是說，在文化傳播下，同中有異的氣質相當明顯。

　　現代社會的一個主要成就，是給人們有選擇生命機會的可能性。以往的婚姻是父母之命，現在可以自由戀愛；以往是「無後為大」，現在可以不養育子女；以往是「男主外，女主內」，現在是夫妻雙

薪；以往是勤勞工作，現在則注重休閒。這些改變都跟現代社會的特質息息相關。

　　臺灣是一個高度工業化的現代社會，家庭生活方式必須配合社會，才能對社會發展有貢獻，也才能間接地減少社會問題的嚴重性。現代社會中也出現了一些變形的新式家庭，如單親家庭、無子女家庭、同居家庭、同性戀同居、老年家庭、再婚家庭等等。這些家庭皆有其不同的生活方式，現代社會裡的人應對他們加以尊重，因為現代社會本身就是一個多元性的社會，容納和允許不同行為方式的和平共存。

第**12**章

社會服務與家庭福利

第一節 社會服務的目標

人們往往把社會政策、社會服務、社會福利及社會工作四個名詞混為一談。雖然它們都牽涉到對個人、團體及社會的福利服務，但仍是有所差別的。通常，社會政策（social policy）是指政府機構有關社會服務和社會福利方面的決策過程和所訂的相關法令。例如，老年津貼和國民年金。社會服務（social service）則包括提供對個人的服務和已制度化的服務。例如，一些政府或民間團體對個人心理復健的服務、婚姻諮商、貧民救濟等服務，其目的是借社會大眾的資源來協助有困難或有問題的成員，使其回歸正常的社會參與。社會福利（social welfare）雖與社會服務類似，其主要是指政府或民間機構對解決社會問題所提供的非營利性的干預救濟項目。而且服務對象也比較眾多，例如，老年福利、婦女兒童福利等。社會工作（social work）則是指一群實際協助社會上有困難的人，提供解決問題的福利與服務的專業工作者。社會工作員是將社會政策、社會福利，以及社會服務直接傳遞給需要者的專業工作人員。

今日世界上沒有一個社會是完美無缺陷的，也沒有一個人是完全滿足的。任何人、任何家庭、工作場所、社團或社區，多多少少總有一些缺陷。社會福利的目標並不在於百分之百的滿足個人需求，而是在如何讓一個有困難或有缺陷的個人，成為社會上一個能正常工作、活動或生活的人。因此，社會工作人員的目標是協助個人減少其困難和問題，以發揮個人社會生活的能力。

社會科學專家通常認為社會的安穩，必須依靠社會中每一個人對社會有所貢獻。這貢獻不一定要龐大，小如跟家人融洽的相處，亦是對社會安穩的間接貢獻。如果社會上絕大多數人都能適當地扮演社會所賦與的社會角色、表現適當的社會行為，就是社會安穩的主要來源。

人類從最初期的原始社會開始，就有社會福利的出現。在狩獵與蒐集時代，人類雖無剩餘物資累積的能力，但與他人分享獵物應該是可以想像得到的。在後來的初民社會，社會福利措施的雛型是存在的，政治組織的出現和利益的再分配也是息息相關的。古老中國對鰥寡孤老及傷殘者皆有福利上的救濟；在印度的佛教廟宇設有救助乞丐的飲食堂；古希臘雖無福利慈善機構，但照顧貧困及疾病等不幸之人的措施乃是存在的；希伯來人的宗教信仰亦主張幫助他人；中古歐洲的福利事業則以教會為骨幹，教會與修道院常提供不幸者食物與居留處，教士則宣揚神救世人的道德觀。1536年，英國政府更立法規定地方政府徵收救助金和教會禮拜募得款，用以救助不幸者。此立法法案被視為現代社會福利法案的開端，因為這法案將社會福利工作由零散的教會活動轉變為政府的責任。在政府的統籌下指揮並結合教會及民間力量，救助不幸者。英國議會在1572年更批准政府內福利事務部門的成立。

英國在伊麗莎白女皇時代，社會福利事務逐漸成為政府的主要工作之一。1598年通過的《伊麗莎白貧窮法案》（the Elizabethan Poor Laws），將濟貧的各項法條統一，並設置專責機構，濟貧成為社會和政府的公眾責任。此法案後來屢經修正而成為1834年的《貧窮法案》（the Poor Law of 1834）。在政府機構中成立了一個三人委員會掌管各

地的濟貧工作，並在全國各地區設立分支單位，由民選主管負責救助的工作。1860年代申請接受救助的人數激增，英國的重點乃由社會救助變成社會改革，希冀以長程的社會改革來代替短期的救助。

美國的社會福利事業深受英國的影響，殖民地時代的濟貧與其他社會救助法案，皆依英國法案為根據。早期的救助是以家居地為場所，一直到1662年麻省（Massachusetts）才首先設立了貧窮與傷殘者收容所（the almshouse）。1691年，波士頓市首次任命負責處理濟貧的官員。美國的兒童福利運動最初始於1729年在紐奧蘭（New Orleans）設立的兒童照顧所，專門照顧父母被土著印第安人所殺害的孤兒。南卡州（South Carolina）在1790年首次設立孤兒院。康乃迪克州（Connecticut）在1817年設立一所盲啞學校，教育失聰兒童。而後相繼有精神病院、少年犯罪者收容所、成年婦女犯罪者收容所等社會福利機構之成立。內戰後的經濟蕭條，在1873年以後引出了一些照顧失業者及退伍軍人的機構。負責統籌民間各類慈善事業之社會福利服務網的出現，最早是成立於1877年紐約水牛城（Buffalo, New York）的「美國慈善組織社」（Charity Organization Society）。第一次世界大戰後，慈善機構聯合網相繼在美國各地出現，估計在1950年時已有一千四百個。

美國社會福利史的另外一個里程碑，是社區中心的成立，1886年紐約市是首創者。最初社區活動中心的目標是服務貧困地區的婦幼所需之健康醫療、娛樂及其他救濟性服務，目前這類中心已擴展到全民服務。聯邦政府在美國社會福利發展史上占有相當重要的地位。早在殖民地時期，聯邦政府即已有零星的社會救濟措施。1930年代初期的金融危機和經濟不景氣，造成了大量的失業者，聯邦政府在羅斯福總統的領導和國會的支持下，通過了一些重要的法案以救濟失業者。聯邦政府的聯邦緊急救難署（the Federal Emergency Relief Administration）、工作推廣署（the Work Progress Administration）等成立，以推動救濟事業。1935年通過的《社會安全法》（Social Security Act），更把聯邦政府的角色推到第一線的地位。原始的《社會安全法》是純粹以照顧年老的失

業勞工為目標，但歷經數次的修正案後，目前的《社會安全法》已涉及全國各層次的人民福利。

美國社會福利工作的推行，並不限於政府官員和社會工作專業者，民間社團也扮演一個相當重要的角色。美國人自願參加民間社團，而且是很積極的。有些學者更指出，這些社團的存在和社團成員的參與，是美國民主式政治的基石，他們出錢出力的推行福利工作。1980年，美國人的捐款數達到490億美元，1985年是750億美元，1988年的資料發現捐款數已超過1,000億美元，有八千萬人參與社團活動，提供了149億小時的義工，價值至少1,500億美元的工資。

歐洲社會福利的主要概念是提供所有國民的社會福祉，但美國社會福利只著重在經濟上有困難的特定分子。歐洲各國以高稅率來提供社會福利財源，但美國則相當依賴民間社團的財力和人力，而且福利項目在美國各州亦往往有所差異。最近更有走向以工代賑的跡象：規定領取社會福利金者，必須持有工作職務及取消非法移民享受社會福利服務項目。

傳統中國社會的社會福利目標，大致上是依據《禮記》的〈禮運大同篇〉。本於仁心、執之仁政，使「幼有所長」、「老有所終」、「鰥寡孤獨者皆有所養」、「壯有所用」及「病疾者皆有所養」。《周禮‧司徒篇》聲稱：「以保息六養萬民：一曰慈幼、二曰養老、三曰賑窮、四曰恤貧、五曰寬疾、六曰安富。」《孟子》亦說：「使民養生送死無憾，王道之始也。」傳統中國官僚體系裡並無專責社會福利的常設機構，各朝各代大多數是應付自然災害的善後工作。先秦兩漢時期，由政府採取的主要救荒措施是常平倉的設置，其方法是於豐年時，政府以略高於市場價格收購米穀，至荒年時再由政府低價售出給災民。全漢昇把中古時代從魏晉南北朝至唐五代期間的慈善事業，大致分為四類：(1)濟貧救災；(2)治病；(3)戒殘殺；(4)慈善事業的宣揚。他認為，佛教在此一時期的慈善事業上扮演了一個非常重要的角色。宋、遼、金、元、明、清時期，慈善事業發展漸呈組織化。張秀蓉認為，當

時的慈善事業受三種意識型態的影響：(1)官方的天人政治理念；(2)民間的愛家愛鄉思想及同業組織成員間互助思想；(3)十九世紀新引進的西方思潮。宋元時期的慈幼局和惠老堂的設立，即是以民間產業幫助貧民處理生養死葬之事。清代的同善會是以家族為中心的慈善機構。

民國以來，中華民國的社會福利思想，大致上依據孫中山先生的民生主義和《建國大綱》原則而擬訂。孫中山先生認為，歐美國家之進步在於社會財富的重新分配，為大多數謀福利。在《建國大綱》第十一條，國父提出：「土地之歲收，地價之增益，公民之生產，山川之息，礦產水力之利，皆為地方政府所有，而用以經營地方人民之事業，以育幼、養老、濟貧、救災、醫療，與夫種種公共之需。」在地方自治開始實行法中，國父指出，地方上可享權利而不須盡義務的四種人：未成年人、老年人、殘疾者及孕婦。

孫中山先生的民生主義思想，乃成為民國36年國民政府公布的《中華民國憲法》基本國策中社會安全的指導原則。不過，民國初年戰亂不息，內有軍閥之爭，外有日本侵略，大多數的社會福利事業並未能順利展開。政府遷臺後，於民國五十四年四月公布加強社會福利措施及增進人民生活實施方針案，內分：社會保險、國民就業、社會救助、國民住宅、福利服務、社會教育、社區發展等七項。

周建卿認為，我國目前社會福利政策的特質有四：(1)以禮運大同為理想；(2)以民生主義為目標；(3)以憲法國策為方針；(4)以融西潤中為原則。1970年代和1980年代的街頭自救運動，以及1990年代的政治民主化運動，更積極地推廣了臺灣的社會福利事業。蔡文輝將臺灣自1950年以來社會福利法制發展史，劃分為下列三個階段：

第一階段：福利虛設期

大約是1950年及1960年代，政府因以軍事國防建設為主，社會福利並未為政府所注意。通過的法案包括《勞工保險法》及《公務人員保險法》。其他福利在軍事國防的壓力之下，幾無存在。

第二階段：成長陣痛期

大約是1970年代至1980年代中葉，由於工業發展衍生了不少新的社會問題，人民街頭抗爭不斷，政府開始通過較大規模的社會福利政策，以因應人民之要求。這時期的法案主要有《兒童福利法》、《傷殘福利法》、《社會救助法》、《勞動基本法》、《老人福利法》等。

第三階段：福利成熟期

大約始自1980年代晚期，政府與民間財力充裕，且民主運動政治轉型，提供全民福利成為各項選舉的有力訴求。主要法案有《青少年福利法》、《農民健康保險條例》、《社區發展簡則》、《全民健康保險法》、《性暴力犯罪防治法》、《家庭暴力防治法》，以及國民年金制的審議。

陳水扁總統上任時的社會福利具有兩大原則：(1)普遍平等原則；(2)弱勢優先原則，亦即不分老弱婦孺皆受照顧，並以弱勢族群和弱勢團體的照顧為優先。老人福利至少紙面上占有相當重要的分量。過去十年來，政府用在社會福利之經費也明顯增長。1966年，各級政府社會福利支出占政府支出的4.7%，1998年已增至14.2%，2004年占15.4%；平均每人社會福利受益淨額也由1966年的新臺幣89元，增至2003年的15,297元。

臺北市的社會福利在臺灣是比其他地區要做得完善，一方面是因為臺北市經費比其他地區充裕，另一方面是陳水扁和馬英九兩位市長積極經營的成果。歷經了1999年的921大地震後，臺北市政府結合民間各界資源，推動「臺北福利國」方案，將政府、企業界、社團、學校、醫院、基金會等單位聯合參與社會福利政策的擬訂與推展，以「人本概念」、「弱勢優先」、「家庭第一」、「全民參與」等四大面向為主軸，以滿足市民之需求。

根據臺北市政府社會局的一份專業報告，臺北市的社會福利工作已由「民國70年代消極性的救助模式，逐漸到90年代積極性、專業性的福利服務」。主要措施包括的重點有：(1)提供以家戶為單位的家庭生活

扶助；(2)維護市民健康與醫療權益；(3)改善弱勢市民居住條件；(4)強化平等教育機會；(5)開拓就業方案助其自立；(6)輔導累積人力資本；(7)遊民服務；(8)身心障礙者的教養、照顧與服務；(9)兒童托育、保護與扶助；(10)健全少年福利；(11)婦女保護與兩性平等；(12)家庭暴力與性侵害防治；(13)老人照顧與服務；(14)社區民眾福利政策的制訂與規劃，以契合市民需要等項。近年來，臺北市社會福利經費不斷擴充，以應付和實施這些工作。

社會福利經費支出的增加，雖然代表政府對人民有更多的照顧，卻也有其負面效果。政府的一份報告指出：「近年來，我國人口結構漸趨老化、家庭規模縮小，家人相互扶持功能不若往昔，社會福利需求日益殷切。有鑑於此，政府採逐步擴展方式推動社會福利措施，致社會福利支出節節攀升……近年來，我國政府財政面臨開源不易而擴增支出壓力仍在之情況下，財政支出成長受限，未來隨人口快速老化，老年安養需求之擴增及國民年金之開辦，政府財政負擔將更形沉重。」

民進黨執政八年，早期以擴展社會福利為號召，陳水扁總統為履行競選承諾，大量開展社會福利。但不幸的是，新政府正逢經濟不景氣時代，政府稅收不足以應付社會福利的龐大支出，民怨日增。而且又因政爭不斷，導致福利政策執政不力。2008年，馬英九領導的國民黨執政團隊如何推展社會福利，將是一大考驗。

社會工作對個人及社會間的關係非常重視，有問題、不能適應的社會成員之行為態度，往往會傷害社會，使社會失去均衡，造成社會問題。舉例來說，生病無法工作的人，可能會因失去工作及薪資而無法養家，於是造成家庭的失調，甚或破碎分離，更可能造成社會犯罪率的提高。個人的問題是社會問題的主要來源，而社會工作的任務就是為幫助這些個人解決其問題。社會中有許多問題都值得社會工作者費心去解決，借著社會的立法提供其服務。社會問題、社會福利、社會服務，以及社會工作之間的關係，可說十分密切。

臺灣社會福利的理念是以能夠滿足民眾需要，以減輕社會變遷所帶

來的衝擊為出發點。根據內政部發布的《社會福利白皮書》所列，政府
近年來的社會福利推展，主要包括十四個部分：

1.社會救助以期確保國民基本生活水準。

2.輔導人民團體來扮演政府與民間的「中介角色」。

3.發揚志願服務美德，實現「志工臺灣」的願景。

4.規劃社會役以擔任獨居老人與需受照顧者之輔助勤務。

5.推廣社會福利慈善事業基金會。

6,社區發展、提升生活品質。

7,兒童福利。

8.少年福利。

9.婦女福利。

10.身心障礙者福利。

11.老人福利。

12.社會保險。

13.合作事業，透過合作組織力量為社員解決問題。

14.性侵害及家庭暴力防治。

第二節　家庭與社會福利

　　內政部的社會福利項目包羅萬象，試圖以社會和政府的力量解決
個人和家庭的社會問題，以求社會穩定。社會問題包括個人的、家庭
的，以及社區的問題。吸毒、酗酒、性病、心理疾病或個人的不良行
為，屬於個人的問題；婚姻衝突、離棄、離婚、虐待子女或配偶、對年
老父母奉養等，屬於家庭問題；失業、犯罪、或休閒、娛樂、居住問
題、甚或族群問題，則屬於社區問題。這些問題能衍申出社會政策的制
訂及社會福利、服務的提供，再經由社會工作者施展到個人、家庭、團
體、社區上，其最終目標是輔助個人對社會之適應，以及恢復社會的正
常運作。在臺灣的社會福利，追根究柢總是把重點放在家庭福利上。

家庭福利

社會學家指出，在當代工業化的社會中，人際關係淡薄疏遠，各種各樣的社會制度以極細的功能維護著社會的運作，家庭在當前的社會已遠不如在傳統社會中所具有之重要性。即使如此，不可否認的，家庭仍然是今日社會最重要的一環，尤其是感情上的支持上，更沒有其他社會制度能取代。很明顯的，發生在個人身上的問題，往往都跟家庭有關。我國的傳統的「齊家、治國、平天下」理念，就說明了齊家的重要性。今日西方社會的政治領袖也注意到家庭的完整對社會平安的重要性，例如，美國近年來幾任總統都大聲疾呼要重整家庭價值（family value）。於是，家庭福利的推廣也就成為今日許多國家的重要任務之一。

在傳統的農業社會裡，家庭是社會最主要的支柱，是自給自足的，提供了人們大部分的需求；家庭不僅是生兒育女的基本團體，也是一個經濟單位、教育機構、宗教祀典的場所，以及娛樂的提供者，人們生於斯，長於斯，死於斯。人們日常活動無一不與家庭有關，個人一旦發生問題，往往可以依賴家人親屬的協調、幫助，以解決問題。尤其像傳統中國舊社會裡，人數龐大的家族宗親，往往能集其人力財力提供協助，不讓老祖宗丟面子。事實上，中國舊社會裡許多個人或家庭問題，往往完全依賴宗族的協助及調適，真可比喻成今日的社會福利制度。

在今日的工業化社會中，這種由大家族來解決個人或社會問題的可能性，已變得微乎其微。這項解決問題的任務，就得由其他的社會團體或社會制度來承擔。政府是工業社會裡最重要的社會制度之一，因此，政府取代家庭擔任起這種扶助的福利機構角色，以其龐大的組織、人力、財力資源，經由立法程序，提供社會上有困難的人某些輔導和補助。在政府的福利法案下，政府的福利項目很多，例如，失業救濟、醫療保健、老幼傷殘的照顧，以及人身生命的安全等等。

社會服務網的建立，往往已成為今日工業化國家政府主要的工作

項目之一。臺灣目前雖無正式的社會福利專責機構，但是縣市政府的社會局，以及中央政府內政部、衛生署、勞委會等單位的業務，多少都牽涉到社會福利的提供。同時，民間社團和慈善機構也提供了不少人力和財力的協助，配合政府推行社會福利工作。政府對社會福利工作，早在1958年就制訂了《公務人員保險法》（1974年修訂過），這是最早的社會福利法案，對家庭增強服務。而後有1964年的《退休人員保險法》（1975年及1995年都修訂過），1973年的《兒童福利法》（1993年修訂）。1980年更制訂了《老人福利法》（1997、2000、2002年都修訂過）、《身心障礙者保護法》（1995、1997、2001年都修訂過）、《社會救助法》（1997及2000年都修訂過）、《公務人員眷屬疾病保險條例》、《私立學校教職員保險法》、《軍人保險條例》等。80年代還有《勞動基準法》（1984）、《少年福利法》（1989）。而後更有《全民健康保險法》（1994）、《社會福利徵稅綱領》（1994）、《兒童及少年性交易防制條例》（1995）、《性侵害犯罪防治法》（1997）、《社會工作師法》（1997）、《家庭暴力防治法》（1998）、《兩性工作平等法》（2002）等，以及各項後期修正條例，都是政府對家庭所提出的福利。不論其內容涵括多少，實施是否周全，一項項的法案已表明政府對社會成員及家庭組織的重視及關懷。

婦女服務

臺灣地區的婦女服務項目包括諮詢輔導、技藝訓練、親情講座、知性教育，以及對不幸婦女的收容照顧等等。內政部的資料顯示，1993年專對一般婦女的服務中心有18家，1995年增加至65家，1998年更增加到83家，不過經過整合，2009年只算有63家。其服務的人數由1993年的15萬，增加到1998年的27餘萬人，2009年更高達65餘萬人。對不幸婦女提供照應的中途之家及庇護中心，在1993年有20家，2009年有40家，收容的人數達1,371人。對婦女提供緊急生活扶助的人數，1996年有1,650人，2009年高達3,696人。詳細資料見表12-1。

表12-1　婦女福利服務

	1993	1994	1995	1996	1997	1998	1999	2000
婦女福利服務中心								
機構數（家）	18	15	65	62	73	83	43	39
服務人數（千人次）	152.0	133.2	212.2	133.0	141.1	276.3	709.9	507.6
不幸婦女中途之家、庇護中心								
機構數（家）	20	17	23	23	29	30	28	30
收容人數（人）	138	73	191	322	402	579	545	532
婦女緊急生活扶助人數	1,650	1,610	1,743	3,012	2,167			

資料來源：行政院主計室，《社會指標統計》，2009年。

　　這些婦女服務機構有由政府提供的，也有由民間團體組成的。例如，1995年共有65家，其中58家是民間機構，7所屬政府機構；協助不幸婦女的中途之家和庇護中心，民間組成的有17家，屬公家的有6處。內政部於2000年8月在其社會司內正式設立婦女福利科，加強推展婦女福利與保障婦女權益工作。在法案上，2000年5月由總統公布的「特殊境遇婦女家庭扶助條例」，是用來輔導各地方政府貫徹執行特殊境遇婦女之緊急生活扶助、子女生活津貼、傷病醫療補助等的法律依據。2001年則推動「促進婦女就業方案」，以提高婦女的經濟環境。

　　目前最受社會重視的婦女福利，是保障婦女的人身安全與反婚姻暴力。根據馮燕（1992）對1,316名婦女的調查發現，有35%的婦女曾經遭受婚姻暴力，其中有10%是遭受嚴重暴力。臺灣省社會處（1993）在婦女生活狀況調查中亦發現，有17.8%婦女曾遭受先生施暴。臺北市北區婦女福利中心1996年的估計是，臺北市大約有15,000至20,000名受虐婦女。內政部「婦女生活狀況調查報告」（1998），對2,338名有偶婦女最近一年受先生施暴情形的統計發現，有3.3%曾遭受先生施暴，其主要原因依序是個性問題、溝通問題、經濟問題、家庭問題及婚姻問題。

　　目前政府在處理家庭暴力的工作上，大致有家庭暴力防治資料庫

的建立、督導地方政府推動家庭暴力防治工作計畫、被害人緊急安置工作，以及擴大宣導「法入家門，暴力遠離」的觀念。民間的康乃馨專線、善牧基金會也提供受虐婦女申訴的管道和庇護的服務。婚姻內或家庭暴力，並非婦女受虐的唯一場所。在社會上有些婦女也成為性侵害的對象。根據內政部的暴力犯罪統計資料顯示，強姦罪案件有逐年增加的趨勢，2000年強姦案發生數是1,729件，犯案罪犯有1,620人。這個數目還只是警方登記有案者，實際發生卻未報警的數目必然更高。幾件重大的性犯罪，如1997年的彭婉如和白曉燕案件，都引發了社會大眾的高度不滿，其引起的「五二四」遊行，充分表現了人民的憤慨。近年來網路上的色情資訊所引起對婦女的性犯罪問題，亦逐漸受到政府與社會的關注。

三、兒童少年福利

由於臺灣近年來的社會變遷，雙薪家庭急速增加，致使兒童和少年的照顧逐漸成為社會問題。有些兒童和少年由於家庭的過分溺愛，養成不良的行為習慣，成為問題兒童和少年。另有些兒童和少年則因父母無暇照顧，流浪街頭，亦是一大隱憂。有鑑於此，政府的兒童和少年福利的政策和措施，都必須協助與保護他們，並保障其生活不虞匱乏，免於恐懼，協助其身心健康發展。

目前臺灣的兒童和少年福利服務計有下列幾項：

1.扶助失依兒童和少年的生活。

2.建構兒童和少年保護網絡。

3.辦理兒童及少年性交易防治工作。

4.輔導兒童及少年福利機構。

5.設置兒童和少年福利服務中心。

6.輔助辦理兒童和少年福利服務活動。

根據內政部的資料，2000年臺灣有3,345所托兒所，收托人數是309,716人；41所育幼院，收托2,360名兒童。另外，臺灣也有27所兒童

福利服務中心。少年犯罪人數已有下降的趨勢，由1995年的30,780少年犯人數，降到2000年的18,144人，占總刑事的比率在2000年亦已減低至10%左右。

另外，近年來社會與政府也注意到兒童與少年在家庭內受到暴力處置的現象。雖然這方面的統計資料並不完整，但從行政院的一項調查報告（1998）可發現，父母對子女的處罰方式，以打罵為主要方式者占40%，包括毆打、罰站、罰跳、責罵等；而以打罵為次要方式者，更高達54%。可見對兒童及少年身體上和心理上的攻擊，仍然是相當嚴重的問題。其他的處罰方式包括規勸、扣除零用錢、禁止他做自己喜歡的事、或對他冷淡不理。雖然對子女的管教有其必要性，但暴力式的處罰仍應受到社會關注。

四、老人福利

臺灣對老人福利正式加以立法並做系統性的規劃，應該是1980年通過的《老人福利法》。《老人福利法》第一條即開宗明義地宣示政府立此法之意義為「宏揚敬老美德、安定老人生活、維護老人健康、增進老人福利」。該法所界定的老人是「年滿70歲以上之人」，並督促「各級政府應按年編列老人福利預算，並得動用社會福利基金」。

《老人福利法》第七條規定省（市）、縣（市）主管機關應視需要設立並獎助私人設立下列四類老人福利機構，為老人服務：

- 第一類：扶養機構，以留養無能力受親屬照顧扶養之老人。
- 第二類：療養機構，以療養罹患長期慢性疾病或癱瘓之老人。
- 第三類：休養機構，以舉辦老人休閒、康樂及聯誼等活動。
- 第四類：服務機構，以提供老人綜合性服務，如文書證件之處理。

《老人福利法》在2000年5月3日由總統公布修正時，已將老人年齡降低至65歲，並加上文康機構一類福利項。雖然《老人福利法》的缺點不少，但至少臺灣地區在老人福利的提供上有法可據。尤其近年來老人

爭取福利的聲浪相當高昂，而且各地政府亦以老人福利為訴求。根據內政部的資料，現行老人福利政策措施包括下列數項：

(一)居家服務

增強家庭照顧能力、提供必要的協助以及輔導，促使老人得以居家安養。協助項目包括：

- 低收入老人生活補助。
- 中低收入戶老人生活津貼。
- 中低收入戶老人住宅設施設備補助改善。
- 老人居家服務。
- 中低收入戶老人重病住院看護補助。
- 為鼓勵子女與老人同住，所得稅法有增加50%免稅額之規定。
- 明定國民住宅優先提供三代同堂家庭承擔之規定。
- 懲罰有扶養義務而未善盡奉養責任者。
- 交通、康樂場所及文教設施等之優待。
- 鼓勵參與志願服務。

(二)社區照顧

包括：

- 老人保護。
- 間接照顧。
- 營養餐食服務。
- 短期或臨時照顧。
- 社區安養設施。
- 興建老人公寓。
- 教育及休閒。
- 長青樂苑。
- 屆齡退休研習活動。
- 其他休閒育樂活動。
- 結合志工推展居家服務。

．心理及社會適應。

(三)機構養護

包括：

・確保服務品質、增設安養機構。

・平衡安養者及機構經營者之權益。

・協助未立案老人安養、養護機構合法化。

・研訂（修）老人福利法相關之法。

・改善老人養護設施。

綜上所述，老人福利在臺灣已相當完整。當然，政府的資料與實際實施情況可能有所差別，讀者須注意。臺灣社會養兒防老的觀念已逐漸消失，傳統的孝道倫理在急速變遷的臺灣社會也日漸淪喪，家庭對老人的扶養顯得難以施展。在此種社會環境中，民間團體和政府機構的老人服務與福利措施將扮演相當重要的角色。因此，如何在家庭、社會、政府等三方面加以協調，乃成為規劃老人福利事業最迫切的課題。

社會工作師簡稱社工員，是家庭福利資訊和問題的直接參與者和干預者，他們是一群受過專業訓練和擁有驗證執照者。根據內政部的資料，2009年共有1,599位社工員領有社會工作師執照，其中絕大多數是女性（詳見表12-2）。

表12-2　領有社會工作師執照人數，2003～2008

年底別	合計	總計	
		男	女
2003	872	86	786
2004	1,019	97	922
2005	1,053	104	949
2006	1,117	104	1,013
2007	1,208	111	1,097
2008	1,286	120	1,166
2009	1,599	163	1,436

資料來源：內政部統計年報，2009年。

不過，仍有很大一批專業社工員是未領有執照的。內政部的資料顯示，2009年的社工員總數是6,232人（男性966人，女性5,266人），如果扣除表12-2中領有執照者，則未領有執照的社工員是4,633人，顯示專業訓練不足是必須要改進的。

社會工作員具有讓社會成員恢復成有用和有正面效應之人的責任，因此，社會工作員具有下列幾項特質：

1.要注重一個人的整體：個人、環境、行為整體關係的調整，必須受到社會工作員的注重。

2.重視家庭在協助個人方面的主要角色：個人的生活素質與其家庭息息相關，在協助解決個人問題時，更不應忽視家庭的重要性。

3.充分利用社會資源以解決個人問題：有問題的個人往往有求助無門的挫折，社會工作員以其專業的知識與訓練，應能將社會上所能提供的資源善加利用，以解決問題。

4.探究個人問題的社會根源：社會工作人員應明白個人的問題是跟社會環境相關的。個人問題不單是個人的過錯，很可能是社會環境直接或間接造成的。

5.強調並協助發揮個人的自發性：社會工作者的任務不在於完全擔當問題的解決，而是要讓受服務者自動自發的參與問題的解決。

6.重視社會工作員及被服務對象間的關係：兩者必須建立互信的關係。

7.社會工作員要具有專業知識：在解決問題或提供服務時，必須具有專業性，儘量減少個人情緒因素的干擾。

一個故事的影響

社工員／黃雅楓

12月7日下午，與護理人員一起到埔里榮民醫院探望一位欲進住的阿公。路上，護理人員好奇的問我：「為什麼這麼年輕竟然會跑來老人機構工作？會不會覺得很沒生氣？」

其實，這個問題不只一個人問過我。打從上次參加「老人福利機構溝通與協調技巧」研習課程，遇到老師的同事時，她就問過這個問題。這個問題也一直在我就學時期反覆思量著。社工所服務的對象這麼多，從兒童、青少年、婦女到年長者……，到底我喜歡哪一塊？到底我適合哪一塊？

記得小時候讀過一個「木碗的故事」。故事中描述一個家庭，家裡有一對父母、一個稚子、一個老奶奶。每天到了吃飯時間，這位母親總是用木碗盛好飯，將老奶奶推到火爐旁邊，不讓老奶奶跟他們一起圍著圓桌吃飯。就這樣持續很多年，直到有一天，這位母親看到稚子窩在老奶奶吃飯的地方，好像在撿拾什麼。母親好奇的問稚子：「你蹲在那裡做什麼呢？」稚子天真無邪的回答：「我在撿從奶奶的木碗掉下來的木片啊！」母親再問：「你撿木片做什麼呢？」稚子回答：「我要用這些木片幫你做一個碗啊！等以後你老了，我就可以用這個碗盛飯給你吃！」

母親聽到這樣的對話，馬上淚流如注。從那一天起，到了用餐時間，老奶奶已不再一個人坐在火爐旁邊……。

稚子這樣的舉動，影響著他的母親對待婆婆的態度；同樣的，也

深深影響了我對待年老長輩的態度。每當帶一位阿公或阿媽去看診、去探望住在醫院的院民時，心中總是想著：我老了，也會和他們一樣嗎？如果是，那麼我希望別人怎麼對待我？我應該會希望自己活得很有尊嚴吧！

在社會學裡有一個「交換理論」，該理論認為，人到了老年之後，對於整個社會是沒有任何建樹、沒有任何產值的。但在艾瑞克遜的「社會心理發展理論」中，提到人的一生不管是在哪個年齡層，都有該發展的任務，老年人亦如是！該理論中提到老年長者的發展任務是統整自己的一生，藉由懷舊、園藝、寵物治療等工具，分別以個案工作、團體工作的方式，讓他們回想當年的柑仔店、楊麗花歌仔戲、飼養雞鴨、種植稻田的生活。

現在我最希望的就是在他們走到人生的最後一站時，可以了無遺憾的跟我們說再見！儘管離別時總有傷感，但只要想著這些阿公阿媽能夠不再承受肉體上的磨難，被主

耶穌召回到祂的身旁相伴，就是這樣的信念，支持著我每天開開心心的打卡上班！

（轉載自利河伯社會福利基金會網頁http://www.rehoboth,org,tw，12/17/2010）

·參考書目·

一、中文書目

內政部統計處
    1989《婦女婚育與就業調查報告》，臺北：主計處。
    1994《老人狀況調查報告》，臺北：主計處。
    1995《內政統計年鑑》，臺北：內政部。
    1996《中華民國85年老人狀況調查報告》，臺北：內政部。
    1998《中華民國87年臺灣地區婦女生活狀況調查報告》，臺北：內政部。
中國國家統計局
    1983《中國統計年鑑》，香港：經濟導報社。
王麗蓉
    1995a《臺灣地區婚姻暴力防治策略之研究、社會工作模式之分析》，臺北：婦
        女新知基金會。
    1995b《婦女與社會政策》，臺北：巨流圖書公司。
朱岑樓
    1981《我國社會的變遷與發展》，臺北：三民。
行政院主計處
    歷年《中華民國臺灣地區社會指標統計》，臺北：行政院主計處。
    歷年《中華民國統計要覽》，臺北：行政院主計處。
    歷年《中華民國統計年鑑》，臺北：行政院主計處。

伊慶春

1990〈婦女就業對家庭的影響及未來可能發展〉馬以工編《當今婦女角色與定位研討會論文集》，臺北：崇她三社，頁91-110。

李光真

2002〈你家寶貝「性」福嗎？——e世代父母經〉《光華》27: 11，頁24-31。

李亦園、楊國樞編

1972《中國人的性格》，臺北：中國論壇。

李美玲

1994〈20世紀以來臺灣人口婚姻狀況的變遷〉《人口學刊》第16期，頁1-16。

吳玲珠

2001〈我愛紅娘，紅娘愛我——s世紀婚姻聯誼〉《光華》26: 11，頁40-46。

余德慧編

1988《中國人的父母經》，臺北：張老師月刊社。

周月清

1993〈臺灣受虐婦女社會支持探討之研究〉，《婦女與兩性學刊》，5，69-108。

1995《婚姻暴力——理論分析與社會工作處置》，臺北：巨流圖書公司。

林奇伯

2002〈蘋果與毒蛇——e世代的性愛伊甸園〉《光華》27: 11，頁6-18。

2002〈問卷篇——網路親密關係e警〉《光華》27: 11，頁19-23。

林蕙瑛

1990《當你離婚後》，臺北：聯經。

徐立忠

1989《老人問題與對策》，臺北：桂冠。

涂肇慶、李美玲

1994〈臺灣地區婚姻週期之變遷〉《人口學刊》第16期，頁17-28。

陳若璋

1992a〈臺灣婚姻暴力高度危險因子之探討〉，《臺大社會學刊》，21，123-160。

1992b〈臺灣婚姻暴力之本質、歷程與影響〉，《婦女與兩性學刊》，臺大人口研究中心婦女研究室出版，3，17-147。

張惠媛

2003〈尋覓第二春　離婚後的求偶探戈〉《世界週刊》2002. 3. 23，頁18-21。

許錦汶

　　1993《臺灣海峽兩岸老人福利之比較研究》，臺北：臺大社會學研究所碩士論
　　　　文。

黃時遵

　　1994〈老人安養的社會基礎〉《人口學刊》第16期，頁53-74。

馮燕

　　1990《我國目前婚姻暴力狀況》。（未出版）。

葉至誠

　　1997《蛻變的社會》，臺北：洪葉。

蔡文婷

　　2002〈雌雄難「變」──性別認同障礙的崎嶇路〉《光華》27: 12，頁62-72。

蔡文輝

　　1979《社會學理論》，臺北：三民。（1990修訂版）。

　　1982《社會變遷》，臺北：三民。（1988修訂版）。

　　1992《社會學》，臺北：三民。（2000增訂新版）。

蔡文輝、李紹嶸合譯

　　1984《婚姻與家庭》，臺北：巨流。

劉可屏

　　1994〈從社會學的觀點談婚姻暴力問題的對策〉，《健康世界》，100，
　　　　57-59。

劉毓秀

　　1995《臺灣婦女處境白皮書　1995年》，臺北：女性學會。

鮑家麟編

　　1979《中國婦女史論集》，臺北：牧童。

蕭新煌

　　1989《社會力──臺灣向前看》，臺北：自立晚報社。

魏宏晉

　　1993〈「蕃薯」、「芋仔」配〉《光華》18: 6，頁14-21。

藍采鳳

　　1996《婚姻與家庭》，臺北：幼獅。

臺北市政府社會局

　　1994a《北區婦女福利服務中心85年度工作報告》。

　　1994b《「家庭暴力系列探討──婚姻暴力防治研討會」計畫書》。

1995《北區婦女福利服務中心86年度工作報告》。

1996《婚姻暴力助人者在職訓練手冊》。

二、英文書目

· Ahrons, C. (1994) *The Good Divorce: Keeping Your Family Together When Your Marriage Comes Apart*. New York: Harper & Colins.

· Aldous, J. (1985) "New Views of Grandparents in Intergenerational Context." *Journal of Marriage and the Family*. Beverly Hills, CA: Sage.

· Annie E. Casey Foundation, the (1998) *Kids Count, Special Report, When Teens Have Sex: Issues and Trends*. Baltimore, MD: the Annie E. Casey Foundation.

· Arendell, Terry (1997) A Social Constructionist Approach to Parenting." In *Contemporary Parenting: Challenges and Issues*, Terry Arendell (ed.) Thousand Oaks, CA:Sage, pp1-44.

· Baca Zinn, Maxine (2000) Feminism and Family Studies for a New Century." *The Annuals of the American Academy of Political and Social Sciences* 571 (September): 42-56.

· Baca Zinn, Maxine and D. Stanley Eitzen (1996) *Diversity in Families*, 4th ed. New York: Harper Collins.

· Baca Zinn, Maxine and D. Stanley Eitzen (1998) "Missing Paradigm Shift in Family Sociology." *Footnotes* (American Sociological Association Newsletter) (January)

· Bartfield, Judi (2000) "Child Support and the Post-divorce Economic Well-Being of Mothers, Fathers and Children." *Demography* 37 (May): 203-213.

· Bianchi, Suzanne M., and Daphne Spain (1996) " Women, Work, and Family in America." *Population Bulletin* 51, (December): entire issue.

· Bianchi, Suzanne M., and Lynn M. Casper (2000) "American Families." *Population Bulletin* 55 (December): entire issue.

· Biggs, Simon, Chris Phillipson, and Paul Kingston (1995) *Elderly Abuse in Perspective*. Philadelphia: Open University Press.

· Blair, S. L. & Lichrer, D. T. (1991) "Measuring the Division of Household

Labor: Gender Segregation of Household Work among American Couples," *Journal of Family Issues*, 12(1): 91-113.

· Bohannan, P. (1970) *Divorce and After*. New York: Doubleday.

· Burkett, Elinor (2000) *The Baby Boom*. New York: The Free Press.

· Caplow, Theodore, Louis Hickis, and Ben J. Wattenberg (2001) *The First Measured Century*. Washington, DC: The AEI Press.

· Cheney, Walter J., William J. Diehm & Frank E. Seeley (1992) *The Second 50 Years: A Reference Manual For Senior Citizens*. New York: Paragon House.

· Cherlin, Andrew (1981) *Marriage, Divorce and Remarriage*. Cambridge, Mass.: Harvard University Press.

· Children' s Defense Fund (1997) *The State of American' s Children Yearbook: 1997*. Washington, DC: Children' s Defense Fund.

· Clemens, Audre, and Leland Axelson (1985) "The Not-so-empty-nest: The Return of the Fledgling Adult." *Family Relations* 34 (April 1985): 259-264.

· Cole, Thomas R. and Mary G. Winkler eds. (1994) *The Oxford Book of Aging: Reflections on the Journey of Life*. New York: Oxford University Press.

· Coltrane, Scott (1998) *Gender and Families*. Thousand Oaks, CA: Pine Forge Press.

· Cook, Mark, ed. (1981) *The Bases of Human Sexual Attraction*. New York: Academic Press, 1981.

· Crispell, Diane (1995)"Why Working Get into Trouble."*American Demographies* 17 (February): 19-20.

· Davis, L. V. (1987) "Battered women: The transformation of a social problem." *Social Work*, July-Aug: 306-311.

· Debra, N. G. (1994) "Feminism and family social work", *Journal of Family Social Work*, 1, 77-95.

· Deustch, Francine M. (1999) *Having It All: How Equally Shared Parenting Works*. Cambridge, MA: Harvard University Press.

· Dienhart, A. (1998) *Reshaping Fatherhood: The Social Construction of Shared Parenting*. Thousand Oaks, CA: Sage.

· Dobash, R. E. & Dobash, R. P. (1992) *Women, violence and social change*, London, New York: Routledge.

· Dobash, R. P. & Dobash, R. E. & Wilson, M. & Daly, N. (1992) "The myth of sexual symmetry in marital violence", *Social Problems*, Vol:39(1), February.

· Doherty, W. J. (2001) *Take Back Your Marriage*. New York: Guilford Press.

· Duvander, Ann-Zofie E. (1999) "The Transition from Cohabitation to Marriage: A Longitudinal Study of the Prosperity to Marry in Sweden in the Early 1990s." *Journal of Family Issues* 20 (September): 698-717.

· Edelson, Jeffrey, et. al. (1985) "Men Who Batter Women." *Journal of Family Issues* 6 (2) (June): 229-247.

· Edwards, A. (1987) "Male violence in feminist theory: an analysis of the changing conceptions of sex/gender violence and male dominance, in Hanmer, J. & Maynard, M. (eds.) *Women violence and social control*. Basingstoke, Hampshire: Macmillan Press.

· Feldman, Shirley and Sharon Churnin (1984) "The Transition from Expectancy to Parenthood." *Sex Roles* 11 (1/2): 61-78.

· Finkeler, D. (1988) *Stopping family violence: Research priorities for the coming decade*. Newbury Park, Calif.: Sage Publications.

· Freeman, M. D. (1985) *Violence in the home: A social-legal study*. Aldershot, Hampshire: Grower.

· Friedan, B. (1997) *Beyond Gender: The New Politics of Work and Family*. Washington, DC: The Woodrow Wilson Center Press.

· Gelles, R. J. & Cornell,C.P.(1985) *Intimate violence in families*. Beverly Hills, Calif.: Sage Publications.

· Gelles, R. J. (1993) "Through a sociological lens: Social structure and family violence," in Gelles, R. J. & Loseke, D.R. (eds.), *Current controversies on family violence*, Newbury Park: Sage Publications.

· Glenn, Norvel, and Dathryn Kramer (1985) "The Psychological Well-being of Adult Children of Divoroe." *Journal of Marriage and the Family* 47 (Novermber): 905-912.

· Glick, Paul (1984) "American Household Structure in Transition." *Family Planning Perspectives* 16(5) (September/October): 205-211.

· Hampton, R. L. (1993) *Family violence: Prevention and treatment*. Newbury Park, Calif.: Sage Publication.

· Hoff. L. A. (1989) *Feminist social work*, Houndmills, Basingstoke, Hampshire:Macmillan.

- Hoff. L. A. (1990) *Battered women as survivors*, London; N.Y.: Routledge.
- Hom, W. F. (1995) *Father Facts*, Lancaster, PA: The National Fatherhood Initiative.
- Hyde, J. S. & De Lamater (2003) *Understanding Human Sexuality* (8th ed.). Dubuque, IA: McGraw-Hill.
- Itzin, C. (1992) *Pornography: women, violence, and civil liberties*, Oxford: Oxford University Press.
- Keshet, Jamie (1980) "From Separation to Step family." *Journal of Family Issues* 1 (4) (December): 517-532.
- Liddle, A. M. (1989) "Feminist contributions to an understanding of violence against women--three steps forward, two steps back", *The Canadian Review of Sociology & Anthropology*. Vol:26,759-775.
- Lin, Phylis Lan & Tsai, Wen-hui, eds. (1995) *Marriage and the Family: A Global Perspctive*. Indianapolis, Indiana: University of Indianapolis Press.
- Maret, Elizabeth, and Barbara Finlay (1984) "The Distribution of Household Labor Among Women in Dual-earner Familiesl." *Journal of Marriage and the Family* 46 (2) (Mary): 357-364.
- Millman, M. & Kanter, R. M. (1975) *Another Voice:Feminist perspectives on social life and social science*, New York: Anchor Books.
- Mulrine, Anna (2002) "Risky Business: Teens & Sex," *U. S. News & World Report* (May 22), pp. 42-51.
- Neylon, N. (1996) "Developing effective domestic violence coalitions", presented in the conference of marital violence network, Taipei, Taiwan, Nov.29, 1996.
- Nock, S. L. (1995) "A Comparison of Marriages and Cohabitating Relationships," *Journal of Family Issues*, 16: 53-76.
- Noller, Patricia (1984) *Nonverbal Communication and Marital Interaction*. Oxford, England: Pergamon Press.
- Olson, David H. & DeFrain, John (2003) *Marriage and the Family*, 4th Edition. Mountain View, CA: Mayfield Publishing Company.
- Pahl, J. (1985) *Private violence and public policy: The needs of battered women and response of public services*, London, Boston: Routledge & K. Paul.

· Peels, S. (1985) *Love and Addiction*. Lexington, MA: Lexington Books/Heath.

· *Population Change and Distribution*. Washington, DC: Government Printing Office.

· Rexroat, Cynthia (1985) "Women's Work Expectations and Labor Market Expectances in Early and Middle Life-Cycle Stages." *Journal of Marriage and the Family* 47 (1) (February): 131-142.

· Rice, Philip, (1993) *Intimate Relationships, Marriage and Families*, 2nd edition. Mountain View, CA: Mayfield.

· Robinson, Doanld (1985) "How can we Protect Our Elderly?" *Parade* (February 17): 3-7.

· Silverman, J. (2001) "Dating Violence Against Adolescent Girls," *Journal of American Medical Association*, 286 (5): 572-579."

· Skidmore, Rex A., Milton G. Thackeray, & O. William Farley (1994) *Introduction to Social Work*. 6th edition. Englewood Cliff, N. J.: Prentice-Hall.

· Spakes, P. (1989) "Reshaping the goals of family policy: Sexual quality, not protection", *Affillia*, Vol: 4(3), fall.

· Stark, E., Flintcraft, A. & Frazier, W. (1979) "Medicine and patriarchal violence: The social construction of a private event". *International Journal of Violence*, 4(1): 63-76.

· Steffensmeier, J. (1982) "A Role Model of Transition to Parenthood." *Journal of Marriage and Family* 44: 319-344.

· Steinman, M. (1991) *Woman battering: Policy responses*, Cincinnati, OH: Anderson Press.

· Strasser, Susan (1982) *Never Done: A History of American Housework*. New York: Pantheon Books.

· Stroup, A. & Pollock, G. E. (1994) "Economic Consequences of Marital Dissolution," *Journal of Divorce and Remarriage* 22 (1 & 2): 37-54.

· Struthers, C. B., & Bokemeier, J. L. (2000) "Myths and Realities of Raising Children and Creating Family Life in a Rural County," *Journal of Family Issues* 21: 17-46.

· U. S. Bureau of Census (2001) *Statistical Abstract of the United States*. Washington, DC: Government Printing Office.

- Waite, L. J. & Gallagher, M. (2000) *The Case of Marriage*. New York: Doubleday.
- Winn, Rhoda, and Niles Newton (1982) "Sexuality and Aging: A Study of 106 Cultures," *Archives of Sexual Behavior* 11(4) (August): 283-298.
- Xu, X., Ji, J. & Yung, Y. Y. (2000) "Social and Political Assortative Mating in Urban China," *Journal of Family Issues* 21 (1): 47-77.
- Yllo, K. & Bograd, M. (1988) *Feminist perspectives on wife abuse*, Newbury Park: Sage Publications.
- Yllo, K. (1993) "Through a feminist lens: Gender, power and violence," in Gelles, R. J. & Loseke, D. R. (eds.), *Current Controversies on family violence*, Newbury Park: Sage Publications.
- Zelnik, Melvin, and Farida Shaw. (1983) "First Intercourse Among Young Adults." *Family Planning Perspectives* 15 : 64-70.

·附錄　家庭暴力防治法·

中華民國87年6月24日華總一義字第8600007370號令公布
中華民國96年3月28日華總一義字第09600037771號令公布修正

第一章　通　　則

第　一　條　為防治家庭暴力行為及保護被害人權益，特制定本法。

第　二　條　本法用詞定義如下：

一、家庭暴力：指家庭成員間實施身體或精神上不法侵害之行
　　為。

二、家庭暴力罪：指家庭成員間故意實施家庭暴力行為而成立
　　其他法律所規定之犯罪。

三、騷擾：指任何打擾、警告、嘲弄或辱罵他人之言語、動作
　　或製造使人心生畏怖情境之行為。

四、跟蹤：指任何以人員、車輛、工具、設備或其他方法持續
　　性監視、跟追之行為。

五、加害人處遇計畫：指對於加害人實施之認知教育輔導、心
　　理輔導、精神治療、戒癮治療或其他輔導、治療。

第　三　條　本法所定家庭成員，包括下列各員及其未成年子女：

一、配偶或前配偶。

二、現有或曾有同居關係、家長家屬或家屬間關係者。

三、現為或曾為直系血親或直系姻親。

四、現為或曾為四親等以內之旁系血親或旁系姻親。

第　四　條　　本法所稱主管機關：在中央為內政部；在直轄市為直轄市政府；在縣（市）為縣（市）政府。

第　五　條　　中央主管機關應辦理下列事項：

一、研擬家庭暴力防治法規及政策。

二、協調、督導有關機關家庭暴力防治事項之執行。

三、提高家庭暴力防治有關機構之服務效能。

四、督導及推展家庭暴力防治教育。

五、協調被害人保護計畫及加害人處遇計畫。

六、協助公立、私立機構建立家庭暴力處理程序。

七、統籌建立、管理家庭暴力電子資料庫，供法官、檢察官、警察、醫師、護理人員、心理師、社會工作人員及其他政府機關使用，並對被害人之身分予以保密。

八、協助地方政府推動家庭暴力防治業務，並提供輔導及補助。

九、其他家庭暴力防治有關事項。

中央主管機關辦理前項事項，應遴聘（派）學者專家、民間團體及相關機關代表提供諮詢，其中學者專家、民間團體代表之人數，不得少於總數二分之一；且其女性代表人數不得少於總數二分之一。

第一項第七款規定電子資料庫之建立、管理及使用辦法，由中央主管機關定之。

第　六　條　　中央主管機關為加強推動家庭暴力及性侵害相關工作，得設置家庭暴力及性侵害防治基金；其收支保管及運用辦法，由行政院定之。

第　七　條　　直轄市、縣（市）主管機關為協調、研究、審議、諮詢、督導、考核及推動家庭暴力防治工作，應設家庭暴力防治委員會；其組織及會議事項，由直轄市、縣（市）主管機關定之。

第　八　條　　直轄市、縣（市）主管機關應整合所屬警政、教育、衛生、社政、民政、戶政、勞工、新聞等機關、單位業務及人力，設立家庭暴力防治中心，並協調司法相關機關，辦理下列事項：

一、提供二十四小時電話專線服務。

二、提供被害人二十四小時緊急救援、協助診療、驗傷、採證
　　及緊急安置。

三、提供或轉介被害人心理輔導、經濟扶助、法律服務、就學
　　服務、住宅輔導，並以階段性、支持性及多元性提供職業
　　訓練與就業服務。

四、提供被害人及其未成年子女短、中、長期庇護安置。

五、轉介被害人身心治療及諮商。

六、轉介加害人處遇及追蹤輔導。

七、追蹤及管理轉介服務案件。

八、推廣各種教育、訓練及宣導。

九、其他家庭暴力防治有關之事項。

前項中心得與性侵害防治中心合併設立，並應配置社工、警
察、衛生及其他相關專業人員；其組織，由直轄市、縣（市）
主管機關定之。

第二章　民事保護令

第一節　聲請及審理

第　九　條　民事保護令（以下簡稱保護令）分為通常保護令、暫時保護令
　　　　　　及緊急保護令。

第　十　條　被害人得向法院聲請通常保護令、暫時保護令；被害人為未成
　　　　　　年人、身心障礙者或因故難以委任代理人者，其法定代理人、
　　　　　　三親等以內之血親或姻親，得為其向法院聲請之。

　　　　　　檢察官、警察機關或直轄市、縣（市）主管機關得向法院聲請
　　　　　　保護令。

　　　　　　前二項之聲請，免徵裁判費。

第十一條　保護令之聲請，由被害人之住居所地、相對人之住居所地或家
　　　　　　庭暴力發生地之法院管轄。

第十二條　保護令之聲請，應以書面為之。但被害人有受家庭暴力之急
　　　　　　迫危險者，檢察官、警察機關或直轄市、縣（市）主管機關，

得以言詞、電信傳真或其他科技設備傳送之方式聲請緊急保護令，並得於夜間或休息日為之。

前項聲請得不記載聲請人或被害人之住居所，僅記載其送達處所。

法院為定管轄權，得調查被害人之住居所。經聲請人或被害人要求保密被害人之住居所，法院應以秘密方式訊問，將該筆錄及相關資料密封，並禁止閱覽。

第 十三 條　聲請保護令之程式或要件有欠缺者，法院應以裁定駁回之。但其情形可以補正者，應定期間先命補正。

法院得依職權調查證據，必要時得隔別訊問。

前項隔別訊問，必要時得依聲請或依職權在法庭外為之，或採有聲音及影像相互傳送之科技設備或其他適當隔離措施。

被害人得於審理時，聲請其親屬或個案輔導之社工人員、心理師陪同被害人在場，並得陳述意見。

保護令事件之審理不公開。

法院於審理終結前，得聽取直轄市、縣（市）主管機關或社會福利機構之意見。

保護令事件不得進行調解或和解。

法院受理保護令之聲請後，應即行審理程序，不得以當事人間有其他案件偵查或訴訟繫屬為由，延緩核發保護令。

第 十四 條　法院於審理終結後，認有家庭暴力之事實且有必要者，應依聲請或依職權核發包括下列一款或數款之通常保護令：

一、禁止相對人對於被害人或其特定家庭成員實施家庭暴力。

二、禁止相對人對於被害人為騷擾、接觸、跟蹤、通話、通信或其他非必要之聯絡行為。

三、命相對人遷出被害人之住居所；必要時，並得禁止相對人就該不動產為使用、收益或處分行為。

四、命相對人遠離下列場所特定距離：被害人之住居所、學校、工作場所或其他被害人或其特定家庭成員經常出入之特定場所。

五、定汽車、機車及其他個人生活上、職業上或教育上必需品

之使用權；必要時，並得命交付之。

六、定暫時對未成年子女權利義務之行使或負擔，由當事人之一方或雙方共同任之、行使或負擔之內容及方法；必要時，並得命交付子女。

七、定相對人對未成年子女會面交往之時間、地點及方式；必要時，並得禁止會面交往。

八、命相對人給付被害人住居所之租金或被害人及其未成年子女之扶養費。

九、命相對人交付被害人或特定家庭成員之醫療、輔導、庇護所或財物損害等費用。

十、命相對人完成加害人處遇計畫。

十一、命相對人負擔相當之律師費用。

十二、禁止相對人查閱被害人及受其暫時監護之未成年子女戶籍、學籍、所得來源相關資訊。

十三、命其他保護被害人或其特定家庭成員之必要命令。

法院為前項第十款之裁定前，得命相對人接受有無必要施以處遇計畫之鑑定。

第 十五 條　通常保護令之有效期間為一年以下，自核發時起生效。

通常保護令失效前，法院得依當事人或被害人之聲請撤銷、變更或延長之。延長之期間為一年以下，並以一次為限。

通常保護令所定之命令，於期間屆滿前經法院另為裁判確定者，該命令失其效力。

第 十六 條　法院核發暫時保護令或緊急保護令，得不經審理程序。

法院為保護被害人，得於通常保護令審理終結前，依聲請核發暫時保護令。

法院核發暫時保護令或緊急保護令時，得依聲請或依職權核發第十四條第一項第一款至第六款、第十二款及第十三款之命令。

法院於受理緊急保護令之聲請後，依聲請人到庭或電話陳述家庭暴力之事實，足認被害人有受家庭暴力之急迫危險者，應於四小時內以書面核發緊急保護令，並得以電信傳真或其他科技

設備傳送緊急保護令予警察機關。

聲請人於聲請通常保護令前聲請暫時保護令或緊急保護令，其經法院准許核發者，視為已有通常保護令之聲請。

暫時保護令、緊急保護令自核發時起生效，於聲請人撤回通常保護令之聲請、法院審理終結核發通常保護令或駁回聲請時失其效力。

暫時保護令、緊急保護令失效前，法院得依當事人或被害人之聲請或依職權撤銷或變更之。

第 十七 條 命相對人遷出被害人住居所或遠離被害人之保護令，不因被害人同意相對人不遷出或不遠離而失其效力。

第 十八 條 保護令除緊急保護令外，應於核發後二十四小時內發送當事人、被害人、警察機關及直轄市、縣（市）主管機關。

直轄市、縣（市）主管機關應登錄法院所核發之保護令，並供司法及其他執行保護令之機關查閱。

第 十九 條 法院應提供被害人或證人安全出庭之環境與措施。

直轄市、縣（市）主管機關應於所在地地方法院自行或委託民間團體設置家庭暴力事件服務處所，法院應提供場所、必要之軟硬體設備及其他相關協助。但離島法院有礙難情形者，不在此限。

第 二十 條 關於保護令之裁定，除有特別規定者外，得為抗告。

保護令之程序，除本章別有規定外，準用非訟事件法有關規定；非訟事件法未規定者，準用民事訴訟法有關規定。

第二節 執 行

第二十一條 保護令核發後，當事人及相關機關應確實遵守，並依下列規定辦理：

一、不動產之禁止使用、收益或處分行為及金錢給付之保護令，得為強制執行名義，由被害人依強制執行法聲請法院強制執行，並暫免徵收執行費。

二、於直轄市、縣（市）主管機關所設處所為未成年子女會面交往，及由直轄市、縣（市）主管機關或其所屬人員監督未成年子女會面交往之保護令，由相對人向直轄市、縣

（市）主管機關申請執行。

三、完成加害人處遇計畫之保護令，由直轄市、縣（市）主管
　　機關執行之。

四、禁止查閱相關資訊之保護令，由被害人向相關機關申請執
　　行。

五、其他保護令之執行，由警察機關為之。

　　前項第二款及第三款之執行，必要時得請求警察機關協助之。

第二十二條　警察機關應依保護令，保護被害人至被害人或相對人之住居
　　　　　　所，確保其安全占有住居所、汽車、機車或其他個人生活上、
　　　　　　職業上或教育上必需品。

　　　　　　前項汽車、機車或其他個人生活上、職業上或教育上必需品，
　　　　　　相對人應依保護令交付而未交付者，警察機關得依被害人之請
　　　　　　求，進入住宅、建築物或其他標的物所在處所解除相對人之占
　　　　　　有或扣留取交被害人。

第二十三條　前條所定必需品，相對人應一併交付有關證照、書據、印章或
　　　　　　其他憑證而未交付者，警察機關得將之取交被害人。

　　　　　　前項憑證取交無著時，其屬被害人所有者，被害人得向相關主
　　　　　　管機關申請變更、註銷或補行發給；其屬相對人所有而為行政
　　　　　　機關製發者，被害人得請求原核發機關發給保護令有效期間之
　　　　　　代用憑證。

第二十四條　義務人不依保護令交付未成年子女時，權利人得聲請警察機關
　　　　　　限期命義務人交付，屆期未交付者，命交付未成年子女之保護
　　　　　　令得為強制執行名義，由權利人聲請法院強制執行，並暫免徵
　　　　　　收執行費。

第二十五條　義務人不依保護令之內容辦理未成年子女之會面交往時，執
　　　　　　行機關或權利人得依前條規定辦理，並得向法院聲請變更保護
　　　　　　令。

第二十六條　當事人之一方依第十四條第一項第六款規定取得暫時對未成年
　　　　　　子女權利義務之行使或負擔者，得持保護令逕向戶政機關申請
　　　　　　未成年子女戶籍遷徙登記。

第二十七條　當事人或利害關係人對於執行保護令之方法、應遵行之程序或

其他侵害利益之情事，得於執行程序終結前，向執行機關聲明異議。

前項聲明異議，執行機關認其有理由者，應即停止執行並撤銷或更正已為之執行行為；認其無理由者，應於十日內加具意見，送原核發保護令之法院裁定之。

對於前項法院之裁定，不得抗告。

第二十八條　外國法院關於家庭暴力之保護令，經聲請中華民國法院裁定承認後，得執行之。

當事人聲請法院承認之外國法院關於家庭暴力之保護令，有民事訴訟法第四百零二條第一項第一款至第三款所列情形之一者，法院應駁回其聲請。

外國法院關於家庭暴力之保護令，其核發地國對於中華民國法院之保護令不予承認者，法院得駁回其聲請。

第三章　刑事程序

第二十九條　警察人員發現家庭暴力罪之現行犯時，應逕行逮捕之，並依刑事訴訟法第九十二條規定處理。

檢察官、司法警察官或司法警察偵查犯罪認被告或犯罪嫌疑人犯家庭暴力罪或違反保護令罪嫌疑重大，且有繼續侵害家庭成員生命、身體或自由之危險，而情況急迫者，得逕行拘提之。

前項拘提，由檢察官親自執行時，得不用拘票；由司法警察官或司法警察執行時，以其急迫情形不及報請檢察官者為限，於執行後，應即報請檢察官簽發拘票。如檢察官不簽發拘票時，應即將被拘提人釋放。

第　三十　條　檢察官、司法警察官或司法警察依前條第二項、第三項規定逕行拘提或簽發拘票時，應審酌一切情狀，尤應注意下列事項：

一、被告或犯罪嫌疑人之暴力行為已造成被害人身體或精神上傷害或騷擾，不立即隔離者，被害人或其家庭成員生命、身體或自由有遭受侵害之危險。

二、被告或犯罪嫌疑人有長期連續實施家庭暴力或有違反保護

令之行為、酗酒、施用毒品或濫用藥物之習慣。

三、被告或犯罪嫌疑人有利用兇器或其他危險物品恐嚇或施暴
　　行於被害人之紀錄，被害人有再度遭受侵害之虞者。

四、被害人為兒童、少年、老人、身心障礙或具有其他無法保
　　護自身安全之情形。

第三十一條　家庭暴力罪或違反保護令罪之被告經檢察官或法院訊問後，認
　　　　　　無羈押之必要，而命具保、責付、限制住居或釋放者，得附下
　　　　　　列一款或數款條件命被告遵守：

一、禁止實施家庭暴力。

二、禁止對被害人為騷擾、接觸、跟蹤、通話、通信或其他非
　　必要之聯絡行為。

三、遷出被害人之住居所。

四、遠離下列場所特定距離：被害人之住居所、學校、工作場
　　所或其他被害人或其特定家庭成員經常出入之特定場所。

五、其他保護被害人或其特定家庭成員安全之事項。

前項所附條件有效期間自具保、責付、限制住居或釋放時起生
效，至刑事訴訟終結時為止，最長不得逾一年。

檢察官或法院得依當事人之聲請或依職權撤銷或變更依第一項
規定所附之條件。

第三十二條　被告違反檢察官或法院依前條第一項規定所附之條件者，檢
　　　　　　察官或法院得撤銷原處分，另為適當之處分；如有繳納保證金
　　　　　　者，並得沒入其保證金。

被告違反檢察官或法院依前條第一項第一款所定應遵守之條
件，犯罪嫌疑重大，且有事實足認被告有反覆實施家庭暴力行
為之虞，而有羈押之必要者，得依刑事訴訟法第一百零一條之
一之規定，偵查中檢察官得聲請法院羈押之；審判中法院得命
羈押之。

第三十三條　第三十一條及前條第一項規定，於羈押中之被告，經法院裁定
　　　　　　停止羈押者，準用之。

停止羈押之被告違反法院依前項規定所附之條件者，法院於認
有羈押必要時，得命再執行羈押。

第三十四條　檢察官或法院為第三十一條第一項及前條第一項之附條件處分或裁定時，應以書面為之，並送達於被告及被害人。

第三十五條　警察人員發現被告違反檢察官或法院依第三十一條第一項、第三十三條第一項規定所附之條件者，應即報告檢察官或法院。
第二十九條規定，於本條情形，準用之。

第三十六條　對被害人之訊問或詰問，得依聲請或依職權在法庭外為之，或採取適當隔離措施。

第三十七條　對於家庭暴力罪或違反保護令罪案件所為之起訴書、不起訴處分書、緩起訴處分書、撤銷緩起訴處分書、裁定書或判決書，應送達於被害人。

第三十八條　犯家庭暴力罪或違反保護令罪而受緩刑之宣告者，在緩刑期內應付保護管束。
法院為前項緩刑宣告時，得命被告於付緩刑保護管束期間內，遵守下列一款或數款事項：
一、禁止實施家庭暴力。
二、禁止對被害人為騷擾、接觸、跟蹤、通話、通信或其他非必要之聯絡行為。
三、遷出被害人之住居所。
四、遠離下列場所特定距離：被害人之住居所、學校、工作場所或其他被害人或其特定家庭成員經常出入之特定場所。
五、完成加害人處遇計畫。
六、其他保護被害人或其特定家庭成員安全之事項。
法院依前項第五款規定，命被告完成加害人處遇計畫前，得準用第十四條第二項規定。
法院為第一項之緩刑宣告時，應即通知被害人及其住居所所在地之警察機關。
受保護管束人違反第二項保護管束事項情節重大者，撤銷其緩刑之宣告。

第三十九條　前條規定，於受刑人經假釋出獄付保護管束者，準用之。

第 四 十 條　檢察官或法院依第三十一條第一項、第三十三條第一項、第三十八條第二項或前條規定所附之條件，得通知直轄市、縣

（市）主管機關或警察機關執行之。

第四十一條　法務部應訂定並執行家庭暴力罪或違反保護令罪受刑人之處遇計畫。

前項計畫之訂定及執行之相關人員，應接受家庭暴力防治教育及訓練。

第四十二條　監獄長官應將家庭暴力罪或違反保護令罪受刑人預定出獄之日期或脫逃之事實通知被害人。但被害人之所在不明者，不在此限。

第四章　父母子女

第四十三條　法院依法為未成年子女酌定或改定權利義務之行使或負擔之人時，對已發生家庭暴力者，推定由加害人行使或負擔權利義務不利於該子女。

第四十四條　法院依法為未成年子女酌定或改定權利義務之行使或負擔之人或會面交往之裁判後，發生家庭暴力者，法院得依被害人、未成年子女、直轄市、縣（市）主管機關、社會福利機構或其他利害關係人之請求，為子女之最佳利益改定之。

第四十五條　法院依法准許家庭暴力加害人會面交往其未成年子女時，應審酌子女及被害人之安全，並得為下列一款或數款命令：

一、於特定安全場所交付子女。

二、由第三人或機關、團體監督會面交往，並得定會面交往時應遵守之事項。

三、完成加害人處遇計畫或其他特定輔導為會面交往條件。

四、負擔監督會面交往費用。

五、禁止過夜會面交往。

六、準時、安全交還子女，並繳納保證金。

七、其他保護子女、被害人或其他家庭成員安全之條件。

法院如認有違背前項命令之情形，或准許會面交往無法確保被害人或其子女之安全者，得依聲請或依職權禁止之。如違背前項第六款命令，並得沒入保證金。

法院於必要時，得命有關機關或有關人員保密被害人或子女住居所。

第四十六條　直轄市、縣（市）主管機關應設未成年子女會面交往處所或委託其他機關（構）、團體辦理。

前項處所，應有受過家庭暴力安全及防治訓練之人員；其設置、監督會面交往與交付子女之執行及收費規定，由直轄市、縣（市）主管機關定之。

第四十七條　法院於訴訟或調解程序中如認為有家庭暴力之情事時，不得進行和解或調解。但有下列情形之一者，不在此限：

一、行和解或調解之人曾受家庭暴力防治之訓練並以確保被害人安全之方式進行和解或調解。

二、准許被害人選定輔助人參與和解或調解。

三、其他行和解或調解之人認為能使被害人免受加害人脅迫之程序。

第五章　預防及處遇

第四十八條　警察人員處理家庭暴力案件，必要時應採取下列方法保護被害人及防止家庭暴力之發生：

一、於法院核發緊急保護令前，在被害人住居所守護或採取其他保護被害人或其家庭成員之必要安全措施。

二、保護被害人及其子女至庇護所或醫療機構。

三、告知被害人其得行使之權利、救濟途徑及服務措施。

警察人員處理家庭暴力案件，應製作書面紀錄；其格式，由中央警政主管機關定之。

第四十九條　醫事人員、社會工作人員、臨床心理人員、教育人員及保育人員為防治家庭暴力行為或保護家庭暴力被害人之權益，有受到身體或精神上不法侵害之虞者，得請求警察機關提供必要之協助。

第 五 十 條　醫事人員、社會工作人員、臨床心理人員、教育人員、保育人員、警察人員及其他執行家庭暴力防治人員，在執行職務時知

有疑似家庭暴力情事者,應立即通報當地主管機關,至遲不得逾二十四小時。

前項通報之方式及內容,由中央主管機關定之;通報人之身分資料,應予保密。

主管機關接獲通報後,應即行處理;必要時得自行或委請其他機關(構)、團體進行訪視、調查。

主管機關或受其委請之機關(構)或團體進行訪視、調查時,得請求警察機關、醫療(事)機構、學校或其他相關機關(構)協助,被請求者應予配合。

第五十一條　直轄市、縣(市)主管機關對於撥打依第八條第一項第一款設置之二十四小時電話專線者,於有下列情形之一時,得追查其電話號碼及地址:

一、為免除當事人之生命、身體、自由或財產上之急迫危險。

二、為防止他人權益遭受重大危害而有必要。

三、無正當理由撥打專線電話,致妨害公務執行。

四、其他為增進公共利益或防止危害發生。

第五十二條　醫療機構對於家庭暴力之被害人,不得無故拒絕診療及開立驗傷診斷書。

第五十三條　衛生主管機關應擬訂及推廣有關家庭暴力防治之衛生教育宣導計畫。

第五十四條　中央衛生主管機關應訂定家庭暴力加害人處遇計畫規範;其內容包括下列各款:

一、處遇計畫之評估標準。

二、司法機關、家庭暴力被害人保護計畫之執行機關(構)、加害人處遇計畫之執行機關(構)間之連繫及評估制度。

三、執行機關(構)之資格。

中央衛生主管機關應會同相關機關負責家庭暴力加害人處遇計畫之推動、發展、協調、督導及其他相關事宜。

第五十五條　加害人處遇計畫之執行機關(構)得為下列事項:

一、將加害人接受處遇情事告知司法機關、被害人及其辯護人。

二、調閱加害人在其他機構之處遇資料。

三、將加害人之資料告知司法機關、監獄監務委員會、家庭暴力防治中心及其他有關機構。

加害人有不接受處遇計畫、接受時數不足或不遵守處遇計畫內容及恐嚇、施暴等行為時，加害人處遇計畫之執行機關（構）應告知直轄市、縣（市）主管機關；必要時並得通知直轄市、縣（市）主管機關協調處理。

第五十六條　直轄市、縣（市）主管機關應製作家庭暴力被害人權益、救濟及服務之書面資料，供被害人取閱，並提供醫療機構及警察機關使用。

醫事人員執行業務時，知悉其病人為家庭暴力被害人時，應將前項資料交付病人。

第一項資料，不得記明庇護所之地址。

第五十七條　直轄市、縣（市）主管機關應提供醫療機構、公、私立國民小學及戶政機關家庭暴力防治之相關資料，俾醫療機構、公、私立國民小學及戶政機關將該相關資料提供新生兒之父母、辦理小學新生註冊之父母、辦理結婚登記之新婚夫妻及辦理出生登記之人。

前項資料內容應包括家庭暴力對於子女及家庭之影響及家庭暴力之防治服務。

第五十八條　直轄市、縣（市）主管機關得核發家庭暴力被害人下列補助：

一、緊急生活扶助費用。

二、非屬全民健康保險給付範圍之醫療費用及身心治療、諮商與輔導費用。

三、訴訟費用及律師費用。

四、安置費用、房屋租金費用。

五、子女教育、生活費用及兒童托育費用。

六、其他必要費用。

前項補助對象、條件及金額等事項規定，由直轄市、縣（市）主管機關定之。

家庭暴力被害人，依民事保護令取得未成年子女之權利義務行

使或有具體事實證明獨自扶養子女者,得申請創業貸款補助;其申請資格、程序、補助金額、名額及期限等,由中央目的事業主管機關定之。

第五十九條　社會行政主管機關應辦理社會工作人員、保母人員、保育人員及其他相關社會行政人員防治家庭暴力在職教育。

警政主管機關應辦理警察人員防治家庭暴力在職教育。

司法院及法務部應辦理相關司法人員防治家庭暴力在職教育。

衛生主管機關應辦理或督促相關醫療團體辦理醫護人員防治家庭暴力在職教育。

教育主管機關應辦理學校之輔導人員、行政人員、教師及學生防治家庭暴力在職教育及學校教育。

第　六十　條　各級中小學每學年應有四小時以上之家庭暴力防治課程,但得於總時數不變下,彈性安排於各學年實施。

第六章　罰　　則

第六十一條　違反法院依第十四條第一項、第十六條第三項所為之下列裁定者,為本法所稱違反保護令罪,處三年以下有期徒刑、拘役或科或併科新臺幣十萬元以下罰金:

一、禁止實施家庭暴力。

二、禁止騷擾、接觸、跟蹤、通話、通信或其他非必要之聯絡行為。

三、遷出住居所。

四、遠離住居所、工作場所、學校或其他特定場所。

五、完成加害人處遇計畫。

第六十二條　違反第五十條第一項規定者,由直轄市、縣(市)主管機關處新臺幣六千元以上三萬元以下罰鍰。但醫事人員為避免被害人身體緊急危難而違反者,不罰。

違反第五十二條規定者,由直轄市、縣(市)主管機關處新臺幣六千元以上三萬元以下罰鍰。

第六十三條　　違反第五十一條第三款規定,經勸阻不聽者,直轄市、縣

（市）主管機關得處新臺幣三千元以上一萬五千元以下罰鍰。

第七章　附　　則

第六十四條　行政機關執行保護令及處理家庭暴力案件辦法，由中央主管機
　　　　　　關定之。

第六十五條　本法施行細則，由中央主管機關定之。

第六十六條　本法自公布日施行。

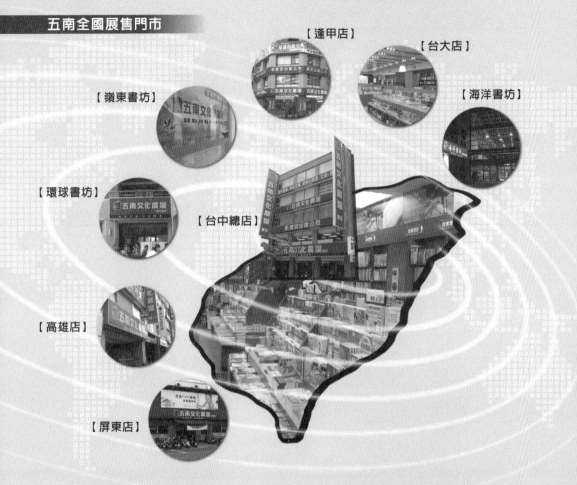

國家圖書館出版品預行編目資料

婚姻與家庭：家庭社會學／蔡文輝著.
--五版.--臺北市：五南, 2012.02
面；　公分
ISBN 978-957-11-6429-8 (平裝)
1.家庭社會學　　2.婚姻
544.1　　　　　　　　　100018280

1J28
婚姻與家庭：家庭社會學

作　　者 ― 蔡文輝
發 行 人 ― 楊榮川
總 編 輯 ― 王翠華
主　　編 ― 陳姿穎
責任編輯 ― 邱紫綾
封面設計 ― 童安安
出 版 者 ― 五南圖書出版股份有限公司
地　　址：106台北市大安區和平東路二段339號4樓
電　　話：(02)2705-5066　　傳　　真：(02)2706-6100
網　　址：http://www.wunan.com.tw
電子郵件：wunan@wunan.com.tw
劃撥帳號：01068953
戶　　名：五南圖書出版股份有限公司
台中市駐區辦公室/台中市中區中山路6號
電　　話：(04)2223-0891　　傳　　真：(04)2223-3549
高雄市駐區辦公室/高雄市新興區中山一路290號
電　　話：(07)2358-702　　傳　　真：(07)2350-236
法律顧問　林勝安律師務所　林勝安律師
出版日期　2012年 2 月五版一刷
　　　　　2013年 7 月五版二刷
定　　價　新臺幣495元